专精厚植 创启新程

上海专利商标事务所有限公司40周年庆论文集

上海专利商标事务所有限公司　编

图书在版编目（CIP）数据

专精厚植，创启新程 ： 上海专利商标事务所有限公司40周年庆论文集 / 上海专利商标事务所有限公司编. -- 上海 ： 上海科学技术文献出版社，2024. -- ISBN 978-7-5439-9193-4

Ⅰ. D923.404-53

中国国家版本馆CIP数据核字第2024VA3962号

责任编辑：孙　嘉
特约编辑：宋世涛
封面设计：袁　力

专精厚植，创启新程：上海专利商标事务所有限公司40周年庆论文集
ZHUANJINGHOUZHI, CHUANGQIXINCHENG: SHANGHAI ZHUANLISHANGBIAOSHIWUSUO YOUXIANGONGSI 40 ZHOUNIANQING LUNWENJI

上海专利商标事务所有限公司　编
出版发行：上海科学技术文献出版社
地　　址：上海市淮海中路1329号4楼
邮政编码：200031
经　　销：全国新华书店
印　　刷：常熟市人民印刷有限公司
开　　本：720mm×1000mm　1/16
印　　张：20.5
字　　数：413千字
版　　次：2024年9月第1版　2024年9月第1次印刷
书　　号：ISBN 978-7-5439-9193-4
定　　价：435.00元

本书编委会

主　任　黄岳嵘　范　征
副主任　姚锦瑜　蒋正龙
编　委（以姓名拼音为序）
　　　　　陈　斌　陈申军　胡晓萍　林　勇　钱静芳　钱孟清
　　　　　宋静娴　闻　卿　吴燕敏　谢喜堂　余　颖　张　鑫

本书编委会

主　任　黄岳嵘　范　征
副主任　姚锦瑜　蒋正龙
编　委（以姓名拼音为序）
　　　　　陈　斌　陈申军　胡晓萍　林　勇　钱静芳　钱孟清
　　　　　宋静娴　闻　卿　吴燕敏　谢喜堂　余　颖　张　鑫

专精厚植的十年，创启追光新征程

四十年来上专的成长是中国知识产权事业发展的缩影——从中国第一批专利申请、上海第一件涉外专利代理，到中国第一批PCT国际专利申请，再到中国第一批外观设计国际申请，从中国首批涉外专利代理机构、上海首家涉外商标代理机构，到世界知识产权组织在华首批技术与创新支持中心，再到首批国家级专利导航工程支撑服务机构，我们始终走在行业的前沿。

四十年来上专的发展是"卓越服务，让智慧成就非凡"理念的践行——从为客户提供"一站式、全方位"的高价值、前沿性服务，到构建"一体四翼"全产业链新发展战略，再到形成"智慧上专，服务全球"的质量管理模式，我们从未停止前行的脚步。

拥有350多位行业精英的上专团队，云集了"全国知识产权领军人才""国家知识产权专家库专家""中华全国专利代理师协会首批高层次人才""世界知识产权组织外观设计专利专家组成员""全国商标代理金牌服务个人""上海市知识产权服务领域杰出人物"等各类杰出人才。

这本论文集汇聚了上专人对于经典案例的思考与探索、对于知识产权实践的深刻洞见。从获得与确认各类权利的实践到争议解决要点分析，从企业知识产权管理、运营到各国相关热点问题的探讨与借鉴，本书呈现了上专作为知识产权事业耕耘者的专业精神和专业成果。

站在新的历史起点上，上专将全力拥抱行业变革，携手业界共创未来发展，向着打造国际一流事务所的目标不断迈进。

上海专利商标事务所有限公司40周年庆组委会
2024年9月

1984
-
2024

卓越服务，让智慧成就非凡

上海专利商标事务所有限公司40周年庆

卷 首 语

专精厚植四十载，创启追光新征程

　　这本论文集，是对过往岁月的致敬，更是对未来探索的启航。

　　上海专利商标事务所有限公司（以下简称"上专"）的四十年是时光与经验的沉淀，是创新与传承的交融。自1984年上专作为第一批涉外专利代理机构诞生以来，从无到有，从小到大，上专的每一步都凝聚了上专人的不懈努力与奋斗。

公司简介

上海专利商标事务所有限公司（以下简称"上专"）成立于1984年，是一家综合性大型国际知识产权服务机构。致力于为各类创新主体提供从知识产权战略规划、申请确权到运营保护的一站式、全方位知识产权服务，帮助企业和政府更好地开展知识产权的创造、运用、保护和管理。公司总部位于上海，在北京、南京和海南设有分部，与全球100多个国家、地区的千余家客户保持长期稳定的业务合作。

上专拥有一支350多人的专业知识产权服务队伍，其中，专利代理师、商标代理人、法律职业资格人员200多名，具有覆盖各技术领域的专业背景，熟悉国内外知识产权法律和实践，具备丰富的中外知识产权服务的经验，并培育了一批国家级知识产权领军人物和高端知识产权专业人才。

上专现任中华全国专利代理师协会副会长单位、中华商标协会副会长单位、中国知识产权研究会副理事长单位、中国（上海）自由贸易试验区知识产权协会副会长单位、上海市知识产权服务行业协会副会长单位、上海市商标品牌协会副会长单位。上专为世界知识产权组织在华授牌的首批技术与创新支持中心（TISC）、国家级专利导航工程支撑服务机构。

上专秉持"卓越服务，让智慧成就非凡"的理念，坚守"诚信、敬业、创新、和谐"的核心价值观，以专业、尽责的服务，帮助客户实现其智慧成果价值的最大化，让客户、公司和每一位员工成就共同的非凡发展。

Shanghai Patent & Trademark Law Office, LLC

目 录

企业 IP 管理与运营

浅谈数字化时代的专利代理机构服务模式　　方　晨　黄嵩泉 / 002
浅议跨国企业在华知识产权风险规避：
从内部管理到外部技术流动
　　　　　　忻鸣祥　江　漪　张鸿飞　江宇泓　胡君仪 / 010
新形势下创新型企业专利战略研究　　　　　　　　刘　曦 / 019
企业专利分级管理和分级运用方法探索　　唐纯捷　于嘉瑄 / 026
自研技术的知识产权风险与应对　　韩　俊　岳　伟　顾慧惠 / 036
初创企业的商业秘密保护　　　　陆　嘉　安博言　顾峻峰 / 045
涉外技术合作中的安全审查制度研究　　　　　　　邵珏茹 / 054
生物医药创新企业的专利策略浅析　　　　　　　　杨　昀 / 064
从知识产权视角评估投资价值
　　　　　　　　　　傅子晋　陆　嘉　夏　叶　吴　杰 / 074
知识产权赋能，助推企业发展
　　　　　　　　　　林泽宇　陆　嘉　秦天宇　吴　杰 / 083
职务发明的权利归属　　　　　　　　　　　　　　姜　杰 / 090
企业植物新品种权风险管理合规要求研究
　　　　　　　　　　叶　诚　李晗菲　陈韵琳　马巧玲 / 096
企业植物新品种权基础管理推荐性实践探讨
　　　　　　　　　　陈韵琳　叶　诚　李晗菲　马巧玲 / 103

授权确权审查实践

浅谈"发明实际解决的技术问题"的确定在创造性争辩中的作用	张 璐 项 丹	/ 112
关于创造性判断的"三步法"的理解与探讨	王 珊	/ 117
如何通过高质量撰写来改善专利的授权前景和稳定性	徐 迪	/ 126
从专利无效案的角度理解《专利法》第二十六条第三款的"能够实现"	倪 莎	/ 134
关于申请日后补交实验数据审查尺度的探讨	乐洪咏 胡嘉倩	/ 140
从侵权判定角度看实用新型中的组分特征在说明书中的撰写	侯颖媖	/ 147
商标共存制度的实践现状和实务探索	王逸奇	/ 152

争议解决要点分析

技术秘密侵权分析疑难点探讨	孙 芳	/ 162
小议侵权程序中权利要求术语的解释	宋静娴 朱琛琼	/ 169
数值特征或数值范围特征中等同原则的适用	俞莹琛	/ 179
关于装置类权利要求的间接侵权问题的思考	曾 浩	/ 188
专利侵权判定中等同原则的适用与限制	陈夏晗 樊云飞	/ 196
方法专利侵权诉讼的举证责任探讨	王柄叶	/ 203
知识产权惩罚性赔偿制度在中国的实践	牛超超	/ 210
商标侵权案件正当使用的认定标准：从上海万翠堂餐饮管理有限公司与温江五阿婆青花椒鱼火锅店侵害商标权纠纷案说起	王樱晔	/ 217

相关问题比较研究

跨国视角下的人工智能相关专利申请审查实践的比较：
以中国、欧洲、日本、韩国、美国为例 　　　陈　斌 / 224
抗体专利的五局审查实践研究 　　　陶启长　韦　东 / 239
从 Amgen v. Sanofi 案论抗体权利要求的"说明书支持"
边界 　　　陈扬扬 / 249
专利诉讼信息对于专利信息分析的重要性：
以中美锂电行业为例 　　　马晓枫 / 257
中外专利诉讼中现有技术抗辩的认识和发展
　　　胡嘉倩　陈哲锋 / 266
浅析专利间接侵权制度 　　　张佳鑫 / 274
氢燃料电池专利技术的日本案例研究 　　　汤易成 / 282
关于日本专利侵权诉讼案例中"均等论"的探讨
　　　宋俊寅　付尉琳 / 289
药品专利链接：中国模式的实践与思考 　　　钱文宇 / 299
NFT 在中国的知识产权保护现状及合规要点 　　　周　全 / 312

企业IP管理与运营

SPTL
上 专

专精厚植 创启新程

浅谈数字化时代的专利代理机构服务模式

方 晨　黄嵩泉

[摘　要]　随着数字化时代的到来，企业在数字技术不断成熟的环境下对于知识产权保护方面的需求也发生了变化。专利代理机构需要结合新技术创新服务模式，不断提高服务效率和服务质量，以满足客户新的需求、提升客户服务体验。

[关键词]　知识产权，数字化时代，客户服务

引　言

随着科技的进步，人工智能、大数据、云计算等技术的发展，社会已经进入了数字化时代，数据从碎片化数据转变为大数据[1]。更智能的工具也在各个领域发挥着作用，一方面为企业带来便利，另一方面也加剧了市场竞争。企业如何获取有价值的信息、如何利用信息辅助决策以及如何利用新时代的工具实现更高质量的工作，是企业为在市场竞争中占据有利位置必须面对的挑战。专利信息对企业的技术发展有着重要价值，企业在知识产权方面的需求也发生了显著变化，专利代理机构也面临着前所未有的挑战与机遇。本文以专利领域为例，探讨数字化时代下客户需求的转变、专利代理机构服务模式的转变与创新，也浅析了代理机构在创新服务模式会面对的挑战。

作者简介
方　晨　上海专利商标事务所有限公司北京分公司业务总监、专利代理师。
黄嵩泉　上海专利商标事务所有限公司北京分公司总经理兼电学物理事业二部副总经理、专利代理师。

一、客户需求的变化

（一）客户需要更有效的信息管理和展示模式

随着信息技术的快速发展和企业知识产权意识的增强，知识产权管理也已经成为企业发展中至关重要的一环，企业面临着大量的知识产权信息需要管理和维护。并且，信息需要企业不同人员来维护，还需要与服务机构进行信息交互、协同管理。传统的信息管理模式效率低下、信息安全性差，不利于团队协作；通过电子邮件等形式进行信息交互，也有着及时性低、不易管理等弊端。目前，不断有企业提出了通过管理平台来进行信息管理的需求，通过多账号借口的分级管理，实现安全高效的协作。

另一方面，企业也需要向其客户传递企业自身的产品信息。而传统的文字、图像、视频等信息展示模式效果不佳，实景展示则存在地域限制、成本过高，使得企业创新技术难于向市场转化。企业需要更直观、更方便的信息展示方式，以方便向合作伙伴展示其专利技术、产品和创新成果，吸引更多客户和合作伙伴的关注，提升品牌形象和市场竞争力。

（二）客户的需求更为个性化

不同发展阶段、不同市场环境的企业，知识产权战略的侧重点和规划也有所不同[2]。每个企业也都有自身特有的管理模式和战略需求，需要利用获取的数据以及数字化的新技术快速得到更具有针对性的信息，以制定符合自身需求的专利战略，从而提高创新能力、降低风险、保护知识产权。普适性的战略已经无法满足在多变市场环境中生存发展的企业需求。

并且，企业在日益激烈的市场竞争中，遇到自身知识产权问题需要咨询代理机构时，往往需要代理机构提供及时、有效的咨询答复。而代理机构为每个客户设立专属咨询师答复咨询成本很高，也难于针对不同客户做到专业性和及时性的咨询答复，导致企业的专属咨询需求难以满足。

（三）客户需要更高效、更高质量的服务

市场竞争日益激烈，企业的运行需要更加高效和更加高质量的服务。在数字化时代，如何利用新技术和大数据提高服务的效率和质量是企业和服务机构双方面临的新挑战。

另一方面，在数字化时代，企业需要快速、准确地获取大量的专利信息，并且需要准确筛选出高价值信息和数据，以便进行市场分析、更好地制定战略和决策、评估自身的创新性和专利性。而企业往往面对海量的专利数据难于处理，无法获取有价值的信息。

二、代理机构的服务模式

在数字化时代,企业在面临新的挑战的同时,也带来了新的需求。代理机构面对客户需求的转变,也需要对服务进行升级与创新。

(一)数字化交互模式

1. 在线知识产权管理平台

为满足客户对知识产权信息管理和高效协作的需求,专利代理机构可以通过在线知识产权管理平台提供一系列新的服务模式和内容,以更好地满足客户需求、提高服务质量。知识产权信息网络平台建设是企业信息化建设的重要组成部分,也是企业进行技术创新活动和实施知识产权战略的重要保障[3]。专利代理机构可以搭建在线知识产权管理平台,帮助企业将知识产权信息集中存储、管理和共享。通过在线平台,企业可以方便地查看和更新自身的知识产权信息,协作团队成员也可以实时访问和共享相关文档,还可以提供定制化的权限管理和提醒功能,帮助企业更好地组织和管理知识产权信息,提高工作效率和协作效果,提升管理效率和信息安全性。

在线知识产权管理平台的核心功能包括信息存储、文档管理、协作共享、权限控制等。企业可以将各类知识产权信息,包括专利、商标、著作权等,集中存储在在线平台上,形成一套完整的知识产权数据库。通过在线平台,企业可以方便地查看、编辑、更新和分享知识产权信息,实现信息的便捷管理和共享。团队成员可以通过平台实时访问和协作,提高工作效率和团队协作效果。

另外,在线知识产权管理平台还具有定制化权限控制功能,企业可以根据不同岗位和部门的需求,设置不同的权限级别,确保知识产权信息的安全性和保密性。这种权限控制可以有效防止信息泄露和误操作,保护企业的知识产权权益。同时,平台还可以提供操作日志和审核功能,记录信息的修改和访问记录,帮助企业监控信息流动,确保信息管理的规范性和透明度。

在线知识产权管理平台在知识管理和创新发展中扮演着重要的角色。利用该项技术,代理机构可以帮助企业建立起自己的知识产权知识库,实现知识的共享和传承,使得企业可以更好地保护自己的知识产权,提高知识产权管理的效率和水平。此外,在线平台还可以为企业提供知识产权监测和分析服务,帮助企业及时发现潜在的风险和机遇,指导企业的创新战略和发展方向。

2. 虚拟实境专利展示

为满足客户对技术展示和推广的需要,专利代理机构可以通过虚拟实境技术对客户的专利技术、创新产品进行更直观的展示。虚拟实境专利展示是一种创新的展示方式,随着计算机技术的发展,虚拟现实技术发展迅速,并且应用越来越广泛[4]。利用虚拟实境技术打造虚拟专利展示平台是专利代理机构可以为企业提供的创新服务。在虚拟实境专利展示领域,专利代理机构可以结合虚拟现实(Virtual Reality, VR)和增强现实(Augmented Reality, AR)技术,为客户提供更生动、交互性更强的专利展示体验。通过虚拟实境技术,企业可以更加直观地展示其专利产品和技术,使客户可以通过沉浸式体验更好地了解产品特点和优势,帮助企业更好地推广自身的专利技术,拓展市场份额。

虚拟实境专利展示的核心优势在于其沉浸式体验和互动性。通过虚拟现实的显示设备,参与者可以身临其境地进入虚拟展示空间,与展示的专利技术进行互动和体验。企业可以通过虚拟实境专利展示向客户、投资者和合作伙伴展示其专利技术的实际运作和效果,使他们更加直观地了解企业的创新成果和市场竞争力,从而增强合作意愿和信心。

另外,虚拟实境专利展示为企业提供了一种高效、低成本的展示方式。传统的专利展示通常需要企业投入大量的时间和资金,搭建展台、运输展品等成本较高且不够灵活。而虚拟实境专利展示可以在虚拟空间中实现,节省了传统展示的各种成本和限制,也减少了环境污染和资源浪费,符合可持续发展的理念。

虚拟实境专利展示还可以实现全球范围内的展示和推广。通过互联网和虚拟现实技术,企业可以将虚拟实境专利展示内容传播到全球各地,不受时间和空间的限制,吸引更多国际客户和合作伙伴的关注。企业可以借助虚拟实境专利展示,实现全球范围内的市场推广和品牌建设,开拓更广阔的业务发展空间,提升国际竞争力。

通过虚拟专利产品展示的新服务模式和内容,专利代理机构可以为客户提供更生动、交互性更强的专利展示体验,促进专利应用和价值实现。

(二)个性化服务模式

1.定制化的专利战略规划

专利代理机构可以根据企业的行业背景、发展阶段和竞争环境,制定个性化的专利战略方案,提高专利投资的效益。这种定制化服务可以帮助企业更好地了解自身的专利优势和劣势,提供针对性的建议和解决方案。通过定制化专利战略规划,企业可以更有效地保护知识产权、提升市场竞争力,实现可持续发展和创新驱动。

过往专利代理机构为了提高服务质量,已经开始重视开展了针对客户的定制化服务。但受限于数据获取的难度以及智能化工具的发展,过往专利代理机构为客户进行战略规划往往仅能够根据客户自身专利情况以及少量竞争对手的专利数据作为定制化服务的基础数据,可能会导致结论有一定偏差或不全面。在数字化时代下,定制化服务应更加深入。相比于过往,数字化时代能够获取大量的专利数据,专利代理机构不能仅根据客户自身的专利数据等少量数据为企业制定战略规划,而是需要通过获取更多、更准确、更全面的专利数据,以此为基础进行数据分析,从而得到更加可靠的信息,得到更准确的咨询意见。专利代理机构可以采用数据分析和预测技术,为客户提供数据驱动的专利战略规划服务。通过分析大量的专利数据和市场信息,代理机构可以帮助客户了解行业竞争格局、技术发展趋势,识别潜在的专利机会和威胁,为客户量身定制专利战略规划方案,提高专利申请成功率和商业价值。

另一方面,过往专利代理机构进行定制化服务更多关注专利数据,难于获取全面的商业信息,也缺乏智能化手段将包括专利数据在内的多种数据进行融合分析,导致定制化服务相对局限,难以为企业提供全面的战略咨询服务。在数字化时代下,定制化服务应更加全面,专利代理机构不应仅局限于专利数据,定制化专利战略规划还需要深入了解企业的业务模式、核心技术以及市场定位,通过更多方面、更多类型的数据作为分析基础,全方面整合数据资源,使得定制化战略规划更加全面可靠。首先,通过对企业内外部环境的综合分析,包括竞争对手状况、行业发展趋势、技术创新方向等方面的研究,可以帮助企业更好地把握市场机遇和挑战,为专利战略的制定奠定基础。其次,定制化专利战略规划需要结合企业的创新能力和资源情况,明确专利保护的重点领域和策略。可以根据企业自身的研发实力和技术优势,选择合适的专利类型和范围,确定专利的申请地域和时间节点,制定保护重点和策略。在定制化专利战略规划中,还需要考虑国际化和市场化的因素。随着全球化的发展,企业在海外市场的竞争也日益激烈,需要制定相应的国际专利战略。专利代理机构通过研究各国的知识产权法律法规和专利保护机制,可以灵活地为企业调整专利保护策略,提高其在国际市场的竞争力和影响力。

2. 虚拟专利顾问

通过基于大数据和人工智能技术,专利代理机构可以提供虚拟专利顾问服务,即,线上顾问服务,使得企业可以随时随地获取到专利咨询服务。面对日渐复杂化和个性化的使用需求,融合了人工智能理念的电子信息技术能够应用于更多实际场景中,以主动学习的发展方式快速适应各行业和领域中的差异化技术背景[5]。企业可以通过虚拟专利顾问服务及时获取专业建议,解决问题,实现知识产权保护和管理的无缝对接。专利代理机构可以结合虚拟技术和专业知识,为客户提供更便捷、高效的专利咨询与服务。

专利代理机构可以建立虚拟专利咨询平台,通过在线系统或应用程序,为客户提供24小时在线的虚拟咨询服务。客户可以随时随地通过平台提交问题,获取专业的专利咨询和建议,提高咨询效率和便捷性,实现真正的"随时咨询、全天候服务"。

虚拟专利顾问服务的另一个核心优势在于其高度个性化和定制化。专利代理机构可以通过对客户的需求和情况进行深入了解,为企业量身定制专利保护和管理方案,提供精准的咨询建议。还可以根据客户的发展阶段、技术特点和市场定位,选择适合的专利类型、范围和策略,最大程度地发挥知识产权在保护和促进创新方面的作用。

虚拟专利顾问服务还可以帮助客户降低专利咨询成本和风险。传统的专利顾问服务可能需要企业承担高昂的费用和时间成本，而虚拟专利顾问服务可以通过在线平台和智能算法的应用，实现更为便捷和经济的专利咨询。让企业可以随时随地通过虚拟专利顾问服务获取专业的知识产权咨询，提高决策效率，降低专利风险，从而更好地保护企业的创新成果和竞争优势。

（三）智能化服务模式

1. AI技术

AI（Artificial Intelligence，人工智能）技术在知识产权领域的应用正日益普及，AI分析服务能够为企业提供更为高效和智能的知识产权管理解决方案，人工智能能够成为很好的工具，解放人的简单劳动，让人专注于核心问题[6]。随着AI服务的发展，专利代理机构可以结合这一技术，提供更加创新和高效的服务，满足客户不断增长的需求。

一是智能专利申请辅助服务。专利代理机构可以利用AI系统开展专利申请辅助服务，通过自然语言处理和机器学习技术，为客户提供更高效、精准的专利申请支持。AI系统可以帮助客户完善专利申请文本、优化专利申请材料，减少疏漏和错误，提高申请质量和效率，节省客户时间和成本。

二是AI翻译辅助服务。一方面，AI翻译可以快速准确地翻译大量专利文献，从而提高翻译工作的效率，节省时间和人力成本，且能确保在大量专利文献翻译过程中保持一致的风格和术语，避免了人工翻译中可能出现的差异。另一方面，AI翻译技术能够实现更多种语言的翻译，尤能对一些小语种的翻译工作提供帮助。AI翻译在处理专利文献等涉及专业术语和复杂语境的内容时，仍然需要人工翻译人员的专业知识和技能来进行校对和调整，以确保翻译的准确性和质量。尽管如此，AI翻译在专利文献翻译工作中仍然扮演着重要的角色，对于提高翻译效率和质量起到了积极的影响，并且随着技术不断进步，AI技术必然能够发挥更大的作用。

2. 数字化信息的开发与应用

一是智能化专利检索服务。过往的检索更多是需要借助代理师自身的检索能力和检索经验为客户提供专利检索服务，并且每次检索都需要投入较长的时间，难以保障检索结果的准确性。智能化专利检索工具的出现和普及为专利代理机构提供了许多新的发展机遇和服务创新空间，专利代理机构可以结合智能化专利检索工具的特点和优势，为客户提供个性化的专利搜索定制服务。基于客户的需求和要求，专利代理机构可以利用更加智能化的检索工具设定检索策略，通过检索工具自动获取准确、全面的检索要素，并可以定期或实时获取检索数据，提高数据监控能力和监控效率。进一步的，还可以利用智能化工具，对获取的检索数据进行数据加工和筛选，从而能够及时向客户提供有价值的专利信息。这种定制化的服务模式可以提高专利检索的准确性和效率，帮助客户更快速地找到他们感兴趣的专利信息，节约时间和成本。

二是数据挖掘与导航分析服务。专利代理机构可以提供数据挖掘和分析服务，通过结合专利信息和其他相关数据，帮助企业发现隐藏在数据背后的商机。数据挖掘与导航分析服务的基础是检索大量的专利数据，并对专利数据进行清洗、标引等处理，需要投入很大的工作量。而通过智能化的工具，能够高效地完成数据处理工作。基于准确的专利数据以及市场数据，可以帮助企业更好地了解市场趋势，了解竞争对手的战略，以及利用智能化工具发现技术空白点、引领新的创新方向。也可以帮助企业更全面地了解自身的知识产权状况，对自身知识产权进行智能化分级分类，实现科学管理，优化知识产权管理策略。通过对大量专利数据的分析和挖掘，代理机构可以发现潜在的技术趋势、市场机会和竞争态势，为客户提供深入的专利数据洞察和分析，帮助客户制定更科学的专利战略和决策，及时发现市场需求，探查潜在专利价值转化方向，并在对自身专利智能化分析的基础上实现高价值专利组合管理，提高企业知识产权运营效率，促进技术转化和商业发展。

三是风险评估分析服务。专利代理机构可以利用大数据分析技术，开展数据驱动的知识产权风险评估分析服务。过往风险预警效率低、难于实现实时监控，可能导致企业不能及时发现和规避潜在风险。在数字化时代，可以通过对海量专利数据、市场信息和技术趋势的收集和分析，代理机构可以为客户提供智能化的风险评估报告，实时自动监控和分析竞争对手专利布局态势，揭示潜在的侵权风险和竞争威胁，帮助客户及时识别、评估知识产权风险，提前预警，为客户保驾护航。知识产权风险评估服务的另一个重要功能是帮助企业建立健全的知识产权管理体系和风险管理机制。通过对企业知识产权管理政策、流程和实践的审查，知识产权风险评估服务可以发现管理漏洞和不足，提出改进建议和完善措施，帮助企业建立起有效的知识产权管理体系，最大限度地减少知识产权风险的发生和影响。

三、代理机构的自身建设

在数字化时代，代理机构需要不断完善自身建设，提升服务能力，了解和应用新的技术，以求创新服务模式满足客户新的需求。

（一）提升自身服务能力

代理机构可以通过前文提到的多种手段满足客户新的需求。而为了能够实现这一目的，专利代理机构需要加强数字化技术能力，从技术方面满足数字化交互、智能化服务的要求，包括网站开发、数据管理、虚拟实境技术等方面的能力，需要培养懂得大数据和人工智能技术的专业人才，进行数字化转型，以适应数字化时代的需求。另一方面，开发在线平台和虚拟展示需要投入大量技术资源，可能面临技术难题和成本压力；定制化服务可能会带来更复杂的客户需求，虚拟顾问开发需要针对客户的情况和需求进行针对性的研发。

（二）完善流程管理

客户对服务响应速度的提升以及个性化的服务需求，也要求专利代理机构优化流程，引入自动化、智能化的工具和系统，以提高效率和准确性。一方面，线上管理平台、虚拟顾问等技术会改变原有与客户的交互手段，需要建立新的流程体系。另一方面，处理和管理大量专利数据和客户信息可能会带来安全性和隐私保护方面的挑战，需要制定专门的数据管理策略和措施。在使用AI技术和数字化信息时，也需要关注数据隐私和合规性的风险。

在数字化时代，专利代理机构需要适应数字化技术的发展，全面提升自身能力，在竞争激烈的市场环境中保持竞争力并实现持续发展。

结　语

本文探讨了数字化时代背景下企业需求的变化，展望了专利代理服务机构利用新技术可实现的一些创新服务模式，并分析了代理机构可能面临的困难。未来，随着科技的不断进步和社会需求的不断变化，专利代理机构将继续探索更多新的服务模式和内容，不断提升服务水平，更好地服务于客户，为知识产权事业的发展贡献力量。

参考文献

［1］朱晓明.数字化时代的十大商业趋势［J］.现代工商，2015，(2)：96-97.

［2］胡诚.知识产权在企业不同发展周期中的战略规划［J］.中国质量万里行，2023，(9)：60-62.

［3］冯晓青.我国知识产权信息网络平台建设研究［J］.湖南大学学报(社会科学版)，2013，(3)：137-142.

［4］柯红红，宋泽军.虚拟现实技术在产品展示中的应用研究［J］.信息通信，2020，(11)：82-84.

［5］崔海娇.浅析计算机+电子信息技术在人工智能中的应用——以智能机器人为例［J］.中外企业家，2020，(5)：161.

［6］林立洲，王景.人工智能对专利制度的影响研究［J］.科技与产业，2020，(2)：156-160.

专精厚植 创启新程

浅议跨国企业在华知识产权风险规避：从内部管理到外部技术流动

忻鸣祥　江　漪　张鸿飞　江宇泓　胡君仪

[摘　要]　本文着眼于跨国企业在华知识产权领域可能遇到的风险，讨论跨国企业内部知识产权管理和跨国企业在技术转移等其他对外商业活动中所涉及的风险点及其应对，旨在为跨国企业制定在华及全球知识产权策略提供借鉴。

[关键词]　知识产权内部管理，技术转让和许可，合作开发和委托开发

引　言

在当今全球化的商业环境中，中国作为世界第二大经济体，其庞大的市场潜力和日益成熟的创新环境吸引着众多国际企业。这些在华拥有分支（例如，设立外资企业）的跨国企业通常因需要适应法律制度、商业文化方面的差异以及相较于其他企业更频繁的技术流动、转移，不可避免地面临着知识产权的各种风险。本文通过探讨这些企业在知识产权领域、特别是与专利相关的领域中可能遇到的风险和挑战，并在此基础上提出风险规避策略，旨在为跨国企业保护创新成果、确保在华合规经营、制定全面的知识产权策略及促进其全球可持续发展提供借鉴。

作者简介
忻鸣祥　上海专利商标事务所有限公司专利代理师。
江　漪　上海专利商标事务所有限公司机械事业部副总经理、专利代理师。
张鸿飞　上海专利商标事务所有限公司专利代理师。
江宇泓　上海专利商标事务所有限公司专利代理师。
胡君仪　上海专利商标事务所有限公司专利主管。

本文分为两部分：第一部分聚焦于分析跨国企业内部知识产权管理中的风险点，包括不同地区分支之间专利申请权的确定相关的策略制定、与职务发明创造奖酬政策的制定；第二部分聚焦于跨国企业在技术转移或进行其他对外商业活动中的风险点，包括专利转让、许可的风险以及与其他企业进行技术开发过程中的风险。

一、跨国企业内部知识产权管理及风险应对

1. 专利申请权策略设计中的风险

跨国企业在中国设立外资企业进行生产经营活动，外资企业在此过程中会产生知识产权成果，如何在跨国企业的母公司（或称国外投资方）与在华分支或外资企业之间配置知识产权资源成为跨国企业内部知识产权管理的一大难点。跨国企业在处理跨法域的知识产权保护过程中需要格外注意跨地域的策略设计，避免处理失当所造成的风险。以下论述跨国企业在分配专利申请权时所要考虑的关注点。

目前，中国针对包括专利权、专利申请权、专利实施许可在内的跨境转移技术的行为通过《中华人民共和国技术进出口管理条例》（以下简称《技术进出口管理条例》）进行管理和调整。

企业应首先确认想要获得专利保护的技术是否属于禁止或限制进出口的技术。根据《技术进出口管理条例》的规定，禁止或限制进出口的技术跨中国境内外的流动会存在限制和阻碍，其中禁止进出口的技术禁止跨境流动，限制进出口的技术则需要有关管理部门批准方可跨境转移，而对其他自由进出口的技术实行登记备案制度。

因此，若有关专利技术可能涉及此类禁止或限制进出口的技术，则应尽早根据市场竞争需求研究设计专利申请策略，避免有关专利权和专利申请权等的跨境流动。若有必要，可以考虑在研发初期或研发过程启动前就明确约定技术研发成果的归属，在后续专利申请时就在所需的国家地区由适格的申请人直接提出，避免后续可能存在的专利权或专利申请权的转让问题。

若有关专利技术为自由进出口的技术，建议跨国企业布局配套的技术协作协议，例如约定境内公司的技术开发成果自始即归境外母公司所有，并且给予境内研发单位公平合理的对价。值得注意的是，《技术进出口管理条例》在2019年修订时，删除了原第二十七条，即"在技术进口合同有效期内，改进技术的成果属于改进方"。因此，将境内技术改进直接约定为境外母公司所有在法律层面的障碍已在很大程度上消除了。

但无论执行何种策略，都应注意的是，《中华人民共和国专利法》（以下简称《专利法》）对在中国境内完成的发明创造在域外申请专利有保密审查要求，为了避免进行有关保密审查所造成的对技术来源地的不利认定，也为了避免遗漏保密审查程序（例

如，首次提交专利申请是在中国向国家知识产权局提交的并不等同于完成了保密审查程序）对中国的相关专利权造成的不利影响（可参见国家知识产权局作出的第55586号无效决定），建议在有关技术不便跨中国境内外流动时通过企业内部流程和制度设计将有关发明创造的完成地点选在合适的位置。

2. 与职务发明创造奖酬相关的风险

除了确定专利申请策略，发明人的确定以及职务发明创造奖酬等方面也是跨国企业一直以来所普遍关注的企业内部知识产权管理一大重点。作为中国专利制度为了鼓励发明创造的重要措施之一，职务发明创造奖酬与其他国家地区的设计存在一定差异。为了规避或减少职务发明创造奖酬相关的纠纷，往往需要各企业结合自身需求，制定一种既符合企业对创新的导向需求，又符合中国相关法律法规规定的职务发明激励制度。

现行的《专利法》第十五条对职务发明创造的情况下应给予发明人或者设计人的奖酬做了原则性规定。现行的《中华人民共和国专利法实施细则》（以下简称《专利法实施细则》）第九十二至九十四条对《专利法》的上述规定进行了细化：

《专利法实施细则》第九十二条 被授予专利权的单位可以与发明人、设计人约定或者在其依法制定的规章制度中规定专利法第十五条规定的奖励、报酬的方式和数额。鼓励被授予专利权的单位实行产权激励，采取股权、期权、分红等方式，使发明人或者设计人合理分享创新收益。

企业、事业单位给予发明人或者设计人的奖励、报酬，按照国家有关财务、会计制度的规定进行处理。

《专利法实施细则》第九十三条 被授予专利权的单位未与发明人、设计人约定也未在其依法制定的规章制度中规定专利法第十五条规定的奖励的方式和数额的，应当自公告授予专利权之日起3个月内发给发明人或者设计人奖金。一项发明专利的奖金最低不少于4 000元；一项实用新型专利或者外观设计专利的奖金最低不少于1 500元。

由于发明人或者设计人的建议被其所属单位采纳而完成的发明创造，被授予专利权的单位应当从优发给奖金。

《专利法实施细则》第九十四条 被授予专利权的单位未与发明人、设计人约定也未在其依法制定的规章制度中规定专利法第十五条规定的报酬的方式和数额的，应当依照《中华人民共和国促进科技成果转化法》的规定，给予发明人或者设计人合理的报酬。

首先需要明确的是，中国专利制度中对职务发明创造奖酬的上述规定并不限于调整中国授权专利所涉及的职务发明创造奖酬纠纷，而是依据"最密切联系"原则也适用于在中国境内完成的职务发明创造在中国境外获得专利权的情形[1]。

例如，在吴丰庆诉希美克公司等发明人报酬纠纷案[（2018）粤民终1824号]中，原告吴丰庆在希美克公司任职并在工作期间完成了"防止锁闭的防风门插芯锁"的职务发明创造。吴丰庆后签署专利申请权转让书，向与希美克公司同一法定代表人的香港公司BETTELI转让涉案职务发明创造在美国及所有外国的与发明有关的一切权益。两公司均未支付过转让对价。BETTELI将涉案职务发明创造在美国申请并获得授权，发明人为吴丰庆。法院认为，作为在中国境内完成的职务发明创造的发明人，有权依中国法律规定主张获得职务发明创造发明人报酬。

因此，尽管中国对境内职务发明在境外申请专利的职务发明报酬纠纷无明确法律规定，但跨国企业应注意避免通过法律漏洞规避法定义务的行为，保护劳动者的合法权益。当然，跨国企业也可留意在发明创造的形成阶段尽早对有关事实进行记录和留档。这些事实包括但不限于发明创造的完成地、发明创造所依赖物质技术条件（如资金、设备、零部件、原材料或者不对外公开的技术信息和资料等）的来源、涉及人员的劳动关系归属等。这些对发明创造的过程性记录可能有利于后续通过充分举证证明有关发明创造与中国有无存在密切关联。

其次，与部分其他国家或地区不同，根据中国专利制度的规定，对发明人和设计人支付奖酬是有关职务发明创造的专利权人［在具体司法实践中，如（2018）沪73民初499号，这里的专利权人还广义地包含对有关职务发明创造享有专利申请权的主体，例如劳动关系中的用人单位，而不仅限于有关授权专利的实际专利权人］在有关权利被授予之后的法定义务，该义务无法通过特别约定或制订内部规章来合法免除，也无法通过在约定中附加其他条件来规避［如参见（2019）最高法民申171号］。

因此，跨国企业在制定针对中国的职务发明创造奖酬的政策时，需要避免将职务发明创造的奖酬与一般的劳动报酬混同约定，以避免有关约定被认定为仅涉及不包含职务发明创造奖酬的其他劳动报酬。建议跨国企业结合自身创新需求在综合考量职务发明创造奖酬的激励作用的基础上，将职务发明创造奖酬作为综合用人成本的一部分单独进行制度化设计。

此外，还要指出的是，现行的《专利法实施细则》虽然对未约定情况下发明人（设计人）奖励的最低标准和报酬分配要求进行了修改（其中，对奖励的最低标准进行了提高，对报酬分配明确要求符合《中华人民共和国促进科技成果转化法》的规定），但仍与之前一样尊重并承认单位与发明人就有关奖酬进行的有效约定（或合法规章制度），即仍以该有效约定（或合法规章制度）中关于发明人和设计人奖酬的内容为优先[2]。

但仍须注意的是，根据司法实践，尽管有约定的从约定，但如果约定的奖酬数额极低，属于不合理范围，则仍有可能由法院根据具体案情确定一个合理的奖酬标准（例如，参见上海市高级人民法院知识产权审判庭2013年发布的《职务发明创造发明人或设计人奖励、报酬纠纷审理指引》)。因此,建议跨国企业要更积极地结合自身实际,通过合法合规的企业内部流程与职务发明创造的发明人和设计人约定合理的奖酬支付方式和数额。

最后,还应注意针对同一件专利权所对应的专利申请由多位发明人(设计人)共同合作完成的情形中多位发明人(设计人)之间可能存在的对职务发明创造奖酬分配所导致的内部纠纷。

实践中,通常有两种分配机制可考虑:其一,企业可根据自身实际情况(如企业内部文化和竞争合作机制等)以一项专利权为单位对有关奖酬与发明人(设计人)进行约定,在此将发明人(设计人)内部的分配全部交由发明人(设计人)自行决定;其二,企业以发明人(设计人)为单位对有关奖酬进行分别约定,此时可以适当考虑参考《专利法实施细则》第十四条的规定在有关约定中引入对发明人(设计人)资格的确定。

> 《专利法实施细则》第十四条 专利法所称发明人或者设计人,是指对发明创造的实质性特点作出创造性贡献的人。在完成发明创造过程中,只负责组织工作的人、为物质技术条件的利用提供方便的人或者从事其他辅助工作的人,不是发明人或者设计人。

根据上述规定,发明人或者设计人是指对发明创造的实质性特点作出创造性贡献的人。然而,上述"实质性特点"实际上是一个相对模糊的概念,无论是对于所保护的技术方案还是对于所保护的设计而言,基于不同的现有技术(现有设计),"实质性特点"是可能存在差异的。在这种情况下,若认可相对于任何现有技术能产生实质性特点的新要素均为实质性特点,则相关认定标准会变得难以确定,导致企业内部对于发明人的资格认定产生矛盾纠纷。

例如,在国家知识产权局2020年发布的《专利纠纷行政调解办案指南》中提及"有资格作为发明人或设计人写在专利文件或专利申请文件中的人应当是实际参与了发明创造的人,其所参与的发明创造应当包括所有出现在说明书中的技术方案,而不局限于权利要求中要求保护的技术方案"。但在(2013)沪高民三(知)终字第30号案中,法院核查了涉案专利的审查历史,注意到审查员认为权利要求1-4不具有新颖性,权利要求5-8不具有创造性并建议将权利要求9并入权利要求1。专利权人按照审查员的建议将权利要求9并入权利要求1并最终得已授权,而权利要求9的附加技术特征恰恰是原告的技术方案中并未包含的喇叭状椎管的连接方式。基于此,法院认为原告没有对发明的实质性特点作出创造性贡献,因而不是本专利的发明人。

因此,建议企业在上述这种存在多位发明人(设计人)的情形中积极与员工就发明人(设计人),尤其是考虑到中国专利制度下能够获得职务发明创造奖酬的发明人

（设计人）的资格标准进行约定，例如是否有创新要素记载在申请文件中、是否有创新要素记载在发明或实用新型专利权的权利要求书中、是否有创新要素记载在全体／多数发明人（设计人）认可的创造性改进要点中，等等，以便后续存在争议时有据可依。

二、跨国企业外部技术流动知识产权管理及风险应对

1. 与技术转让和许可相关的风险

跨国企业在华研发、生产、经营过程中也经常存在技术交易、转移的需要，通常包括技术转让和技术许可。在此，技术转让可包括专利权转让、专利申请权转让、技术秘密转让等，而技术许可则可包括专利实施许可、技术秘密使用许可等。根据《中华人民共和国民法典》（以下简称《民法典》）第八百六十三条的规定，技术转让合同和技术许可合同应当采用书面形式。

针对专利权的转让，《专利法》明确规定了该转让需要向国务院专利行政部门登记，并且自登记之日起生效。而针对专利许可，尽管《专利法实施细则》中规定了应当向国务院专利行政部门备案，却并没有规定专利实施许可合同必须得在备案之后才能够生效，也就是说，只要所签订的专利实施许可合同是双方当事人的真实意思表示，无论是否备案，均是合法有效的。但没有经过备案的专利实施许可无法对抗善意第三人，存在一定的法律风险（例如，参见最高法知民终615号案）。

由于不同国家和地区的法律制度不同（例如，专利制度及相关司法实践不同）以及对知识产权保护的理解存在文化上的差异，跨国企业在华进行技术转让和许可时可作以下几方面的考虑：

1）在签署合同之前，特别是在涉及批量专利权的转让或许可的情况下，企业应对潜在合作伙伴进行全面的调查，包括其财务状况、信誉、技术能力等方面，评估总体风险。对于专利本身的风险，可重点关注专利法律状态、有无权属或其他发明人等纠纷、专利保护范围（特别是在授权和维权过程中作出的解释）、专利实施历史等[3]。必要时，企业可委托第三方专业机构出具尽职调查报告。

2）对于技术合同的拟定，具体到专利（申请）权转让合同和专利实施许可合同，须列明可能产生纠纷的细节，供签订合同的双方讨论、明确和限定，以便最大程度上减少纠纷的发生。以专利权转让合同为例，需要明晰标的专利（法律状态等）、转让方向受让方交付的资料及交付、验收方式、相关技术服务（含培训）、转让费用的金额和支付方式（国际结算方式、多项专利的分配比例）、专利实施和许可的状况、过渡期条款、保密条款、技术进出口、违约与损害赔偿、税费计算方式、送达方式、不可抗力、争议解决途径等。特别是，近年来，随着国内知识产权争议的不断升温，专利权维权、

专利权被无效宣告或申请被维持驳回后的处理在专利转让合同中双方也应予以明确。

此外，在签订合同时还应特别注意是否存在限制性条款和基于转让或许可的后续改进成果的约定。根据《民法典》的相关规定，只要不会限制技术竞争和技术发展，原则上合同当事人可就转让或许可技术的适用范围进行广泛约定。跨国企业如果为转让方，则应注意是否合同中存在过度限制性条款（例如，搭售、独占性交易等滥用技术优势，打压和削弱竞争对手从而导致市场垄断等），以避免日后合同无效[4]。而关于后续改进成果，如果没有约定，则改进方享有成果，因此在合同中也应进行明确约定，便于企业后续可以利用改进的技术成果，获得进一步的竞争优势。

3）除了与潜在合作伙伴签订专利许可合同外，目前企业（专利权人）还可以考虑自愿声明对其专利实行开放许可。企业在通过开放许可达成专利许可之后，建议及时进行备案，以充分享受专利年费减免。应注意到，《专利法实施细则》第八十六条规定了不得实行开放许可的情形，这些情形都是妨碍专利权有效实施的情形，例如已被独占或排他许可，因权属纠纷或因保全而中止，未按规定缴年费，专利权未经质权人同意被质押等。企业（专利权人）在考虑开放许可前应对此予以充分考虑。

4）在进行技术转让或许可之后，企业应定期监控和跟踪合作伙伴的行为，及时发现潜在的风险，确保合作伙伴遵守和履行合同约定。特别是，企业应重点关注保密条款的遵守以及后续知识产权成果的权属动向，例如是否有违背合同而私自申请专利的行为，尽早获悉尽早采取主动。

2. 与委托开发和合作开发相关的风险

目前，越来越多的跨国企业采取在华委托或合作开发技术的商业模式。根据《民法典》的相关规定，针对通过委托开发或合作开发而形成的技术成果的归属，应当首先遵循当事人之间的约定，在事先有约定的情况下从其约定，如果没有约定或约定不明，在委托开发中，专利申请权归研究开发人所有，但是委托人可以依法实施该专利，研究开发人转让专利申请权的，委托人具有在同等条件下优先受让的权利，在合作开发中，申请专利的权利属于合作开发的当事人共有，合作开发一方转让其专利申请权的，其他各方享有同等条件下优先受让的权利。

在实践中，一些跨国企业利用国内部分小企业的低成本优势进行"委托加工"。在此过程中，主要由委托方提供原料、图纸和数据等，并且由受托方进行生产加工。受托方对委托方的产品可能会作出了一定程度的改进，并且由此产生新的、更具竞争力的知识产权成果。该生产经营关系是否属于"委托开发"以由此产生的知识产权成果的归属还存在一定的争议。

例如，在（2021）黔01知民初72号案中，法院认为原告公司与被告公司之间没有签订正式的委托开发合同或合作开发合同，也并没有对相关知识产权的归属问题进行约定，并且依照现有证据不足以证明原告公司与被告公司之间存在海水淡化装置外观设计的合作与委托关系，应当以是否存在对发明创造的实质性特点作出创造性贡献作为确认专利权属的依据。具体来说，原告公司在与被告公司进行合作之前已经完成了海水淡化装置五代样机的研发工作，被告公司也是在原告公司的参与及指导下进行海水淡化装置的设计。法院进一步认为被告公司是在原告公司设计的基础上，利用原告公司不对外公开的相关材料对海水淡化装置外观进行局部调整，不能认定被告公司对该外观设计作出了创造性或实质性改进，海水淡化装置的外观设计专利应当归被告公司所有。

因此，无论与合作伙伴以哪种方式进行合作，都需要订立合同，并在合同中明晰后续知识产权的权属。特别是，企业需要考虑到受托方或合作方的实际履约能力，在拟定合同时应注意因无法交付而导致的知识产权成果的流失。

例如，在（2021）最高法知民终887号案中，在开发合同履行过程中，原告公司认为被告公司交付的资料未达其要求，因此未支付开发合同尾款，后又发现被告公司申请了与开发合同的开发标的技术有关的一件涉案专利。但被告公司认为开发合同已经解除，无需转移专利申请权。对此，最高人民法院认为，虽然被告公司向原告公司交付开发成果知识产权的条件未成就，但原告公司未支付最后一笔合同款项是由于被告公司的不当交付导致，条件不成就并不阻碍原告公司在诉讼中依据合同约定要求被告公司向其转移涉案专利申请权[5]。

因此，跨国企业在订立合同时除了约定后续成果的归属外，应注意是否以合同约定的交付条件为前提。后续若发生纠纷，即使主要技术标的没有达到合同约定的标准，在技术标的对应的专利具有较大价值的情况下，企业也可以权衡利弊，考虑在付出较小代价的情况下通过成就合同约定的交付条件来快速获取相关专利的所有权，以使得己方的利益最大化。

结　语

本文对在华跨国企业面临的知识产权风险进行了初步分析，提出了一系列有针对性的风险规避策略。具体而言，本文探讨了跨国企业如何通过内部知识产权管理（策略或制度的制定）和外部生产经营活动的风险规避，保护自身的知识产权，以更好地应对知识产权挑战，助力实现其全球战略目标。

参考文献

[1] 陈瑶瑶. 如何审理职务发明奖酬纠纷案件[EB/OL]. (2024-02-26)[2024-07-05]. https://m.thepaper.cn/baijiahao_26465957.

[2] 朱桂花. 职务发明奖酬约定优先原则研究[D]. 上海：华东政法大学, 2020.

[3] 杨赟. 基于知识产权的企业并购过程研究[J]. 生产力研究, 2009, (18): 3.

[4] 王中美. 跨国公司在华知识产权策略及其规制[J]. 河北法学, 2006, 24(2): 4.

[5] 乔力, 吴頔. 因侵权行为所引起的专利权权属纠纷问题分析——以某环境技术有限公司与某智能科技有限公司专利权权属纠纷案为例[N]. 法制生活报, 2023-05-12(7).

新形势下创新型企业专利战略研究

刘 曦

[摘 要] 在经济全球化的大背景下，面对日益激烈的市场竞争，知识产权尤其是专利资产已经成为创新型企业在技术研发和市场化发展之路上不可或缺的"利刃"。对于创新型企业来说，专利不仅是自主研发创新成果的转化体现，更是企业在经济全球化大环境下的核心市场竞争力和企业发展战略资源的体现。生物医药产业是知识产权密集型产业，也是创新型企业研发和市场转化活动最为活跃的产业领域之一。本文旨在结合国内创新企业在实践中的专利战略策略，探讨新形势下生物医药创新型企业的专利战略。

[关键词] 新形势，生物医药，创新型企业，专利战略，高价值专利

引 言

在市场竞争日益激烈和经济全球化的时代背景下，知识产权保护，尤其是专利资产，已经成为创新型企业技术研发和市场化发展之路上不可或缺的"利刃"。近年来，国内创新型企业对专利的重视程度不断提升，截至2023年底，我国每万人口高价值发明专利拥有量达11.8件[1]。

中共中央、国务院早在2021年就印发《知识产权强国建设纲要（2021—2035年）》，提出实施知识产权强国战略，明确了"建设面向社

作者简介

刘 曦 上海专利商标事务所有限公司专利代理师。

会主义现代化的知识产权制度""建设支撑国际一流营商环境的知识产权保护体系""建设激励创新发展的知识产权市场运行机制""建设便民利民的知识产权公共服务体系""建设促进知识产权高质量发展的人文社会环境"和"深度参与全球知识产权治理"等六个方面的重点任务。

生物医药是知识产权密集型产业,也是创新型企业研发和市场转化活动最为活跃的产业领域之一。近年来,国内知识产权相关政策在从关注数量向追求质量转变,创新型企业的知识产权战略规划也应当及时调整工作思路,加强技术创新和专利创造运用保护管理,以专利赋能企业核心市场竞争力。企业在知识产权方面的需求发生了显著变化,专利代理机构也面临着前所未有的挑战与机遇。本文以专利领域为例,探讨数字化时代下客户需求的转变、专利代理机构服务模式的转变与创新,也浅析了代理机构在创新服务模式时面对的挑战。

一、专利战略规划目标和规范化管理

企业专利战略应当先明确企业知识产权的需求和知识产权工作的目标,例如加强研发效率和创新实力、形成有效专利保护、提升市场竞争力、规避风险、扩大社会或行业影响力、提高经济效益等。有的放矢才能更加高效地展开企业知识产权工作。

现代医药产业逐渐缩短的开发周期和日趋激烈的市场竞争特性都需要企业制定适合自身发展的研发战略,并且根据研发定位快速且综合地展开专利布局规划。创新型企业专利战略目标的制定应当结合企业所处外部产业、市场、政策及技术发展环境,基于企业自身创新基础、研发模式和企业战略发展方向,通过综合分析定位自身研发方向和研发路径,并进一步根据内外环境因素的变化,灵活调整和优化专利战略的侧重点和工作节点。

企业专利战略的实施涉及企业专利管理、专利布局、专利导航、专利申请、专利运营等具体知识产权工作,而完善的知识产权管体系有利于企业展开具体的专利工作。

2024年1月1日,国家标准《企业知识产权合规管理体系 要求》(GB/T 29490—2023)开始实施并替代旧版标准《企业知识产权管理规范》(GB/T 29490—2013)。《企业知识产权合规管理体系 要求》中提出,企业知识产权管路的指导原则包括战略导向、领导重视、全员参与和全程管理。

专利事务不仅仅与研发部门和知识产权管理部门相关,企业专利战略的实施应当贯穿在企业领导层的战略和决策制定以及企业日常研发、销售、市场、人事等业务和管理环节。

2017年，成都康弘药业集团股份有限公司基于自主研发的医药产品申请的"抑制血管新生的融合蛋白质及其用途"专利获得了中国第十九届中国专利奖金奖。而在其研发创新活动和专利战略实施过程中，其规范化的知识产权管理机制功不可没。

为了激励创新，成都康弘药业集团股份有限公司制定了《专利管理制度》《商标管理制度》《技术秘密管理制度》等相关知识产权制度文件，在专利全生命周期管理方面，建立和完善了从知识产权确权到运用和保护方面的管理体系；在知识产权团队方面，于2011年成立了专责的知识产权部，负责知识产权的管理工作；在海外知识产权工作方面，和海外知识产权事务所建立了有效合作机制；此外，在研发活动、生产、采购、销售、贸易等各个环节中落实对知识产权的管理，形成知识产权部与其他职能部门之间的联动和协同作用[2]。

二、加强外部环境分析，以专利信息辅助研发定位

生物医药产业是关系国计民生和国家安全的战略性新兴产业，在全球化经济发展的时代背景下，医药产业发展面临着复杂的外部环境，包括行业政策、合规性、市场和竞争对手、产业结构调整、社会效益等多方面的影响。企业需要在自身发展需求的基础上，结合外部环境的综合分析，以制定适合企业发展和产业发展特点的专利战略和知识产权工作规划[3]。

浙江新和成股份有限公司在其蛋氨酸产品市场化项目专利战略布局过程中，基于专利信息分析，对行业内竞争对手、专利风险等情况展开排摸，并在此基础上制定了目标明确的专利战略布局规划和研发策略，成功地将其产品推向了国际市场。公司首先确立了其"确保产品销售区域对知识产权的需求、保护公司自主知识产权、提升公司蛋氨酸产品影响力"的三个主要目标，通过专利信息分析，基于专利风险分级，制定了针对强风险、弱风险和无风险三种情况下的分层专利布局模型，根据风险等级分别制定适宜的风险应对和专利布局策略；在规避竞争对手专利覆盖的同时，结合竞争对手的薄弱环节和公司技术优势方向，展开拦截式、突围式专利布局[4]。

专利信息具有公开性、地域性、时效性的特点，检索相关领域的专利信息并进行分析研究，可以及时了解该领域的技术发展态势以及竞争对手动向，有助于企业了解全球竞争格局以及目标市场的潜在专利风险情况；其次，基于专利数据的分类标引，可以为技术研发提供相关的技术情报和参考资料，帮助企业优化研发路径，制定差异化研发计划和挖掘潜在专利空白点，以及避免重复研发。

三、多角度展开高价值专利培育，专利数量和质量平衡发展

（一）契合产品转化，围绕产品生命周期展开专利挖掘和布局

企业研发活动中会产生一系列技术成果，是不是所有成果都需要进行专利申请？其中哪些可以作为专利申请布局的重点呢？

专利挖掘就是企业全面地梳理研发活动创新成果并精准地标示主要发明点；专利布局则是通过合理规划，从各发明点的关联性、市场转化等角度形成组合式保护，在扩大专利保护范围的同时，提升专利法律稳定性和综合价值。

企业研发人员通常比较容易识别技术创新程度较高的发明点，并依据技术创新程度进行专利申请，这样的方式容易导致一些具有价值的技术方案没有得到有效保护。对于企业的市场化发展来说，一些具有实用性、契合市场需求的产品或技术方案也可能具有较大的商业竞争价值，也需要加以识别和充分保护。

企业的专利布局应与其产品线或在研产品管线有一定的对应性，从而体现企业对于研发和专利申请的战略需求；进一步地，在自身研发活动的基础上，结合产业市场发展规划、竞争态势和行业动向等因素，识别市场空白点，适当展开以专利战略为引领的专利挖掘和专利布局工作。

以石药集团自主研发的一类新药产品的专利布局为例，石药集团多年间围绕相关医药产品技术，逐步搭建了全面地专利布局策略。石药集团该项目开发始于1999年，在获得基础的用途专利后，石药集团结合该项目的产品研发和市场化进度，推动实施专利布局策略，围绕医药用途、药物制剂、化合物合成制备等角度展开包括海外专利申请在内的系列专利布局。产品制剂核心专利获得了中国第二十三届专利金奖，稳定高质量多维度的专利战略实施助力该产品"上市17年以来无仿制药突围竞争"的佳绩[5]。

其次，在专利组合式布局方面，"从追求专利数量到追求专利质量的转变"应当是专利数量和专利质量并重的平衡发展。近年来国内外针对重磅医药产品的专利战层出不穷，即使抢占先机获得核心专利，仍可能面临竞争对手的专利无效宣告攻击。单件专利所能够提供的产品保护范围和保护时间周期比较有限，因此可以通过相互关联而存在保护范围、保护时间周期存在区别的"一系列"专利所形成的专利组合的构建来完善产品专利布局，帮助企业维持其市场竞争力和市场份额。

（二）结合国内知识产权保护政策，适时调整专利布局策略

随着2020年中国专利法第四次修正、中美贸易协定签订，专利链接制度，药品专利纠纷早期解决机制的制定，国内生物医药企业也需要根据产业环境的变化及时更新和调整其专利战略。

中国专利法在2020年的第四次修正中增加了针对新创药物的专利保护期延长制度。现行《专利法》第四十二条规定，"为补偿新药上市审评审批占用的时间，对在中国获得上市许可的新药相关发明专利，国务院专利行政部门应专利权人的请求给予专利权期限补偿。补偿期限不超过五年，新药批准上市后总有效专利权期限不超过十四年。"

医药产业中，产品开发周期的时间成本往往比较高，如果核心专利申请时间和市场转化的时间脱节，可能导致专利价值大打折扣。专利战略中的布局时机同样也非常重要，创新成果需要及时申请和保护，进一步企业还要结合产业应用前景以及企业未来发展规划，有策略地展开时间层面的专利布局，延长产品的保护周期。针对拟上市创新药物的专利权期限延长体现了国家对于生物医药创新技术市场化转化的支持，企业可以结合药品专利纠纷早期解决机制、医药专利链接制度等政策环境，适时优化和调整自身专利战略规划。

（三）重视海外专利战略，为国产出海保驾护航

在"一带一路"建设和国际贸易环境带来的新机遇下，越来越多有自主知识产权的国内企业及其产品走出了国门。但是，在全球产业格局变化速度加快大背景下，国内企业走向海外开拓市场的同时是否也做好了海外的专利储备，以及时应对海外风险和保护海外市场了呢？

一方面，企业在市场发展目标中应当明确海外发展方向，并进一步结合目标海外地域的市场环境、竞争环境、知识产权保护情况以及对潜在风险的识别，加强自主知识产权在海外的保护和布局，防范潜在风险。

对于海外市场目标尚不明确的情况，企业在专利布局时也可以考虑通过PCT国际申请的方式，在PCT国际申请进入各个国家阶段的宽限期内进一步明确产品未来具体的目标市场方向或重点地域范围，再经PCT申请途径进入这些国家或地区以获得相应地域的专利保护。

（四）高质量专利撰写，提升专利法律价值

专利对技术或产品的保护力度与专利文本的撰写质量息息相关。生物医药领域的专利撰写难度大，一方面产业领域技术壁垒高，对于发明点提炼和技术方案的充分理解要求高；另一方面国内外专利法规定存在一些差异，对于统筹兼顾国内外需要的保护范围归纳、保护层次设计，以及撰写质量都有较高要求。

医药产业在同赛道往往竞争激烈，因此专利的申请时机也会影响专利的法律价值。通过专利的优先权策略可以帮助企业抢占时间先机，同时，优先权的宽限期也为技术方案的完善预留下准备时间。

其次，在专利撰写之前应充分了解现有技术的界限，通过专利导航分析或申请前

查新检索分析，帮助企业更好地把握发明点、完善申请文本。同时要考虑利用反规避手段，完善权利要求的撰写和保护范围的设定。

进一步，生物、化学及医药领域属于实验学科，权利要求书中公开的内容需要在专利申请的说明书中对对应的技术方案加以详细说明和实验数据支持，以避免因得不到说明书支持、公开不充分而影响专利的稳定性和法律价值。

四、加强专利保护力度，提高专利运营效益

（一）引入专利预警和监控机制，维护自身权益和及时辨别和应对风险

对于企业的外部专利风险，企业应根据项目进度和不同阶段，及时展开专利预警、风险排查工作。通过建立常态化的防止侵权检索和分析工作机制，了解相关技术领域的最新技术发展情况和竞争对手的专利动态，以便于企业快速识别潜在风险专利，并进一步根据不同的风险情况，制定企业应对措施，避免潜在的专利纠纷。

对于自身知识产权的维护，也应建立相应的监控机制，及时发现他人的侵权行为，并在必要时采取相应的维权措施。

例如石药集团在专利风险防控方面，其一，企业围绕自身产品进行了专利布局和保护；其二，企业针对关键竞品和重点竞争对手采取了建立监控机制的战略措施，通过定期的知识产权信息、市场动态情况跟踪和分析，及时对知识产权战略进行调整；其三，企业采取了维权应对措施，在核心专利的有效保护期内，及时针对仿制药注册申请行为展开维权；其四，重视专利质量，积极维护自身核心专利的稳定性和有效性，积极应对第三方针对核心专利提出的无效挑战[5]。

（二）重视专利运营转化，提升专利战略和市场价值

为大力推动专利产业化，加快创新成果向现实生产力转化，2023年10月，国务院办公厅印发了《专利转化运用专项行动方案（2023—2025年）》，方案做出"大力推进专利产业化，加快专利价值实现""打通转化关键堵点，激发运用内生动力""培育知识产权要素市场，构建良好服务生态""强化组织保障，营造良好环境"等专项部署。

2023年，第二十四届中国专利奖揭晓，江苏豪森药业集团有限公司的肺癌靶向药物的化合物通式专利获得了第二十四届中国专利金奖。江苏豪森药业集团有限公司围绕该产品已经在多个国家展开了专利布局，并且已经在超过20个海外专利受理局获得专利授权。在海外专利布局基础上，江苏豪森药业集团有限公司的创新药物成功出海，2020年，与美国医库药业订立战略合作及许可协议，根据协议，这项对外许可获得专利许可费约1亿美元[6]。

专利的运营转化促进专利价值的实现，专利的实施转化也越来越多地得到企业的重视。专利运营的方式多样，包括自主实施、对外许可、交叉许可、对外转让、专利标准化、质押融资、专利保险等方式。例如，在自主实施和产品转化中，专利可以用于支持企业自身的现有及未来产品管线，以保护企业的技术或市场地位；在合作开发或交叉许可中，专利可作为产业合作或降低市场风险的谈判筹码；对外许可、转让、质押融资等运营方式则可以为企业产生经济或战略效益。企业应当根据自身发展战略，选择合适的专利运营方式或运营方式的组合，优化和完善专利分级管理和评价体系，逐步提升企业专利运营能力。

结 语

企业专利战略是近年来国内知识产权领域讨论的热点问题，也是企业知产工作重点难点之一，企业的专利战略规划和战略实施是形成专利价值和专利转化运用效果的基础，企业专利战略的制定应当结合企业所处外部产业、市场、政策及技术发展环境，基于企业自身创新基础和企业战略发展方向，展开综合分析和定位，选择适合自身发展特点和发展目标的专利战略之路，以及根据内、外环境因素的变化，及时调整和优化专利战略，助力企业的创新发展和海外拓展。

参考文献

［1］我国每万人口高价值发明专利拥有量达11.8件［EB/OL］.（2024-03-30）［2024-04-09］. https://www.gov.cn/lianbo/bumen/202403/content_6942388.htm.

［2］康弘药业——强创新管理 拓海外市场［EB/OL］.（2021-10-13）［2024-03-12］. https://www.cnipa.gov.cn/art/2021/10/13/art_2725_170728.html.

［3］杨凤雨. 我国医药企业专利战略研究［J］. 中阿科技论坛（中英文），2022,（01）：206-210.

［4］新和成公司——布局有思路 发展有保障［EB/OL］.（2021-09-15）［2024-03-12］. https://www.cnipa.gov.cn/art/2021/9/15/art_2725_169967.html.

［5］石药集团——构建保护网络 释放创新红利［EB/OL］.（2021-09-14）［2024-03-12］. https://www.cnipa.gov.cn/art/2021/9/14/art_2725_169942.html.

［6］豪森药业——育高价值专利 获高价值回报［EB/OL］.（2021-09-15）［2024-03-12］. https://www.cnipa.gov.cn/art/2021/9/15/art_2725_169966.html.

企业专利分级管理和分级运用方法探索

唐纯捷　于嘉瑄

[摘　要] 本文结合企业实际专利分级管理和运营需求,探索可由企业主导完成、操作性强、可对后续专利转化运营提供指导的专利分级和管理方法。主要包括:通过提供适用于企业内部评估的专利分级评价指标体系对专利进行分级评价;根据评价结果对专利进行分级;在专利/专利申请的创造、保护和运营阶段,针对不同专利级别采取不同的管理举措和运营方式,为企业筛选高质量、高价值专利,促进专利转化运营提供参考和依据。

[关键词] 专利分级,专利评价,专利运营

引　言

随着企业专利保护意识的提升,我国专利申请数量持续大幅增长,特别是研发型企业,拥有上百上千件有效专利的单位比比皆是,如何高效筛选出值得转化运营的专利、做出维持或放弃专利的决策、最大化实现专利价值,是迫在眉睫的任务。

近年来,国家出台了多项指导意见,鼓励企业开展专利分级、识别高价值和低价值专利、加强无形资产管理等相关工作,例如:在国资委、知识产权局印发的《关于推进中央企业知识产权工作高质量发展的指导意见》中对央企提出完善知识产权管理体系的要求,包括实施知识产权分级管理:"(十七)实施知识产权分级管理。综合技术、法律、市

作者简介

唐纯捷　上海专利商标事务所有限公司知识产权咨询事业部副总经理、专利代理师。
于嘉瑄　上海专利商标事务所有限公司专利代理师。

场等因素，制定符合本行业特点的知识产权质量评价办法。根据对主营业务影响程度，对专利、技术秘密进行分级管理并动态调整。定期梳理存量专利，及时合规处置低价值专利和闲置商标。"国家知识产权局、工业和信息化部印发的《关于全面组织实施中小企业知识产权战略推进工程的指导意见》，提出提升中小企业知识产权管理水平，建立专利分级管理制度，建立核心专利、高价值专利管理台账等要求："（五）加强科学指导，提升中小企业知识产权管理水平。加强中小企业知识产权资产管理。完善知识产权评估方法，研究制定中小企业知识产权价值分析工作指引，引导中小企业建立专利分级管理制度，建立核心专利、高价值专利管理台账。推动中小企业在并购重组、股权流转、对外投资等活动中科学核算知识产权资产，加强知识产权资产管理。"

然而对大部分企业来说，知识产权工作还处于起步或刚刚起步的阶段，很多企业的知识产权管理工作由研发人员、项目管理人员甚至行政人员兼任，缺乏专业知识和系统规范的指导，在需要筛选高质量、高价值专利时，主要通过询问研发人员，或依据相关产品和项目的重要度等比较局限的方式来进行，缺乏系统性、规范性与严谨性。由于专利分级工作的缺失或不足，企业往往存在大量没有充分运营的沉睡专利，导致专利资产得不到充分有效利用、专利资产的价值无法体现等问题产生。

开展专利分级管理工作能帮助企业提高管理效率，例如根据专利级别决定资源投入等级、运营模式等。通过对专利进行差异化管理，有助于进一步推动专利转化运营。本文旨在结合企业实际专利分级管理和运营需求，探索一种可以由企业主导完成、操作性强、可对后续专利转化运营提供指导的专利分级和管理方法。

一、专利分级方法和专利级别确定

（一）概述

本文所说的专利分级管理和运用，是指企业对所拥有的专利进行分级，并根据专利级别对专利予以管理和运营，从而为企业各项决策提供依据和支撑。例如在专利申请阶段和保护阶段根据专利级别投入不同资源、对专利予以合适的运营和转化等。从专利产生的第一步专利提案开始，即技术交底书形成后、专利开始撰写前，就可以根据技术和市场等情况予以不同处置。因此，本文探讨的专利分级对象包括专利提案、专利申请和授权专利。

考虑到专利文本的变化，企业至少对每件授权专利开展两次专利分级评价工作：①技术交底书形成后、专利撰写前，或者在专利撰写完成定稿后、提交专利申请前，主要对技术指标和市场指标进行评价；②在专利获得授权后，主要对技术指标、市场指标和法律指标进行评价。此外，当专利和专利申请所涉及的技术、市场、法律相关指标发生变化时，对评价结果进行更新。

评价工作可以主要由企业的知识产权管理人员牵头，并根据需要邀请研发人员、市场人员等组成评价小组，共同参与评价工作。当需要对授权后、拟投入专利运营的核心或重要专利申请（相关定义见下文）进行评价，或因技术、市场、法律相关指标发生重大变化导致需要重新评价时，建议企业邀请公司领导层、外部咨询机构专家等人员加入评价小组，尽可能提高专利分级评价的准确性。

（二）构建专利分级评价指标体系

专利分级评价指标是专利分级工作的基础，本文主要参考《高价值专利筛选》[1]中对高价值专利技术价值、法律价值、市场价值、经济价值、战略价值五个价值维度的定义，结合科技型、研发型企业的特点，选取可在企业内部实施的、结合专利质量和专利价值因素的指标进行讨论。

技术价值体现了专利的内在价值，是专利技术本身带来的价值；法律价值是专利可依法享有法律对其独占权益的保障；市场价值体现了专利技术在商品化、产业化过程中带来的预期收益。这三个价值维度是可以在专利申请或专利权形成后根据专利自身的各项指标予以评价的。

战略价值是专利权人在实施专利战略的过程中对专利赋予的战略意义的价值体现。按照战略目的，可将专利大致分为三类用途：用于进攻的专利（专利诉讼或谈判）、用于防守的专利（筑起专利护城河）以及用于提升影响力或作为谈判筹码的专利。而经济价值是专利价值的直接提现，例如专利的转让金、许可费、侵权赔偿额，或是质押和作价入股的金额等。可见，战略价值和经济价值两个维度主要体现在专利运营的过程中。

我们考虑到，本文讨论的专利分级评价工作主要为满足企业在专利形成后需对其进行管理及促进各类专利运营的基础需求，待专利产生许可、转让、维权等需求时，一般会有专业的价值评估机构介入，对专利价值进行评估。因此本文专利分级评价体系主要采纳技术、法律、市场三个方面作为一级指标，每个一级指标下还设有若干二级指标。下面对各项二级指标及评价方法进行讨论。

1. 技术指标的二级指标及评价方法

技术先进性：相较于现有技术，创造性地解决或提出关键技术问题并产生更好效果的程度。可以从解决的技术问题，所使用的技术手段，所产生的技术效果几个方面评价技术内容与本领域的现有技术相比，是否处于优势、领先地位。

技术成熟度：指专利技术对项目目标的技术实现程度。按照技术发展阶段，技术成熟度由低至高为：研究阶段、开发阶段、工程阶段和生产阶段。

技术独立性：在当前进行评价的时间点上专利技术可独立、自由实施的程度。主

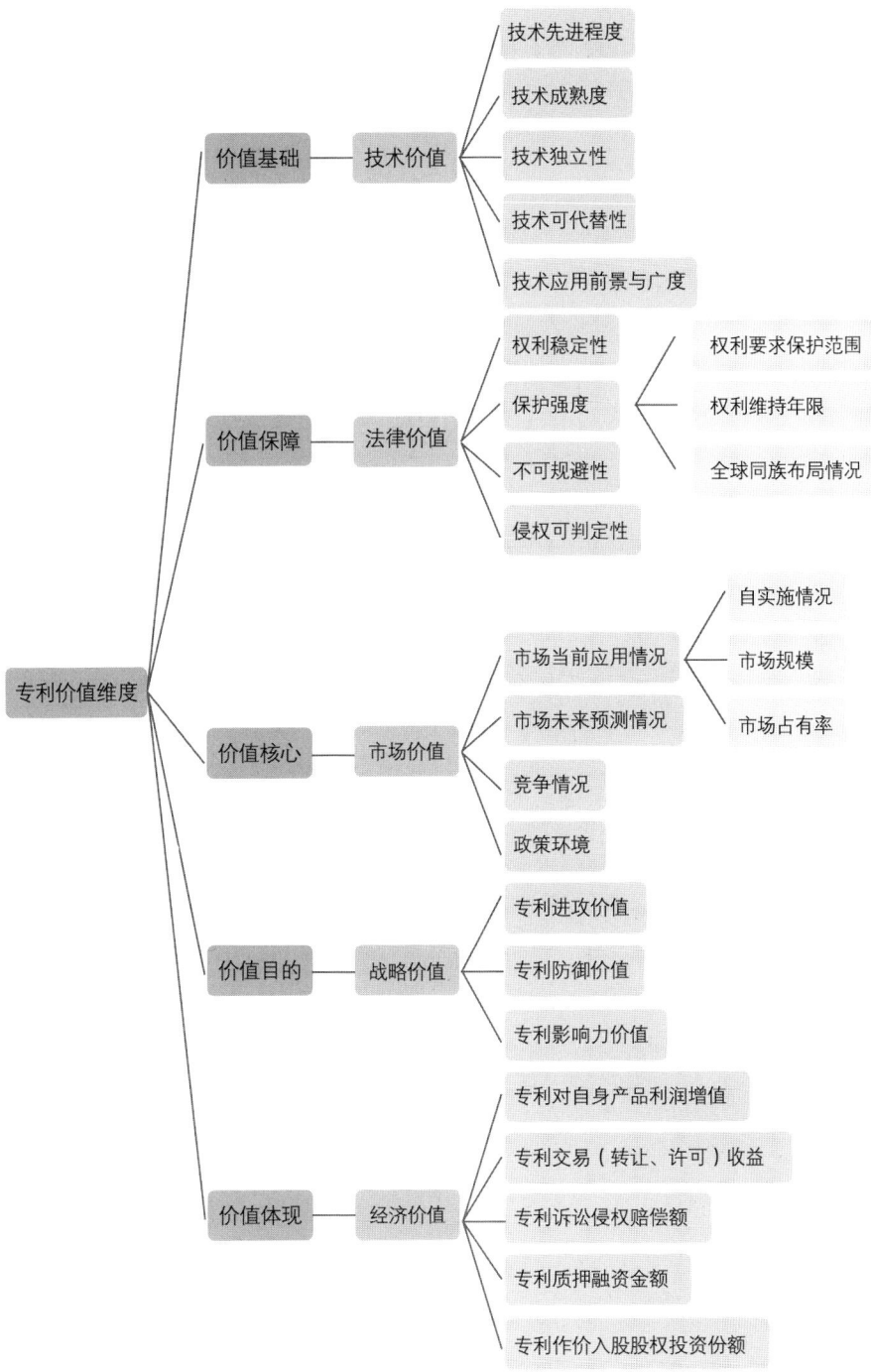

图1 《高价值专利筛选》中专利价值维度的细分及相关评价指标

要判断是否落入其他专利权的保护范围而需要在先专利的许可，并评估专利技术的实施是否需要配套较为苛刻的基础条件。

技术可替代性：可以被其他技术替代的程度，可通过罗列专利的技术手段和技术效果，逐一判断可替代方式，并通过分析该专利的引证情况，对技术可替代性进行判断和评价。

2. 法律指标的二级指标及评价方法

权利稳定性：专利在行使权利的过程中抵御无效风险的能力。可综合考虑以下因素：专利在获得授权前修改权利要求的情况、专利是否经历复审过程、专利是否出具过专利权评价报告（针对实用新型和外观设计专利）、专利文本的撰写质量等。

保护强度：综合考虑专利所涵盖的权益范围、全球同族布局情况、专利所剩余的保护期限。可综合考虑以下因素：权利要求的保护范围是否合理、独立权利要求的数量、专利同族的数量及授权情况、专利剩余寿命等。

不可规避性：专利容易被绕开其保护范围的程度。可综合考虑以下因素：专利独立权利要求中是否包含非必要技术特征、独立权利要求中是否包括过于下位的技术特征或过小的参数范围等。

侵权可判定性：从产品市场发现并判断是否有侵权行为的难易程度。产品类权利要求主题以及采用结构特征作为权利要求限定的专利较容易判断侵权行为；方法类、用途类主题以及采用功能、参数等特征作为权利要求限定的专利较难判断侵权行为。

3. 市场指标的二级指标及评价方法

应用情况：综合考虑专利和专利申请在权利人自身的产品/工艺上的应用情况、目标产品或行业的整体规模、专利和专利申请产品的销售量在市场同类产品中所占的比重。可综合考虑以下因素：①自实施情况：通过该专利应用到的产品/方法的数量、该专利与产品/方法的关联度以及专利产品的年生产及销售量评价专利的应用情况；②产品市场规模：参考第三方的市场调研数据，包括目标产品或行业在指定时间内的产量、产值等评价专利；③产品市场占有率：参考第三方的市场调研数据，结合专利产品的销售情况等。

竞争情况：专利权人和专利申请人在专利相关产品或行业市场占据竞争优势的程度。可综合考虑以下因素：专利相关产品的市场占有率；主要竞争对手的数量及经营实力；专利所属技术领域或行业内的专利纠纷频度等。

市场环境：实施专利对所属行业或领域带来的社会效益、影响力，以及政策倾斜或支持等情况。可综合考虑以下因素：实施专利是否带来社会效益、行业影响力；专利技术是否属于政策鼓励和扶持的技术方向等。

（三）专利级别的确定

评价小组可根据企业自身特点和需求，选取或增加各二级指标进行评价。当评价专利申请时，技术指标宜占60%-70%的分值，市场指标宜占30%-40%的分值，两项一级指标分值占比相加为100%；当评价专利时，技术指标宜占40%-50%的分值，市场指标宜占20%-30%的分值，法律指标宜占20%-40%的分值，三项一级指标分值占比相加为100%。各指标分值比例设置的示例可见表1-3。

表1 技术指标评价表和分值比例

一级指标	二级指标	分值比例
技术	技术先进性	40
	技术成熟度	30
	技术独立性	15
	技术可替代性	15

表2 法律指标评价表和分值比例

一级指标	二级指标	分值比例
法律	专利稳定性	40
	保护强度	30
	不可规避性	15
	可判定性	15

表3 市场指标评价表和分值比例

一级指标	二级指标	分值比例
市场	应用情况	40
	竞争情况	30
	市场环境	30

评价小组根据各指标分值,将专利和专利申请分为"核心""重要""普通"三个级别。其中,得分为80分以上的是核心专利/专利申请,60-80分的是重要专利/专利申请,60分以下的是普通专利/专利申请。

核心专利/专利申请,具有较高的原创性或创新性,对企业的竞争优势和长期发展至关重要;重要专利/专利申请,是企业创新活动的产物,对企业的竞争优势有影响,一般涉及改进型技术、辅助性产品或细节性创新;普通专利/专利申请,对企业的竞争优势影响较小,一般涉及外围技术、并非实际实施的技术、防御性公开的技术方案等。

需要注意的是,在针对专利提案、专利申请开展评价工作时,如果发现非正常专利申请,或是不具备新颖性的专利时,应及时拦截专利申请流程,不再进行后续撰写及分级评价工作。

二、结合专利分级结果进行专利管理和运营工作的探索

在管理和运营专利时,需要考虑专利的级别,并根据其级别采取相应的措施。有时候还需要综合考虑各项指标的分布,以制定最为适宜的决策。

(一)根据专利级别开展专利管理工作的探索

对于核心专利/专利申请、重要专利/专利申请,为了确保专利撰写质量、获得最合适的保护范围、缩短审核时间、更好地维护专利权,在创造和保护阶段可予以更多资源,表4罗列了相关工作。

表4 专利创造和保护阶段的专利分级管理工作

工作内容	核心、重要专利/专利申请	普通专利/专利申请
申请前检索	可选择专业度高、资深的专利检索人员完成检索,对新颖性和创造性进行较为完善的评价	可由知识产权管理人员或研发人员完成检索,至少评价专利的新颖性,并确定专利申请类型
专利撰写	可委托专业、资深的专利代理机构和专利代理师进行撰写,逐级构建权利要求的保护内容,完善发明的具体实施方式,必要时对技术方案予以适当的挖掘,尽可能扩大专利的保护范围	可视情况委托专利代理师完成撰写
答复审查意见	如果技术先进性较高,审查员对技术的理解可能存在偏差,需要更加积极地答复审查意见,争取尽可能大的保护范围,必要时,在收到驳回通知后,可提出复审请求	建议根据审查员要求,适当对保护范围加以缩限,提高获得授权的可能

(续表)

工作内容	核心、重要专利/专利申请	普通专利/专利申请
缴纳年费	做好年费缴纳管理，必要时可集中委托托管机构按时提醒缴纳年费	如果技术、法律市场指标得分均较低，综合考虑技术是否已完全迭代、市场对该技术已没有需求、维持成本较高等因素，可停止缴纳年费，放弃维持专利
专利保护	应定期进行监控，及时识别侵权行为，并评估通过协商、诉讼、仲裁、调解等不同处理方式应对侵权行为对企业造成的影响，选取适宜的争议解决方式	/
专利无效应对	聘请资深的专利代理师对核心专利进行维权答辩	/
海外同族专利申请	当需要开展海外业务时，可作为PCT申请或巴黎公约协议国专利申请的优先权专利	/
专利布局	围绕核心、重要专利进行专利布局，形成高价值专利组合	评估是否可以纳入高价值专利组合

（二）根据专利级别和指标特征选择不同运营方式的探索

通过专利运营，可实现专利价值的最大化。专利运营的方式主要可分为产业化运营、商业化运营和资产化运营。其中，产业化运营包括以生产经营为目的的自行实施、加入专利池或专利联盟、专利标准化等方式；商业化运营包括专利的许可和转让，如普通许可、带条件许可、排他许可、交叉许可、开放许可、专利申请权或专利权的转让等；资产化运营包括专利质押、专利租赁、专利出资等方式。

在选择合适的专利运营模式时，可综合考虑专利级别以及专利技术、法律、市场的各项指标。下面选取有代表性的4种运营方式展开说明。

1. 自行实施

专利的自行实施是指专利权人以生产经营为目的，自行制造、使用、许诺销售、销售、进口其专利产品，或者使用其专利方法以及使用、许诺销售、销售、进口依照该专利方法直接获得的产品，是企业将专利技术投入生产经营实践并取得经济效益的过程，是最基础的一种专利运营活动。

自行实施是我国专利实施的最主要方式，且不论是核心、重要、还是普通专利，只要是来源于研发和生产经营活动，都可以用于自行实施。一般来说，技术先进、成熟度高、市场应用广、市场环境好的专利企业会自行实施。由于专利技术不够成熟、市场环境发生变化或者缺乏实施环境等原因，企业对其专利难以自行实施的，就需要考虑以许可、转让等形式实施其专利。

2. 专利许可

专利许可是指专利权人许可他人以特定方式运用专利技术，同时被许可方按约定支付许可使用费给专利权人的运营活动。

企业倾向于将与核心业务相关度低、价值一般的专利对外许可，而将竞争性强的专利自行实施。可参考应用情况指标进行评估，若某专利与核心业务相关度低，但在市场上仍具有一定需求，且技术、法律指标得分在50—70分的专利，可考虑对外许可。交叉许可往往发生在专利诉讼和谈判后，或发生在联盟成员之间，是实现技术互用和共同开发、防止专利侵权和解决专利纠纷的有效方式。

通过对典型企业的专利运营情况进行分析，发现华为、微软等企业对外许可的专利往往具有用途不大、价值一般的特点，如微软将核心产品中较少采用的安卓相关专利许可给安卓厂商，以此收取大量专利授权费；华为为了构建产业链，将一些上游专利对外许可给互补、配套企业。[2]

3. 专利转让

专利转让是指专利权人或专利权申请人将专利权或专利申请权按市场交易规则让与受让方，受让方支付对价以换取专利权或专利申请权的运营活动。

专利转让可以使权利人一次性获得相对高额的收益，但也可能为自己树立了一个强劲的竞争对手，丢掉了可以垄断的市场，因此专利转让活动需从战略角度进行通盘考虑，避免将承载关键技术的核心专利和重要专利出让。

跨国公司通常在技术和产品的产生和发展初期对专利自行实施，以获取技术成长阶段的垄断利润；待该技术发展到一定时期被其他很多企业掌握后，再实施专利转让战略。且在转让行为本身中，跨国公司也高度重视转让的策略性，如将技术分成不同类型，关键技术、核心技术绝不转让，以保持技术领先。[3]举例而言，从2015年7月开始，华为陆续向高通子公司Snaptrack转让超过一百项专利，这批专利超过七成未被其他专利引用，并且1/3的转让专利在2018—2020年间因未缴年费而失效，说明转让的专利不是高价值专利，华为将对本企业用途不大或一般价值的专利进行转让从而获取经济利益。[2]

4. 专利资本化

专利的资本化运作包括专利质押融资、专利出资、信托等形式。

专利资本化运作的经济收益与专利价值相关，而专利价值正比于专利的技术指标、法律指标和市场指标。但并不是专利价值越高，越应该进行专利资本化，例如当专利权作为质押物被抵押时，如企业无法按时向出资方还款，将失去该专利权。因此相较于核心专利，更建议用重要专利或普通专利来进行专利质押融资。专利出资不涉及企业技术知识或专利权向其他企业的转移，降低了知识外溢和权利流失的风险，一般应用于企业的核心专利。

投融资运营通常是中小企业或新创企业对有一定价值和应用前景的专利采取的运营战略，如江苏为真生物医药将2项发明专利纳入专利证券化产品资产包，将专利权未来许可收益权转移至苏州融华租赁有限公司，由其以专利权许可费作为基础资产发行证券。[2]

结　语

本文通过构建适用于企业内部进行评估的专利分级评价指标体系对专利进行分级评价，并提出在专利/专利申请的创造、保护和运营阶段针对不同专利级别予以不同的管理举措和运营方式，为企业筛选高质量、高价值专利，促进专利转化运营提供参考和依据。

参考文献

[1] 马天旗.高价值专利筛选[M].北京:知识产权出版社,2018:59-63.

[2] 王珊珊,周鸿岩.基于扎根理论的企业专利运营模式研究[J].科学学研究,2022,40(08):1472-1480.

[3] 冯晓青.我国企业知识产权运营战略及其实施研究[J].河北法学,2014,32(10):10-21.

自研技术的知识产权风险与应对

韩 俊　岳 伟　顾慧惠

[摘　要] 自研技术通常指由创新主体自主研发产生的技术。一方面，与通过购买、授权、开源社区贡献等途径从外部获取的技术相比，自主研发需要投入更多的资源和时间。另一方面，自研技术通常具有一定的创新性，可能涉及新颖的解决方案、结构设计、配方、算法、技术架构或工程方法等。通过自主研发而得的独特的、领先的技术可帮助创新主体形成产品或服务的竞争优势。知识产权保护可确保创新主体的自主研发成果不受他人侵权或抄袭，以保护创新主体的创新成果，提升创新主体的竞争力和市场地位。

[关键词] 自研技术，知识产权风险，风险应对

引　言

近年来，各类创新主体对知识产权保护的重视程度不断提高，且越来越多地意识到了知识产权对其发展的重要性，开始加强对自研技术的保护。尽管创新主体对自研技术的知识产权保护意识有所加强，但仍然面临着一些挑战。例如，自研技术的知识产权保护不够全面、专业，这可能会造成在开发和应用的过程中面临一系列知识产权风险。

本文将围绕自研技术在开发和应用的过程中可能面临的侵权风险、技术成果未有效保护的风险、先发优势和技术竞争风险以及法律合规风

作者简介

韩　俊　上海专利商标事务所有限公司专利代理师。
岳　伟　上海专利商标事务所有限公司专利代理师。
顾慧惠　上海专利商标事务所有限公司专利代理师。

险等知识产权风险开展探讨，并提出相应的解决方案及建议，旨在助力创新主体的自研技术得到充分保护，进一步提升创新主体的竞争优势及商业价值。

一、自研技术面临的侵权风险及其应对

自研技术面临的侵权风险可能涉及技术自身的知识产权侵权、竞争对手的知识产权侵权和因人员流动造成的知识产权侵权。

（一）技术自身的知识产权侵权

在自主研发创新的过程中，技术本身可能存在侵犯他人在先权利的风险。如果事先未予以充分调研，以排除未经授权使用他人知识产权的风险，便开始投入资金、人力进行研发，一旦在研发后期才发现此等情形，轻则面临开发进度的延迟、资金及人力成本的损失，严重的还可能面临侵权诉讼和赔偿责任。

例如，在深圳街电与来电侵害实用新型专利权纠纷的二审民事判决书［（2019）最高法知民终83号和（2019）最高法知民终107号］中，深圳街电在对一共享充电设备进行开发的过程中，可能未事先进行充分调研，导致生产、销售的产品侵犯来电公司的在先专利权，最高法院判令街电公司停止制造和使用侵害来电公司ZL201520847953.1号专利权的两类产品（通过按键归还的6口产品和通过扫描二维码归还的6口产品），并对于每类产品赔偿来电公司经济损失及合理支出共计100万元[1]。

为预防和避免此类因自研技术本身侵犯他人在先权利的风险，创新主体可安排专职人员从事知识产权保护工作，在立项前，对创新主体自身研发基础进行确认，同时通过对相关技术在主要国家的专利申请情况进行排查，全面了解该技术项目在国内外的研发现状、水平和主流的发展趋势，明确研发方向和目的，对预期实现的技术高度及在市场上的应用前景做出预判，由此确定研发项目的具体内容和目标。在立项之初，对研发项目的主要内容及关键技术、创新点是否会侵犯现有权利进行FTO分析，判断项目结项后是否可能侵犯他人的专利权。同时，进行商标、版权、外观设计的查询检索，防止侵犯他人的在先权利。未来产品将销往国外的，可考虑针对目标国（或地区）进行专利预警分析。对于可能出现的专利检索范围的漏洞，建议聘请专业的检索机构和检索人员进行检索和预警。

如果发现可能侵犯他人在先专利权的，应及时做好规避设计。例如，对于上述街电公司与来电公司之间的侵权纠纷，街电公司如果能在研发时规避通过电磁铁的轴和移动电源上的沉孔相互配合以夹紧移动电源的技术特征，也许可降低侵犯来电公司专利权的风险。

如果难以规避或规避成本过高，则可考虑放弃该立项或考虑与该专利权的权利人

协商转让、许可的事宜。这里，如果发现可能侵犯的是他人在先的专利申请，而该专利申请尚处于审查阶段，还可考虑对该专利申请提出公众意见，通过意图性地让权利人为获得授权自行缩小保护范围，以使研发项目方案与该专利授权的保护范围差异化，达到规避侵权的效果。

除了在以上的产品研发的固定环节中实行对应措施外，还建议在项目研发不断推进的过程中，定期检索排查有关技术的最新公开内容，以及时发现风险并做好应对。

（二）竞争对手的知识产权侵权

竞争对手的知识产权侵权也是自主研发创新过程中经常会面临的一个风险。自研技术可能处于竞争激烈的市场环境中，竞争对手可能会通过侵犯知识产权来获取技术优势，例如通过各种手段窃取机密信息和商业秘密等，从而获得不当的竞争优势，造成大量投入的研发成本无法收获预期的效益。

近几年来，跨境电商的市场规模不断增长，一些跨境卖家对于自主研发的新品，可能有申请专利的想法，但出于成本等考虑而未申请专利或是只在国内申请了专利，而在国外放弃申请直接上架销售。此时，一些跨境索赔团伙会趁虚而入，将没有申请专利或商标权等的在售产品抢注并反过来起诉卖家，要求巨额索赔[2]。

为充分保护自研技术的成果，首先，创新主体在自主研发创新的过程中，要及时申请专利、商标、版权等知识产权保护，确保自己的创新技术得到合法保护，防止被竞争对手侵犯。其次，及时发现和制止竞争对手的侵权行为，以降低创新主体面临的法律风险和经济损失。例如，定期监控竞争对手的产品、服务和技术，及时了解他们的动态和行为，发现可能的侵权行为。另一方面，也要加强对公司机密信息和商业秘密的保护，限制知识产权信息的泄露，防止竞争对手获取关键信息。还可与专业的知识产权代理师或律师合作，定期进行知识产权审查和评估，优化专利布局，及时采取法律行动应对已知或潜在的侵权行为。

创新主体还可通过不断迭代创新和改进，建立技术壁垒，使竞争对手难以复制或超越自己的技术优势，避免让更多的竞争者和热钱涌入市场，造成利润摊薄。

最后，对抗不是唯一的手段，与其他企业或组织建立良好的合作关系，有时可通过交叉许可等方式实现合作共赢，减少双方为发展而相互恶意竞争，降低法律诉讼成本，同时拓展市场和合作机会。

（三）因人员流动造成的知识产权侵权

因人员流动造成的知识产权侵权同样是一个风险点。例如，当掌握核心资料的岗位的员工离职或转岗时，他们可能会携带创新主体的机密技术或商业机密，从而给创新主体带来损失。

例如，在（2020）最高法知民终1667号一案中，原告公司香兰素车间副主任获得被告公司给予的40万元报酬后，将原告公司的香兰素技术秘密披露给被告公司，并进入被告公司的香兰素车间工作。被告公司按照载有涉案技术秘密的图纸，订购香兰素生产设备、组件生产线，于2011年6月开始生产香兰素。2011年至2017年间，被告公司实际利用涉案技术秘密，每年生产销售香兰素至少2000吨，总共获得了超1.5亿元的销售利润[3]。

作为创新主体，为预防或应对这种因内部员工离职或转岗带来的风险，可考虑制定严格的保密协议和合理期限的竞业禁止协议。通过签订保密协议，明确规定在接触和使用公司机密信息和知识产权时的保密义务，确保信息安全和保密性。通过签订合理期限的竞业禁止协议，限制员工在离职后从事与原雇主竞争的活动，保护原雇主的商业利益和机密信息。除此以外，也可从日常的公司管理制度着手，例如根据员工的职责和需要，对其信息访问权限进行合理的限制和管理，避免未授权的信息获取和使用。也可采用访问控制、数据加密和水印技术等技术防护措施，保护知识产权信息的安全和完整性，防止信息泄露，并建立监控机制，定期审查员工对知识产权的访问和使用情况，及时发现和防止潜在的侵权行为。此外，建议创新主体定期对员工进行知识产权保护的培训，强调知识产权的重要性和价值，引导他们识别和尊重知识产权，强化知识产权保护意识。也可制定惩罚措施，明确知识产权侵权的违规行为和相应的惩罚措施，以确保侵权行为受到严肃处理。

另一方面，引进人才也可能会带来侵权风险。有时，出于加快研发进度、了解竞争对手的研发进展等目的，创新主体在招聘人才时会有目的性地引进竞争对手的技术人才，用高薪聘请其研发团队中从事核心职能工作的成员，因而可能带来侵权风险。当然，也可能是应聘者有意地隐瞒或是无意地遗忘告知竞业禁止协议的存在，导致招聘方在应聘者入职后受到原单位的追溯。

例如，在A公司招聘过程中，应聘者被聘用并签署了竞业协议，同意在离职后一段时间内不从事与A公司业务相竞争的工作。随后，应聘者离职并加入与原公司存在直接竞争关系的B公司，并开始从事与在A公司时类似的工作。同时，应聘者在招聘过程中没有披露自己曾与A公司签署过竞业协议或故意隐瞒了这一事实。A公司发现这一情况之后，认为应聘者违反了竞业协议。由此，A公司可能会采取法律行动，指控应聘者违反竞业协议并要求法院制止应聘者继续从事与A公司业务相竞争的工作。这种情况下，应聘者的隐瞒或遗忘告知竞业协议的行为也可能导致B公司的权益受到侵犯。

当然，在此案例中，是否应禁止应聘者在B公司工作将取决于竞业协议的具体条款、法律法规和法院的判决。但在招聘过程中，应聘者有义务如实披露自己是否签署过竞业协议，并遵守与之相关的法律义务。同时，招聘方也应审慎核查应聘者的背景和任职经历，确保不会侵犯他人的竞业协议权益。

因此，在人才招聘活动中，尤其是作为创新主体一方的招聘方在招聘员工时必须有意识地预防或应对由人才招聘带来的侵权风险。实践中，例如，在面试前签署书面协议，提示在面试时避免提及原单位商业秘密，以免因原单位商业秘密被泄露而使招聘方承担责任，并在面试过程中核实应聘者是否与原单位签订了竞业禁止协议等商业约束或竞业禁止协议是否已丧失效力。另外，在正式入职前，进行充分背景调查，确保应聘者未受竞业限制条款、保密协议条款或其他知识产权条款的限制[4]。

二、自研技术面临的技术成果未有效保护的风险及其应对

自研技术的技术成果未得到有效保护，指的是创新主体自主研发的技术成果没有进行充分的法律保护或保护效力受到威胁，这可能导致知识产权被他人抢注、损失商业机会、降低创新动力、影响融资和合作。因此，有效保护自研技术的技术成果对于保护创新、维持竞争优势以及在市场上取得成功至关重要。以下，将以权利人无法维护其知识产权、其他可能影响专利权有效性的因素、保护角度局限的风险为例讨论技术成果未有效保护的风险及其应对。

（一）权利人无法维护其知识产权

申请专利并获得授权是保护技术的一种重要手段，但并不是万无一失的。例如，他人可能对自研技术的专利进行无效宣告，而一旦专利被认定为无效，就无法保护自研技术的独占权。

为提高专利权的有效性、稳定性，在申请专利前尽可能地排除被宣告无效的可能性是一个重要的步骤。例如，在进行自研技术之前，进行彻底的市场调研和技术评估，确保希望的自研技术在市场上有独特性和创新性，同时在申请专利之前进行详细的尽职调查，确保自研技术在申请专利的时间点仍有创新性，且能符合相关法律的要求。对于有"硬伤"的技术不要"硬上"，由此，能降低自研技术的专利被宣告无效的风险。

（二）其他可能影响专利权有效性的因素

其他可能影响专利权有效性的因素例如包括申请专利的时间、保护范围的选择、核心市场布局等。

在自研技术已初具成效时，就可考虑专利申请的事宜。目前全世界的绝大多数国家的专利申请都采用先申请制，一旦延误了申请专利，而让在后完成研发的他人先申请了专利，那么很可能会导致先前所做的努力化为泡影。

在选择保护范围时，对于一些能相比于现有方案有着一定程度改进的非最终（最优）方案，也应当考虑将其纳入专利申请所要保护的范畴，否则仅单一地保护最终（最

优）方案，会造成那些中间方案成为公知技术被他人应用，也会一定程度上导致自研技术的价值下降。

关于核心市场的布局，建议创新主体综合考虑自身的发展计划、产品特点进行相应布局。例如，对于在多个国家有产品销售计划或是存在被抄袭或仿冒风险的创新主体，不仅要在技术研发国申请专利，也要及时在可能制造国和目标市场国申请专利。

（三）保护角度局限的风险

例如，以通过专利权形式对自研技术成果予以保护的情况为例，专利虽然可为技术提供一定的保护，但创新主体还可同时从整个技术领域或市场等角度来布局知识产权，即还可综合考虑其他形式的知识产权保护，从多个不同的角度保护自身研发的技术和创新思想。由此，创新主体更应当认真选择研发成果的保护方式，甄别哪些研发成果应该申请专利，哪些需要通过商业秘密来保护，并选择合适的专利申请时机。一般来说，创新主体可将一些非核心性的或者容易被抄袭或仿冒的技术成果申请专利权保护，而对核心性技术成果且不易通过逆向工程等被抄袭或仿冒的技术成果采取商业秘密的方式来保护。需要特别注意的是，如果保护方式选择不当，将不应申请专利的研发成果申请专利并公之于众，可能反而损害创新主体的利益，这比不申请专利还可怕。

无论是何种形式的知识产权保护，都建议在技术研发开始阶段就建立完善的技术档案和记录，记录研发过程、关键技术点和创新思路，并采取相应的保密措施，以便在技术被他人抄袭时为维护专利的有效性提供有力证据。另外，通过这种技术档案和记录，能将员工头脑中的隐性知识转化为显性的知识，避免由于员工离开造成的知识断崖或空白。

三、自研技术的先发优势和技术竞争风险及其应对

自研技术的先发优势是指创新主体通过自主研发创新，率先在市场上推出新产品或技术，从而获得竞争优势。然而，先发优势同样伴随着风险和挑战。例如，技术发展迅速，市场竞争激烈，一旦推出的自研技术被竞争对手迅速复制或超越，先发优势可能很快消失。又例如，新技术或产品可能面临市场接受度不高的风险，消费者可能对新技术的理解和接受需要时间，导致推出后效果不如预期，而当相关产品终于得到市场认可并火爆销售后，已经申请的专利可能却已经因到期而终止，导致利益受损。

例如，对于自拍杆市场，虽然美能达（ミノルタ株式会社）于1983年1月18日就提交了一种题为"摄像机支撑装置"、公开号为JPS59112241U的基础专利申请。然而，一直到2010年左右，自拍杆才随着智能手机的发展在销售市场上火爆。遗憾的是，由于美能达未能持续在该方向进行投入和布局，前期投入的研发费用和专利申请费用因

专利过期而未能从火爆的市场中分得一杯羹[5]。

另外，市场环境和需求变化也可能影响先发优势的持续性，如果市场需求或竞争态势发生变化，先发优势可能难以维持。同时，自研技术通常需要投入大量研发成本和时间，一旦市场反应不佳或技术被超越，可能导致投入成本无法收回，带来经济风险。这些风险也可说是创新主体在自主研发技术过程中面临的来自竞争对手的技术挑战和竞争压力。

创新主体可考虑从以下几方面来预防或应对由先发优势和技术竞争风险带来的知识产权风险：

建立稳固的知识产权保护，例如及时且高质量地申请专利、商标、版权等知识产权保护，确保自研技术得到合法且有效的保护，防止竞争对手的侵权行为。

保持技术领先地位，例如持续投入研发，使自研的技术形成体系，不断创新和提升技术水平，推行"销售一代、储备一代、研发一代"的三代研发政策，确保自研技术保持领先优势，以应对竞争对手的挑战。

建立高素质的研发团队，注重团队的创新能力和协作精神，确保持续地推出具有竞争力的新产品和技术。

加强市场监测、灵活应对市场变化，密切关注市场动态和竞争对手的行动，了解他们的技术发展和市场策略，同时，定期评估自研技术的市场表现和竞争态势，建立灵活的研发机制，能快速响应市场变化和技术挑战，及时调整产品和服务，确保能持续保持先发优势。

建立战略合作关系，例如与优势互补的创新主体建立战略合作关系，共同研发和推广新技术，扩大市场份额，发扬自己的优势，减少因自身短板带来的额外的成本支出，由此降低自研技术开发和推广所带来的潜在风险。

加强品牌建设和市场营销，准确地确立在市场中的定位，注重品牌建设和市场营销，提高产品的认知度和市场竞争力，巩固自研技术的市场地位。

四、自研技术面临的法律合规风险及其应对

自研技术的法律合规风险是指创新主体在自主研发技术过程中可能面临的与法律法规不符或违反法律规定的风险。这些风险可能涉及知识产权、合同、竞争、数据隐私等方面。

例如，自研技术的研发过程中如果未遵守相关的知识产权法律法规，可能导致侵权行为，被他人指控侵犯其专利权、商标权、版权等知识产权，造成法律纠纷。

又如，在自研技术的开发和应用过程中，如果未妥善处理用户数据或敏感信息，

可能导致数据泄露，违反数据隐私法规，受到监管部门的处罚。例如，滴滴公司由于过度收集用户信息等行为，2022年7月21日被国家互联网信息办公室处以80.26亿元罚款，公司董事长和总裁分别被处以人民币100万元罚款[6]，并且在审查期间还因APP被下架等原因所损失的用户和商业利益也非常巨大。

再如，自研技术在市场上占据主导地位时，如果存在滥用市场支配地位等违反反垄断法规的行为，可能面临反垄断调查和处罚。

另外，还存在自研技术产品在使用过程中出现质量问题或安全隐患导致产品责任纠纷的风险，或是与合作伙伴、客户签订的合同中存在模糊不清的条款或未能履行合同义务而可能引发的合同纠纷的风险。

例如，在顺安塑业、上海花冠等侵害外观设计专利权纠纷案（2023）浙民终683号中，浙江省高级人民法院二审判决维持了一审判决，即，上海花冠的供应商安徽洁诺德提供给上海花冠的奶粉罐盖侵犯了顺安塑业的外观专利权。在该案中，安徽洁诺德认为其向上海花冠公司供应了该公司自主知识产权（外观专利号2015305675102和2016302290066）的奶粉罐盖，该奶粉罐盖是该公司委托四川省宜宾普什模具有限公司进行设计开发的，并提供了双方2017年7月17日签订的《新产品开发协议》。然而，经一审和二审法院审理后发现，安徽洁诺德实际销售的奶粉罐盖并不具有所声称的自主知识产权，并侵犯了顺安塑业的外观专利权（外观专利号2016300032089），同时上海花冠也具有相应的过错（未尽到合理注意义务、与顺安塑业存在长期交易且知悉涉案专利等）。最终，二审法院维持原判，洁诺德公司向顺安塑业赔偿金额150万，上海花冠公司的赔偿金额为50万[7]。

创新主体可考虑从以下几方面预防和应对这一风险。例如，在签订合同时，注意条款的合规性和清晰度，避免合同纠纷和法律风险。尤其是，在开展研发活动之初，应当通过书面约定的方式对研发成果的归属做出安排。在设计研发成果归属条款时，须考虑到在争议发生后，双方往往会怠于继续履行合同，甚至会解除或终止合同，因此，必须将合同解除、终止或因其他原因失效时，研发成果归属条款是否继续有效的问题一并做出约定。例如，在外购产品的采购阶段，应对该外购产品的知识产权状况进行评估，以降低因外购产品的知识产权侵权行为导致的创新主体发生侵权的风险。同时要确保自研产品符合当地的安全标准和法规要求，避免产品质量问题和安全隐患，降低产品责任风险。

以上列举了一些针对具体法律合规风险的应对策略。此外，还建议创新主体定期进行法律风险评估，及时发现和解决潜在的法律合规问题，确保创新主体在自研技术发展过程中合法合规。对于较复杂或不能确定的法律问题，要及时寻求法律顾问的意见和帮助，避免犯错和陷入法律纠纷。

结　语

本文探讨了自研技术的侵权风险、技术成果未有效保护的风险、先发优势和技术竞争风险以及法律合规风险等诸多知识产权风险，对于这些风险，亦提出了相应的解决方案。同时，自研技术的知识产权风险不限于所列举的这些，为有效规避这些风险，创新主体应当建立健全的知识产权保护体系，不断发现创新主体自身可能存在的风险点，并且通过行之有效的方式加以规避。

此外，本文中，还探讨了内部人员和竞争对手的知识产权侵权，由此也引发了对于知识产权风险管理的讨论，并提出了一些建议：加强内部培训，强化知识产权保护意识，定期进行法律风险评估，及时发现和解决潜在问题，与专业法律顾问合作，确保创新主体的自研技术在法律合规的轨道上发展。

综上所述，自研技术的知识产权风险是创新主体在创新发展过程中需要重视的问题，有效的知识产权保护和风险管理对创新主体的持续发展至关重要。我们希望本文的研究能为创新主体在自研技术领域的知识产权保护提供一定的参考和借鉴，促进创新主体技术创新和发展。

参考文献

[1] 最高人民法院. 深圳街电科技有限公司、深圳来电科技有限公司侵害实用新型专利权纠纷二审民事判决书[EB/OL].(2020-09-02)[2024-03-29]. https://wenshu.court.gov.cn/website/wenshu/181029CR4M5A62CH/index.html.

[2] 明途涉外专利. 抢注太疯狂！品牌、专利、版权、域名都遭殃！[EB/OL].(2023-10-19)[2024-03-29]. https://mp.weixin.qq.com/s/Ypf1BZ5phX4zshU_Bp9EGg.

[3] 最高人民法院. 嘉兴市中华化工有限责任公司、上海欣晨新技术有限公司侵害技术秘密纠纷二审民事判决书[EB/OL].(2021-03-01)[2024-03-29]. https://wenshu.court.gov.cn/website/wenshu/181029CR4M5A62CH/index.html.

[4] 国家知识产权局知识产权保护司. 企业知识产权保护指南[M]. 北京：知识产权出版社，2022：37-54.

[5] 张应刚. "自拍杆专利"的奇迹[EB/OL].(2024-03-21)[2024-03-29].https://mp.weixin.qq.com/s/DiyfoNRHDlJRbEN9UalrzQ.

[6] 国家互联网信息办公室. 国家互联网信息办公室对滴滴全球股份有限公司依法作出网络安全审查相关行政处罚的决定[EB/OL].(2022-07-21)[2024-03-29]. https://www.cac.gov.cn/2022-07/21/c_1660021534306352.htm.

[7] 浙江省高级人民法院. 顺安塑业有限公司、宁波市镇海区蛟川亓龙小吃店等侵害外观设计专利权纠纷二审民事判决书[EB/OL].(2023-12-02)[2024-03-29]. https://wenshu.court.gov.cn/website/wenshu/181029CR4M5A62CH/index.html.

初创企业的商业秘密保护

陆 嘉　安博言　顾峻峰

[摘　要]　商业秘密是企业市场竞争的核心要素之一。防范商业秘密被非法获得、使用或披露而造成损失,已成为备受关注的重要问题。初创企业,尤其是科技型初创企业面临大量的商业秘密以及其他知识产权风险。由于初创企业生存压力大、资源有限,在知识产权方面的投入非常有限,对于其中相对复杂的商业秘密更是无暇顾及。但潜在商业秘密风险可能严重冲击初创企业的核心团队、核心技术,甚至危及企业生存。不同发展阶段的初创企业面临的商业秘密风险各异。服务机构需要根据企业的实际情况和资源能力,为企业量身定制一套合适的商业秘密服务方案,帮助企业以较为经济的手段达到排除风险、确保权益的目的,助力企业成长,助推产业发展。

[关键词]　初创企业,密点,载体,盘点,存证,商业秘密权利基础

引　言

商业秘密作为维护企业市场竞争力的核心要素之一,是企业在市

作者简介

陆　嘉　上海专利商标事务所有限公司临港分公司副总经理兼上海上专知识产权服务有限公司副总经理、专利代理师。
安博言　上海专利商标事务所有限公司专利代理师。
顾峻峰　上海专利商标事务所有限公司临港分公司总经理兼上海上专知识产权服务有限公司总经理、专利代理师。

场竞争中保持长久优势的重要因素。如何防止商业秘密被竞争对手非法获得、使用或披露而造成损失，已成为全球各国共同关注的经济发展重要问题。

我国《"十四五"国家知识产权保护和运用规划》中将商业秘密保护与管理列为重点任务与专项工程。2022年7月，国家市场监督管理总局印发了《市场监管总局关于公布全国商业秘密保护创新试点地区（第一批）名单的通知》，该通知是市场监管总局贯彻落实党中央、国务院关于加强商业秘密保护的决策部署，充分发挥地区的示范引领作用，推进全国商业秘密保护工作改革创新，推动反不正当竞争工作再上新台阶的重要举措。在国际合作层面，2020年，中美双方正式签署《中华人民共和国政府和美利坚合众国政府经济贸易协议》（以下简称《协议》）。《协议》在第一章详细规定了知识产权的保护和执法问题，并将"保护商业秘密和保密商务信息"作为重中之重。《协议》将商业秘密作为知识产权章节的开篇主题，足见两国对商业秘密的高度重视。

与此同时，企业对于商业秘密的维权意识也得到了明显提升，2021年2月，最高人民法院知识产权法庭对嘉兴市中华化工有限责任公司（简称嘉兴中华化工公司）等与王龙集团有限公司（简称王龙集团公司）等侵害技术秘密纠纷上诉案进行宣判，判决被诉侵权人王龙集团公司等赔偿技术秘密权利人1.59亿元人民币，成为人民法院史上判赔额最高的侵害商业秘密案。

正是在此背景下，上海专利商标事务所有限公司的全资子公司上海上专知识产权服务有限公司与上海技术交易所开展了深度合作，针对商业秘密纠纷中举证难的痛点问题，为企业提供全面的商业秘密管理体系建设以及为企业固定商业秘密权利基础的服务。

一、商业秘密服务的关注点

《中华人民共和国反不正当竞争法》第九条中规定：本法所称的商业秘密，是指不为公众所知悉、具有商业价值并经权利人采取相应保密措施的技术信息、经营信息等商业信息。

根据法规的规定，商业秘密可以解释为是具有秘密性、价值性、保密性的信息集合。信息是一个抽象的概念，需要将信息转化成为被固化、可保存、可验证的对象，以利于在可能发生商业秘密纠纷时进行举证。通常，这个对象是由记录有密点的载体来体现。密点或称秘密点，是商业秘密信息中的核心部分，可通过第三方鉴定机构以客观及科学方式证明该信息完全符合商业秘密法定要件。载体，通常是针对某一具体的案件需要提交的文档。无论是技术信息还是经营信息，作为权利人主张权利时，都必须明确指出秘密信息的"密点"，且提交"载体"来支持企业为权利人，通过法院审理过程鉴定，最终明确商业秘密的范围。实践中，商业秘密载体上可能承载着大量的信息，有的信息属于秘密信息，有的信息属于公知信息，而密点则是其中可用于诉讼维权的关键信息。

实践中，企业的商业秘密保护工作可以归结为：从繁杂的信息中，将具备秘密性和价值性的信息集合梳理出来，梳理出来的信息集合进行记录保存，形成文档。这样，具备秘密性和价值性的技术信息、经营信息等商业信息的信息集合就被转化为承载着密点的载体，载体是被固化、可保存、可验证的。再建立保密体系对这些载体实施保密措施，满足保密性的要求。通过这样的处理，就形成了《中华人民共和国反不正当竞争法》中所定义的商业秘密。

秘密性是指"不为公众所知悉"，秘密性的定义粗略地类似专利中的新颖性，需要证明哪些信息"为公众所知悉"。实践中，一般认为企业通过自主研发获得的成果具备秘密性。价值性是指"具有商业价值"，具体的商业价值可以通过惯用的方法，例如市场法、成本法、收益法等进行评估，在实践中，一般认为能投向市场（有人愿意支付对价）的信息就是具有商业价值的。秘密性和价值性可以理解为是信息集合的内在属性，对于秘密性和价值性的重点在于辨识，即筛选出具有秘密性和价值性的信息集合。作为服务机构，由于不能触及信息集合本身，因此在秘密性和价值性的辨识方面，服务机构提供的是间接服务。目前的实践中，服务机构主要通过培训和指导的方式，帮助企业指定的专职人员建立商业秘密保护的理念，指定可操作性的执行规范，然后由企业指定的专职人员来执行秘密性和价值性的辨识工作。

保密性是指"采取相应保密措施"，是对信息集合施加的措施，并不会改变信息集合的内在属性。记录有密点的载体是技术信息、经营信息等商业信息的信息集合的表现形式，也不会改变信息集合的内在属性。因此，保密性和载体可以理解为信息集合的外在表现，外在表现不会导致信息集合本身被泄露，也不会改变信息集合的内在属性。作为服务机构，对于保密性和载体可以提供直接服务。在目前的实践中，服务机构通过帮助企业建立全面的商业秘密管理体系（必要的软硬件配置、制度规范设立和人员培训）来满足保密性的要求，通过指导企业指定的专职人员进行密点和载体的盘点、归档和存证，使之被固化、可保存、可验证。

通过直接服务和间接服务的结合，服务机构就能够协助企业梳理出具备秘密性和价值性的技术信息、经营信息等商业信息的信息集合，将这些信息集合转化为承载着密点的载体，载体是被固化、可保存、可验证的，然后再对这些载体施加保护措施，并进行初步确权，以成为企业的商业秘密资产。

二、固化资产，将核心技术与企业绑定

在企业从天使轮成长到A轮的过程中，企业的发展驱动力需要从技术驱动逐步过渡

到市场驱动，需要吸引更多机构投资者来为企业提供更多的资金、机会和资源。由于企业驱动力的变化和公司股权结构的变更，容易引发团队的更迭。因为这一阶段企业处于市场化的初期，对于核心技术的依赖度依旧很高，而核心技术天然与核心技术团队是紧密绑定的，尤其在生物医药、化工、软件等行业中，核心技术与团队成员的个人工作经验难以区分，如果出现核心技术团队出走的情况，企业就会面临核心技术流失的风险。对于投资者而言，投资的对象是企业，如果核心技术的掌控权无法从团队转移到企业，潜在的投资风险就会让投资者望而却步。

A公司是国内生物基材料的领军企业之一，生物基材料已被纳入"十四五"原材料工业规划重点任务。A公司的核心业务是开发5-羟甲基糠醛（HMF）及其衍生物呋喃二甲酸（FDCA）、四氢呋喃二甲醇（THFDM）、2,5g呋喃二甲胺（BAMF）等系列具有高附加值的呋喃生物基单体。HMF作为重要的生物基平台化合物，其下游具有上千种高附加值衍生物，生物基材料FDCA是石油基PTA的替代，市场前景广阔。A公司于2022年签订国内首个FDCA吨级合同，2023年连续实现2.7吨、10吨的一次性交付，并于2023年实现了FDCA的百吨级销售订单，此外，A公司在生物基纤维、生物基包装等多个应用方向取得了中试验证。A公司已实现HMF、FDCA的百吨级生产线稳定运行，正在建设HMF和FDCA的千吨级生产线。

A公司是正在从天使轮向A轮成长的企业，已经实现了市场化销售，正在进行产能和销售的持续扩张。面对市场机遇，A公司筹划进行A轮融资，以支持公司的快速成长。在与投资者接洽的过程中，A公司也意识到了自身在商业秘密方面的隐患，2023年6月，A公司邀请上海上专知识产权服务有限公司与上海技术交易所组成联合服务团队，为A公司的商业秘密体系进行全面的梳理和完善。本次服务的宗旨是进行商业秘密技术/信息资产的确权，制定和导入商业秘密管理制度和商业秘密权利基础的搭建，从而形成基本的商业秘密保护体系，降低企业受到商业秘密侵害及商业秘密争议事件的风险。

在2023年的6月至12月间，服务团队开展了数论现场调研、访谈、培训，完成了以下的工作：

企业内部专项团队的建立与培训：增强A公司全体员工，尤其是各级管理人员对商业秘密的管理意识与能力，组织针对A公司高管、技术研发、HR、IT、法务、销售等部门主管的专项培训，培训重点强调商业秘密管理的重要性，明确各部门在商业秘密保护中的角色。同时，针对重点技术部门，组建由研发、设计、制造等领域技术专家组成的商业秘密委员会，作为A公司的内部指定团队，对内部指定团队进一步突出强化商业秘密权利基础（密点、载体）的相关知识培训。

密点框架梳理：协助A公司梳理商业秘密密点框架，构建适配A公司的商业秘密资产基础体系。服务团队凭借多年工作经验积累的技术敏感性以及对行业运行规则的理解，通过研究A公司所处的生物材料和化学材料行业中国内外相关公司的案例，制定适配A公司的盘点表。盘点表体现了密点与载体的对应关系。比如，对于生物材料和化学材料行业的企业而言，过往的案例中，重要的密点会出现在哪些载体（文档）中。通过盘点表的提示，企业就能了解哪些载体（文档）可能会记载有重要的密点，对于相关的载体就会进行重点的梳理、收集和存档。因为盘点表是从相关行业内大量公司的案例中总结得到，盘点表能够比较全面地覆盖相关行业的绝大部分密点，并对应地提示相关的载体。对于使用盘点表的企业而言，在盘点表的提示下，能有效消除认知疏漏和认识盲区。盘点表也被认为是企业商业秘密分级管理的基础。在服务过程中，服务团队与A公司的内部指定团队共同完成盘点表的制定。在盘点表制定完毕后，服务团队协助A公司内部团队根据盘点表的提示，重新审核相关载体（文件）的收集工作，及时对过往的疏漏进行补强。盘点表提示的是载体（文档），并不会触及文档的具体内容（载体中记载的密点），因此在这一阶段，服务团队可以直接介入提供服务，协助和指导A公司的内部指定团队完成相关工作。

商业秘密权利基础确认：在盘点表制作完成后，服务团队暂时脱离，不接触A公司的实质技术信息，由A公司的内部指定团队继续根据盘点表的提示，在盘点表所搭建的框架的指引下继续完成载体的收集和存档工作，将记录有相关密点的载体（文档）进行完整收集，然后对载体进行归档与备份，确保A公司的技术信息资料保存完整。之后，服务团队再次介入，提供技术支持对记录有密点的载体进行封存，将封存的载体在第三方商业秘密登记系统中进行存证和登记，并出具第三方的登记凭证，完成A公司商业秘密资产的初步确权，实现了对A公司商业秘密资产的固化，满足商业秘密司法认证的证据要求。

保密体系核查与保密策略实施：服务团队与A公司的内部指定团队共同制定A公司的保密工作方案，包括信息安全政策、人力资源安全、研发保密管理、制造保密管理等，发布保密策略和商业秘密保护手册。A公司开始正式试运行保密策略，服务团队与A公司的内部指定团队共同对A公司的保密策略的实施进行为期3个月左右的核查、优化与改进。在试运行完成之后形成A公司的保密策略长期运行方案并完成体系合规认证。

2023年12月，上海技术交易所向A公司颁发了企业商业秘密资产初步确权管理合规证书，确认A公司已经具备了符合上海技术交易所标准的商业秘密保密体系及保密策略。2024年1月至2月，A公司获得了上海技术交易所颁发的数张商业秘密权益初步确权登记凭证，涵盖HMF和FDCA的核心工艺，完成了对A公司核心工艺的商业秘密资产固化，明确了资产归属于A公司，将上述核心工艺从团队的个人经验中剥离并固化为A公司的商业秘密资产。

2024年3月，A公司顺利完成A轮融资，获得近亿元的融资支持，为A公司的进一步发展提供了充足的资金支持。

三、排查风险，在外部合作中确保自主研发成果

从企业成长的角度看，每一个成长阶段都会淘汰一大批的企业。从企业创立开始，能够经历种子轮阶段和天使轮阶段，成长到A轮的企业的比例其实非常低。换句话说，与处于A轮的企业相比，处于更早期阶段的企业数量要多得多。处于种子轮和天使轮阶段的企业通常尚未开始商业化进程，企业的核心资产就是少数几项核心技术，这些核心技术通常经过了实验室验证，具备可实现性，如果进展快的话，有些可能形成的产品的雏形并且进行过小批量的试产。目前，科技型初创企业的创始人团队大多脱胎于高校、科研院所或者业内的头部大型企业，企业掌握的核心技术也源自于创始人团队的研究或者工作经历。这些企业也会面临技术与团队成员的个人工作经验如何区分的问题，与之前介绍的A公司不同的是，初创期企业的问题并非是担心员工离职可能带走技术，而是创始人团队在本企业研发的技术如何与原先的工作经验进行区分，如何规避自有技术涉及他人商业秘密的风险。尤其，对于种子轮阶段的企业，因为企业的生存前景尚不明确，也极度依赖外部注资生存，创始人团队中的部分成员可能并非全职入职到企业，而是给予保留了原有的身份（来自高校、科研院所的核心技术人员较为普遍）。在这种情况下，企业的部分研发工作实际上是委托外部进行，这对于企业技术成果的识别与归属带来了更大的挑战。

B公司是一家初创的生物医药公司，聚焦于经基因工程修饰的干细胞药物研发。B公司处于创业初期，尚未形成实质的公司架构。公司的创始人团队中，核心技术人员来自国内知名高校，目前保留了在高校的身份，尚未全职入职到B公司。此外，在研发的过程中，公司也与大量的外部人员合作。公司的主要研发成果和核心技术大多是内外部研发人员合作研发的成果。B公司目前已经完成了药物机制研究、药效学研究和成药性研究，准备开展药物开发，同时也准备开展种子轮融资。B公司面临的商业秘密问题包括两个方面，一个方面是在药物委外开发的过程中如何防止技术机密泄露，另一个方面是如何识别自有技术并明确自有技术的归属。尚处于初创期的B公司缺少专利以及商业秘密方面的专业人员，于是，B公司邀请上海上专知识产权服务有限公司与上海技术交易所组成联合服务团队，为B公司的商业秘密相关工作进行评估，并重点对B公司当前直接面临的商业秘密风险进行化解。

服务团队经过对B公司的现场调研和访谈后，发现处于初创期的B公司尚不具备完整的公司架构，各级管理人员，尤其是核心的技术研发团队中存在大量的外部兼职人员，研发工作委外合作的比例也相当高。因此，B公司目前无法建立相对封闭的保密体系，也无法设立完全由内部人员组成的商业秘密委员会。与前面提到的A公司相比，B公司暂时无法建立能够独立封闭运行的保密体系。这与B公司所处的发展阶段密切相

关，A公司具有完整的公司架构，并且基本实现了内生的研发制造能力，有能力运作封闭运行的保密体系与保密策略。而B公司研发、测试、制造等工作需要大量的外部支持，要打造一套能够覆盖所有外部资源的保密体系和保密策略是不切实际的。另一方面，由于大量外部支持的存在，B公司的自有技术与技术来源之间的界限模糊，自身反而存在侵犯他人商业秘密的风险。经过评估，服务团队建议，B公司当前的商业秘密工作应当首先立足于明确自有技术，将自有技术与技术来源区分，对自有技术做好初步确权。在完成自有技术初步确权的基础上，反向拆解自有技术的研发过程，分析梳理研发过程中涉及的人员、合同、研发数据等资料是否满足构成商业秘密的基本要求，及时补充完善相关疏漏。从而实现B公司自有技术的识别与初步确权，并对相关自有技术采取必要的保密措施，使之成为归属于B公司的商业秘密。如此，可以显著降低B公司当前所面临的主要商业秘密风险：1）B公司与外部合作过程中如何防止技术机密泄露，2）如何识别B公司的自有技术并明确自有技术的归属。

服务团队为B公司提供的服务包括：

搭建企业内部工作组：由于商业秘密的特殊性，部分工作必须要由企业内部人员完成，因此，服务团队与B公司的创始人团队共同在B公司的全职人员中选择合适人选成立内部工作组。服务团队对B公司的内部工作组成员进行商业秘密相关法规以及商业秘密权利基础（密点、载体）的相关知识培训。

自有技术识别：B公司的核心技术人员来自国内知名高校，目前保留了在高校的身份，并且B公司的核心技术也是源自该高校，为了将B公司自有技术与技术来源进行区分，服务团队与内部工作组共同完成了以下的工作：

• B公司核心技术的自主研发历程梳理：首先明确哪些是B公司的自有核心技术。由于B公司的技术来源和外部合作都较多，如果对所有涉及的技术都开展梳理，成本和耗时太长，超出了B公司作为初创公司的承受能力。因此，服务团队与内部工作组制定的工作方案是先选择B公司潜在价值最高、投入最多的技术作为自有核心技术，针对筛选后的自有核心技术，梳理研发历程、会议纪要、测试数据中的密点，并对相关载体进行备份与归档、对相关载体实施保密措施。自主研发历程梳理工作由内部工作组完成，服务团队提供指导但不触及实质性信息。

• B公司核心技术的技术来源风险排查：针对自有核心技术，排查涉及核心创始团队的技术来源风险、排查公司现有技术方案的合法使用权风险、排查敏感技术来源。风险排查工作由服务团队与内部工作组共同完成。

• B公司与核心技术相关的经营信息盘点：盘点与核心技术的自主研发历程相关的经营信息，对经营信息的载体进行备份与归档、并对载体实施保密措施。经营信息盘点工作由内部工作组完成，服务团队提供指导但不触及实质性信息。

在完成了技术来源风险排查，并且收集完毕B公司的自主研发历程和与之配套的相关经营信息后，B公司自主研发的自有核心技术与技术来源之间被明确分割，并且能够通过研发过程、相关经营数据等自证自有核心技术的归属。

自有技术的初步确权：B公司的内部工作组将记载有自主研发历程相关密点和经营信息相关密点的载体进行归档与备份，确保信息资料保存完整。然后，服务团队提供技术支持对记录有密点的载体进行封存，将封存的载体在第三方商业秘密登记系统中进行存证和登记，并出具第三方的登记凭证，完成B公司自有技术相关商业秘密资产的初步确权。

外部合作核查及回顾：根据B公司完成初步确权的自有技术，反向拆解相关自有技术的研发过程，梳理出研发过程中所涉及的外部合作方，并进行如下的工作：

● 根据自有技术的重要性、外部合作的依赖度以及外部合作方的情况设定不同的风险等级；

● 对不同的风险等级分别设计协议模板和保密监督方案，并对其中的重点项目，例如保密条款、知识产权归属条款、数据交接规则等实施指导；

● 核查当前的外部合作方并回顾研发历程中的所有外部合作方，合作的协议和保密措施是否满足相应风险等级的要求，如果存在不足及时补强。

通过上述工作，B公司明确了自主研发的核心技术并对其进行了初步确权以确定权利归属，并且有效降低了B公司与外部合作过程中技术机密泄露的风险，基本满足了当前发展阶段B公司的商业秘密需求。

结　语

A公司与B公司代表了初创企业的不同阶段，初创企业，尤其是科技型初创企业其实面临大量的商业秘密以及其他知识产权问题，由于初创企业的生存压力大、资源有限，会自觉或不自觉地将有限的精力、资源聚焦于融资、研发、市场等环节，在知识产权方面的投入往往有限，对于其中相对复杂的商业秘密更是无暇顾及。但潜在商业秘密风险对于初创企业来说也是巨大的，商业秘密纠纷往往会对初创企业的核心团队、核心技术造成重大打击，严重的甚至会危及企业的生存。

商业秘密的保护对象覆盖面广，不仅涵盖经营方法、市场分析、价格、费用、采购信息、财务计划、招投标材料、特定客户的交易习惯及需求、数据库等经营信息，还可包括尚不完整的技术方案、零散的技术数据等。就保护对象而言，商业秘密可以与专利保护形成良好的互补。

对于不同发展阶段的初创企业来说，其所面临的商业秘密风险各不相同，作为服务机构，需要根据企业的实际情况和资源能力，为企业量身定制一套合适的商业秘密服务方案，帮助企业以最经济的手段达到排除风险、确保权益的目的，助力企业成长，助推产业发展。

参考文献

［1］黄武双. 加强商业秘密保护激发创新活力［N］. 中国市场监管报，2022-03-24(A3).

［2］市场监管总局关于公布第二批全国商业秘密保护创新试点地区名单的通知［EB/OL］. (2023-09-20)［2024-08-12］. https://www.samr.gov.cn/zw/zfxxgk/fdzdgknr/jjjzs/art/2023/art_ebdfd8f7d1c245e3b1dab040c733b058.html.

［3］胡浩翔. 企业"数据池"的商业秘密保护路径探究［J］. 网络安全与数据治理，2023，42(10)：66-71.

涉外技术合作中的安全审查制度研究

邵珏茹

[摘　要] 近年来，知识产权安全治理已成为技术服务贸易及投资并购等涉外技术合作中的重要考量因素。与此同时，各经济强国强化对本国核心技术及其知识产权贸易保护的安全审查标准，通过一系列类似技术出口管制的安全审查措施，对技术生产要素和物项产品的流动进行严格管控。本文从我国技术安全审查制度的法律规定和运行现状入手，分析技术安全审查手段的利弊，以期为涉外技术合作项目的实施和监督提供一些借鉴。

[关键词] 涉外技术合作，安全审查制度，出口管制

引　言

我国于2001年12月11日正式加入世界贸易组织，在此前一天即2001年12月10日，国务院第331号令公布了第一版《中华人民共和国技术进出口管理条例》，《条例》与其配套的技术进出口合同登记管理办法于2002年1月1日起同时施行。随着科学技术二十多年的创新发展，我国已从传统制造业向人工智能、新能源汽车、移动支付等先进技术领域迈进，有些领域已达到世界领先水平。在技术开发与转化中免不了涉外技术合作，物项和技术已成为国际技术合作项目对价的主要因素。目前，各经济强国为了维护本国的国家安全和重大产业等核心利益，对涉及关键技术的交易投资行为进行严格管控，甚至对非关键技术的开发、转让、许

作者简介

邵珏茹　上海专利商标事务所有限公司专利主管、商标代理人。

可等，也制定了安全审查制度。关于技术合同的效力[1]一般违反法律强制性规定的民事法律行为可认定为无效。然而，鉴于我国民法典合同编中的鼓励交易原则，司法政策倡导对于合同无效进行审慎确认原则，法院一般不会轻易认定技术合同无效，对于可撤销的情形也是需要充分的证据在法律程序中来证明。那么对于技术开发成果的权属和申请权，是否存在强制性法律规定呢？民法典对于技术委托开发和合作开发的成果归属，规定了有约定从约定，委托人或合作开发当事人享有专利申请权优先受让的权利[2]。那么，对于涉外技术合作，是否同样存在约定优先？《民法典》第八百七十七条则规定了法律、行政法规优先[3]，即如果存在特别法，则特别法优先。

技术安全审查制度的现状

对于涉外技术合作的合规性和知识产权安全化，我国目前的制度和政策如何？是否存在符合国家法律法规、监管规定、国际条约等的具体要求？

（一）专利保密审查制度

根据世界知识产权组织（World Intellectual Property Organization，WIPO）的"国际申请与国家安全考虑"，不同PCT条约缔约国存在基于国家安全原因的申请限制，各国对于保密审查有不同的标准和要求，大致分为以下几类：申请的发明在相关国家做出、申请由相关国家的居民提交以及申请由相关国家的国民提交。目前，中国、美国、俄罗斯等国家采取"发明在相关国家做出"，即如果发明创造是在该国做出的，则需要在该国的专利局/知识产权局提交保密审查后，才能向外国/地区提交专利申请。英国、韩国、新加坡、以色列等国家则要求"由居民提交的申请"，需要在该国的专利局/知

---

1 《民法典》第五百零八条【合同效力援引规定】本编对合同的效力没有规定的，适用本法第一编第六章的有关规定。第一百五十三条【违反强制性规定及违背公序良俗的民事法律行为的效力】违反法律、行政法规的强制性规定的民事法律行为无效。但是，该强制性规定不导致该民事法律行为无效的除外。

2 《民法典》第八百五十九条【委托开发合同的技术成果归属】委托开发完成的发明创造，除法律另有规定或者当事人另有约定外，申请专利的权利属于研究开发人。研究开发人取得专利权的，委托人可以依法实施该专利。研究开发人转让专利申请权的，委托人享有以同等条件优先受让的权利。第八百六十条【合作开发合同的技术成果归属】合作开发完成的发明创造，申请专利的权利属于合作开发的当事人共有；当事人一方转让其共有的专利申请权的，其他各方享有以同等条件优先受让的权利。但是，当事人另有约定的除外。合作开发的当事人一方不同意申请专利的，另一方或者其他各方不得申请专利。

3 《民法典》第八百七十七条【技术进出口合同或者专利、专利申请合同法律适用】法律、行政法规对技术进出口合同或者专利、专利申请合同另有规定的，依照其规定。

识产权局提交保密审查。希腊等国家则要求"由国民提交的申请"需要在该国的专利局／知识产权局提交保密审查。部分国家可能同时有多种限制。

我国专利保密审查制度随着2008年修订的《专利法》而正式化，过去则是在请求专利优先权文件供向外申请时国家知识产权局才依职权启动的。对于专利保密审查请求，单位或个人将在中国完成的发明或者实用新型向外国申请专利时可单独申请或提交专利申请同时勾选，向外国申请专利保密审查意见通知书仅针对在中国完成的发明或者实用新型发出[1]——"该专利申请或技术方案不需要保密，申请人或请求人可以就该专利申请或技术方案向外国申请专利或者向有关国外机构提交专利国际申请"。目前，我国专利保密审查制度对于外观设计专利不具有约束力。

根据《专利审查指南》（2023版），国家知识产权局对于直接向外国申请专利的保密审查，规定了两个月内给予初步意见，无论是不需要保密或是可能需要保密，情况复杂的可放宽到四个月[2]。表1列明了常见的专利保密审查申请情形和要件，以及实际运行操作中官方意见出具的时间。

保密审查主要是专利向外申请前评估该发明或实用新型是否会对国防专利以外的国家安全或重大利益造成影响，但是目前没有技术领域清单供事先参考。不请求保密审查的后果将导致中国专利申请不授予专利权（《专利法》第十九条）或专利权宣告无效（《专利法》第四十五条[3]以及《专利法实施细则》第六十九条[4]）的结果，这对于涉外技术合作中的前期研发投入和技术成果归属与运营产生极大损失。

---

1 《专利法》第十九条 任何单位或者个人将在中国完成的发明或者实用新型向外国申请专利的，应当事先报经国务院专利行政部门进行保密审查。保密审查的程序、期限等按照国务院的规定执行。中国单位或者个人可以根据中华人民共和国参加的有关国际条约提出专利国际申请。申请人提出专利国际申请的，应当遵守前款规定。对违反本条第一款规定向外国申请专利的发明或者实用新型，在中国申请专利的，不授予专利权。

2 《专利审查指南》第五部分第五章6.1 准备直接向外国申请专利的保密审查：向外国申请专利保密审查意见通知书技术方案明显不需要保密的，审查员应当在请求递交日起两个月内通知请求人可以就该技术方案向外国申请专利，情况复杂的，可以在请求递交日起四个月内通知请求人。技术方案可能需要保密的，审查员应当将需作进一步保密审查、暂缓向外国申请专利的审查意见通知请求人。审查员应当在请求递交日起两个月内发出向外国申请专利保密审查意见通知书，情况复杂的，在请求递交日起四个月内发出通知书，将上述审查结论通知请求人。已通知请求人暂缓向外国申请专利的，审查员应当作进一步保密审查，必要时可以邀请相关领域的技术专家协助审查。审查员根据保密审查的结论在请求递交日起四个月内发出向外国申请专利保密审查决定，情况复杂的，在请求递交日起六个月内发出决定，将是否同意就该技术方案向外国申请专利的审查结果通知请求人。

3 《专利法》第四十五条 自国务院专利行政部门公告授予专利权之日起，任何单位或者个人认为该专利权的授予不符合本法有关规定的，可以请求国务院专利行政部门宣告该专利权无效。

4 《专利法实施细则》第六十九条 依照专利法第四十五条的规定，请求宣告专利权无效或者部分无效的，应当向国务院专利行政部门提交专利权无效宣告请求书和必要的证据一式两份……前款所称无效宣告请求的理由，是指被授予专利的发明创造不符合专利法第二条、第十九条第一款……或者依照专利法第九条规定不能取得专利权。

表1 专利保密审查申请情形和要件

专利保密审查申请情形	方式	通知书发布时间和方式	要件
提交中国专利申请时	专利申请书上同时勾选	1周左右 向外国申请专利保密审查意见通知书	1. 技术方案说明书（中文） 2. 专利代理委托书（如委托代理机构办理）
中国专利申请提交后	单独后补	1-2周左右	CPC客户端上电子补交
直接向外国提交专利申请	单独提交保密审查请求书	2-3周左右	纸质或电子方式提交： 1. 保密请求书 2. 技术方案说明书（中文） 3. 专利代理委托书（如委托代理机构办理）
直接向中国国家知识产权递交PCT申请时	视为提交保密审查请求	2-3周左右 收到受理通知书（PCT/RO/105表）收到申请记录副本的通知（PCT/IB/301表）	1. 技术方案说明书（中文或英文） 2. 专利代理委托书（如委托代理机构办理）

专利保密审查制度运行十年之后，2019年产生了因缺乏必要的保密审查意见而导致不授予专利权的第一案，事关鸿富锦精密工业（深圳）有限公司和鸿海精密工业股份有限公司的CN201510743021.7"着色材料、着色膜及其制备方法、眼用镜片"专利申请，因不符合《专利法》第二十条第一款的规定（现第十九条第一款的规定）及缺乏创造性等收到官方第一次审查意见通知书，随之申请人无答复应对导致该专利申请案视撤。

用保密审查制度来提起授权专利无效的，可以追溯到2018年，即平衡车案件，因为发明人的证据是非常充足的，包括发明人的签证复印页，该证据显示发明人在2011年（发明创造时间）往来中国的具体时间，由此证明本专利的发明创造不可能是在中国完成的，因而该平衡车专利并没有被保密审查无效掉。2021年因缺乏必要的保密审查意见通知而导致中国授权专利全部无效的案件事关浙江捷昌线性驱动科技股份有限公司的CN201720389490.8"一种可伸缩的传动总成装置及升降立柱"专利，因权利人无法提供发明实质性内容在境外完成的有效证据，导致其属于先在美国提出临时专利申请，后在中国提出专利申请且未进行保密审查的情形下中国授权专利全部无效。

关于权利要求书：
☐ 权利要求_____不符合专利法第2条第2款的规定。
☐ 权利要求_____不符合专利法第9条第1款的规定。
☐ 权利要求_____不具备专利法第22条第2款规定的新颖性。
☒ 权利要求 1-14 不具备专利法第22条第3款规定的创造性。
☐ 权利要求_____不具备专利法第22条第4款规定的实用性。
☐ 权利要求_____属于专利法第25条规定的不授予专利权的范围。
☐ 权利要求_____不符合专利法第26条第4款的规定。
☐ 权利要求_____不符合专利法第31条第1款的规定。
☐ 权利要求_____不符合专利法第33条的规定。
☐ 权利要求_____不符合专利法实施细则第19条的规定。
☐ 权利要求_____不符合专利法实施细则第20条的规定。
☐ 权利要求_____不符合专利法实施细则第21条的规定。
☐ 权利要求_____不符合专利法实施细则第22条的规定。
☐
☐ 申请不符合专利法第26条第5款或者实施细则第26条的规定。
☒ 申请不符合专利法第20条第1款的规定。
☐ 分案申请不符合专利法实施细则第43条第1款的规定。
上述结论性意见的具体分析见本通知书的正文部分。
7. 基于上述结论性意见，审查员认为：
☐ 申请人应当按照通知书正文部分提出的要求，对申请文件进行修改。
☐ 申请人应当在意见陈述书中论述其专利申请可以被授予专利权的理由，并对通知书正文部分中指出的不符合规定之处进行修改，否则将不能授予专利权。
☒ 专利申请中没有可以被授予专利权的实质性内容，如果申请人没有陈述理由或者陈述理由不充分，其申请将被驳回。

图1　CN201510743021.7第一次审查意见通知书

《专利法》的此项规定将发明创造是否在中国境内完成作为审查标准，其审查所涵盖的主体既包括境内知识产权的中国权利人，也包括外国权利人，尤其将在中国境内完成但由外国权利人持有的专利权也纳入审查范围，那么对于专利申请权的出口是否存有其他限制性审查，或者仅有专利保密审查是否可以证明外国权利人直接向外国提交专利申请的正当性。以美国为例，其专利申请中存有本国保密审查已通过，然而受到美国的《出口管理条例》（*Export Administration Regulations*，EAR）管制，无法进行域外专利申请的情形。

（二）出口管制

除了专利技术方面的管控，技术出口管制也成为一国或地区出于政治、经济、外交或军事目的，通过政府干预对技术出口施行管控的一种方式。为了维护国家安全和利益，美国、欧洲、日本等发达国家和地区为履行防扩散等国际义务已逐步建立了日益完

国家知识产权局
无效宣告请求审查决定（第 55586 号）

案件编号	第 5W126301 号
决定日	2022 年 04 月 22 日
发明创造名称	一种可伸缩的传动总成装置及升降立柱
国际分类号	B66F 13/00 (2006.01) F16H 37/12 (2006.01)
无效宣告请求人	袁小中
专利权人	浙江捷昌线性驱动科技股份有限公司
专利号	201720389490.8
申请日	2017 年 04 月 14 日
优先权日	2017 年 01 月 10 日
授权公告日	2018 年 02 月 16 日
无效宣告请求日	2021 年 11 月 25 日
法律依据	专利法第 20 条第 1 款

决定要点：
专利申请人/专利权人就同样的发明或者实用新型先在国外申请专利，且未履行保密审查手续的，如有初步证据表明所述发明或者实用新型的实质性内容在国内完成具有高度盖然性，而专利申请人/专利权人又不能提供充分的证据表明其发明或者实用新型的实质性内容在国外完成，则专利申请人/专利权人应当承担其发明或者实用新型不能获得专利保护的法律后果。

图 2　CN201720389490.8 无效宣告请求审查决定（第 55586 号）

备的技术出口管制体系。随着我国科技不断进步，美国等部分国家不断泛化国家安全概念，滥用技术出口管制、单边制裁、"长臂管辖"等手段，遏制和打压我国科技发展。

以美国的 EAR 为例，其以技术是否源自美国（U. S. origin）作为管制标准，无论出口方是否为美国公司或个人，无论"公布行为"是否发生在美国境内，均受美国政府的出口管制。具体地，EAR 通过对"视同出口（deemed export）"以及"视同再出口（deemed reexport）"全方位的定义，将可能涉及技术流出的行为均涵盖在内。除了单边管制，美国还利用《瓦森纳协定》等多边机制，不断将新兴和基础性技术纳入到"瓦森纳清单"中，并阻碍其参与国向我国出口相关技术及产品。2024 年，中国国家外汇管理局发布行政令，对于关注物项列表中的物项和技术实行外汇管控，该列表归属于美国商务部工业和安全局（BIS）2023 年颁布的临时拒绝令（Temporary Denial Order，TDO）清单，针对俄罗斯等国进出的物项和技术实行专利申请上的围剿，管控外汇切断资金支持。

表2 各国技术出口管制体系

国家地区	管制法律法规	管制范围	管制工具
美国	《2018年出口管制改革法》《出口管理条例》《武器出口管制法案》《国际武器贸易条例》等	军民两用品、核材料、核设备、核相关物品等	商业管制清单、实体清单等
英国	《2002年出口管制法》《2008年出口管制条例》等	军民两用品、用于酷刑或死刑的技术与产品、放射源物质等	战略出口管制清单等
德国	《对外经济法》《对外经济条例》等	军民两用品等	欧盟两用物项及技术出口管制清单等
俄罗斯	《出口管制法》《国家管理对外贸易活动的基本原则法》等	军民两用品等	两用物项清单、武器和军事物项清单等
日本	《外汇与外贸法》《出口贸易管制令》《外汇令》《出口贸易管理条例》等	军民两用品等	出口贸易管制令管制清单、对外贸易令管制清单等
韩国	《对外贸易法》《〈对外贸易法〉执行令》《国防采购计划法》《核安全法》等	军民两用品、核技术及产品等	战略物资清单等
欧盟	《2021年欧盟两用物项出口管制条例》等	军民两用品等	欧盟两用物项管制清单等
中国	《2020出口管制法》《2023年对外关系法》《两用物项和技术进出口许可证管理办法》	军民两用品、核技术及产品等	两用物项和技术进出口许可证管理目录等

表3 关注物项列表（20240122版）

类别	名称
特定半导体和电子产品制造材料类	硅球、硅晶圆、光刻胶/光阻材料、印刷电路板、印刷电路板基材
特定电子测试设备类	示波器、自动化测试设备、数据采集系统、信号发生器、脉冲发生器、频谱分析仪

针对国际技术安全审查形势，我国于2020年12月1日起施行《出口管制法》及持续贯彻商务部、海关总署2005年第29号令《两用物项和技术进出口许可证管理办法》，对于落入《两用物项和技术进出口许可证管理目录（2024版）》的物项和技术，均规定了依法办理两用物项和技术进出口许可证，《进口目录》主要针对监控化学品、放射性同位素、商用密码等领域，《出口目录》主要针对核两用品、生物两用品、监控化学品、部分两用物项及相关设备和相关技术等。目前，技术的流出经常归因于附带有管制技术的物项的流出[1]（比如硬盘等存储设备或应用了管制技术的产品），不知我国日后是否会效仿美国BIS的围剿做法，对于技术域外申请，从外汇管控上加以遏制。

（三）技术进出口管理制度

我国技术安全审查除了国家知识产权局的专利技术申请方面的保密审查制度、商务部和海关总署的物项和技术出口管制制度，还有商务部和科技部的技术进出口管理制度。早于2001年12月10日《技术进出口管理条例》颁布之日，我国仅有1985年的《技术引进合同管理条例》和1994年的《对外贸易法》，且针对技术出口的条款主要是出于对国家安全或者社会公共利益、国内资源用竭、生态环境破坏的考虑，而未涉及对科技创新、自主研发和前沿技术的考量。随着正式入世，我国以维护公平、自由的技术进出口秩序为由，加强了技术出口管理。结合《技术进出口管理条例》2019年第二次修订及商务部公告2021年第37号调整发布的《中国禁止进口限制进口技术目录》和商务部、科技部2023年第57号公告调整发布的《中国禁止出口限制出口技术目录》，对禁止类限制类技术条目的控制要点和技术参数进行了修改，属于军民两用技术的，纳入进出口管制而不落入技术进出口管理范畴。该《条例》以调整专利权和专利申请权、技术秘密和技术服务的技术转移为主[2]。对于《目录》之外的自由类技术，《条例》仅规定技术进出口合同登记。

针对技术向外转让的情形，国务院办公厅于2018年3月还发布实施了《知识产权对外转让有关工作办法（试行）》，标志着我国正式建立了涉及国家安全的知识产权对外转让安全审查的相关机制。该《办法》除了遵照《中国禁止出口限制出口技术目录》进行技术出口、外国投资者并购境内企业等行为的审查，还将审查内容从专利权扩展

---

1 《出口管制法》第二条　国家对两用物项、军品、核以及其他与维护国家安全和利益、履行防扩散等国际义务相关的货物、技术、服务等物项（以下统称管制物项）的出口管制，适用本法。前款所称管制物项，包括物项相关的技术资料等数据。

2 《技术进出口管理条例》第二条　本条例所称技术进出口，是指从中华人民共和国境外向中华人民共和国境内，或者从中华人民共和国境内向中华人民共和国境外，通过贸易、投资或者经济技术合作的方式转移技术的行为。前款规定的行为包括专利权转让、专利申请权转让、专利实施许可、技术秘密转让、技术服务和其他方式的技术转移。

到集成电路布图设计专有权、计算机软件著作权、植物新品种权等知识产权及其申请权的对外转让，但未明确涉及技术秘密转让以及在中国境内完成但由外国人持有的知识产权等情形。

表4 知识产权对外转让安全审查工作的主要内容

审查要素	主要内容
审查活动	技术出口、外国投资者并购境内企业
转让行为	权利人变更、实际控制人变更、独占实施许可
审查内容	对我国国家安全和重要领域核心关键技术创新发展能力的影响
审查类型	专利权、集成电路布图设计专有权、计算机软件著作权、植物新品种权等知识产权及其申请权
审查机制	国家和地方知识产权主管部门应当制定审查细则，明确审查材料、审查流程、审查时限、工作责任等

针对自由类技术的涉外技术开发合作及知识产权的成果归属，这类同时涉及技术转移转让的情形，是否可以不必受到我国安全审查制度的约束和管理呢？技术生产要素和物项产品是否可以自由流动？《技术进出口管理条例》中规定了对属于自由进出口技术的，实行合同登记管理，然而登记不是合同生效条件，合同本身自依法成立时生效。时下我国各个地方商务局同时设置了"对自由进出口技术合同进行登记"的栏目，此项栏目性质上不属于行政许可，而属于其他行政权力。虽然2022年修订的《对外贸易法》规定了自由进出口的技术"应当"进行合同备案登记，法律规定和行政程序上对未备案登记的合同和民事行为却没有明确规定罚则。[1]

对于涉外技术合作中有自由技术需要出口的，除了技术开发合同中约定研发成果归属和后续专利申请权的权属外，对于《民法典》中技术出口合同法律适用问题，合作方是否具有向涉外主体告知义务或涉外主体是否享有知情权利也需作相关约定，特别是当合作双方不存在公司法意义上的关联关系时。实践中，"对自由出口技术合同进行登记"，除了要向当局备案技术出口合同（和中文译本）副本，还需申请人提供自备的已通过董事会决议（或总经理办公会决议）的项目批复文件。此类信息的披露，如果不是开发方或让与方出于内部章程规定或外部技术合同认定登记享有有关税收优惠

---

[1]《对外贸易法》第十四条 国务院对外贸易主管部门基于监测进出口情况的需要，可以对部分自由进出口的货物实行进出口自动许可并公布其目录。进出口属于自由进出口的技术，应当向国务院对外贸易主管部门或者其委托的机构办理合同备案登记。

的目的，对于涉外技术合作中的合作双方而言都将构成合规上的负担。

结　语

近年来随着技术出口安全审查规定带来的变化，国家在技术出口政策上的不断更新，在涉外技术合作中合作双方需明确合规义务，在技术出口交易中进行全面评估，谨慎对待相关交易投资模式。技术合作合同中除了约定技术成果归属和专利申请权等合作条款，还应约定涉外主体享有我国技术出口安全审查规定的知情权和事先被告知权，避免合同违约、商业交易风险（外汇、银行、税务、海关等相关手续）或其他法律风险。

在实务中，涉外技术合作可能同时涉及技术的转移转让，对于自由类技术成果申请专利的，技术开发方或让与方可能主张我国技术出口安全审查制度所涉及的法律、行政法规等强制性规定，需要涉外委托方或合作投资方去完成我国行政程序，披露民事主体间的合议条款，这可能会造成对方误解和行政程序浪费，甚至技术开发方或让与方不愿在后续专利申请上予以配合签字，造成期限延误或手续缺陷，亦可能造成技术合作合同的履约不能或违约情形发生。至少从我国目前的技术出口安全审查上来看，仅获得国家知识产权局审查后出具的向外国申请专利保密审查意见通知书，直接向外申请专利，单个行政许可程序可能还是不够的。

国务院专利行政部门及科技和外经贸主管部门应充分加以引导和利用，简化不必要的行政权力规定，支持专利、技术或产品、市场、资金之间的良性互动，有利于涉外技术成果转移转化和专利运营，从而获得国际社会对我国技术研发的认可和支持。

参考文献

［1］纪思宇.试谈涉外经济贸易管理法律制度对合同效力影响［J］.消费导刊,2020,(45):178.

［2］彭芷箬.美国滥用长臂管辖之中国应对［D］.南昌:江西财经大学,2022.

［3］杨钊,贾国栋.美国长臂管辖的实质及中国因应探赜［J］.南方论刊,2022,(1):45.

［4］韩文艳,房俊民.科技安全背景下美欧出口管制政策机制的演变与启示［J］.情报杂志,2024,43(05):54-63.

［5］史晓丽,邱思梦.我国出口管制清单制度及其新发展［J］.中国外汇,2023,(16):30.

［6］贺德方,李广建,汤富强,杨芳娟.国外技术出口管制演进分析与应对策略研究［J］.中国科学院院刊,2024,39(01):79-94.

［7］肖尤丹,王珊珊.我国知识产权对外转让安全审查机制改革思路研究［J］.中国科学院院刊,2024,39(03):509-518.

专精厚植 创启新程

生物医药创新企业的专利策略浅析

杨 昀

[摘 要] 生物医药行业是战略性新兴产业,生物医药创新企业是该产业的中坚力量,而创新则是此类企业的生命线和原动力。本文从专利策略与专利布局角度,结合案例对生物医药创新企业的创新及保护进行了阐述。

[关键词] 生物医药,创新企业,专利策略,专利布局

一、我国生物医药行业现状

生物医药行业作为战略性新兴产业的重要组成部分,对于推动我国经济转型升级、提升人民健康水平具有重要意义。国家对此投入了极大的关注并给予了大力的政策支持,这也为医药行业蓬勃发展带来了机遇。

(一)政策导向和支持

2021年发布的《中华人民共和国国民经济和社会发展第十四个五年规划和2035年远景目标纲要》[1]中提出了要强化国家战略科技力量,提升企业技术创新能力,健全知识产权保护运用体制,推动医药及医疗设备等产业创新发展,提升包括创新药在内的制造业核心竞争力。据此,国家发展改革委出台了《"十四五"生物经济发展规划》[2],将生物医药产业列于四大重点发展领域之首,并提出了建设生物经济创新发展高地以及加强知识产权保护等重要举措。

上海市政府也积极跟进,结合上海市生物医药产业发展的特点,编

作者简介

杨 昀 上海专利商标事务所有限公司专利代理师。

制并发布了《上海市生物医药产业发展"十四五"规划》[3]，其中指出生物医药产业是知识密集、技术含量高、多学科综合度高且渗透率强的战略性新兴产业，是上海重点发展的三大先导产业之一；上海将以生物医药关键技术和核心部件攻关、创新产品突破和产业化为主线，布局建设一批创新设施和转化平台，优化全市生物医药产业公共要素配置；实现生物技术药物等一批关键核心技术突破，加快创新成果产业化，基本建成具有全球影响力的生物医药产业创新高地。

（二）行业特点

在众多利好政策的激励和扶持下，我国的生物医药产业获得了高速而有效的发展。分析近年尤其是2023年中国医药行业信息，可以看到中国生物医药产业的如下发展特点：

- 新增企业多：截至2023年12月底，全国共成立生物医药企业1 660 053家，较上一年增长15.89%。
- 融资活跃：2023年，全国生物医药领域共发生融资事件895起，累计金额739.68亿元。上海市的融资金额最为突出，高达200.12亿元。
- 上市企业市值高：截至2023年12月底，全国共有生物医药上市企业1 442家，总市值达11.30万亿元，其中市值突破千亿元的生物医药上市企业11家。位居创业板榜首的迈瑞医疗和主板榜首的恒瑞医药市值分别达到3 523.35亿元和2 885.22亿元[4]。
- 临床试验踊跃：2023年，全国共有3 278个产品获批临床，较2022年增加了16.9%，其中生物药领域有1 203个。Ⅲ期临床试验项目中多肽类药物司美格鲁肽注射液项目最多，达7项。
- 获批增长快：2023年，中国国家药品监督管理局（NMPA）共批准了191个新药申请（NDA），其中有64个（34%）是治疗性生物制品，而国产药约占其中的一半[5]。
- 出海剧增：国产创新药出海两种主要模式自主出海和向外授权均有大幅增加：以美国为例，2023年美国食品药品监督管理局（FDA）已批准了三种中国创新新药上市[6]：上海君实生物的特瑞普利单抗；和记黄埔医药的呋喹替尼；以及亿帆药业的亿立舒。从2023年向外授权新药类型分布来看，抗体偶联药物（ADC，26%）、抗体药物（24%）以及嵌合抗原受体T细胞类药物（CAR-T，9%）共同占据了半壁江山，是License-out的大热门。百利天恒的ADC药物BL-B01D1以84亿美元的潜在总交易额打破了中国创新药出海授权额纪录[7]，目前百利天恒已从被授权方百时美施贵宝获得了8亿美元的首付款[8]。

（三）小结

从上述行业现状分析可以直观体会到，生物医药行业作为战略性新兴产业正处于迅速发展的上升时期，而生物医药创新企业正是该产业的中坚力量，这些企业的健康、稳健发展关系到产业发展大计。

行业的蓬勃发展对生物医药创新企业的知识产权保护和运作提出了更高的要求。对于此类企业，创新是企业的生命线和原动力。如何采取有效的知识产权策略，尤其是专利策略对创新进行保护、推进和运营，使之焕发出生命力和价值，是生物医药创新企业需要未雨绸缪，并始终贯穿于其创立、发展、壮大过程的关键因素之一。

二、知己知彼

生物医药创新企业专利策略的关键点可包括如下两个主要方面：保护和利用自身知识产权；避免侵犯他人知识产权。以下笔者从专利保护和防止侵权角度对生物医药创新企业的专利策略进行分析和阐述。

（一）知己

创新企业需要对自己所拥有或所能拥有的知识产权创新资源有充分的认识，才能更好地保护、发展和利用这些资源。这里所述的知识产权创新资源包括但不限于：

——本企业已拥有的可自行支配使用的知识产权，例如创始人拥有的或通过转让或购买等途径完全属于企业名下的现有知识产权资源，笔者称之为"自有知识产权资源"；

——通过诸如许可或合作等获得的，但需通过支付许可费、分享创收后利润或提供一定的企业经营权而获得的不完全属于本企业的知识产权资源，笔者称之为"受限知识产权资源"。

显然，自有知识产权资源对于创新企业而言具有更大的自主支配自由度，而受限知识产权资源则会受制于知识产权真正拥有者或共同拥有者所列出的经济、经营、管理等条件。因此，在创新企业腾飞之前和/或在知识产权的价值充分展现之前，如果条件允许，创新企业可尝试通过诸如购买等形式将受限知识产权资源转化为自有知识产权资源。并且，对于创新企业而言，拥有自有知识产权通常会增加其企业价值，从而例如更受风险投资者的青睐。

而对于无法转化为自有知识产权资源的部分受限知识产权资源，创新企业也应在订立许可、合作、委托开发合同或协议时争取更大的主动权，尽量使其便于投资者的管理。例如，笔者曾经遇到过一个反面案例，某创新企业的核心技术依托于某大学的研发项目，但在与该大学订立委托开发合同之时并未就该项目成果的披露时机和保密义务做出明确的规定。后续该大学在研发项目获得一定进展时通知创新企业其将就该项目在国际期刊上发表论文，这使得企业措手不及，不得不在论文发表前匆忙地就该尚未成熟的研发成果申请专利。而该仓促上马的专利申请对企业核心技术的保护力度、对企业后续的专利布局都有可能产生一定的负面影响。

因此，创新企业应对自己的知识产权资源进行阶段性盘点，这将有助于认清自身现有资产的优势和劣势，形成企业知识产权布局和进阶的起点。

（二）知彼

除了"知己"之外，生物医药创新企业专利策略的另一重要方面是"知彼"。在专利全过程（包括申请前、撰写中、审查中、获权后等阶段）或在项目或产品的生命周期中（包括立项、开发、上市、推广等环节），如何在某种程度上确保产品、方法或服务不落入第三方知识产权的保护范围，即避免侵犯第三方的专利权，也是生物医药创新企业需要持续保持关注的问题。

在产品研发前端进行专利预警，了解研发领域中的相应专利情况，有助于明确自身研发的方向，从源头上避免侵权。而在形成具体的产品或方法技术方案后，可通过将其具体特征及组合等与已有专利进行对比，对技术方案是否能够自由实施（Free-to-Operation，FTO）进行判断，如有必要时对技术方案做出修改和规避处理。这比产品技术特征成型后再来确定侵权，再去修改和规避的灵活度更高，代价也更低。

对于专利权人来说，专利的效力仅限于对第三方的禁止权，而并不意味着其一定有权使用自己专利所保护的对象。当某个专利依赖于某个或某些在先专利，该专利的实施受制于在先专利，其自由实施会受到限制。由此，"知彼"的主要有效手段之一是FTO检索和分析，其可以贯穿产品技术方案形成后的整个产品开发过程。

FTO检索和分析的用途至少包括：作为技术方案修改、调整、规避设计和确定的指引；在后续的法律程序中可用于证明非故意侵权；成为知识产权尽职调查中的重要组成部分等等。作为FTO检索和分析的前提，企业要确定产品或方法的基本特征和核心特征：哪些特征是产品或方法开发的基础，该方面是否已有第三方的专利覆盖，企业是否能够合理规避或不侵权实施；哪些特征是涉及创新点的核心特征，其可对产品或方法的功能、效果、商业模式等产生关键的影响。通过对这些特征的高质量检索以及对检索结果的深入分析，创新企业可对自身的产品或方法有更好的规划，挖掘出潜在的创新点，对竞争对手有更深入的了解，发现侵权风险并对其进行规避。

通过"知彼"，生物医药创新企业可以对其产品或方法是否会侵犯他人知识产权有一定程度的确认，从而适时调整研发或市场策略，使得相关知识产权更加稳定、可自由实施的空间更大。

（三）小结

"知己知彼，百战不殆"。在生物医药产业表面看似平静、实则暗潮涌动的无形战场上，在知识产权方面扬己之长、避彼之坑，是生物医药创新企业立足于不败之地的前提和保障。

三、全面布局

创新药研发具有周期长、风险高、回报高的特点。要想获得高回报，除了研发和审批过程的顺利推进，还需要知识产权在全生命周期中的层层防守和筑垒。

专利布局正是企业构建专利堡垒的利器，其综合产业、市场和法律等因素，对专利进行有机结合，涵盖了企业利害相关的技术和产品、时间和地域等维度，构建严密高效的专利保护网，最终形成对企业有利格局的专利组合。以下笔者从专利布局的多个维度对生物医药创新企业的专利布局进行分析和阐述。

（一）技术和产品维度的专利布局

对于目前已较为成熟的化学医药领域专利布局而言，通常是先提出通式结构的基础化合物专利申请（例如采用马库什权利要求形式）；然后随着研发的推进，进一步提出具体化合物申请，例如具体的盐、异构体、中间体、前药、活性代谢产物、衍生物等一系列申请，还可提出晶型、制剂、组合物专利申请等等。除了产品专利申请，还可进行方法专利申请布局，例如制备方法、分析方法、应用方法和针对新适应证的二药用途（例如采用制药用途权利要求形式）专利申请等，这也是化学医药领域较为常见的专利布局形式。

而生物医药专利布局与化学医药专利布局有较多的相似之处。但由于生物药物在其结构、性能和生产上的特殊性，其专利布局相对于化学医药又存在一定差异。以抗体领域为例，布局的常见策略通常是围绕单克隆抗体，通过对其CDR氨基酸序列、轻/重链可变区氨基酸序列、轻/重链全长氨基酸序列、所结合抗原表位、产生该单抗的杂交瘤细胞等方式对单克隆抗体进行限定和保护，有必要时还可结合其活性（例如亲和力）和/或功能（例如中和作用）等特征进行限定和保护。在核心单克隆抗体的基础上，可进一步对其用途、制备方法、递送方式、制剂、抗体修饰、编码分子、载体、宿主细胞等在不同方面进行全面布局。此外，以该单克隆抗体为基础构建的融合蛋白、抗体药物偶联物（ADC）、嵌合抗原受体（CAR）、带有嵌合抗原受体的免疫细胞（例如CAR-T细胞、CAR-NK细胞）等也可能随着时间的推进和技术成果的取得，成为创新企业专利布局组成部分，以形成坚固的专利壁垒。

在生物医药领域中，产品有效成分专利通常是最为核心的专利，实际的保护力度也最大。然而，为了更有效地对核心创新和产品进行保护，也为了避免核心专利到期后原研药市场份额、销售及利润因仿制药的进入而出现断崖式下跌——专利悬崖，医药创新企业都需要从多种维度来全面地对其创新核心进行重点和外围布局，这也是布局的重要意义之一。

（二）时间维度的布局

就时间维度的布局而言，何时提出何种专利申请，何时启动专利审查进程，何时获得所需的专利授权，如何延长专利的保护期等等也是创新企业在专利布局中需要考虑的重要问题。如前所述，创新药研发具有周期长的特点，而其专利布局可覆盖于其全生命周期。创新企业可根据药品研发进度、成本控制、融资进程、市场需求、竞争者情况等多方面需求，适时提出专利申请、寻求专利授权或延续等。例如：

——在产生一定的创新成果后，可适时利用优先权申请等策略，提前抢占跑道或给其他竞争者设置障碍，而无需等到拥有动物模型或人体试验甚至于临床试验结果后再提出专利申请，以免失去先机。

——在相关产品需要尽快获得专利保护的情况下，可充分利用有利于加快审查进程的方式或程序，例如请求专利申请的提前公开；尽早提出实质性审查请求；采用快速审查途径或优先审查途径，例如通过专利审查高速路协议（PPH）、中国的专利优先审查途径或专利快速预审通道、美国优先审查（Track-One）等方式寻求专利的快速授权。

——在某些情况下，例如当产品和市场的走向尚不明朗、企业还处于观望阶段时、在密切关注竞争对手的动向以寻求对其牵制时、在初创企业资金不足需要成本控制时，适当延迟专利申请的审查和/或授权，也是一种有效的应对策略。可采取的方式包括但不限于：临期提出实质性审查请求、提出延迟审查请求、利用分案申请等等。

——充分利用分案申请、继续申请等策略，使得专利族中的部分专利申请按需获得授权，而部分专利申请处于进可攻退可守的未决状态，以保留按需对权利要求进行修改和调整的机动性。例如，在专利审查过程中，通过前述的加快审查方式或程序使得母案快速获得授权，在母案的基础上提出一个甚至多个分案，在不同的分案中寻求不同的保护范围或内容（例如产品和/或方法），或利用不同分案拉开不同的审查节奏（例如正常审查的分案+延迟审查的分案）。

——通过专利权期限补偿（Patent Term Adjustment，PTA）和药品专利权期限补偿（Patent Term Extension，PTE）延长专利保护期。这点对于生物医药创新企业凭借其专利药物占据垄断地位，延迟专利悬崖的到来尤为重要。对于某些重磅药物，专利的有效期哪怕只是延长1天，也能给专利权人带来不菲的利润。

以上仅是一些示例，创新企业可根据具体的实际需求在时间维度上进行充分布局。

（三）地域维度的布局

包括专利在内的知识产权的一个重要特征是地域性，其只能在提出申请或获得授权的国家或加入有效国际协议的区域内（例如欧洲统一专利成员国）获得相应保护。由此，地域维度上的专利布局对于有出海规划的生物医药创新企业而言也是需要重点考虑的因素之一。

在跨国联合开发频繁的生物医药领域，出海申请时首先需要注意的是包括中国、美国、俄罗斯等在内的很多国家的法律中对于首次申请义务的相关规定。例如，中华人民共和国专利法（2020年修正版）第十九条中规定，"任何单位或者个人将在中国完成的发明或者实用新型向外国申请专利的，应当事先报经国务院专利行政部门进行保密审查"；在美国也有类似的向外申请许可的规定。未按照相关法律履行首次申请相关义务或保密可能会导致专利无法获得授权或授权后被无效或无法行权。

其次，生物医药创新企业需要根据公司的预算、目标市场、潜在竞争对手等确定地域布局中出海申请的目标国家和/或地区，并对这些国家和/或地区的专利申请、授权、保护等有一定的了解，以确定专利申请的主题、发明内容等是否能够得到有效保护和实施。

再次，在确认目标国家和/或地区之后，选择恰当的途径进行海外申请和布局可获得事半功倍、成本降低等诸多益处。在此不得不提的是专利合作条约（PCT）申请，其具有程序简化、决策期更长、缔约国众多、提供国际检索报告作为前景预判参考或PPH基础等特点。越来越多的国内企业已将该方式作为其出海申请的主要途径。而其他的专利组织、公约等，也是企业可选的出海申请途径，例如欧洲专利公约、欧亚专利公约、海湾阿拉伯国家合作委员会专利等等。然而，如果目标国家并不多，从节约成本或尽早授权等角度考虑，可向该目标国家的专利局直接提交申请，而不是通过PCT等途径。以上仅是生物医药创新企业出海申请的一些示例性的方面，企业可根据具体需求，适时适地进行地域布局。

（四）小结

在知己知彼的前提下，对企业创新生物药物相关知识产权，尤其是专利进行合理的规划与布局，可有效保障核心产品、衍生产品、相关方法等创新产品和技术在各阶段和各目标国家中获得可行的保护。

四、实例

本部分中，笔者结合多肽类原研生物药司美格鲁肽（Semaglutide）的专利布局进一步分析生物医药创新企业专利策略。

司美格鲁肽由丹麦的诺和诺德（Nova Nodisk）制药公司开发，其注射剂OZEMPIC®和口服片剂RYBELSUS®分别于2017年和2019年在美国获批上市用于2型糖尿病治疗，2021年6月其注射剂WEGOVY®被批准用于肥胖症治疗。2023年底，关于司美格鲁肽口服片剂在超重或肥胖症对象中减重效果的Ⅲ期临床试验已在欧亚美等9个国家的临床研究获得了良好的结果[9]。2024年3月，FDA批准了WEGOVY®的补充新药申请，将其标签适应证扩展到在超重或肥胖且已确诊心血管疾病（CVD）的成人患者中降低主要不良心血管事件（MACE）的风险。由于这些疾病受众群体庞大，再加上体重管理人士的追捧，OZEMPIC®、RYBELSUS®和WEGOVY®的年净销售额分别达到957.18、187.5和313.43亿丹麦克朗，总计约合212亿美元[10]。

就该重磅药物的专利布局而言，其核心专利为基于PCT/EP2006/060855（发明名称为"ACYLATED GLP-1 COMPOUNDS"）的专利族，其涉及司美格鲁肽活性成分结构、其组合物及医药用途等，授权国家包括中国（如CN101133082B）、美国（如US8129343B及US8536122B）、EPO多国、日本、韩国、加拿大、俄罗斯、墨西哥、巴西、以色列等。这些专利为司美格鲁肽活性成分及其医药用途在各国的专利保护奠定了基础，也成为诸如中美等药品专利链接信息登记中的主要相关专利。

围绕该族核心专利，诺和诺德进一步在全球范围内提交了超过50族与司美格鲁肽相关的专利申请，并在多国获得了专利保护。这些专利的类别至少包括：司美格鲁肽衍生物（如CN105451776B，GLP-1衍生物及其用途）、组合物（如US8114833B，含丙二醇的肽制剂；US9278123B，口服组合物；CN105963674B，口服组合物等）、制剂及工艺（如US1093312B，涉及固体组合物的制粒和制剂工艺等）、给药装置（如US7762994B、US8684969B、US8920383B等，涉及注射笔、注射剂量控制机构、针筒等）、应用/治疗方法（如US10278923B，口服GLP-1肽治疗2型糖尿病的方法；US9764003B，用GLP-1减轻体重的方法）、新适应证［如CN109069589B，用于心血管病况（MACE）的司美格鲁肽］。

表1中示出了经美国FDA批准的三种司美格鲁肽产品按规定在上市产品标签上需标注的相关美国专利：

表1 美国上市司美格鲁肽产品标签标注的相关美国专利

商品名	OZEMPIC®	RYBELSUS®	WEGOVY®
剂型	皮下注射剂	口服片剂	皮下注射剂
适应证	2型糖尿病	2型糖尿病	减肥
相关美国专利	• 8129343 具体酰化GLP-1化合物 • 8536122 通式酰化GLP-1化合物 • 10335462 用长效GLP-1肽治疗2型糖尿病的方法 • 8114833 含丙二醇肽制剂 • 7762994、8684969、8920383、9108002、9132239等 给药装置及其部件/机构	• 8129343 具体酰化GLP-1化合物 • 8536122 通式酰化GLP-1化合物 • 9278123、10086047 口服固体组合物及其制备 • 10278923 口服GLP-1肽治疗2型糖尿病方法 • 10933120、11759501、11759502、11759503 组合物及其制备	• 8129343 具体酰化GLP-1化合物 • 8536122 通式酰化GLP-1化合物 • 9764003 用长效GLP-1减轻体重的方法 • 10888605、11752198 组合物及其应用

从上表可见，司美格鲁肽在其产品上市前早已有专利布局，其覆盖了核心产品、制剂、制备、应用等多个方面，从而在产品上市后能够有效获得原研药市场垄断。并且，凭借制造工艺、制剂或用途等相关专利，诺和诺德在活性成分核心专利到期后（2026年3月）或被挑战后对其产品仍有可能获得排他性的保护。

综上所述，为了保护创新知识产权，诺和诺德在全球范围内对司美格鲁肽采取了一系列专利布局。首先，该公司在研发过程中不断进行技术创新，以提高产品的效果和安全性，并扩大适应证。其次，该公司积极申请专利，以保护自己的技术成果不被竞争对手模仿或盗用。并且，该公司充分利用自己的知识产权优势，牢固占据市场垄断地位，获得了巨大的商业成功。总之，诺和诺德公司在多肽类生物药物领域的专利布局全面而系统化，其中有很多值得我们借鉴和学习之处。

结　语

在我国政策导向和支持下，生物医药行业作为战略性新兴产业，得到了前所未有的发展机遇。然而，仅有宏观政策的支持还不够，企业更需要具体的行动和策略来应对市场竞争。在这样的大环境中，如何利用合理的知识产权策略，特别是专利策略来保护企业的创新成果并推进企业的茁壮发展至关重要。

本文中分析了生物医药创新企业在专利策略上应如何进行自我保护，如何避免侵犯他人知识产权，这些策略不仅有助于企业保护自身的研发成果，还能在一定程度上规避法律风险，提高市场竞争力。本文进一步结合生物医药巨头重磅产品的成功案例，对生物医药创新企业如何有效地从产品和技术、时间及地域等多个维度对专利进行有效布局进行了阐述。

从技术产品的维度看，专利布局要涵盖所有与企业利益相关的技术和产品。除了技术和产品维度，时间维度上的布局同样重要。企业需根据药品研发进度、市场需求等因素，适时提出专利申请，寻求授权或延长专利保护期。通过合理利用分案申请、继续申请等策略，可以使部分专利申请快速获得授权，同时保留按需修改和调整的机动性。而地域维度的布局则对于有出海规划的企业尤为重要。由于知识产权的地域性特征，企业必须在不同的国家和地区进行专利申请或获得授权，才能确保其创新成果得到全面保护。

综上所述，我国生物医药产业的战略思路和重点市场的专利布局，既需要宏观政策的引导，也需要企业层面的具体实施。通过深入分析行业案例，我们可以得出宝贵的经验和教训，为未来的发展方向提供明确的指引。

深入分析，合理规划，从"知己知彼"入手，在研究和开发全程中对创新进行"全面布局"，将有效助力于生物医药创新企业在知识产权的无形战场上立于不败之地。

参考文献

[1] 中华人民共和国国民经济和社会发展第十四个五年规划和2035年远景目标纲要[EB/OL].(2021-03-12)[2024-05-07]. https://www.gov.cn/xinwen/2021-03/13/content_5592681.htm.

[2] "十四五"生物经济发展规划[EB/OL].(2021-12-20)[2024-05-07]. https://www.gov.cn/zhengce/zhengceku/2022-05/10/content_5689556.htm.

[3] 上海市生物医药产业发展"十四五"规划[EB/OL].[2024-05-07].https://kcb.sh.gov.cn/upload/1/editor/1667550902734.pdf.

[4] 火石创造产业数据中心.2023年生物医药产业运行报告[EB/OL].(2024-01-12)[2024-05-07]. https://zhuanlan.zhihu.com/p/677499608.

[5] Xiecheng Zhi, Qiu Li, Liming Shao. Approvals by the China NMPA in 2023[J]. Nat Rev Drug Discov, 2024, 23(3):164-165.

[6] Lang Zheng, Wenjing Wang, Qiu Sun. Targeted drug approvals in 2023 breakthroughs by FDA and NMPA[J]. Signal Transduct Target Ther, 2024, 9(1):46.

[7] 四川百利天恒药业股份有限公司关于全资子公司SystImmune与百时美施贵宝就BL-B01D1的开发和商业化权益达成全球战略合作协议的公告[R/OL].(2023-12-12)[2024-05-07]. http://www.baili-pharm.com/upload/2023-12-12/128238727.pdf.

[8] 四川百利天恒药业股份有限公司自愿披露关于收到与百时美施贵宝就BL-B01D1开发与商业化许可协议8亿美元首付款的公告[R/OL].(2024-03-11)[2024-05-07]. http://www.baili-pharm.com/upload/2024-03-11/1195722707.pdf.

[9] Oral semaglutide 50 mg taken once per day in adults with overweight or obesity (OASIS 1): a randomised, double-blind, placebo-controlled, phase 3 trial[J]. Lancet, 2023, 402(10403):705-719.

[10] Novo Nordisk Annual Report 2023[R/OL].[2024-05-07]. https://www.novonordisk.com/investors/annual-report.html.

从知识产权视角评估投资价值

傅子晋　陆　嘉　夏　叶　吴　杰

[摘　要]　生物医药项目，尤其是早期生物医药项目的公司架构、运营管理相对简单，也没有市场化的产品可供评价。于是，体现公司竞争优势和壁垒的专利成为评估公司投资价值的重要指标之一。知识产权风险的避免和高价值专利的转化运用，是投资收益和风险平衡需考量的重要内容。本文通过分析上海科技创业投资股份有限公司（简称"科投股份"）对A生物科技公司的投资决策过程，就知识产权，特别是专利在早期生物医药项目筛选决策过程中的价值进行阐述。

[关键词]　微流控芯片，微机电-半导体制冷芯片（MEMS-TEC），片上荧光—光子芯片，硅基芯片，专利布局，股权投资

引　言

2023年中央经济工作会议强调，"要以科技创新推动产业创新，特别是以颠覆性技术和前沿技术催生新产业、新模式、新动能"。生物医药产业，就是最可能出现颠覆性创新的领域之一，相应的研发也需要达到国际先进水平。[1]生物医药产业是重资金投入行业，尤其追求创新性

作者简介

傅子晋　上海科技创业投资股份有限公司项目经理。

陆　嘉　上海专利商标事务所有限公司临港分公司副总经理兼上专服务公司副总经理，专利代理师。

夏　叶　上海科技创业投资股份有限公司项目经理。

吴　杰　上海科技创业投资股份有限公司副总经理。

发展的企业，研发投入极高，研发周期也很长，但一旦产生具有领先性的重大价值突破，获益巨大。专利是药企获得收益的重要保障，比如：对于药企而言，存在"专利悬崖"现象，在重磅药物的专利期限之内，原研药企可以独占市场，而在专利到期之后，仿制药会大量出现瓜分市场份额，对原研药企的营收产生巨大的影响。因此，专利布局和规划是生物医药企业的重中之重。从全球专利申请的情况看，生物医药产业的专利占据了很大比重。目前生物医药专利领域有主导优势的企业仍然为美欧企业，如诺华、罗氏、阿斯利康等。我国生物医药企业在创新能力和专利规划方面仍存在差距。[2]

股权融资是企业重要的融资渠道。对于投资机构而言，股权投资是一种重要的投资工具，通过资金的提供获得目标公司的股权，以助力公司的快速发展或者扩张，伴随公司的成长，股权获得增值，从而产生一定投资收益。由于经济环境、政策环境、公司运营、技术发展的复杂性和不确定性，股权投资面临很高的风险。投资收益和风险的平衡是股权投资的一项重要内容。生物医药项目，尤其是早期生物医药项目公司架构、运营管理相对简单，也没有市场化的产品可供评价。于是，体现公司竞争优势和壁垒的专利成为评估公司投资价值的重要指标。避免知识产权风险和高价值专利的转化运用，是投资收益和风险平衡需考量的重要内容之一。

本文通过分析科投股份对A生物科技公司的投资决策过程，就知识产权，特别是专利在早期生物医药项目筛选决策过程中的价值进行阐述。

一、背景介绍

A生物科技公司是一家以微纳加工技术为核心，致力于分子诊断的高新技术企业，主要产品为超快速核酸扩增分析仪及配套检测芯片。

分子诊断主要是指基因检测，可广泛应用感染性疾病、肿瘤诊断、优生优育，以及遗传病基因诊断等，已经发展成为早期诊断、伴随诊断、个性化诊断的主要载体；分子诊断作为尚未实现即时检验（POCT）化的细分领域，已成为行业关注发展的热点，是POCT的处女地。

A生物科技公司的3位创始人均有海外留学、工作背景，其中：一位国家千人、一位市白玉兰纪念奖获得者、一位市高层次青年人才，背景涉及生物与半导体芯片交叉领域、微机电系统（MEMS）工艺、管理和市场，总体较为互补。A生物科技公司解决了微机电-半导体制冷芯片（MEMS-TEC）、片上荧光-光子芯片、硅塑结合反应芯片等问题，掌握了核酸、免疫、发光等IVD（体外诊断）仪器小型化、微型化的底层技术。A生物科技公司的商业模式包括to B和to C：ToB端，采用"ODM+原材料供应"的商业模式，为分子诊断企业提供实时荧光定量聚合酶链式反应仪（qPCR）等设备，以及反应芯片耗材；ToC端，采用传统分销方式，提供家用指尖POCT仪，同时通过反应芯片、试剂等赚取长期利润；A生物科技公司尚处于早期阶段，估值相对不高。

二、行业概况

由于受新冠疫情的影响，核酸检测市场在过去一段时间存在畸形发展的问题，新冠检测的市场份额一家独大，而其他细分领域，比如：肿瘤检测、感染的多联检等在新冠检测的挤压效应下未充分发展，甚至市场份额还有萎缩。

2021年，中国分子诊断的市场体量为175亿元，其中：聚合酶链式反应（PCR）诊断的细分市场的体量为107.8亿元，预计未来几年仍将保持15%以上的年均增速。PCR试剂已基本完成国产化，而占PCR诊断市场30%价值份额的PCR仪临床上仍以海外品牌为主。此外，POCT市场也是一个快速增长的市场，生化、免疫都已经POCT化，也走向了家庭，但是"分子POCT"仍处于空白，未来市场可期。

三、从知识产权视角评估公司的投资价值

在传统的股权投资的投资决策过程中，主要考虑的问题包括：

项目背景和团队能力：主要考察企业所属行业的发展情况的未来发展空间，核心团队的组成以及团队成员的学习、工作背景，核心技术的来源以及技术研发路径，评估当前所掌握技术的先进性。

商业模式和财务状况：主要考察企业的收入构成、成本结构、市场定位和产品吸引力，同时还会研究企业的组织架构和费用开支，评估团队的经营管理能力。

市场空间和政策环境：主要关注企业所属行业的整体前景和市场总量空间，企业的商业模式的可复制性和可持续性，评估企业市占率变化趋势，分析主要竞争者以及相对于竞争者的优势。同时还需要留意行业政策和相关法规的变化，政策和法规都是会对市场空间和市场格局造成显著影响的重要因素。

在对生物医药行业的早期项目进行投资决策时，传统的考量因素遇到了困境：生物医药行业的企业在发展的早期需要投入大量资金，研发周期也很长，并且产品在正式进入市场之前还需要经历漫长的审批程序。这就使得生物医药行业的企业会在相当长的一段时期内没有收入，也没有实际的商业模式。从财务的角度看，企业极度依赖外部融资，长期处于大幅亏损状态。如果从传统的商业模式和财务状况的角度去评价

生物医药行业的早期企业，会得出相当负面的评价。但这种评价的角度显然是与生物医药行业的特性不相适应的。生物医药行业的企业一旦具有领先性的重磅产品研发成功并且进入市场，会在很长一段时间内持续获得巨大的收益，企业的价值也会迅速提升。生物医药行业企业的价值通常呈现出跳跃式发展的特点，当企业达到某个突破性进展（里程碑）时，企业的价值会成倍增长。但生物医药行业的研发成功率并不高，仅有少数的企业能够成功突围，大量的企业会由于研发失败而被淘汰。

这就给生物医药行业的股权投资提出了挑战，如何从早期项目中挖掘出具备突围潜力的优秀企业，在企业的产品研发成功之前，企业价值尚未被充分发现之前进行投资布局；如何评估企业未来发展过程中可能遇到的风险并积极协助企业进行管控，都是投资机构需要思考的问题。

对于生物医药行业的企业而言，进行投资决策时会更加关注项目背景和团队能力，企业的核心技术的先进性、独特性以及团队的科研经验和科研能力是考察的重点。而作为技术及科研成果的重要载体的知识产权，尤其是专利，为评估企业的价值提供了一个新的视角。通过全面评估企业以及核心团队所拥有的以及曾经参与过的专利，可以了解企业是否具有独特而明确的技术优势，是否具备将技术优势转化为公司价值的能力，以及是否可以长久地维持技术优势。

在科投股份对A生物科技公司的投资决策过程中，重点考察了A生物科技公司的知识产权，尤其是专利的情况。A生物科技公司的核心技术和核心产品是微流控芯片。为了更好地了解A生物科技公司在专利方面的布局和规划，在投资调研阶段，科投股份邀请上海专利商标事务所有限公司（以下简称"上专所"）的专业团队对A生物科技公司的专利组合做了分析，并就A生物科技公司未来的专利规划和布局做了建议，形成了关于A生物科技公司的专利评估报告。此外，上专所还对A生物科技公司进行专项培训以提升全员的专利意识和专利认识水平。基于上专所的专利评估报告，科投股份从知识产权视角出发，评估了A生物科技公司的潜在投资价值，对于投资决策起到了重要的辅助作用，详细说明如下：

（一）专利组合及法律状态

A生物科技公司成立于2020年。截至2022年4月底，基于公开的专利文献及目标公司提供的专利资料，经梳理形成目标公司相关专利及专利申请清单：17项发明专利申请、4项实用新型专利、1项外观设计专利，以及1项外观设计专利申请。其中有1项发明专利申请、2项实用新型专利和1项外观设计专利是以受让方式引进，其余专利及专利申请由A生物科技公司自行提出。

A生物科技公司虽然有部分专利或专利申请是通过受让方式引进，但A生物科技公司的创始人是这些专利或专利申请的发明人，专利引进后进行技术转化衔接的挑战相

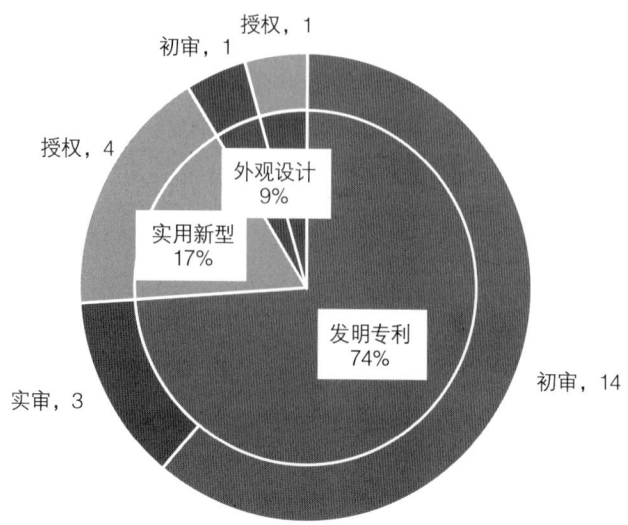

图1 A生物科技公司的专利类型及法律状态

对较小。另外,作为相关专利或专利申请的主要发明人,在该领域有深厚的技术积淀,A生物科技公司的研发能力也能得到保障。在成立后2年的时间内,A生物科技公司申请了十余项专利,说明公司有一定的技术储备和不错的研发能力,对于知识产权保护的意识也比较强。从专利保护地域分布来看,A生物科技公司目前的专利及专利申请的申请地域均为国内,尚未提交PCT国际申请或进行海外专利布局。虽然在海外布局方面有所欠缺,但是考虑到公司成立仅2年,还处于初创期,距离进军海外市场还有相当遥远的距离,暂时不进行海外专利布局也是合理的。A生物科技公司的发明专利申请均处于初步审查或实质审查状态,尚未获得授权,相关权利存在不确定性。经了解,A生物科技公司并未使用专利优先审查等加速程序,因此发明专利申请仍需经历较长的审查过程后才能有结果。由于专利组合中最有价值的发明专利申请的权利存在不确定性,并且预计该不确定性将持续较长时间,为了对相关专利组合的价值进行更加准确的评估,科投股份邀请上专所的专业团队对相关发明专利申请的授权前景进行了分析和展望。经分析,在愿意接受适当修改或者缩限权利要求的条件下,相当一部分的发明专利申请具有不错的授权前景。

综合考量对A生物科技公司专利组合的分析、访谈尽调及公开文献资料的查阅,科投股份最终认为A生物科技公司具有技术储备,部分技术处于业内领先地位,团队有专利布局意识,但在专利布局方面仍需要进一步完善和提升。如果决定投资,需要进一步深入调研和沟通,结合投资方案规划公司后续的知识产权工作方案,并在投后持续跟踪A生物科技公司的专利规划布局,以落实知识产权工作方案。

（二）专利技术分布

A生物科技公司核心技术和核心产品主要包括MEM-TEC芯片、片上荧光-光子芯片、硅基芯片。对A生物科技公司的专利组合进行分布解析，专利组合的技术分布如下：

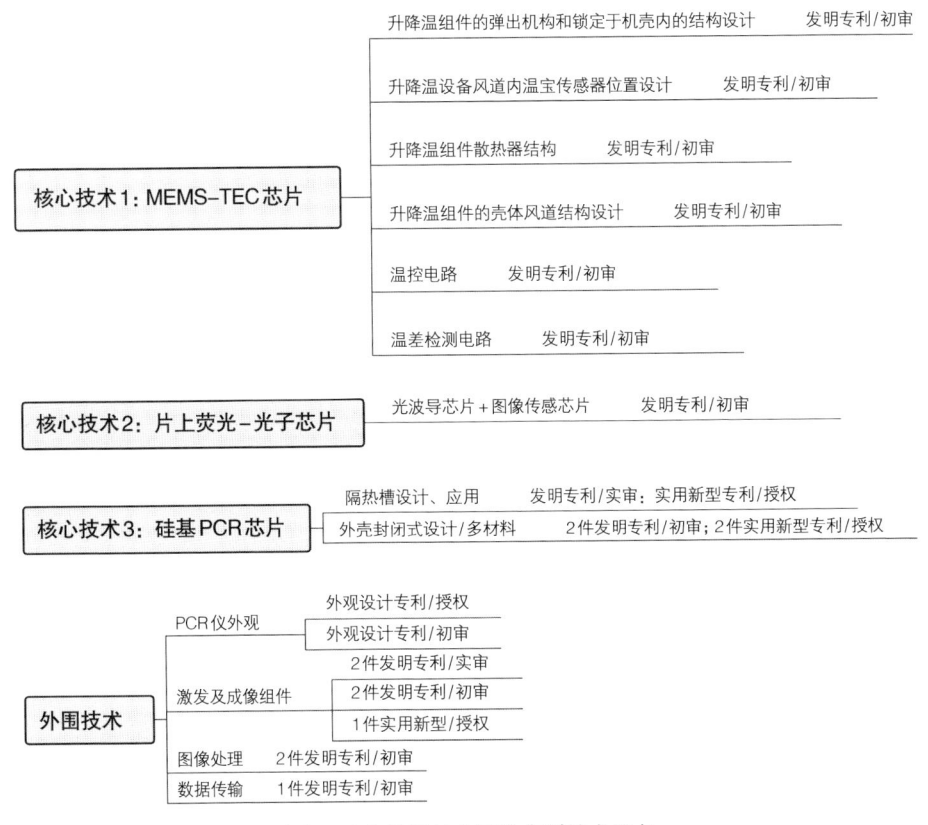

图2　A生物科技公司的专利技术分布

经过专利技术分布解析后，对A生物科技公司的三项核心技术的创新方向、设计点、技术方案、所要解决的问题，以及公司的核心技术、相关专利布局有了脉络清晰的宏观理解。然后，进一步确认公司核心技术的保护力度：主要是基于A生物科技公司目前的专利组合，结合其核心技术及核心产品的研发方向，根据发明点、保护主题、技术特征等方面分析相关专利与核心技术/核心产品的对应性/覆盖程度、专利保护力度及授权前景。

通过梳理发现：

1. 核心技术一（MEMS-TEC芯片）：共申请了6项专利，均在审查阶段。该6项专利申请与A生物科技公司第一代和第二代产品相对应，但未覆盖A生物科技公司的第三代产品。该6项专利申请的保护主题全面，能够保障侵权可判性，但存在规避设计的可能性。该6项专利申请的细节特征揭示较为充分，在考虑通过增加细节特征的方式来适当修改或缩限权利要求的前提下，均具有一定的授权前景。

2. 核心技术二（片上荧光-光子芯片）：共申请了1项专利，在审查阶段。该专利申请对应A生物科技公司第三代产品中的部分特征，但未覆盖第三代产品的全部内容，对于第一、二代产品的覆盖度也较低。该专利申请的保护主题全面，能够保障侵权可判性，但存在规避设计的可能性。该专利申请的独立权利要求记载的技术方案的创造性可能受到现有技术的挑战，但从属权利要求中记载了更多的技术细节，通过修改或缩限权利要求，该专利申请也具有授权前景。

3. 核心技术三（硅基芯片）：共申请了6项专利，均在审查阶段。该6项专利申请对应A生物科技公司第一代和第二代产品的部分特征，但未覆盖第一代和第二代产品的全部内容，也没有覆盖第三代产品。该6项专利申请以产品权利要求为主，能够保障侵权可判性，但存在规避设计的可能性。该6项专利申请的细节特征揭示较为充分，在考虑通过增加细节特征的方式来适当修改或缩限权利要求的前提下，均具有一定的授权前景。

通过分析可以发现A生物科技公司的三项核心技术在三代核心产品的应用上虽有侧重的，也存在很强的关联性，说明A生物科技公司的技术设计是沿袭了一致的技术路径，并根据市场需求和研发成果进行了融合和迭代，因此，能够判断A生物科技公司对核心技术的理解和应用还是较为透彻，在业内具有领先优势。A生物科技公司有较强的专利意识，进行了必要的专利布局，但在专利布局与核心技术/核心产品的对应性/覆盖程度以及专利保护力度方面的考量还存在缺陷，专利规模与技术路径/产品线相比过小，导致覆盖面不足，部分产品没有被覆盖，部分核心技术仅有单个专利覆盖，保护力度偏弱。此外，在专利申请文件的撰写方面，对于授权前景的考量较多，权利要求中存在较多的非必要限制，导致权利要求普遍存在被规避设计的可能。专利分析中发现的问题及时向A生物科技公司进行了反馈沟通，也推荐了专利方面的专业团队进行相关的辅导以提升A生物科技公司的整体专利水平。A生物科技公司表示公司尚处于早期，在知识产权方面的内部专业人士尚未配备到位，后续一方面会加强公司内部的知识产权体系建设，另一方面会更多依靠外部专业团队的支持，就A生物科技公司的专利布局和规划提供专业的建议。

（三）关联/合作第三方的专利情况

由于A生物科技公司是研究院培育孵化的企业，其技术带头人为相关领域的顶级人才，因此，专利形成过程中，有相关的合作关系和技术来源的关联性。在投资调研的过程中也对关联、合作方的专利情况进行了摸底。分析后发现，关联/合作第三方虽然在核心技术的所属领域上具有重叠性，但主要是在底层技术原理层面，在具体应用领域明显不同，相应的，为了匹配对应应用领域而进一步研发的发明点也明显不同。通过进一步的深入调研和访谈，确认A生物科技公司的主要核心技术为独立自主研发获得，并且已经突破了核心技术中的关键难点，A生物科技公司基本不存在与关联/合作第三方出现知识产权纠纷的风险。在这种情况下，关联/合作第三方的能够给A生物科技公司的发展带来领域整体能力的提升，并且通过技术带头人的合作能够形成协同效应，将核心底层技术的应用做大做广，提升企业和产业在国际上的竞争力。最终分析认为，关联/合作第三方与A生物科技公司划分得当，对于A生物科技公司的正面影响大于负面影响。此外，关联/合作第三方中也存在具有潜在投资价值的标的，也值得持续关注。

（四）竞争对手的专利格局

A生物科技公司所在的领域并不是最新的领域，已经经过了一定时间的发展，尤其在海外起步较早，部分技术最早可以追溯到90年代。该领域近几年的专利申请趋势是呈现上升状态。从整体专利数量上看，国外13家代表企业拥有相关专利数量近千件，国内10家代表企业只有不足300件，国内与国外在该领域的专利布局上仍存在较大的差距。微流控芯片领域为生命科学环节中重要的基础装备与生产力，该领域无论是技术积累、专利布局还是投资布局都值得重视。

通过分析该领域相关专利的法律状态，可以发现有部分专利族已经失效，相关的技术方案成为公知技术，有可能作为A生物科技公司产品的替代技术方案。但和A生物科技公司的核心技术和核心产品相比较，失效专利所涉及的技术相对落后，这些技术本身无法直接对A生物科技公司的核心技术和核心产品构成威胁。但基于这些技术进行进一步开发，然后获得接近A生物科技公司的核心技术和核心产品的新技术的可能性是存在的。因此，科投股份和上专所的专业团队也建议A生物科技公司将专利布局的范围从自身研发的技术扩展到主要竞争对手可能正在研发的技术，基于自身对行业的认知进行防御性布局，最大程度上维护自身技术的领先性。

（五）对A生物科技公司的进一步规划建议

综合上专所的专利分析报告中就知识产权方面提出的分析和建议，结合科投股份"三最七高一低"的投资理念，以及对于"早、小、硬"企业的关注点，初步认为A生物科技公司具备投资价值，但确实存在早期研究院孵化项目常见的一些短板。因此，从投资时机、公司发展机遇、执行效率的角度考虑，该项目投资调研的中，同步推进其知识产权方面的完善布局工作，除了已经完成的相关调研事项外，主要关注和推进的规划建议方案如下：

1. A生物科技公司在专业机构的指导下进一步分析三项核心技术的预警内容，结合对于行业技术的理解、公司拟实际采取的方案、技术发展的预判，进行更为深入的专利分析，从更高的层面更多的维度考虑，提出后期专利布局和规划的改进思路，并进行动态修正，逐步落实。

2. 充分合理地利用本产业或知识产权行业的相关政策，关注专利申请过程中的相关通道，可与专业机构、专家合作或者适时引进相关的资深人员，提升公司专利申请、政策应用落地的效率。

3. 埋头于自身技术发展的同时，关注行业技术的发展动态，并考虑市场的变化，提高专利布局前瞻意识，并适时作出调整，提升转化落地的有效率。

结　语

以上以A生物科技公司为例，介绍了投资决策过程中对于知识产权，特别是专利的考虑分析，就知识产权在投资项目决策过程中的作用进行了探讨。生物医药行业的早期项目一般具有独特而明确的技术优势，如何将技术优势转化为公司价值，以及如何长久地维持技术优势，需要企业做好各方面的工作。在这其中，知识产权工作是非常重要的，因此在早期项目中，目标企业自身的专利组合及其所属行业领域的专利格局是投资前需要重点调研的内容之一。从上述案例中也可以体现，投资决策的过程中，首先确认A生物科技公司核心技术的行业创新性、行业领先性、可落地性。然后，看A生物科技公司与行业其他竞争对手比较的差异性、可替代性、优势，结合其应用领域、可拓展性、市场需求，考虑公司专利布局和规划，分析公司的专利组合的现有价值、可提升价值、发展价值、价值空间。再评估A生物科技公司团队的知识产权意识和知识产权能力，是否能够有效推动知识产权布局规划落地。总之，在初创型科技企业，例如早期生物医药项目公司的投资决策过程中，知识产权能够起到重要的，甚至是不可或缺的作用。

参考文献

[1] 王小波,邓婕.毕井泉:六方面"同向发力"全链条支持生物医药创新[N].经济参考报，2023-12-25(A08).

[2] 朱县生,相颖.基于专利分析的生物医药产业发展趋势研究[J].河南科技，2023,42(10):134-137.

核心技术的所属领域上具有重叠性，但主要是在底层技术原理层面，在具体应用领域明显不同，相应的，为了匹配对应应用领域而进一步研发的发明点也明显不同。通过进一步的深入调研和访谈，确认A生物科技公司的主要核心技术为独立自主研发获得，并且已经突破了核心技术中的关键难点，A生物科技公司基本不存在与关联/合作第三方出现知识产权纠纷的风险。在这种情况下，关联/合作第三方的能够给A生物科技公司的发展带来领域整体能力的提升，并且通过技术带头人的合作能够形成协同效应，将核心底层技术的应用做大做广，提升企业和产业在国际上的竞争力。最终分析认为，关联/合作第三方与A生物科技公司划分得当，对于A生物科技公司的正面影响大于负面影响。此外，关联/合作第三方中也存在具有潜在投资价值的标的，也值得持续关注。

（四）竞争对手的专利格局

A生物科技公司所在的领域并不是最新的领域，已经经过了一定时间的发展，尤其在海外起步较早，部分技术最早可以追溯到90年代。该领域近几年的专利申请趋势是呈现上升状态。从整体专利数量上看，国外13家代表企业拥有相关专利数量近千件，国内10家代表企业只有不足300件，国内与国外在该领域的专利布局上仍存在较大的差距。微流控芯片领域为生命科学环节中重要的基础装备与生产力，该领域无论是技术积累、专利布局还是投资布局都值得重视。

通过分析该领域相关专利的法律状态，可以发现有部分专利族已经失效，相关的技术方案成为公知技术，有可能作为A生物科技公司产品的替代技术方案。但和A生物科技公司的核心技术和核心产品相比较，失效专利所涉及的技术相对落后，这些技术本身无法直接对A生物科技公司的核心技术和核心产品构成威胁。但基于这些技术进行进一步开发，然后获得接近A生物科技公司的核心技术和核心产品的新技术的可能性是存在的。因此，科投股份和上专所的专业团队也建议A生物科技公司将专利布局的范围从自身研发的技术扩展到主要竞争对手可能正在研发的技术，基于自身对行业的认知进行防御性布局，最大程度上维护自身技术的领先性。

（五）对A生物科技公司的进一步规划建议

综合上专所的专利分析报告中就知识产权方面提出的分析和建议，结合科投股份"三最七高一低"的投资理念，以及对于"早、小、硬"企业的关注点，初步认为A生物科技公司具备投资价值，但确实存在早期研究院孵化项目常见的一些短板。因此，从投资时机、公司发展机遇、执行效率的角度考虑，该项目投资调研的中，同步推进其知识产权方面的完善布局工作，除了已经完成的相关调研事项外，主要关注和推进的规划建议方案如下：

1. A生物科技公司在专业机构的指导下进一步分析三项核心技术的预警内容，结合对于行业技术的理解、公司拟实际采取的方案、技术发展的预判，进行更为深入的专利分析，从更高的层面更多的维度考虑，提出后期专利布局和规划的改进思路，并进行动态修正，逐步落实。

2. 充分合理地利用本产业或知识产权行业的相关政策，关注专利申请过程中的相关通道，可与专业机构、专家合作或者适时引进相关的资深人员，提升公司专利申请、政策应用落地的效率。

3. 埋头于自身技术发展的同时，关注行业技术的发展动态，并考虑市场的变化，提高专利布局前瞻意识，并适时作出调整，提升转化落地的有效率。

结　语

以上以 A 生物科技公司为例，介绍了投资决策过程中对于知识产权，特别是专利的考虑分析，就知识产权在投资项目决策过程中的作用进行了探讨。生物医药行业的早期项目一般具有独特而明确的技术优势，如何将技术优势转化为公司价值，以及如何长久地维持技术优势，需要企业做好各方面的工作。在这其中，知识产权工作是非常重要的，因此在早期项目中，目标企业自身的专利组合及其所属行业领域的专利格局是投资前需要重点调研的内容之一。从上述案例中也可以体现，投资决策的过程中，首先确认 A 生物科技公司核心技术的行业创新性、行业领先性、可落地性。然后，看 A 生物科技公司与行业其他竞争对手比较的差异性、可替代性、优势，结合其应用领域、可拓展性、市场需求，考虑公司专利布局和规划，分析公司的专利组合的现有价值、可提升价值、发展价值、价值空间。再评估 A 生物科技公司团队的知识产权意识和知识产权能力，是否能够有效推动知识产权布局规划落地。总之，在初创型科技企业，例如早期生物医药项目公司的投资决策过程中，知识产权能够起到重要的，甚至是不可或缺的作用。

参考文献

［1］王小波, 邓婕. 毕井泉：六方面"同向发力"全链条支持生物医药创新［N］. 经济参考报, 2023-12-25(A08).

［2］朱县生, 相颖. 基于专利分析的生物医药产业发展趋势研究［J］. 河南科技, 2023, 42(10): 134-137.

知识产权赋能，助推企业发展

林泽宇　陆　嘉　秦天宇　吴　杰

[摘　要]　强化企业科技创新主体地位，需要建立健全"科技型中小微企业—科技型骨干企业—科技领军企业—世界一流企业"的梯度培育体系，引导更多资源向科技创新领域集聚。如何评估科技型中小微企业的投资价值是一项新的挑战。知识产权通常是科技型中小微企业的重要资产，如何通过知识产权来为企业赋能，助力企业更好更快地发展，是投资机构和知识产权服务机构需要研究的重要课题。本文介绍上海科技创业投资股份有限公司（简称"科投股份"）投资上海某医药科技股份有限公司（简称"A医药公司"），并在投后与上海专利商标事务所有限公司（简称"上专所"）的专业服务团队共同完善与强化A医药公司的知识产权布局，协助A医药公司进行IPO申报的过程。

[关键词]　股权投资，器官移植，器官灌注，检测试剂，专利布局

引　言

科投股份是经上海市人民政府批准于1993年6月成立，由四家国有大型企业（上海科投、宝钢集团、东方明珠、上海石化）和六家金融机

作者简介

林泽宇　上海科技创业投资股份有限公司项目经理。
陆　嘉　上海专利商标事务所有限公司临港分公司副总经理兼上专服务公司副总经理，专利代理师。
秦天宇　上海科技创业投资股份有限公司项目经理。
吴　杰　上海科技创业投资股份有限公司副总经理。

构（中国银行、中国工商银行、中国农业银行、中国建设银行、交通银行、交通银行上海分行）共同发起成立的股份制科技投资公司。科投股份成立以来始终以推动科技成果产业化为使命，围绕上海经济和科技发展，努力探索科技创业投资的新路径。科投股份是境内较早专业从事科技风险投资的企业，通过技术、产业和金融紧密结合，科投股份在科技创业投资领域开展了长期的探索和实践，尤其在生物医药、先进制造、信息技术等领域的投资中取得了较好的经济效益和社会效益，也摸索了一套科技创业投资的体系。

党的二十大报告提出要强化企业科技创新主体地位，鼓励发展创业投资、股权投资。强化企业科技创新主体地位，意味着需要建立健全"科技型中小微企业—科技型骨干企业—科技领军企业—世界一流企业"的梯度培育体系，引导更多资源向科技创新领域集聚。科技创新体系的底层是由一大批的科技型中小微企业构成，科技型中小微企业多为初创企业，缺少传统意义上的资产，如何评估科技型中小微企业的投资价值是一项新的挑战。但这些科技型中小微企业通常拥有自己的独家技术，于是，与独家技术密切关联的知识产权成了这些科技型中小微企业的重要资产。如何通过知识产权来为企业赋能，助力企业更快更好地发展，是投资机构和知识产权服务机构需要共同研究的重要课题。

本文主要介绍科投股份投资A医药公司，并在投后与上专所的专业服务团队共同完善与强化A医药公司的知识产权布局，协助A医药公司达到IPO申报这一重要发展里程碑的过程。

一、投前调研

（一）行业选择

科技的发展推动了生物医药及医疗器械的改革创新，人类对于疾病的认知、预防、治疗手段也在不断地完善升级，从而人类的平均寿命也在过去几十年里得到了进一步增长，但截至目前，还不是所有的疾病都能通过药物或常规手术进行治愈。对于个别器官衰竭或者严重损伤的情况，器官移植手术是一种较为有效的治疗手段，通过器官移植，能挽救患者的生命并改善患者的生活质量。比如，对于晚期肾病患者而言，在条件允许的情况下，肾脏移植仍是最佳的治疗方案；相较于其他治疗方案包括血透或腹膜，肾移植在长期存活率及其他各方面均有明显优势。此外，对于肝脏、心脏等的晚期疾病患者，器官移植常常是唯一有效的治疗手段。在政策支持以及民众认知提升的大背景下，器官移植行业整体近十年来呈现积极向好的有利趋势，但依然存在一些明显的问题。

首先是器官供体的来源和保存问题。与器官移植的需求相比，器官移植的供体短缺。以中国为例，据中国人体器官捐献管理中心网站[1]显示，截至2024年3月18日，登记在册志愿者人数为6 697 323例，实现捐献例数为51 373例，捐献器官个数为157 771个。但每年将近有30万人需器官移植，自愿捐献供体移植比例不足两成。但是，在器官来源短缺的同时，在全球范围内目前仍存在大量边缘供体被浪费的现象。器官供体的稀缺性导致了器官供体与患者处在异地是常态，在移植手术前常常需要进行长时间和长距离的器官转运，转运过程以及手术过程中如何保存器官是一个难题。在医疗科技最为发达的美国，器官保存问题同样突出。据统计，2020年美国供体器官的丢弃率高达21.3%，丢弃的原因主要是保存不当导致器官损伤，达不到移植手术的标准。因此，如何有效、完善的对供体器官进行保存及修复，无论是患者还是业内都存在显著的需求。

其次是患者术后生存率的问题，器官移植患者术前普遍存在器官功能不全，手术过程创伤又比较大，术后常规还需要应用免疫抑制药物，因此器官移植患者的术后生存依旧面临挑战。通常，器官移植手术患者在术后的不同阶段会面临不同的风险，术后短期常见各类感染性并发症和手术技术性并发症，术后中期会面临排斥反应。在免疫抑制药物的作用下，排斥反应的发生风险虽然会随着时间的延长而降低，但长期使用免疫抑制药物也存在风险，器官移植术后肿瘤、代谢疾病以及心脑血管疾病的发病率都会升高。近年来随着器官移植手术技术的提升以及术后免疫抑制药物的加速发展，器官移植手术的术后生存率有了很大提升。以肾移植为例，根据USRDS 2021年度报告，公民逝世后，肾移植器官捐献的肾移植术后十年生存率在55%左右。器官移植患者的术后生存问题仍需进一步研发和探讨，尤其是术后各期的各类指标检测显得尤为重要，指标检测能够及时发现患者所面临的风险，针对处置以提升患者的生存率。通常，术后短期以检测感染类指标为主，术后长期以检测免疫抑制药物浓度为主。

整体而言，器官移植行业属于蓝海市场，在我国更属于起步阶段。早期，国内器官移植行业受制于器官移植技术医生数量、国内传统文化观念影响以及器械注册检验的临床试验病人数量，发展缓慢。2015年起，器官移植领域的支持政策出台，器官移植行业开始加速发展，近年来器官移植手术量的年增长率在9.18%左右。未来，随着技术的发展和观念的转变，器官移植行业的发展速度会进一步加快。器官移植行业技术壁垒高、患者群体依赖性强。手术涉及的器官保存设备及其配套耗材价值高，术后的免疫抑制药物和各类检测试剂会伴是患者终生，是长期稳定的需求。因此，器官移植相关医疗器械及药物是一个长坡厚雪的优质行业。

---

1 https://www.codac.org.cn/。

（二）公司选择

A医药公司是一家致力于提供器官移植系统解决方案的高新技术企业。A医药公司的产品线覆盖术前的器官保存液与配型仪器，术中的器官灌注设备，术后的药物浓度检测、抗体检测、免疫功能检测、免疫抑制药物，为患者及医护人员，从捐献到移植，提供全方位的解决方案。A医药公司的产品已经进入全球40多个国家和地区的移植市场，是全球范围内器官移植系统化解决方案的独角兽企业，在国内的器官移植行业，更是处于领先地位。

A医药公司创立于2003年，创立初期A医药公司的主营业务为贸易，主要以器官移植领域医疗器械及免疫抑制药物的代理销售为主。随着公司的业务发展和资金积累，A医药公司开始从代理销售向自行研发转型。2010年，A医药公司正式成立研发部门，从贸易型公司转向科创型企业。2016年，A医药公司全资收购器官保存和修复领域的一家全球知名公司（以下简称"S公司"），并通过一系列的股权架构调整完成了与S公司的整合。S公司在器官保存和修复领域占据全球市场50%以上份额，其中器官保存液产品的市场份额更是超过80%，是全球范围内器官保存行业的隐形冠军。S公司的产品进入国内医院数量已经超过百家，已构建了完整的市场渠道。通过对S公司的收购与整合，A医药公司获得了器官移植领域宝贵的研发团队和市场资源，为A医药公司在器官移植领域的进一步发展奠定了坚实的基础。

A医药公司体制健全、运行规范、经营状况良好。作为一家医药领域的中国高科技企业，A医药公司已经形成了数亿元规模的营收，并且近几年的营收复合增长率达到约30%，尤其难能可贵的是，在保持高强度研发投入的情况下，A医药公司已经实现了盈利。

在转型成为科创型企业后，A医药公司十分重视研发投入。A医药公司的研发人员占比约为25%，近年来累计研发投入超数亿元，研发投入的营收占比长期维持在15%左右。作为高科技企业，知识产权是必不可少的硬指标。在转型之前，以贸易为主业的A医药公司的知识产权理念尚未成熟，企业的知识产权工作也有所欠缺。但与S公司的整合使得A医药公司对知识产权的重要性有了全新的认识。作为海外的医药行业高科技企业，S公司对于研发投入和知识产权非常重视，S公司拥有数百项专利（以海外专利为主），A医药公司在收购S公司的同时一并获得了这些专利。通过这次收购，A医药公司认识到了自身在专利布局方面的不足。A医药公司及时进行了调整和补强，近几年，A医药公司以及所属的子公司已经申请了中国专利100余项，范围涵盖了器官灌注设备、药物浓度检测、抗体检测、免疫功能检测、免疫抑制药物等器官移植全产业链。

综合考虑产品竞争力、市场前景、公司体制、财务状况、管理团队、研发能力和知识产权布局，A医药公司是国内的器官移植行业中较为突出的优质标的，因此，科投股份于2021年年中正式投资了A医药公司。

二、投后赋能

（一）围绕核心优势明确主营方向

A医药公司的产品线覆盖了器官灌注设备、药物浓度检测、抗体检测、免疫功能检测、免疫抑制药物等器官移植全产业链。但很显然，按照A医药公司当前的规模，无法在所有的环节上都做到业内领先，为了公司更好地发展，需要明确公司的核心竞争力和主要发展方向。作为对投后企业的支持和培育工作中的一项重要内容，科投股份会同医疗器械和药物领域的行业专家对A医药公司的产品线进行了全面的分析和评估，建议A医药公司将以下几个方向作为重点：

- 肾脏移植设备

A医药公司的肾脏移植设备，包括低温机械灌注设备、保存液以及配套耗材等具有国际领先水平。肾脏移植手术在术前需要对供体肾脏器官进行保存，以进行器官运输和术前准备。传统的保存方式是冷藏保存。冷藏保存的方式会对器官产生损伤，由于器官组织细胞能量代谢和器官内循环得不到保障，供体器官会产生细胞水肿、胞内酸中毒，组织间隙水肿等不良因素，导致供体器官在植入受体体内前会丧失全部或部分生理机能，使得器官被废弃。保存不当引起的器官损伤是导致器官废弃的主要原因。A医药公司的核心技术之一就是解决了肾脏器官的保存这一重要痛点。A医药公司的肾脏移植设备的主要功能是在供体肾脏器官离开人体后，能模拟体内环境24小时，使得供体肾脏器官在这段时间内能够像在人体内一样正常存活。A医药公司用于保存移植用肾脏的设备及配套耗材，是国际上被充分认可并被和广泛使用，同时也是目前国内唯一的此类肾脏保存产品。该产品在发达国家的市场占有率很高，美国的市场占有率超过90%，法国和加拿大的市场占有率接近100%，在国际器官移植领域，特别是肾脏移植领域具有很大的影响力。目前，仁济医院、西安交通大学第一附属医院、浙江大学医学院附属第一医院、武汉同济医院等国内大型知名医疗机构都在使用A医药公司的产品，肾脏移植保存的效果显著。肾脏移植设备是A医药公司当前最主要也是最具有技术领先性的产品。

- 检测试剂原材料

检测试剂原材料属于"卡脖子"环节。近年来随着国内生物医药行业的发展，国内的生化、免疫、分子诊断试剂逐步实现国产化，但特定应用领域检测试剂的核心原材料，如抗原抗体、磁珠蛋白主要还是依赖进口，在这些特定领域，检测试剂在原材料环节依旧存在"卡脖子"问题。A医药公司所处的器官移植术前术后检测领域，由于国内起步较晚，发展远滞后于海外，检测试剂原材料主要是依赖进口。比如，用于术前检测的供体与受体配对检测试剂盒（人白细胞抗原-DNA分型试剂盒，DNA分型试剂盒等）、用于术后检测的药物使用检测及血物浓度检测试剂盒（例：环孢霉素、他克莫司等）等，都需要从海外的特定供应商初进口。A医药公司经过多年的自主研发，在器官移植术前术后检测试剂原材料方面取得突破，成功完成了核心原材料国产化自主可控，公司的检测试剂性能指标及价格方面较进口产品也有了显著优势，真正意义上打破了进口垄断。

- 肝移植设备

肝移植设备是A医药公司正在研发的前沿产品，该产品属于全球首创，未来产品正式上市后将预计将成为市场"孤品"，在一段时间内都不会有其他厂商的产品可进行替代。肝移植设备目前已经在美国FDA进行认证，也同步在进行国内报证流程准备。肝移植设备是A医药公司下一个重磅产品，预计将接棒肾脏移植设备继续推动A医药公司快速成长。

（二）针对核心技术强化知识产权布局

在明确了A医药公司的主要发展方向后，科投股份建议A医药公司对自身的知识产权布局进行评估和规划，确保知识产权布局与企业的重点发展方向同步。知识产权布局的评估和规划是非常专业的工作，科投股份邀请知识产权业内知名机构上专所共同为A医药公司进行知识产权方面的专项服务。

科投股份和上专所共同组成的专业团队分析了A医药公司的专利组合，整体而言，A医药公司在创新技术水平、创新产出力、创新活跃度、市场覆盖力等几项指标上明显高于行业平均水平，但是在专利规模方面落后于行业平均水平。说明A医药公司的专利布局以核心技术针对性布局为主，对于核心技术的下游应用、横向扩展和向上游追溯考虑不足，所以专利组合呈现出高质量、小规模的特征。

专业团队进一步分析了A医药公司的专利组合在各个细分方向（产业链环节）的布局密度，并将专利布局的情况与企业业务布局的情况进行了比对。通过分析，专业团队认为A医药公司的专利布局整体上覆盖了A医药公司的产品线，包括器官灌注设备、保存液、药物浓度检测、抗体检测、免疫功能检测、免疫抑制药物。对各个环节的核心技术均做了专利布局，但由于专利总规模较小，导致专利密度相对较低，尤其是在A医药公司最为重要的肾脏移植设备、检测试剂原材料、肝移植设备三个方向上，专利数量不足，存在关键部件、核心原材料仅通过单个专利保护的情况。针对上述薄弱环节，专业团队给出了补强的建议。

根据专业团队的建议，A医药公司在肾脏移植设备、检测试剂原材料和肝移植设备三个重点方向上针对性地强化了专利布局。新申请专利38项，主要是围绕低温机械灌注设备、保存液、周边耗材、设备或仪器使用方法、配套的软件操作系统、设备内部关键结构、检测试剂原料蛋白以及制备方法、抗体的生产制备方法、试剂盒的生产制备方法、检测方法等，不仅仅覆盖了核心技术，还充分考虑了该技术各种应用场景下可能的演化。通过积极的专利布局，A医药公司的专利组合与企业业务布局的匹配度更高，在重点发展的方向上明显强化了对应的专利布局。

三、公司持续成长，达到新的里程碑

随后的几年内，A医药公司在上述几个主要发展方向上持续深耕，并同步进行知识产权布局。公司成长迅速，营收及利润屡次突破新高。同时，A医药公司也已经建立起了较为完善的知识产权体系，通过及时完善的知识产权布局，公司在高速发展的同时也没有发生知识产权纠纷或争议事件，有效控制了防范了潜在的知识产权风险。

A医药公司已于2022年9月按照科创板第三套标准进行申报科创板IPO，这是公司成长的新里程碑。

结　语

在科投股份对A医药公司的投资决策和投后培育的过程中，知识产权都起到了非常重要的作用。A医药公司从贸易型公司起家，通过自我转型和行业并购，成功转型为一家具有自主研发能力的高科技企业。A医药公司具有较强的知识产权意识，在企业发展的同时积极做了相应的知识产权布局，有效管控了知识产权风险，使得投资机构在投资A医药公司时更有安全感。在投后培育的过程中，科投股份邀请医疗器械和药物领域的行业专家和知识产权专业服务机构共同为A医药企业赋能。通过对A医药企业的专利组合的细致分析，了解了A医药企业的专利布局的优缺点，以及知识产权资产与企业核心技术的匹配度。通过对薄弱环节的及时补强，使得A医药公司的整体知识产权布局更加完善有效。在各方的共同努力下，A医药公司发展迅速，顺利申报科创板IPO，达到了公司成长过程中的重要里程碑。

参考文献

[1] 石炳毅,刘志佳.构建质量提升计划系统,促进器官移植转型发展[J].器官移植,2020,11(01):1-7.

[2] 吴国彬,陈国栋.肾脏常温机械灌注与无缺血肾移植[J].器官移植,2022,13(01):32-37.

职务发明的权利归属

姜 杰

[摘 要] 本文总结现行法律条款中有关职务发明创造的规定及变化，并结合案例阐述实践中有关"员工""主要利用单位的物质技术条件"等要件的认定以及发明人刻意隐瞒身份、离职一年后再申请专利等特定情形下的司法实践倾向，综合论述各种情形下职务发明创造权利归属的判断原则及要点。

[关键词] 职务发明，权利归属，员工，发明人身份，物质技术条件

职务发明创造（以下简称"职务发明"），根据《专利法》规定，是指员工执行本单位的任务或者主要是利用本单位的物质技术条件所完成的发明创造，其认定及权属是司法实践中经常被研究及讨论的话题。

一、法条规定

首先，关于职务发明的认定会落到何为"执行所在单位的任务"、何为"本单位"、何为"物质技术条件"等几个问题。在最新修订的《专利法实施细则（2023）》的第13条中对相关概念有明确的界定：在职员工，其履行本职工作任务或者单位交付的本职工作之外的任务所作出的发明创造会被认定为"执行所在单位的任务"的职务发明创造；而对于非在职员工，如果其作出的发明创造产生于其与原单位劳动关系终止后的1年以内（包括离退休、辞职、

作者简介

姜 杰 上海专利商标事务所有限公司专利代理师。

解聘等多种情形），相关发明创仍会被认定为"执行所在单位的任务"的职务发明创造。

另外，《专利法》中所规定的"本单位"除了员工现时任职的单位外，也包括非正式聘用的临时工作单位。而所谓的"物质技术条件"则是指本单位的资金、设备、零部件、原材料或者不对外公开的技术信息和资料等。

与之前的2010版《专利法实施细则》相比，新版细则中明确将不对外公开的"技术信息"纳入了"物质技术条件"这一概念，解释了之前业界一直关心的仅利用单位未公开非成文技术信息或经验完成的发明创造是否应被认定为职务发明的疑问，进一步完善了职务发明所囊括的范围。

其次，关于职务发明的权属，《专利法》第六条第一款中明确规定，职务发明创造的申请权及授权后的专利权属于单位，单位有着自由运用、实施、处分相应权利并取得收益的权利。

有了前述关于职务发明的认定，相应地，对于非职务发明或者并非"主要利用"单位物质技术条件取得的成果，该法条第2款、第3款中也有明确规定。如果一项发明被认定为非职务发明创造，那么其申请及专利权就属于发明人或设计人本身，相应自然人也就有了自主处置相应权利的能力。此外，该法条还规定，发明人或设计人可以通过合同对利用单位物质技术条件所取得的发明创造的权属合同进行约定，这也给了发明人及单位更多的实际操作空间。

虽然存在上述规定，但现实情况纷繁复杂，实践中如何参照其进行认定、执行仍会存在争议，本文将结合典型案例，对职务发明认定中的相关争议点进行介绍，以供相关企业及人员参考。

二、"员工"概念的定义

首先，关于"员工"的定义就是一个可以研究的内容。如前所述，发明人是否属于某单位的"员工"是判断该发明创造是否属于职务发明创造的重要一环。通过签订劳动合同，建立劳动关系，是"员工"受雇于单位所最为常见的形式。不过，随着个人就业方式、企业用工形式的不断丰富，相应关系间的判断也变得愈发复杂。

通常情况下，董事、股东、实习生、退休返聘人员等仅会与公司形成简单的劳务合作关系，而不会与单位签订正式劳动合同。这时，当其执行工作要求作出发明创造时，由于不存在相应合同，主体单位又该如何主张自己的权利呢？这就会落到如何证明相关人员与其存在事实上的合作关系的问题[1]。

在林祖毅、福建伊时代信息科技股份有限公司专利权权属纠纷一案[1]中，林祖毅于

---

1 （2019）闽民终297号。

毕业前（2008年2月）进入伊时代公司实习，其间（2008年3月），公司申请了发明专利CN200810070756.8，林祖毅为第一发明人，之后（2010年1月），该专利获得了授权。案中，林祖毅称该发明为其独立研究完成，要求更改涉案专利的权利人为其本人。伊时代公司则主张林祖毅进入该公司实习，无论其是否为正式员工，相应成果均属于职务发明创造，其权利应属于公司。

福建省高院在判决中认为，涉案专利员工是否就职于公司为标准认定相关专利是否属于职务发明，综合判断伊时代公司提交的证据，相关证据尚不足以证明其符合构成职务发明的相关要件，故对公司的主张不予采纳。

不过，该案的认定要点还涉及了相关专利的技术方案是否林祖毅独立研究完成及其权属问题。证据证明：林祖毅于2008年2月之后在伊时代公司实习且其毕业设计（论文）的写作获得过伊时代公司员工帮助，同时，他曾亲自负责就涉案专利相关内容与专利代理公司对接，与其自称不知专利记载的发明人和权利人的情况明显不符。故而，该院对林祖毅关于涉案专利的技术方案是其独立研究完成并由其享有涉案发明专利权的主张不予支持，最终判决该案专利的专利权仍应属于公司。

原理上，判断是否构成职务发明应以专利法的相关规定为依据，也即"员工"完成的发明创造是否为执行本单位的任务或主要是利用本单位的物质技术条件所取得。落实到本案，虽然依据事实情形，福建省高院最终判决该案专利发明不属于职务发明，但其并未否认实习生可以构成该条款的适格主体——"员工"，并就其做出的相应发明开展了是否构成职务发明的后续认定。

该案例也为本次所讨论的有关未与单位签订正式劳动合同的人员是否可以构成"职务发明"主体的讨论给出了指引，也即各种构成事实劳务合作关系的情形均可能成为职务发明适用的主体，后续可以开展实质认定。

三、"主要利用"的解释

关于《专利法》第六条第一款中"主要利用"相关情形的认定，同样也是实践中会经常遇到的问题。

在武汉船用机械有限责任公司与王汉国专利权权属纠纷一案[1]中，王汉国是该公司员工，2011年3月，其申请了发明专利CN201110056869.4。公司得知后，主张涉案发明为王汉国在其引进技术的基础上改进所得，使用了诸多不对外公开的技术生产资料，应属于职务发明范畴，其权利应归属于本公司。王汉国辩称，其工作岗位为钳工，属于普通的一线装配人员，是利用休息时间在家钻研搞出的本案发明，仅为向武船公司

1　（2016）鄂民再12号。

领导展示其有效性而在该公司的实验台上进行过验证，研发中并未利用公司的实验设备等物质条件，因此，该发明不应被认定为职务发明，其权利应属于本人。

湖北高院在再审判决中认为，发明人的创造性劳动对发明的完成具有决定性意义，这是确定发明权利归属首要考虑的因素。《专利法》第六条规定主要是利用本单位的物质技术条件所完成的发明为职务发明，其特别强调了"主要利用"这一概念。落实到本案，由于涉案发明并非王汉国在本职工作中作出，武汉船用公司也未提供充分证据证明其系王汉国履行所交付的本职工作之外的任务或主要利用该公司物质技术条件所完成，故其不属于职务发明，权属应归于王汉国本人。

可以看到，上述判决主要依据是否"主要利用"本单位的物质技术条件对发明创造的最终权属做出了认定。关于其相关情形，可参考《最高人民法院关于审理技术合同纠纷案件适用法律若干问题的解释》第四条的规定，其主要分为两种情形，一种是员工研究开发过程中，利用了对形成技术成果具有实质性的影响的属于单位的物质条件；另一种是员工在单位尚未公开的技术成果、阶段性技术成果基础上完成了相关技术成果实质性内容。存在上述情况的话，会被认为是"主要利用"的情形。

此外，需要注意的是，如果员工约定付费使用单位提供的物质技术条件，或者仅仅对技术方案进行验证、测试的，则不属于"主要利用"单位物质技术条件的情形。

上述规定较好地解释了"主要利用"的适用情形及例外条件。综合上述规定及解释，对于企业及相关人员，在遇到相关问题时，可针对相关概念，搜集对应证据，力争对己方有利的认定。

四、其他情形

除了前述有关"发明人"范围、"主要利用"单位的物质技术条件的情形外，在司法实践中，有关职务发明的认定还存在着各种各样的情形。

（一）发明人刻意隐瞒身份

在帕克环保技术（上海）有限公司与段国秀、唐宁专利申请权权属纠纷一案[1]中，被告唐宁2005年于大学毕业后就入职原告帕克公司，入职时，其与原告签订保密协议书约定，唐宁在合同期间内，从事帕克公司的工作和/或使用帕克公司的工作条件、资金所取得的任何专利均归帕克公司所有，双方另有约定的除外。

2013年11月，唐宁母亲段国秀以个人名义申请了名为"废气生物处理系统"的发明专利，涉及生物洗涤塔相关技术。经查其文化程度为高中，不具备研发、设计专利

---

[1] （2016）沪73民初146号。

技术的能力。而唐宁自大学毕业后即进入原告处工作，历任多个项目团队的研发、管理职位，其工作职责包括废气处理、生物洗涤塔的应用开发。涉案专利系一种废气生物处理系统，其技术特征也涉及生物洗涤塔，根据一系列举证调查，上海知识产权法院认定该专利所涉发明创造在唐宁的工作任务范围内，系唐宁为完成原告工作任务而做出的发明创造。根据相关法律及双方签订的保密协议书，该专利属于职务发明创造，专利申请权均应归原告所有。

该案事实较为清晰，由于被告母亲的知识技术水平不具有研发专利技术的能力，同时被告自身的工作任务职责与涉案专利相同，结合被告与其母亲的身份关系，涉案专利被认定为职务发明，认定其权利归属于原告公司似乎应顺理成章。但在过程中，被告还提出了"原告应提交与系争专利技术特征相同或等同的技术资料，否则不能认定为职务发明创造"这一诉求。对此，上海知识产权法院认为，在涉及职务发明创造的专利申请权或专利权属纠纷中，员工若打算将其职务发明创造以个人名义申请专利，往往会隐瞒其完成单位工作或主要利用单位的物质技术条件而完成的发明创造，而不会将该发明创造的技术方案如实提交给单位。这时一味要求单位提交与系争专利技术特征相同或等同的技术资料是不公平、不合理，也是不现实的。

上述结论在一定程度上弥补了因技术资料"短缺"或"遗失"，可能造成的相关专利发明无法被认定为职务发明的漏洞；在其他证据链完整的情况下，尽可能地保障了公司的权益。同时，该案的取证、认证环节进程也提醒了相关企业做好日常记录、数据归档的意义，建立完善的企业内部知识产权相关管理体系对于日后的确权、维权过程也有着重要的价值。

（二）离职一年后再申请专利

除了前述发明人在申请专利技术过程中刻意隐瞒自身身份的情形外，有时，部分发明人也会利用《专利法实施细则》第十三条的规定，通过将在职工作期间或离职一年内完成的发明创造"滞留"到离职一年或更长时间以后再申请专利，以规避职务发明的"限制"。那么这种情况下，原单位该如何应对呢？

在上海纽脉医疗科技有限公司、虞奇峰等与上海微创医疗器械（集团）有限公司专利权权属纠纷一案[1]中，王海山、秦涛均曾系上海微创医疗器械（集团）有限公司的员工。王海山作为该公司前沿技术部门研发技术人员，在职期间能够进入公司实验室，接触到微创医疗器械公司PLM系统中已经存在的编号为QP-C4E01-15、文件名为"电化学抛光"的文档；秦涛作为微创医疗器械公司注册部临床总监，曾任技术评审，也能阅读到该技术文档。

两人分别于2015年3月、2月从微创医疗器械公司离职，随后入职上海纽脉医疗科

---

1 （2017）沪73民初13号；（2018）沪民终467号。

技有限公司担任监事和法定代表人。该公司于2016年4月申请了名为"电解抛光装置"的发明和实用新型专利，其发明人为虞奇峰、梁玉晨、王海山、陈靖宇、秦涛。经上海知识产权法院认定，涉案专利技术内容与微创医疗器械公司内部"电化学抛光"文件所记载的内容相同，相关专利技术并非王海山、秦涛、虞奇峰等创造完成，而系在王海山、秦涛离职之前在微创医疗器械公司处已经存在的技术方案。相关人员也无法提供证据证明涉案发明创造实际由其创造完成，其专利申请权及专利权的权利基础不存在，故相关实用新型专利权及发明专利申请权的权属不应以"离职一年以后完成的发明创造不应认定为职务发明"的方式加以认定，其应归微创医疗器械公司所有。

可以看到，在该案中，虽然涉案发明人企图通过"离职一年以后完成的发明创造不应认定为职务发明"这一方式，将应属于原单位的技术方案带到新单位，但在原单位能够提供充分证据（归档完整的技术资料）证明相关专利技术之前业已存在，而非发明人在离职后创造得出的情形下，相关专利技术仍能被认定权属于原单位。另外，在某些情形下，如果能够通过发明专利的申请/撤回等时间资讯，证明后续申请技术方案是在发明人离职一年内做出的，也有可能说服法院认定相关发明为职务发明。

因此，对于离职员工将执行原单位本职工作或者分配的任务有关的发明创造故意留到离职一年期满后申请专利，以规避被认定为职务发明的情形，原单位如能提供充分的证据证明该发明创造实际已在一年期内完成的（例如相关方案在一年内已存在于公司内部系统、相关方案样品在一年内已经完成、关联专利在一年内提交申请[1]或相关技术在一年内曾向期刊投稿等），相关发明创造仍存在被认定为原单位职务发明的可能，这一方面对企业内部管理体系的建立提出了更高的要求，另一方面也给一些想要"投机取巧"的发明人敲响了警钟。

综合来看，本文从《专利法》及《专利法实施细则》的相关条款及最新修改出发，结合相关案例，论述了有关职务发明创造定义及其认定过程中的有关"发明人"认定、"主要利用单位的物质技术条件"等要件，并研究了发明人刻意隐瞒自身身份以及故意将相应发明创造留到离职一年期满后再申请专利等情形下的司法实践倾向，总体介绍了职务发明创造权利归属的相关知识，希望能为相关企业及人员提供参考，在后续工作中做好准备及应对。

参考文献

［1］ 傅广锐,周琪. 职务发明常见争议点梳理(上)［EB/OL］.(2021-04-28)［2024-03-30］.https://www.sohu.com/a/463519146_120133310.

---

1 （2018）鄂民终714号。

企业植物新品种权风险管理合规要求研究

叶　诚　李晗菲　陈韵琳　马巧玲

[摘　要]　本文依据新修改的《种子法》所构建的全新种业知识产权保护体系，深入研究实质性派生品种制度、加大惩罚力度、完善侵权赔偿制度以及加强种质资源保护等多个方面的法律规定和一系列最新司法判例。文本亦参考2023年新版《企业知识产权合规管理体系　要求》中对专利和技术秘密风险管理提出的相关要求，梳理并给出适用于企业植物新品种风险管理的推荐性实践，并总结出植物新品种禁止性行为。

[关键词]　植物新品种，企业合规，风险管理

引　言

种子是发展现代农业、保障国家粮食安全的基础[1]。建立激励和保护原始创新的种业法律制度，是"打好种业翻身仗"的关键。2022年3月1日起正式施行的新《种子法》大幅升级了种业知识产权保护体系，包括延长保护链条、增加惩治力度、完善侵权赔偿制度、建立实质性派生品种制度加强种质资源保护等多个方面，从而对农林企业植物新品种的风险管理等保护工作提出了更高的合规要求。

新一版《企业知识产权合规管理体系　要求》（GB/T 29490—2023）[2]

作者简介
叶　诚　上海专利商标事务所有限公司海南分公司负责人、专利代理师。
李晗菲　上海专利商标事务所有限公司专利代理师。
陈韵琳　上海专利商标事务所有限公司专利代理师。
马巧玲　上海专利商标事务所有限公司专利主管。

(下称《合规要求》)中突出了标准的合规属性,顺应我国知识产权保护全面加强、企业知识产权意识普遍提升、知识产权竞争日趋激烈的大方向,知识产权合规管理为企业带来了多角度、规范化指引,相关企业降低信用成本、把控风险的有效性得到质的飞跃,《合规要求》在企业管理中的应用为企业知识产权风险防范、知识产权管理体系建立、知识产权价值实现提供了重要参考[3]。虽然《合规要求》扩大了覆盖范围,主要管理对象从前一版标准以专利作为扩展到了以包括专利、商业秘密、版权、地理标志以及商标等在内的多种类型知识产权,但由于尚未涉及植物新品种,因此仍未实现对知识产权类型的全面覆盖。

正因如此,有必要深入探讨如何以现有的知识产权合规管理体系为参照,加强植物新品种的保护,以确保这一关键领域企业能通过植物新品种工作合规管理的前提下最大限度地规避侵权风险。本文将参考《合规要求》、相关法律法规和司法解释以及相关具体指导性案例,深入探讨农林企业在研发和生产销售活动中或将遇到的实际问题和挑战,分析其原因和解决措施,梳理、总结并给出适用于企业植物新品种风险管理的推荐性实践,以期为相关企业完善植物新品种知识产权保护体系提供有益的借鉴和启示。

一、品种侵权风险防范机制

植物新品种相对于其他知识产权类型具有其特殊性,防范品种侵权风险的具体措施也与专利、商标和技术秘密均有所不同。例如,专利或商标都适用无过错责任原则,所以为了防范专利或商标侵权风险,企业"应定期监控产品及工艺可能涉及他人知识产权的状况,分析可能发生的纠纷及其对企业的损害程度,提出防范与应对预案"《合规要求》第8.1.4.1条b款),植物新品种在初审合格和通过品种审定后虽然也会进行公告,与专利和商标同样具有公示性,但植物新品种只会公告其品种名称和种属信息,并不会公开品种说明书和照片,也不会向公众提供繁殖材料样本的获取渠道,所以不存在公开涉及品种权实质内容相关信息的渠道,而且要实施品种权必须先获取该品种的繁殖材料,所以植物新品种的侵权行为适用过错责任原则,因此对于植物新品种来说是无法利用公开信息开展防侵权排查工作。

(一)规范研发活动管理

《合规要求》在第8.2.1条提出立项阶段需要"分析项目所涉及的知识产权信息",对于植物新品种来说就需要确定研发所使用的母本和父本来源,确认是否属于他人正处于保护中的品种或保密品种,从而可以进一步"进行知识产权风险评估"。

1. 建立品种数据库、防范侵犯他人品种权

一般而言，对于可以从正规渠道所获得的种质资源可以利用其品种名称、生产或销售企业信息甚至包装上的品种权标识进一步调查该种质资源是否处于保护状态，这也需要企业参照《合规要求》第7.1.5条"建立信息资源收集渠道"，根据企业自身产品所涉及的种属构建、维护和更新品种数据库。

2. 开展现有种质资源溯源、防范侵犯他人权利

对于无法从正规渠道所获得的种质资源或是无法查明从何种渠道获得的种质资源则需要企业参照《合规要求》第8.1.1.1条"建立必要的审查机制或工作流程"以排除"不正当获取他人商业秘密"的可能性，理清并记录所有种质资源的合法来源。通常来说，工业企业的技术秘密可以通过相应保密措施来进行保护，通常接触人员范围较小，可以对接触人员和流转过程设限和监控，超出设限范围的接触均可被归为非法获取，其他企业也能够清楚认知获取相关技术秘密的渠道是否合法合规。但对农林企业来说，新品种的培育和试种都是在相对开放的田地中，保密措施无法像工业企业那么严密。植物新品种的繁殖材料是在市场上流通的，加之农民自繁自用也普遍存在，因此很难对流转过程充分设限和监控，所以我国当前的司法实践是由被诉侵权人承担种质资源合法来源的证明责任。例如，在（2022）最高法知民终147号[4]二审（下称W68案）判决中认定：第一，作物育种过程中所形成的育种中间材料、自交系亲本等可以商业秘密的形式获得法律保护，其蕴含了育种者对已有品种性状的选择，抑或是对自然界的植物材料的精心驯化，是育种者倾注了创造性劳动的智慧结晶，进而形成的特定遗传基因，与自然界中发现的植物材料有本质上的不同，该育种材料既包含两个密不可分的要素：一是技术信息，另一个是实物载体，因此育种材料具备能够采取相应保密措施以及大众并不知悉等特点；第二，对于育种材料商业秘密的保密措施要求不能过于严苛，因为育种材料生长过程中深受阳光、空气、土壤以及水质等自然因素的影响，同时离不开田间管理，基于上述因素导致权利人很难确保能够为该作物材料采取滴水不漏的保密措施，在评估保密措施的合理性时，则需对育种材料本身的特性进行综合考虑，在综合上述内容后，以该保密措施于通常情况下能够达到避免被泄露的程度为宜；第三，对于被告某种业公司而言，若声称涉案种子系其自主繁育或者通过其他合法途径取得，则应承担相应的举证责任。然而在本案中，在自主繁育的问题上，某种业公司依然未能出示其持有选育"W68"的万6选系和万2选系的相关证据，且未能提供证据证明其被诉侵权的种子是通过其他育种选系选育而来，而对于合法获取的问题，某种业公司在涉及"W68"的交易记录或相关获取信息的举证上存在明显缺失，这使得其生产繁殖"W68"所用育种材料的来源变得难以追溯。因此法院并未采纳其合法来源的主张[5]。

此外，这样也能降低产品在若干年后被指侵犯他人品种权的可能性，因为植物新品种的新颖性标准有别于专利，是指：申请植物新品种权的品种在申请日前，经申请

权人自行或者同意销售、推广其种子，在中国境内未超过一年；在境外，木本或者藤本植物未超过六年，其他植物未超过四年。所以非合法渠道获得的种质资源仍然有可能在未来由其合法持有者申请并获得品种权[6]。

3. 防范实质性派生品种侵犯原始品种权

新种子法借鉴国际植物新品种保护公约1991文本，引入了实质性派生品种制度。该制度是指由原始品种实质性派生，或者由该原始品种的实质性派生品种派生出来的品种，与原始品种有明显区别，并且除派生引起的性状差异外，在表达由原始品种基因型或者基因型组合产生的基本性状方面与原始品种相同。《种子法》中明确指出，实质性派生品种具备植物新品种权的申请资格，在符合授权条件的前提下可以获得授权，然而，当对实质性派生品种被用于商业目的时，应当征得原始品种的植物新品种权所有人的同意。这一制度的引入彰显了国家对于原始育种创新的保护立场，同时也确保了各方在合作与创新中的权益得到充分保障，为植物新品种的后续改良及广泛推广构建了一个公正、合理的利益分配机制。[7]

企业在开展品种研究过程中，需要参照《合规要求》第8.2.3条对种质资源采购阶段的知识产权进行管理，识别拟采购种质资源的知识产权情况，收集相关知识产权信息并要求供方提供知识产权权属证明，对拟采购种质资源未来可能存在实质性派生品种纠纷的，需要尽早做出获取品种权所有人许可的规划。

（二）规范销售活动管理

《最高人民法院关于审理侵害植物新品种权纠纷案件具体应用法律问题的若干规定（二）》第六条规定：品种权人或利害关系人（以下合称权利人）举证证明被诉侵权品种繁殖材料使用的名称与授权品种相同的，人民法院可推定该被诉侵权品种繁殖材料属于授权品种的繁殖材料；有证据证明不属于该授权品种的繁殖材料的，人民法院可以认定被诉侵权人构成假冒品种行为，并参照假冒注册商标行为的有关规定确定民事责任[8]。

因此，农林企业需要参考《合规要求》第8.2.5条在产品对外宣传、参展、销售或以其他方式提供前，对产品涉及的知识产权状况以及其他市场主体的知识产权情况进行全面审查和分析，特别是了解竞争对手相关产品品种权名称等信息，避免被作相同推定和假冒品种推定。对于委托他人进行销售的，特别需要参考《合规要求》第8.2.6条与销售方约定在开展销售活动的保密义务、知识产权权属、许可使用范围、侵权责任承担等，特别是要规范和约束其产品名称的使用。

例如在（2022）最高法知民终435号[9]一案中，由于被告郑果红公司在其网站宣传销售"鲁丽"苹果树苗、收取"鲁丽"苹果树苗预定款以及宣传开挖"鲁丽"苹果树苗的火山小视频，该案判决认定郑果红公司实际种植的果树名称与"鲁丽"品种的名称一致，足以证明其实际种植的果树与"鲁丽"授权品种具有同一性。

（三）规范合同审查管理

根据最新司法实践，基于举证难度以及诉讼成本等因素的考虑，在意思自治的范畴内，当事人完全可以对侵权赔偿数额作出约定，对侵权责任的方式、侵权损害赔偿数额计算作出的约定，属于双方就未来可能发生的侵权损害赔偿达成的事前约定，在确定侵权赔偿数额时可以将之作为重要参考。因此，农林企业也需要参照《合规要求》第8.2.6条加强合同中的知识产权管理，应对合同或要约中有关知识产权条款进行合规审查，特别是在委托开发或合作开发合同、采购合同、委托加工、来料加工或贴牌生产等生产合同以及销售合同中都特别需要重视知识产权权属、许可使用范围、商业秘密保护、侵权责任等相关约定，避免未来在诉讼纠纷中处于被动。

例如在（2023）最高法知民终12号[10]一案中，原告北京某种苗公司在提起本案诉讼前已与被告赤峰某农业科技公司签订协议，约定赤峰某农业科技公司承诺不再使用、生产、销售原告的"奥黛丽"品种种子和种苗，如果被告违反协议应向原告支付违约金200万元，但随后赤峰某农业科技公司仍继续生产、销售、许诺销售"奥黛丽"种子和种苗，因而北京某种苗公司以侵犯其品种权为由将赤峰某农业科技公司告上法庭。经二审审理，最高人民法院最终判决认定，北京某种苗公司签订协议的目的是制止赤峰某农业科技公司继续套牌使用"青椒3756"实施侵害"奥黛丽"品种的行为，其实质是基于友好协商，督促赤峰某农业科技公司积极诚信善意履行协议义务，合法规范经营。北京某种苗公司并不因协议而丧失对先前侵权行为请求赔偿的权利，对于已经发生的侵权行为，即使不存在该协议，赤峰某农业科技公司仍然应当就其已经实施的侵权行为承担侵权责任。在此情况下，二审判决将双方在协议中约定的200万元作为确定赔偿数额的参考因素，最终支持了200万元的侵权赔偿请求。

另外，新种子法对植物新品种权的保护环节、保护范畴显著扩大，具体而言，在保护环节方面从原先的生产、繁殖、销售环节扩展到了包括生产、繁殖、储存、进口、出口、销售、许诺销售以及加工（特指为繁殖而进行的种子处理）等多个环节。保护范畴不仅涵盖授权品种的繁殖材料，还进一步延伸至收获材料，值得注意的是，出口和储存都不属于专利侵权行为范畴，因而《合规要求》中也未提供相关指引，这需要农林企业及出口和储存农林产品企业在工作中重视相关合同中的知识产权条款，规避相关风险。

二、植物新品种典型禁止性行为

《合规要求》在篇末创新性地增加了"附录B.专利、商标、著作权、商业秘密典型禁止性行为列表"，旨在指导企业加强知识产权合规管理体系建设，助力企业规范知识产权管理、履行知识产权合规义务、防范知识产权风险、维护利益和保障发展。本文试拟了相应的植物新品种典型禁止性行为列表以续之，可供农林企业在实践中参考：

表1 植物新品种典型禁止性行为

类型	禁止性行为	相关内容
植物新品种	假冒授权品种	（一）印制或使用伪造的品种权证书、品种权号或者其他品种权申请标记、品种权标记；
		（二）印制或使用已被视为撤回、撤回或者驳回的品种权申请的申请号或者其他品种权申请标记；
		（三）印制或使用已经被宣告无效或者被终止的品种权的品种权证书、品种权号或者其他品种权标记；
		（四）生产或者销售第（一）项、第（二）项和第（三）项所标记白的品种；
		（五）生产或销售冒充品种权申请或者授权品种名称的品种；
		（六）其他足以使他人将非品种权申请或者非授权品种误认为品种权申请或者授权品种的行为
	侵犯品种权	侵犯植物新品种权的行为包括：
		（一）未经植物新品种权所有人许可，生产、繁殖和为繁殖而进行处理、销售、许诺销售、出口、进口以及为实施上述行为储存授权品种的繁殖材料；
		（二）未经植物新品种权所有人许可，为商业目的将授权品种的繁殖材料重复使用于生产另一品种的繁殖材料；
		（三）未经植物新品种权所有人许可，由未经许可使用授权品种的繁殖材料而获得的收获材料；
		（四）未征得原始品种的植物新品种权所有人的同意，为实质性派生品种实施上述行为。
	未使用注册登记名称	销售授权品种未使用其注册登记的名称。

结　语

从前文分析可以发现，如何完善植物新品种风险防范机制既是一个合规管理的问题，又是一个司法实践的问题，涉及来自实践的多方面挑战。本文通过研究新《种子法》等法律规定和一系列最新司法判例，同时参考《合规要求》中对专利和技术秘密风险管理提出的相关要求，梳理并给出适用于企业植物新品种风险管理的推荐性实践，还总结出植物新品种禁止性行为，意在抛砖引玉，就教于方家。知识产权合规管理的关键在于领导重视和全员参与，需要企业将植物新品种风险管理贯穿于企业经营管理各环节，建立一套行之有效的植物新品种合规管理体系，真正做到规范风险管理、履行合规义务，才能实现维护利益和保障发展。

展望未来，植物新品种保护仍将是近年司法实践热点，企业合规管理工作也会在实践中面临诸多挑战和机遇，故而需要企业不断学习最新法律法规和司法实践案例，及时通过内审和管理评审等机制改进和完善自身的植物新品种合规管理体系。

参考文献

［1］黄庆春,蒋兆雷.乡村振兴背景下我国现代农业发展困境及应对策略研究［J］.当代农村财经,2023,(2):43–45.

［2］国家市场监督管理总局,国家标准化管理委员会.企业知识产权合规管理体系 要求：GB/T 29490—2023［S/OL］.(2023-08-06)［2024-03-31］.http://c.gb688.cn/bzgk/gb/showGb?type=online&hcno=6C9E44962BB8DD0AEF329110DB456C14.

［3］钱颜.探寻知识产权合规之道［N］.中国贸易报,2023-09-28(006).

［4］最高人民法院.人民法院依法保护民营企业产权和企业家权益典型案例 案例5［EB/OL］.［2024-03-30］.https://www.court.gov.cn/zixun/xiangqing/407752.html.

［5］河北华穗种业有限公司与武威市博盛种业有限责任公司侵害技术秘密纠纷案［J］.中华人民共和国最高人民法院公报,2023,(03):25–38.

［6］中华人民共和国种子法［J］.中华人民共和国全国人民代表大会常务委员会公报,2015,(06):1063–1074.

［7］岳明.加大侵权赔偿力度 依法保障种业创新［N］.河南法制报,2022-03-01(007).

［8］马强.这个"司法解释"，对园林行业有什么价值？律师解读来了［N］.中国花卉报,2021-07-15(001).

［9］最高人民法院.最高法知民终435号［EB/OL］.(2022-12-09)［2024-03-30］.https://enipc.court.gov.cn/zh-cn/news/view-2120.html.

［10］最高人民法院新闻局.最高法发布第四批人民法院种业知识产权司法保护典型案例［EB/OL］.(2024-03-20)［2024-03-30］.https://ipc.court.gov.cn/zh-cn/news/view-2895.html.

［11］农业部关于修订部分规章和规范性文件的决定［J］.司法业务文选,2012,(17):3–41.

企业植物新品种权基础管理推荐性实践探讨

陈韵琳　叶　诚　李晗菲　马巧玲

[摘　要]　本文重点探讨企业植物新品种权基础管理作用，强调规范、高效的管理实践对于提升企业品种权获取、维护和运用能力的重要性。通过标准解读、法条分析和案例分析，本文给出部分企业在植物新品种保护过程中的成功经验，也指出部分企业在知识产权意识和管理上存在的问题和不足，从而归纳提炼出一系列推荐性实践，以期为企业更好地开展植物新品种权基础管理提供有益的指导和借鉴。

[关键词]　植物新品种，基础管理，实质性派生品种

引　言

在我国知识产权保护体系中，植物新品种权是十分重要的部分，能够促进农业科技创新、保障育种者权益以及促进植物产业的健康发展。在当前全球经济一体化和知识产权保护意识日益增强的背景下，如何有效地获取和管理植物新品种权，已成为众多农林企业关注的焦点。

当前，在植物新品种权的管理和管理上，我国已取得显著进步，但仍然存在诸多挑战。一方面，植物新品种权的申请流程复杂，审批标准严格，要求企业具备深厚的专业知识与丰富的实践经验。另一方面，企

作者简介

陈韵琳　上海专利商标事务所有限公司专利代理师。
叶　诚　上海专利商标事务所有限公司海南分公司负责人、专利代理师。
李晗菲　上海专利商标事务所有限公司专利代理师。
马巧玲　上海专利商标事务所有限公司专利主管。

业在实际运营中，往往存在着品种权保护意识不强、管理不规范等问题，这在一定程度上制约了企业获取和利用植物新品种权的能力。因此，结合新一版《企业知识产权合规管理体系 要求》（GB/T 29490—2023）[1]（下称《合规要求》的相关指引，深入探讨企业植物新品种权获取过程的管理实践，对于提升企业知识产权管理水平、增强品种权保护意识、促进农业科技创新具有重要意义。

本文采用标准解读、法条分析和案例分析相结合方法，通过对典型企业的植物新品种权获取、维护和运用过程进行深入剖析，旨在提炼出可推广、可复制的经验和做法，为企业更好地开展植物新品种基础管理提供有益的参考。

一、品种获取工作合规化

品种获取工作合规化是确保植物新品种权益保护的基础。在植物新品种申请过程中，企业需严格遵循《种子法》及《植物新品种保护条例》的相关规定，对品种四性进行审查，并确保品种名称的合规性，以推动植物新品种保护工作的健康发展。

（一）品种名称命名审查

《种子法》第二十七条、《植物新品种保护条例》第十八条均对植物新品种名称提出明确要求：授予品种权的植物新品种应当具备适当的名称，并与相同或者相近的植物属或者种中已知品种的名称相区别。该名称经注册登记后即为该植物新品种的通用名称。下列品种命名不符合要求：

（一）仅以数字组成的；

（二）违反社会公德的；

（三）对植物新品种的特征、特征或者育种者的身份等容易引起误解的。

企业在为植物新品种命名时应当进行相应核查，使其符合以上规定。可以参考《合规要求》第8.1.1.2条b款对专利申请前检索的相关规定，在进行品种名称命名和植物新品种申请前先开展现有品种名称检索，需要企业参照《合规要求》第7.1.5条"建立信息资源收集渠道"构建相关种属的品种信息数据库。

另外，与专利有所不同，《种子法》第二十七条中特别规定了同一植物品种在品种进行审定、登记、推广、销售等活动中仅必须对应使用同一名称，即行为人必须遵守种子法以及相关行政法规关于"一品一名"的规定。无论是申请品种审定在先，还是申请植物新品种权在先，都应当在后续其他阶段使用同一名称，确保品种的特征特性与标准样品相符合，杜绝"一品多名""多品一名"现象的发生。因此，企业在为品种命名之初就需要考虑该名称是否有利于未来的市场推广,与此同时,企业还应当考虑进行商标权布局以及防范商标侵权的风险。

在(2022)最高法知民终269号[2]一案中,涉及"连糯2号"水稻植物新品种与"丰糯1246"安徽省审定品种之间的同一性争议。安徽某种业公司主张两者为同一品种,并起诉东海县某种业公司销售侵权种子。一审法院认定两者为同一品种,判决被告承担侵权责任。但最高人民法院二审改判,认定两者并非同一品种。二审法院从多个方面进行了分析。首先,从名称出现时间和使用情况来看,"连糯2号"和"丰糯1246"分别在不同时间被命名和使用,并持续经营,因此推定它们并非同一品种。其次,从命名规范来看,申请品种权的名称应与品种审定的名称一致,但本案中二者并不一致。再者,从选育主体看,两个品种的培育主体也不完全相同。最后,尽管有说明称两者为同一品种,但这只是品种权人的主观认知,证据不足。由此可见,植物新品种的名称具有独特性,是区别的重要标志。申请保护、审定、登记及销售时只能使用同一名称。若品种权名称与审定名称不同,将会被推定并非同一品种,导致维权工作难以开展。

(二)品种实质性要件审查

《种子法》第二十五条明确规定植物新品种授权应具备四性,即:新颖性、特异性、一致性和稳定性。相关农林企业在申请植物新品种之前应该对于作物的四性进行审查并妥善记录,来提高植物新品种的授权成功率。

其中,应特别注意植物新品种的新颖性,植物新品种的新颖性和专利的新颖性存在着以下差异:

表1 新颖性定义比较

专利	植物新品种
是指该发明或者实用新型不属于现有技术;有没有任何单位或者个人就同样的发明或者实用新型在申请日以前向专利局提出过申请,并记载在申请日后(含申请日)公布的专利申请文件或者公告的专利文件中。	新颖性是指申请品种权的植物新品种在申请日前该品种繁殖材料未被销售,或者经育种者许可,在中国境内销售该品种繁殖材料未超过1年;在中国境外销售藤本植物、林木、果树和观赏树木品种繁殖材料未超过6年,销售其他植物品种繁殖材料未超过4年。

在(2022)最高法知行终809号[3]一案中,最高人民法院明确了因销售丧失新颖性的判断标准,该判决明确:育种者以委托制种为目的进而交付繁殖材料并针对该繁殖材料约定回购的行为不会导致丧失新颖性。具体地,除法律另有规定外,育种者若同时符合以下条件,则不认为育种者丧失了对繁殖材料的处置权:一、交付申请品种繁殖材

料的目的是委托他人制种；二、针对制成的品种繁殖材料存在需返归育种者的约定。若育种者满足以上要求，则不会导致申请品种丧失新颖性。对于受托人而言，在一定时期内，尽管使用了品种繁殖材料，但并没有对该繁殖材料的处置权或做出与委托生产合同约定相悖的其他行为。该判决一方面有助于企业在新种子法的保护下顺利开展必要的培育和科研活动，另一方面也对企业申请前的品种权和技术秘密的管理提出了更高的要求。企业除了在研发阶段参照《合规要求》附录A商业秘密管理的推荐性实践对繁殖材料采取严格保密措施，还需要参照《合规要求》第8.2.6条e款中对委托试种或种植过程中通过明确权利归属、许可范围以及侵权归责等条款，以免在将来维权时被认定在委外过程中事实上放弃了自身对该繁殖材料的处置权，从而导致植物新品种丧失新颖性。

（三）实质性派生品种布局策划

新种子法引入了实质性派生品种制度[4]，实质性派生品种（Essential Derived Variety，简称EDV）是指由原始品种（Initial Variety，简称IV）实质性派生，或者由该原始品种的实质性派生品种派生出来的品种，与原始品种有明显区别，并且除派生引起的性状差异外，在表达由原始品种基因型或者基因型组合产生的基本性状方面与原始品种相同。通过系统选育、转基因、基因编辑、自然突变、回交选育等育种方法，都可能产生EDV，这代EDV也可以成为下一代EDV的IV。在生产或杂交过程中，已获得授权的亲本会被反复利用，因此须获得该亲本权利人的事先许可。当亲本为授权的EDV时，除了需要取得该亲本权利人的许可外，还必须额外获得该亲本涉及的IV权利人的许可。

企业在育种过程中会产生很多新品种，按照以往的做法只需要筛选其中优良品种申请植物新品种，但按照新种子法的实质性派生品种制度，对于属于EDV的优良品种需要进行详细的布局策划，对其重要的原始品种也都有必要通过植物新品种进行保护。

二、品种权授权后管理合规化

《植物新品种保护条例》第三十五条对于品种授权后的维护工作给出以下规定：

（一）品种权人应当自被授予品种权的当年开始缴纳年费；

（二）按照审批机关的要求提供用于检测的该授权品种的繁殖材料。

若品种权人未能按时缴纳年费或提供合格的繁殖材料，可能会面临品种权失效、被撤销等风险。第三十七条还规定了品种权无效宣告程序和品种权更名程序。品种权授权后管理合规化是确保植物新品种权益得到有效保护的必要环节。品种权人借助合规化管理措施，得以严格地履行法定义务，按时缴纳年费、按照要求提供检测材料、积极应对无效和更名等，以维持品种权的有效性。

和专利一样，通过年费制度可以定期市场化筛除一些没有充分实施或实际市场价值的专利或植物新品种，从而避免社会技术资源浪费，提高社会效用。近年来，随着《财政部、国家发展改革委关于清理规范一批行政事业性收费有关政策的通知》（财税〔2017〕20号）发布，农业和林业植物新品种的申请费、审查费和年费都停征了[5]，但需要企业注意停征并非不征，仍然需要制定规范流程、定期开展缴纳年费的评估工作，避免后续恢复征收年费后没能及时获取相关信息，导致因未缴纳年费而丧失植物新品种权。

品种权人应按照审批机关的要求，定期对该授权品种用于检测的繁殖材料进行提供。这些繁殖材料将用于品种的纯度、真实性等关键特性的检测，是确保品种权有效性和维护市场秩序的重要手段。品种权人应积极配合审批机关的工作，提供符合要求的繁殖材料，以确保品种权的真实性和可靠性。

当收到品种权无效或更名企业还应积极与植物新品种复审委员会保持良好的沟通与合作。在日常管理中，企业可以主动向复审委员会提供关于品种权的有效信息和材料，以证明其品种权的合法性和有效性。同时，对于复审委员会提出的任何疑问或要求，企业应及时、准确地作出回应，积极配合复审委员会的工作。

当企业收到无效宣告或更名的受理通知和转送的请求书时，应尽快组织包括培育人、植物新品种代理人、律师等在内的专业团队对无效宣告的理由进行认真分析和评估，积极递交书面意见陈述并参加听证会，以最大限度地维护自身权益。如果认为无效宣告或更名决定存在错误或不当之处，企业可以在规定的期限内向人民法院提起诉讼，维护自己的合法权益。

三、品种权运用工作合规化

品种权运用工作合规化是植物新品种价值实现的重要一环。为确保运用的合法性和有效性，企业需严格遵循相关法规，进行登记与审批；同时，品种权人还应履行维护品种权有效性的责任，积极开展维权工作，规范品种名称的使用，打击套牌、假冒种子，确保优良品种的可持续发展。

（一）品种权转让过程审核

企业在进行植物新品种转让交易时，必须高度注意登记等问题，以确保交易的合法性和有效性。

首先，依据《植物新品种保护条例》第九条，当事人应订立书面合同对申请权或品种权的转让进行约定，并向将该约定向相关审批机关进行登记。这一步骤至关重要，因为它不仅是交易双方权益的保障，也是法律程序上的必要环节。依据《最高人民法院关于审理侵害植物新品种权纠纷案件具体应用法律问题的若干规定（二）》第二条，未经登记和公告的品种权转让，受让人以品种权人名义提起的侵害品种权诉讼，人民法院将不予受理。

其次，为保护国家利益和防止正当权益的流失，企业在进行品种权转让时，应确保所有相关的法律手续完备，特别是当涉及国有单位或向外国人转让申请权或品种权时，应当经过相关行政主管部门的批准。

再次，企业需要参照《合规要求》第8.1.1.1条c款，在受让品种权前对涉及的植物新品种开展尽职调查，充分评估其有效性和价值。同时，双方应明确约定交易的条件、价格、权益归属等关键内容，并在书面合同中详细记载。

最后，即便是出让品种权，也需要结合实质性派生品种制度，充分评估出让品种是否构成其他品种的原始品种，避免对自身未来的发展造成限制。

（二）品种权许可过程审核

品种权许可本质上是只出让了全部（如独占许可）或部分（如普通许可）实施和收益的权利，但并未转让诉权，根据《种子法》第二十八条，品种权人可以对他人的以下行为提起侵权诉讼：生产、繁殖和为繁殖而进行处理、许诺销售、销售、进口、出口以及为实施上述行为储存其授权品种的繁殖材料，将其授权品种的繁殖材料重复使用于生产另一品种的繁殖材料，使用其授权品种的繁殖材料而获得的收获材料，以及对实质性派生品种实施上述行为。因此除了需要关注上述品种权转让程序外，还需要注意以下事项的审核：

1. 许可合同中需约定许可的具体行为内容，例如是否允许委托他人储存繁殖材料，是否允许将繁殖材料重复使用于派生品种等[6]；

2. 许可合同中需约定许可的地域范围，例如是否允许在其他省市销售繁殖材料，是否允许出口销售繁殖材料至无植物新品种保护制度的国家或地区等；

3. 许可合同中需约定品种二次开发成果的归属，例如派生品种的品种权权属以及是否需要二次许可等；

4. 许可合同中需约定被许可方在宣传和销售过程中必须使用注册登记的品种名称，避免因品种名称被另起的市场名称所淡化或替代而导致市场上出现套牌产品；

5. 对于侵权产品和假冒产品必须积极维权，可以在许可合同中约定被许可人拥有诉权，便于发现侵权行为时及时积极维权，自己也组建维权团队并持续地监控市场，查找线索。

四、品种其他相关知识产权基础管理

目前植物新品种保护尚存在诸多难点有待克服：（1）植物品种的繁殖材料保密难，易被窃取；（2）植物品种权的侵权实施较易；（3）植物品种权的侵权发现难，取证更难；（4）高额侵权索赔难，侵权成本低。为了充分保护农林企业的创新，企业还需注意与种质资源、产品市场等密切相关的其他知识产权的获取、维护和运用。例如，在（2022）最高法知民终147号[7]一案中，最高人民法院指出，育种中间材料和自交系亲本是育种者创造性劳动的智力成果，具有技术信息和载体实物的特点，且二者不可分离，正因为育种材料包含够采取保密措施进行保护以及不为大众知晓等要素，使得育种材料具备了能够作为商业秘密进行保护的条件。

具体而言，建议企业借鉴《合规要求》中给出的相关要求对以下知识产权开展基础管理：

1. 申请新品种相关专利：虽然《专利法》第二十五条规定植物品种不是被授予专利权的客体，但是并未排除对植物品种的非生物学生产方法授予专利权的可能性。随着科学技术的发展和进步，基因编辑等新技术已经在新品种培育中起到了非常重要的作用，相关的基因编辑技术以及人工编辑的基因都可作为专利保护；

2. 布局新品种名称商标：目前刑法尚未覆盖假冒植物新品种的行为，但假冒注册商标的行为早已入刑，将新品种名称注册为商标也有助于遏制假冒植物新品种的行为；

3. 规范种质资源的技术秘密保护工作，可参照《合规要求》第8.1.1.4条通过遴选、密级划分等方式确定种质资源的范围、保密事项等，明确其接触范围、流转要求和存证方式。

结　语

本文阐述了植物新品种权的重要性及其在当前社会经济背景下的价值，还分析了植物新品种权的申请现状及其面临的挑战，并且在此基础上重点探讨了企业植物新品种权基础管理作用，强调了规范、高效的管理实践对于提升企业品种权获取、维护和运用能力的作用。通过标准解读、法条分析和案例分析相结合的方法，本文给出了部分企业在植物新品种保护过程中的成功经验，也指出了部分企业在知识产权意识和管理上存在的问题和不足，从而归纳提炼提出了一系列推荐性实践，以期为企业更好地开展植物新品种权基础管理提供有益的借鉴。

参考文献

[1] 国家市场监督管理总局,国家标准化管理委员会.企业知识产权合规管理体系 要求：GB/T 29490—2023[S/OL].(2023-08-06)[2024-03-31].http://c.gb688.cn/bzgk/gb/showGb?type=online&hcno=6C9E44962BB8DD0AEF329110DB456C14.

[2] 罗霞,徐世超.植物品种应"一品一名"[EB/OL].(2023-10-20)[2024-03-31].https://enipc.court.gov.cn/zh-cn/news/view-2594.html.

[3] 最高人民法院知识产权法庭.(2022)最高法知行终809号[EB/OL].(2023-03-21)[2024-03-31].https://ipc.court.gov.cn/zh-cn/news/view-2277.html.

[4] 张轩诚.植物新品种实质性派生品种制度：法理溯源、问题检视与实践探索[J].太原学院学报,2024(25):43-54.

[5] 华新.国家停征植物新品种保护权相关费用 鼓励植物品种创新[J].中国花卉园艺,2017(12):1.

[6] 夏雷.撤销植物新品种许可合同的判定标准[J].江苏科技信息,2009(8):4.

[7] 最高人民法院知识产权法庭.(2022)最高法知民终147号[EB/OL].(2022-11-02)[2024-03-31].https://ipc.court.gov.cn/zh-cn/news/view-2086.html.

授权确权审查实践

专精厚植 创启新程

浅谈"发明实际解决的技术问题"的确定在创造性争辩中的作用

张 璐 项 丹

[摘 要] 发明实际解决的技术问题贯穿于整个创造性争辩中。唯有准确地确定发明实际解决的技术问题,才能对专利的创造性作出公正、客观的判断。本文通过案例对确定发明实际解决的技术问题过程中出现的一些问题进行了分析和讨论。还探讨了如何准确确定发明实际解决的技术问题以提高创造性争辩的成功率。

[关键词] 发明实际解决的技术问题,创造性,区别技术特征,技术效果

引 言

在专利申请及后续的确权、司法诉讼中,关于创造性的判断已经成为出现频次最高的问题。《专利审查指南》记载了"三步法",此为判断创造性的重要方法[1]。其中,确定发明实际解决的技术问题一直是整个创造性判断过程中的难点和争议点。在最新修改的《专利审查指南》中,国家知识产权局对相关部分作了篇幅不小的修改,不仅对确定发明实际

作者简介

张 璐 上海专利商标事务所有限公司专利代理师。

项 丹 上海专利商标事务所有限公司化学医药生物事业部副总经理、专利代理师。

[1] 《专利审查指南》记载了用"三步法"判断创造性,即:(1)确定最接近的现有技术;(2)确定发明的区别特征和发明实际解决的技术问题;(3)判断要求保护的发明对本领域的技术人员来说是否显而易见。

解决技术问题的规则进行了完善，还通过示例予以说明。如果发明实际解决的技术问题确定得不正确，可能造成后续的第三步－显而易见性判断得不正确，最终导致创造性结论的不正确。

一、如何准确地确定发明实际要解决的技术问题

《审查指南》记载了如何确定发明实际要解决的技术问题[1]。从这个意义上说，发明实际解决的技术问题，是指为获得更好的技术效果而需对最接近的现有技术进行改进的技术任务。在实务中，审查员已经通过检索给出了最接近的现有技术，因此，区别技术特征的认定相对来得客观。但是对发明实际要解决的技术问题产生分歧的原因更多地在于技术效果的确认和根据区别技术特征及技术效果得出发明实际解决的技术问题的步骤。下文将围绕此进行探讨。

（一）技术效果的确认

根据《专利审查指南》，作为一个原则，发明的任何技术效果都可以作为重新确定技术问题的基础，只要本领域的技术人员从该申请说明书中所记载的内容能够得知该技术效果即可。这意味着技术效果不仅包含了原始申请文件中明确记载的技术效果，如在发明内容或具体实施方式中总结性的技术效果，实施例部分中具体的实验数据，而且还包含了本领域技术人员可从原始申请文件推出的技术效果和后续审查过程中提出的新的技术效果，条件是其必须由原始提出的技术问题暗示或者与之相关[1]。

（二）所确认的技术效果相对于最接近的现有技术的优越性

由于发明实际解决的技术问题是技术方案所真正要解决的技术问题，因此其对比基准应是最接近的现有技术。理想情况是，申请文件记载的效果，例如结果数据可与最接近的现有技术直接对比，从而直观地体现申请文件相对于最接近的现有技术的改进之处。然而，在实际情况中，因为发明人事先并不知晓审查员发现的最接近的现有技术，因此不会特意进行这种直接的比较，故这种"理想情况"比较鲜见。更常见的是，申请文件记载了体现技术效果的实验数据和/或对比数据，但是因为对比基础的不同，并不能证明申请文件记载的技术方案相对于最接近的现有技术获得了更好的技术效果。此时往往不能将申请文件中声称的有益效果作为相对于最接近的现有技术的改

---

1 根据《审查指南》规定确定发明实际解决的技术问题时，首先应当分析要求保护的发明与最接近的现有技术相比有哪些区别特征，然后根据该区别特征在要求保护的发明中所能达到的技术效果确定发明实际解决的技术问题。

进。这种情况下只能从申请文件的其他地方寻求技术效果，以便可以与最接近的现有技术进行比较。还有一种情况是，申请文件中没有记载具体的实施例或效果数据，只有关于技术效果的笼统说明。虽然这样的笼统说明在证明力上似乎不够直观，但是笔者认为，只要其能够体现本申请相对于最接近的现有技术有所改进，也应被采纳作为确定发明实际解决的技术问题的基础。

（三）技术问题与技术效果的匹配性

在确定了发明相对于最接近的现有技术的区别技术特征和技术效果后，即可根据二者确定发明实际解决的技术问题。须特别关注的是，重新确定的技术问题应当与区别特征在发明中所能达到的技术效果相匹配，不应当被确定为区别特征本身，也不应当包含对区别特征的指引或者暗示。这也是《专利审查指南》本次修改的强调之处。如果将区别技术特征比作起点，技术效果比作终点，那么发明实际解决的技术问题则是将起点终点连接起来的桥梁。不能将起点或终点作为桥梁本身，也不能不考虑终点（即，技术效果）而随意搭桥。而且，在确定发明实际解决的技术问题时，还要从技术方案整体上把握，不能只着眼于区别技术特征，特别是当区别技术特征与技术方案中的其他技术特征存在着相互支持、相互作用关系时。同时，还要考虑发明背景等等因素。

二、案例

在此，笔者通过一些案例来探讨如何正确地认定发明实际解决的技术问题。

（一）仅考虑区别技术特征而忽视技术效果来确定发明实际解决的技术问题

本案例请求保护一种打印三维物体的方法，该方法的步骤包括提供三维物体中各物体层的说明，根据每个层的图案沉积材料；在构建区中建立热点；以设定的顺序将一种或多种预成形材料提供到构建区中；使用热点将预成形材料选择性地加热到粘流态；每一层的物体层通过将一部分的预成形材料沉积在构建区的构建表面上，在沉积期间使构建表面与供料出口之间根据沉积图案产生相对移动来形成。在该方法中，建立热点涉及将至少两束激光光束引导到构建区中，该至少两束激光光束从不同的方向接近构建区，并且对每束激光光束与构建表面之间的角度进行选择，以使激光光束在被引导到构建区时不冲击到构建表面上。

审查意见认为该技术方案与最接近的现有技术（对比文件1）的区别技术特征主要在于建立热点包括对每束激光光束与构建表面之间的角度进行选择，以使激光光束在被引导到构建区时不冲击到构建表面上。审查意见认为，根据该区别技术特征，请求保护的技术方案实际要解决的技术问题是如何沉积多个物体层的三维物体。继而引用另一篇对比文件2，认为其公开了"光束8通过诸如旋转镜之类的偏置设备9被引导作为偏转光束8'而射向该工作平面6"。基于此，本领域技术人员有动机对激光光束与构建表面之间的角度进行选择以使得激光光束在被引导到构建区时不冲击到构建表面上。

然而，代理师通过对比发现，本发明中激光光束不冲击到构建表面上具有提高制品透明性的技术效果。因此，根据区别技术特征及其技术效果，本发明实际解决的技术问题是提供提高物体光学性能的打印三维物体的方法而非前述的如何沉积多个物体层的三维物体。在重新确定了发明实际解决的技术问题后，后续的争辩变得顺理成章。对比文件2并未公开或教导不使偏转光束8'冲击在构建表面上。相反，偏转光束8'实际上撞击构建表面。再者，对比文件2的目的是提高产品的机械强度，其并不涉及透明性或透明度。因此，对比文件2没有给出建立热点包括对每束激光光束与构建表面之间的角度进行选择以使得激光光束在被引导到构建区时不冲击到构建表面上以解决本发明的技术问题的启示。

由上述案例可看出，若在确定发明实际解决的技术问题时只考虑区别技术特征而忽视技术效果，则有可能会低估发明高度，使原本有授权前景的申请得不到授权。

（二）技术问题手段化

区别技术特征是确定技术问题的基础，二者不能混为一谈，否则可能会导致"技术问题手段化"。仍然为上述案例，不能将发明实际解决的技术问题确定为"如何使激光光束在被引导到构建区时不冲击到构建表面上"或者"如何通过使激光光束在被引导到构建区时不冲击到构建表面上来提高制品的透明性"。可以想见，若发明实际解决的技术问题为如上所述的"如何使激光光束在被引导到构建区时不冲击到构建表面上"，那么任何公开了激光光束不冲击到构建表面上的现有技术都可能被结合进来，这显然会误伤本发明。

关于这一点，新修改的《审查指南》也特别举例强调了重新确定的技术问题应当与区别特征在发明中所能达到的技术效果相匹配，不应当被确定为区别特征本身，也不应当包含对区别特征的指引或者暗示。

（三）不从发明背景考虑发明实际解决的技术问题

除了相对于最接近的现有技术的区别技术特征及其能实现的技术效果，有时候还需考虑发明所处的背景。

例如，本案例请求保护一种铝硼酸盐玻璃组合物，其用于生物活性玻璃微球。权利要求1如下：

1. 一种铝硼酸盐玻璃组合物，其包含：50.5%至65% B_2O_3、7.4%至30% Al_2O_3、1%至5% P_2O_5、3%至30% Na_2O 和5%至30% CaO（基于100摩尔%的组合物总量计）。

最接近的现有技术（对比文件1）也公开了一种伤口护理玻璃组合物，包含高含量的氧化硼（51.9摩尔%）。仅从数值范围上比较，本发明与对比文件1的区别在于玻璃组合物包含7.4%至30% Al_2O_3。另一方面，对比文件2公开了一种富铝玻璃组合物，包含不超过34摩尔%的B_2O_3和大于7.6摩尔%的Al_2O_3。审查意见认为，由于对比文件2公开了本发明的氧化铝含量范围，因此，本领域技术人员可受此启示常规调整氧化铝的含量以得到本发明。

然而，根据本发明的背景技术，该铝硼酸盐玻璃主要是用于制造生物活性微球，其既要有生物相容性又要易于降解。本发明采用了高含量的氧化硼，因为硼酸盐玻璃的耐久性显著低于硅酸盐玻璃，可实现快速降解。但是随之而来的问题是，在足够高的浓度下，硼是有毒性的，包括发育和生死毒性，这使得其生物相容性受到影响。因此，本发明一方面要控制或提高玻璃的降解速率，一方面又要限制快速降解引起的毒性。为此，本发明使用了高含量的氧化硼（50.5%—65%），同时还加入了高含量的氧化铝（7.4%—30%）。根据这些记载，相较于同样包含高氧化硼的对比文件1的玻璃组合物，本发明所处的背景是B_2O_3含量的生物玻璃的生物学效应和生物相容性差。因此，笔者认为，仅考虑7.4%至30% Al_2O_3这一区别技术特征而忽略高含量B_2O_3的存在将会埋藏本发明实际能解决的技术问题。毕竟检索到一篇公开了该氧化铝含量范围的现有技术（例如审查意见引用的对比文件2）实在是太过于容易的事。对比文件2的玻璃虽然有高含量的氧化铝，但是其氧化硼含量仅为34%，远低于本发明的下限50.5%。因此，对比文件2不会存在本发明和对比文件1的问题，由于对比文件2的低B_2O_3含量，本领域技术人员在面对上述技术问题时甚至不会参考对比文件2。

结　语

笔者通过介绍上述案例，对发明实际解决的技术问题进行了梳理。笔者认为，在确定发明实际解决的技术问题时，首要的一步是透彻地理解技术方案，重视技术效果的确认和比较，基于区别技术特征和技术效果来判断技术问题，并考虑技术问题和技术效果的匹配性。除此之外，还应了解相应的技术背景，从整体上来全面合理地确定发明实际解决的技术问题。

参考文献

[1] 岳国亮, 杨莹. 浅析确定实际解决技术问题的重要性和几点考量[J]. 专利代理, 2023, (01): 101-105.

关于创造性判断的"三步法"的理解与探讨

王　珊

[摘　要]　创造性是发明或实用新型专利在获权、确权阶段最常被使用的理由。"三步法"是判断发明专利创造性的重要依据，为专利从业者提供了判断发明专利创造性的指导原则。因此，深刻理解并准确适用"三步法"对于专利从业者开展工作至关重要。本文逐步解读"三步法"，探讨实践中常用的答复思路，并梳理其内在逻辑，旨在为专利从业者进行日常答复工作提供参考。

[关键词]　创造性，三步法，整体原则，技术启示

一、"三步法"不是抽象的理论

为实现某项技术需求，研发人员发现最接近的现有技术记载的技术方案（研发起点）只能解决部分技术需求，而该技术方案不足以实现该技术的全部需求。为解决其余未满足技术需求，通过进一步检索其余现有技术，发现如图1所示的从研发起点到方案终点的任意路径能够走通，表明与方案终点对应的技术专利可由现有技术获得，从而判定研发终点所对应的专利不具备创造性。如发现现有技术A所载技术方案可直接解决该其余未满足技术需求，或发现结合现有技术B和C所载技术方案也可解决其余未满足技术需求。如果从研发起点到方案终点的路径不能走通，则表明发明专利具备创造性。

作者简介

王　珊　上海专利商标事务所有限公司专利代理师。

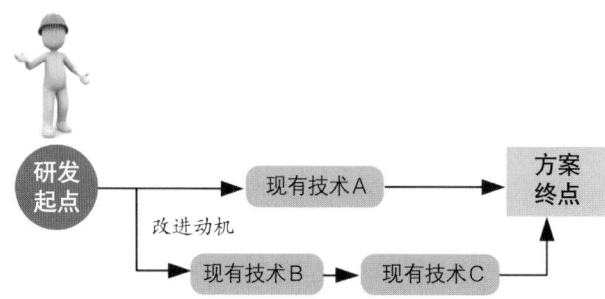

图1 由研发起点通往方案终点的路径示意图

上述过程分别记载了本领域技术人员寻找最接近的现有技术、确定发明实际要解决的技术问题、寻找被结合的现有技术并判断是否具备技术启示的三个过程,也即为三步法的判断过程[1]。

在图2所示的众多的现有技术中,选择不同的研发起点配合不同的现有技术,有可能产生多条论述由研发起点至方案终点的路径[1],进而对相关发明创造构成挑战,有关"没有无效不掉的专利"的说法,其背后的逻辑来源于此。

答复审查意见的过程中,在对比文件已由审查员预先确定的前提下,专利从业者需要通过上述判断逻辑重新追溯和审视对比文件。"三步法"可以比作串联的三个节点,缺一不可。下面将用三个章节分别对该三部分进行具体介绍。

此外,由于专利审查、无效、诉讼中的对比文件的指代名词存在区别,下述"证据1""对比文件1"均为研发起点,用"最接近的现有技术"指代;被诉专利、涉案专

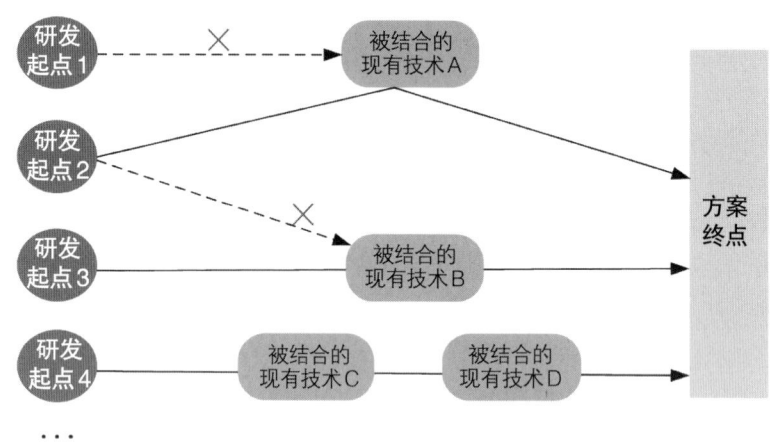

图2 不同研发起点搭配不同结合技术将产生不同的论述方式和结果

利等研发终点,用"涉案专利"指代;在研发起点至研发终点中引用的现有技术,如对比文件2、证据2、公知常识等,使用"被结合的现有技术"指代。

二、最接近的现有技术

最接近的现有技术最重要的作用是产生改进动机、产生技术问题[2]-[3],且该技术问题具备指向涉案专利的正确方向。当本领域技术人员站位于不同最接近现有技术,可能会产生一个或多个改进方向,也可能不产生改进方向。因此,最接近的现有技术是否作为合适的改进基础是三步法的第一个关键节点。

(一)明确排除,或最接近的现有技术给出反向教导[4]

当最接近的现有技术明确排除方案终点的技术方案,则难以作为改进基础。明确排除的内容可能直接地记载于文件,借助否定式的语句陈述表明直接摒弃对方案;也可能隐含于整体方案的逻辑中,通过反向教导的构思进行排除。

例如(2020)最高法知行终185号中,涉案专利(CN205708229)是用于将堆叠的上下集装箱互相连接的集装箱角件的连接部件。集装箱设有带有槽孔的角件,连接部件包括上、下连接突出部和位于其上的两个锁定突出部,锁定突出部用于伸入集装箱的角件内。其发明点在于,限定了两个锁定突出部的间距尺寸,以使两个锁定突出部的任意一个进入角件内部后,另一个锁定突出部也能进入角件内部,实现双向插入的效果。最接近的现有技术(CN1772573)与涉案专利的区别在于两个锁定突出部的尺寸设定。由于最接近的现有技术多处记载了仅期望连接部件单向插入,还记载了在安装相反方向插入角件的槽穴时突起部会抵住角件的后部壁、防止连接部件安装到角件时的前后方向弄反的技术效果。因此,该最接近的现有技术明确了单向插入的研发方向,本领域技术人员缺乏双向插入的改进动机。

又如在(2018)京行终3199号中,涉案专利(CN1327533)希望设置阻挡层以阻挡钠进入钼基导电层及吸收剂层,从而避免钠对于上述两层产生侵蚀作用,但最接近的现有技术(学位论文《钠对薄膜太阳能电池CIGS吸收层生长情况的影响》)表明钠对于吸收剂层的生长具有有益作用,因此不应阻挡钠进入该层。显然,最接近的现有技术给出与涉案专利相反的技术启示,进而给出反向教导。

但需要注意的是,反向教导须由与区别技术特征相关的特征给出,而不能由无关的特征给出。在(2019)最高法行再268号中,涉案专利(CN101000977)通过将无线电接收天线设置为AM/FM共用天线,以解决传统天线功能单一的问题。最接近的现有技术(CN1841843)指出AM与FM共享天线使用过久会发生故障以及材质昂贵的缺陷,进而提出将AM/FM天线分离设置。无效审理阶段的合议组认为最接近的现有技术给出相反的技术教导，将AM天线和FM天线作分离式设计的技术手段与本专利中使用AM/FM共用天线的技术手段相背离。但最高院认为最接近的现有技术所提到的缺陷并非是由AM和FM天线共享本身造成的，即使最接近的现有技术记载了技术缺陷，但该技术缺陷并非与区别技术特征实际解决的技术问题以及技术启示的认定有关。由于AM、FM天线共享属于本领域的公知常识，本领域技术人员能够结合本领域的公知常识采用涉案专利的方案解决天线功能单一的技术问题。

（二）不产生改进动机

通常，最接近的现有技术不会明示对涉案专利技术方案的排除，这种情况下还存在一种较为隐晦的答复思路：不能产生改进现有技术的动机。

例如，在第41958号无效决定中，涉案专利（CN101282669）的名称为"餐馆服务系统"，由轨道系统构成的、借助重力作用传送的食物传送系统自后厨工作区延伸到餐桌上，从而能够在后厨备好餐饮食品后借助重力直接滑动运送到顾客餐桌。无效宣告请求人使用的最接近的现有技术（US2216357）提供了一种通过滑道或滑槽借助重力将食物从抬升平台传送到服务平台的装置，但未公开涉案专利"后厨工作区通过至少一条轨道线路与顾客就餐区的至少一张餐桌相连接或者可连接"的特征。也即最接近的现有技术虽然公开了利用轨道系统传送食物的方案，但仍需要人力传递至顾客餐桌上，这与公共交通中的"最后一公里"问题较为相似。无效决定认为，餐饮行业一直沿用由服务员提供人工服务的模式，难以产生取消人工服务的动机；最接近的现有技术目的在于解决空间利用率，但涉案专利意在解决现有服务系统依赖人力提供服务而导致人力和时间成本高的技术问题，因此认定本领域技术人员站位于最接近的现有技术不会产生朝向涉案专利的改进动机。笔者认为，在该案例中，餐饮行业使用人力服务的惯用手段是本案的重要因素。即使最接近的现有技术没有记载惯用手段，但立足于整个技术领域，本领域技术人员可以意识到惯用手段的存在。与技术偏见相反，惯用手段教导本领域技术人员沿同一技术方向进行改进。因此，当涉案专利采用了与惯用手段相反的发明构思时，本领域技术人员难以以最接近的现有技术为改进基础，获得走向涉案专利的改进动机。

又如，第27387号无效决定中，涉案专利（CN203897750）涉及一种厨房置物架的支架穿管结构，支架包括塑料管和穿插在塑料管内的钢管，还在塑料管的中间部分开设凹槽，起到结构稳定且节省材料的效果。无效宣告请求人提供的最接近的现有技术（CN201375503）虽然也是厨房置物架的支架，其仅在金属支架的端部设有穿孔，目的在于安装长度有限的定位元件和连接件，且不能确定穿孔为盲孔还是通孔。因此，最接近的现有技术所记载的金属支架并不会产生结构稳定、节省材料的技术问题，因此最接近的现有技术不会产生指向涉案专利的技术启示。笔者认为，该案例关键在于对技术问题的判断，如果最接近的现有技术不存在该技术问题或者与该技术问题毫无关联，则不会产生获得涉案专利的技术启示。

与技术问题的判断相似，如果最接近的现有技术不存在设置区别技术特征的可能性，也不会产生同向涉案专利的改进动机，如319741号复审决定、（2022）最高法知行终316号判例。这里的区别技术特征既可以指实际存在的部件，也可以指不同部件之间的相互位置连接关系。

由上述几个案例可以看出，判断最接近的现有技术是否适合产生改进动机，不仅要求对最接近的现有技术所记载的方案进行完整、全面的解读，还需要对技术方案所涉及的背景领域有一定深度的认识。

（三）改进动机并不必然来自克服最接近的现有技术的缺陷

虽然最接近的现有技术需要起到产生技术问题的作用，但却并不要求最接近的现有技术一定具备某种缺陷。例如，根据（2019）最高法知行终76号判例，是否对于现有技术进行改进并非在于判断现有技术是否存在缺陷。即便现有技术在实际实施应用中没有缺陷或改进的必要，也不能排除本领域技术人员为解决一定的技术问题对现有技术进行改进。不过，如果最接近的现有技术存在不可实施性、方案矛盾、明显笔误等问题，不会影响其作为最接近的现有技术发挥作用。

其次，改进动机可以基于本领域的常规需求而产生，并非必然来自最接近的现有技术[2]。如在（2018）京行终4828号判决中，涉案专利（CN101909500）为一种抽吸设备，抽吸的液体空气混合物经分离后进入其内部的脏液体箱收集，区别技术特征为脏液体箱内部还设有容许脏液体进入的填充装置，确保抽吸设备倾斜时脏液体箱中收集的液体不会流出。最接近的现有技术（US6968593）属于相同手持抽吸设备领域，记载了脏液体箱的存在。判决认为，变换角度使用抽吸设备时壁面脏液体流出，是此类清洁抽吸设备的通常需求，因此基于该通常需求，本领域技术人员有动机基于最接近的现有技术进行改进。

该思路与（二）中的"不产生改进动机"需要有所区分。笔者认为，当区别技术特征实际解决的技术问题可以叠加在最接近的现有技术上、带来叠加的技术效果时，通常存在改进动机，这也是实务中最常见到的最接近的现有技术类型；而将技术问题叠加至最接近的现有技术时，发现最接近的现有技术已采用难以替代的其他手段解决类似的技术问题，或者解决该技术问题的区别技术特征与最接近的现有技术记载的特征出现矛盾、不适配或不具备可行性，则难以基于最接近的现有技术产生改进动机。

此外，还存在一种特殊情况[3]。当涉案专利和最接近的现有技术相比，解决相同技术问题且产生相同技术效果时,技术问题被认定为"提供一种解决已知问题的替代方案"。这种情况不适于上述两种判断方式。

三、区别技术特征和技术问题的确定

区别技术特征通过涉案专利和最接近的现有技术的对比获得,而以区别技术特征为基础确定的技术问题,决定了本领域技术人员能否产生针对特定方向的改进动机。因此,技术问题的准确把握是合理评估发明创造性的前提[4]。

(一)确定技术问题的区别技术特征具备整体性/可分割性

技术特征是能独立地执行一定的技术功能,并能产生相对独立的技术效果的最小技术单元。如果不同区别技术特征各自发挥独立的作用、并未因共同使用产生协同作用,则区别技术特征是可分割的[6]。如果不同技术特征作为整体发挥单个技术特征无法产生的技术效果,或各技术特征之间存在关联的因果关系,则区别技术特征应当作为整体考虑,并进而作为技术问题确定的基础。

例如,根据46370号无效决定,涉案专利(CN102725139)涉及一种防水膜,包括依次分布的挠性载体片、压敏黏合剂层和反射性无机粒子,但不包括可剥离的防粘层。涉案专利还记载了反射性无机粒子的平均粒径尺寸与防水膜的抗粘连性有密切关联的因果关系。最接近的现有技术(CN1454142)披露了压敏黏合剂层和反射性无机粒子,但并未记载可剥离的防粘层是否存在。由于无机粒子的平均粒径尺寸与防水膜的抗粘连性存在关联的因果关系,因此防粘层的有无与无机粒子的平均粒径尺寸需共同作为区别技术特征,进而确定发明实际解决的技术问题是如何获得不需要可剥离防粘层的防水膜。

(二)确定技术问题的技术效果不需要被验证

一直以来,根据确权程序审查部门的观点,申请文件中无法认定的技术效果,通常不能作为确定发明实际解决的技术问题的事实基础[3],但(2019)最高法知行终127号判决明确了确定技术问题的技术效果不需要被验证。

在该判例中,涉案专利(CN102659940)涉及一种结合分子,但并未证明使用包含源自人的天然存在的V基因片段的仅重链基因座能够产生功能性人源仅重链可溶抗体的技术效果。申请文件中不能验证的技术效果能否作为技术问题确定的基础是本案的争议焦点。最高院认为,技术问题的确定属于专利法22条第3款创造性的审查,而技术效

果不能验证则涉及专利法第26条中说明书充分公开、权利要求应该得到说明书支持的法律标准。创造性判断与说明书充分公开、权利要求应该得到说明书支持等要求在专利法上具有不同的功能，遵循不同的逻辑。技术问题的确定意在提供发明的改进方向，而不要求以验证的技术效果为前提。专利的审查可以使用公开不充分的条款将相关技术方案予以驳回，也可以依据不具备创造性的条款予以驳回，但需独立使用[7]。

（三）技术问题的确定需要综合考虑技术效果和最接近的现有技术

《专利审查指南》指出，技术问题的确定来自申请文件中记载的技术效果，但也需考虑技术效果的层次。如果技术效果包含不同层次，则并非所有层次的技术效果都应被用于认定为实际解决的技术问题。

在（2019）京73行初10816号判例中，涉案专利（CN102833050）名称为"发送PDCP层的状态报告的方法以及通信模块"，相比于最接近的现有技术，其区别技术特征在于在方案中采用了位图形式的接受状态报告格式并限定了具体内容，而最接近的现有技术未做上述限定，未公开接受状态报告的任何格式。该区别技术特征所发挥的技术效果为"提高无线资源的效率"，进而专利权人主张技术问题应确定为"如何在报告PDCP服务数据单元接收状态时提高无线资源的效率"。最高院认为，最接近的现有技术并未公开接收状态报告的任何格式，故其需要解决的技术问题不涉及如何提高效率这一步骤，而尚处于如何设置状态报告格式可使发送端知晓接收状态这一阶段，两者所处层次不同，因此技术问题应确定为"如何设置PDCP状态报告的具体格式"。也即，特征的有与无是0和1的关系，而采用何种具体特征是1和2的关系，当区别技术特征存在不同层次，对技术问题的确定应当依据与最接近的现有技术的对比结果确定。

（四）技术问题的确定不能过于上位

将技术问题确定得过于上位，将增加解决同一技术问题的方案数量，进而不合理地扩大结合技术的引用范围，使得通向发明方案终点的路径变得多样，容易低估专利的创造性。

在（2019）最高法知行终32号判例中，根据区别技术特征所确定的发明实际要解决的技术问题为"使自动清扫装置能够在适应光伏面板宽度在一定范围内的变化的前提下实现正常前行"，一审法院将发明实际要解决的技术问题判定为"如何确保清扫装置能够正常前行"。结合技术采用减小滚动部件之间的摩擦力的手段使清扫装置正常前行，因此一审法院认为结合技术给予解决相同技术问题的启示。然而影响光伏清扫装置正常前行的因素有很多，每一种因素均会对应不同的解决手段。因此，将技术问题概括得过于上位，容易低估发明的创造性。

四、技术启示

技术启示通常是三步法中非常重要的一步,即判断结合技术是否给出将区别技术特征应用到最接近的现有技术以解决技术问题的启示。因此,技术启示涉及至少两个方案的结合,因此技术启示的判断原则在于方案的可结合性。

(一)被结合的现有技术可以是局部引用

如前述,最接近的现有技术和被结合的现有技术形成通向研发终点的论述路径,但两者存在显著不同:最接近的现有技术作为起始点,需要被全面审视,但结合技术仅作为提供解决技术问题的技术方案,其引用可以是其中的一个或几个局部特征,其他技术方案对技术启示的结合并无直接影响,除非存在明显的结合障碍。因此,被结合的现有技术可以跨领域,也可以同时引用多篇技术的局部内容以分别评述。

(二)结合障碍

分析最接近的现有技术和被结合的现有技术之间的结合障碍,是常用的答复思路,如图3中,实务中常见的结合障碍包括但不限于以下几方面:结合技术存在反向教导[8][(2018)京行终3199号判决],结合技术明确排除使用区别技术特征、相同技术特征不发挥相同技术效果[(2019)最高法知行终32号判例]或结合后技术方案出现矛盾等,此处不再赘述。其中,结合障碍的原因与第二部分最接近的现有技术不能作为改进基础的原因相似,只是将分析对象由最接近的现有技术替换为被结合的现有技术。

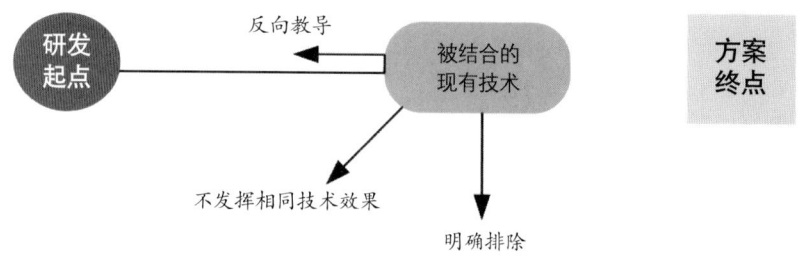

图3 常见的结合障碍答复思路

结　语

本文对专利创造性的三步法进行了梳理和解读，并对实践中常见的答复思路进行了溯源和分析，以展现三步法的内在逻辑。由于创造性的论述和说理并不存在精确答案，因此需要专利从业者穷极答复思路，以最大限度地争取专利权人的权益。希望本文列举的思路能够为专利从业者提供助力和启示，以应对创造性审查中的复杂挑战。

参考文献

［1］中华人民共和国国家知识产权局.专利审查指南2010(2019年修订)［M］.北京：知识产权出版社，2020.

［2］芮松艳.创造性条款的原理解读与实务规则［M］.北京：知识产权出版社，2023：215-216.

［3］国家知识产权局专利复审委员会.以案说法——专利复审、无效典型案例指引［M］.北京：知识产权出版社，2018.

［4］国家知识产权局专利局专利审查协作湖北中心.发明专利审查疑难问题解析［M］.北京：知识产权出版社，2022.

［5］岳国亮，杨莹.浅析确定实际解决技术问题的重要性和几点考量［J］.专利代理，2023(01)：101-105.

［6］国家知识产权局专利局复审和无效审理部.以案说法——专利复审、无效典型案例汇编(2018—2021年)［M］.北京：知识产权出版社，2022.

［7］杨梧.创造性审查中发明创造所解决的技术问题的确定——(2019)最高法知行终127号案评析［EB/OL］.(2019-12-13)［2024-03-31］.https://www.liu-shen.com/Content-2942.html.

［8］张敏，陈雪妮.创造性审查中"反向教导"的理解与判断［J］.中国发明与专利，2020，17(S2)：27-31.

如何通过高质量撰写来改善专利的授权前景和稳定性

徐 迪

[摘　要]　随着中国从专利大国到专利强国的定位转变,我国专利审查力度逐渐加大,专利申请的授权难度也随之增大。本文基于2023年最新修改的《专利审查指南》的规则框架,提供一种锚定最接近的现有技术和实际解决的技术问题,并提前强化、辨析专利申请与锚定的最接近现有技术的方案差异、原理差异和效果差异的专利撰写策略,以预防专利确权过程中"容易想到"的审查意见,并避免竞争对手通过更换最接近的现有技术来破坏授权专利的稳定性。

[关键词]　最接近的现有技术,区别技术特征,技术问题,创造性

一、背景介绍

世界知识产权组织（WIPO）于2023年11月发布的《世界知识产权指标2023》显示,全球创新者共在2022年提交了约346万件专利申请,连续第三年实现增长,并创下历史新高,其中,中国申请人共提交了约158万件专利申请,继续占全球申请总量的近半数[1]。该数据一方面体现了中国知识产权产业的蓬勃发展和旺盛需求,另一方面也体现了对中国专利审查体系的沉重负担。

为了积极贯彻《知识产权强国建设纲要（2021—2035年）》的相关

作者简介

徐　迪　上海专利商标事务所有限公司专利代理师。

精神,加快中国从"专利大国"向"专利强国"的转型,国家知识产权局在严厉打击专利代理行业违法、违规行为的同时,也加强了对审查员的业务能力培训,并提升了专利审查的力度[2],从而在提升授权专利质量的同时,无形地提升了发明及实用新型专利申请的授权难度。

二、讨论分析

为了积极响应国家知识产权局由增量到提质的政策导向转变,并帮助广大的专利申请人及专利权人(以下合称"创新主体")更有力地维护自主知识产权的合法权益,本文将基于《专利审查指南》的最新规定,从查新检索、锚定最接近的现有技术、优化权利要求书、优化说明书等多个维度,分别介绍申请文件撰写对专利申请的授权前景和授权专利稳定性的影响。

(一)查新检索

查新检索是将待研究的目标技术构思或业已完成的目标技术方案,与世界范围内在先公开的现有技术信息进行比对,以判断其是否具备新颖性及创造性的行为,其既能帮助创新主体了解相关技术领域的行业现状,以避免重复研究,并明确后续的研发方向和重点,又能帮助创新主体、审查员和专利无效请求人等其他权利相关主体,判断并证实该目标技术方案是否具备可专利性[3]。

一般来说,在进行专利申请之前,针对业已完成研发的目标技术方案,创新主体可以首先准备该目标技术方案的详细图文描述,并基于其中各技术点的构思异同、充分必要关系等因素来梳理整个方案的技术框架,以从中提炼关于实现特殊功能、克服现有技术缺陷、实现性能改进等至少一个方面的技术构思。之后,创新主体可以自己或委托专业的信息检索机构、专利代理机构等第三方主体,进行基于关键词、语义、图形等要素的查新检索,以逐一排查与本方案的相关的现有技术,再根据这些相关现有技术确定本方案中未被任何现有技术揭露的特定技术特征和其解决的技术问题,并由此确定与本方案最接近的现有技术,以构建既能区别于现有技术,又能宽泛、稳定地保护创新主体的原创技术构思的专利保护范围。

(二)锚定最接近的现有技术

根据《专利审查指南》第二部分第四章第3.2.1.1节第(1)款规定,最接近的现有技术可以是与要求保护的发明技术领域相同,所要解决的技术问题、技术效果或者用途最接近和/或公开了发明的技术特征最多的现有技术;或者虽然与要求保护的发明技术领域不同，但能够实现发明的功能，并且公开发明技术特征最多的现有技术。也就是说，在评价一件专利的权利要求是否具备创造性时，可能同时存在多篇符合规定的最接近现有技术。

例如，对于一条同时包含技术特征 $ABCD$ 的权利要求，假设相同技术领域中仅客观存在揭露了技术特征 $AB\bar{e}$ 的对比文件1、揭露了技术特征 ACe 的对比文件2、揭露了技术特征 $BD\bar{e}$ 的对比文件3，以及揭露了技术特征 $CD\bar{e}$ 的对比文件4，其中，大写字母 $ABCD$ 代表涉及该权利要求的相关技术特征，小写字母 e 代表不涉及该权利要求的其他技术特征，$\bar{e}$ 代表排斥特征 e 的相反技术特征。对比文件1~4分别揭露了该权利要求的两个相同技术特征，都符合《专利审查指南》对"最接近的现有技术"的相关定义。

此时，若以对比文件1、3、4作为最接近的现有技术，则可通过对比文件1结合对比文件4（即 $AB\bar{e}+CD\bar{e}$）、对比文件4结合对比文件1（即 $CD\bar{e}+AB\bar{e}$），或者对比文件4结合对比文件1、3（即 $CD\bar{e}+AB\bar{e}+BD\bar{e}$）的方式，揭露该权利要求的全部技术特征，从而得出其不具备创造性的结论。反之，若以对比文件2作为最接近的现有技术，则会因特征 e 与其他对比文件1、3、4中特征 $\bar{e}$ 的互斥性，导致其互相不可结合的结果，从而避免对比文件1、3、4为该权利要求中的区别技术特征提供技术启示，并得出该权利要求具备创造性的相反结论。因此，对于同一条权利要求，基于不同的最接近现有技术可以确定不同的区别技术特征，并因其余对比文件与该最接近现有技术之间的可结合性等因素，对专利申请的授权前景和授权专利的稳定性带来较大的不确定性。

然而，在有限的篇幅内，一份专利文件通常难以面面俱到地充分记载并论述其技术方案相较各类现有技术的全部突出实质性特点和显著进步，因而时常在专利审查或专利无效阶段出现最接近的现有技术严重偏离预期，且专利文件难以充分体现本技术方案相较该最接近现有技术的技术区别和效果区别的情况，并最终导致该专利申请被驳回或该授权专利被无效。因此，锚定最接近的现有技术对排除创造性评价中的不确定性，具有至关重要的作用。

1. 选择合适的目标背景技术

作为锚定最接近现有技术的基础，选择一篇合适的目标背景技术尤为重要，而在查新检索前充分准备目标技术方案的详细图文描述，更是其中关键。

继续以上述技术方案 $ABCDe$ 为例，假设该技术方案属于 X 技术领域，且其完整技术内容涉及四条方法特征 $ABCD$ 及一条结构/环境特征 e，其中，该方法特征 $ABCD$ 的组合为发明人自主研究所得，该结构/环境特征 e 为本领域的常规设置，但该方法特征 $ABCD$ 的组合须基于该结构/环境特征 e 来实施。在很多情况下，发明人通常会因为缺乏对各技术特征之间依赖关系的敏感性，而低估常规特征 e 对实施整个技术方案的重要作用，从而仅针对各方法特征 $ABCD$ 进行着重描述和检索，以导致上述对比文件1~4都能作为本方案最接近现有技术的错误结论，并导致专利申请的授权前景和授权专利稳定性的不确定性。

因此，充分披露目标技术方案的详细图文描述，对正确检索与本方案相关的现有技术，以及比较各相关现有技术与本方案之间的接近程度尤为关键。检索人员可以在检索获得各相关现有技术之后，根据该目标技术方案的技术领域X及完整技术内容$ABCDe$，正确选择与本方案属于相同技术领域X，且客观揭露最多相同技术特征ACe的对比文件2作为目标现有技术，并基于该目标现有技术来实施后续提升目标现有技术的接近程度，以及排除其余相关现有技术的锚定操作。

2. 提升目标现有技术的接近程度

在完成查新检索，并将与本方案属于相同技术领域X，且客观揭露最多相同技术特征的对比文件2确定为待锚定的目标现有技术之后，一般可以从形式和实质内容两方面，分别提升该目标现有技术与本方案的接近程度，从而达到将该目标现有技术锚定为本方案的最接近现有技术的效果。

具体来说，在形式锚定方面，创新主体可以委托专利代理机构对本方案与该目标现有技术进行详细的技术比对，以确定两者相同的技术特征，并根据该目标现有技术采用的技术术语和/或描述方式，修改本方案中对应技术特征的技术术语和/或描述方式，从而进一步提升两者形式上的接近程度，以帮助审查员更方便地检索到该目标现有技术。

此外，在实质内容锚定方面，创新主体还可以参考该目标现有技术中记载的其余相关技术内容，并根据其中与本方案一致的技术特征，补充、完善交底材料的图文描述，以帮助专利代理师在对应专利的说明书中更清楚、全面地记载所要保护的技术方案，从而在不影响本专利保护范围的前提下，提升其与待锚定的目标现有技术的接近程度，并帮助审查员和公众更清楚地了解本专利所要保护的技术方案的各种实施方式。

3. 排除其余相关现有技术

除了上述提升目标现有技术与本方案接近程度的操作，专利代理师还可以在全面、准确地检索排查相同技术领域X中所有与本方案高度相关的现有技术后，尝试对该目标现有技术以外的其余相关现有技术（即上述对比文件1、3、4），进行降低接近程度或强化排斥性特征的操作，从而降低其被认定为本发明最接近现有技术的可能性。

例如，假设对比文件1采用特征a而对比文件2采用特征A来描述实质相同或相似的技术内容，专利代理师可考虑参考对比文件2的描述方式（即特征A）来描述对应的技术内容，而不要采用对比文件1的描述方式（即特征a），从而在形式方面提升本方案与对比文件2的接近程度，并降低本方案与对比文件1的接近程度。

又例如，通过将本方案$ABCDe$的完整技术内容与上述对比文件1、3、4进行详细的技术比对可发现，本方案与该对比文件1、3、4都涉及特征e与特征$\bar{e}$互斥的情况（实际也可能是各不相同的互斥特征）。此时，专利代理师可以在不影响专利维权的前提下，考虑将该现有但必要的结构/环境特征e写入申请文件的独立权利要求，从而在实质内容方面杜绝对应现有技术1、3、4被认定为最接近现有技术的可能性。

如此，专利代理师即可通过准确、全面地排查现有技术，确定与本方案的各技构思采用类似技术手段、解决类似技术问题,或实现相近技术效果的相关现有技术,再通过上述提升目标现有技术的接近程度,以及排除其余相关现有技术的锚定操作,有效降低甚至排除创造性评价中的不确定性。

(三)优化权利要求书

在检索并锚定最接近的现有技术之后,专利代理师可以通过将本方案的各技术构思及具体实施方式,与锚定的最接近现有技术所揭露的技术内容进行比较,以确定本方案相较该最接近现有技术的区别技术特征及实际解决的技术问题,再通过对各区别技术特征及技术问题进行补充检索,以确定现有技术是否存在对各区别技术特征的技术启示,并从中筛选不存在技术启示的特定技术特征来构建对应专利申请的独立权利要求。

然而,在实际的专利审查过程中,审查员作为带有阻止专利授权职能,并获得了申请文件提供的过度技术启示的自然人,其在评价权利要求的非显而易见性时,会不可避免地带有一定负面的主观评价成分,从而低估相关权利要求的创造性。

为了尽可能引导审查员以本领域普通技术人员的纯客观视角来评判相关权利要求的创造性,本文提供了以下几种优化权利要求书的建议,希望通过充分利用专利代理师撰写申请文件的主动权来平衡审查员的审查权,从而尽可能降低审查员的主观成分对创造性评价结果产生的负面影响。

1. 合理选择基础发明点

在经年的专利代理过程中,笔者发现审查员大多对复杂、高深的底层技术特征持有天然的好感,并乐于对其非显而易见性进行充分的检索和辨析,但普遍对简单方法或结构特征在特定场景下特殊应用的脑洞型特征持有"容易想到"的负面倾向,且较难认可该特殊应用产生的特殊效果的非显而易见性。因此,对于相同的多个区别技术特征,其在权利要求书中出现的位置可能导致专利申请走向截然不同的审查结果。

具体来说,根据《专利审查指南》第二部分第八章第4.10.2.2节的规定,在审查意见通知书中,审查员将权利要求中对技术问题的解决作出贡献的技术特征认定为公知常识时,通常应当提供证据予以证明。也就是说,对于同一脑洞型区别特征,当其位于独立权利要求,并涉及对应专利申请的主要发明点,审查员通常会在《专利审查指南》的约束下,具有更大的意愿去客观地检索、评价其非显而易见性,而当该脑洞型区别特征出现在从属权利要求时,审查员则更容易作出"容易想到"的主观判断。

继续以上述技术方案 $ABCDe$ 为例,假设该技术方案与其最接近的现有技术 ACe 之间,涉及一条特殊应用的脑洞型区别特征 B,以及一条关于底层技术的区别特征 D。当该区别特征 B 位于对应专利申请的独立权利要求,而该区别特征 D 位于该专利申请的从属权利要求时,审查员通常能够客观地逐一检索、评价各区别特征 B、D 的非显而易见性。反之,当该区别特征 D 位于对应专利申请的独立权利要求,而该区别特征 B 位于该专利申请的从属权利要求时，审查员则更容易在判定该区别特征D不具备非显而易见性后，直接主观地作出该区别特征B也不具备非显而易见性的判断，并发出"容易想到"的审查意见。更有甚者，在该先入为主的主观印象的影响下，即使申请人在实审答复过程中将该区别特征B补入独立权利要求，审查员也较少对其进行补充检索，并客观、理性地基于补充检索的结果来认可其非显而易见性。

因此，对于同时包含关于底层技术和脑洞型构思的区别特征的技术方案，当创新主体仅存在对本领域相关竞品的竞争排除诉求，笔者更推荐将该脑洞型构思的区别特征确立为相关专利申请的基础发明点，并围绕该基础发明点来构建独立权利要求，再基于其余关于底层技术的区别特征来构建从属权利要求。这一方面能够引导审查员客观、严谨地评价所有区别特征在本申请中实际取得的技术效果，从而避免其通过"容易想到"的审查意见来否定该脑洞型区别特征的非显而易见性。另一方面，相较于算法名称、算法步骤等具象的底层技术特征，这种基于脑洞型构思的基础发明点通常更能体现相关技术方案的核心用途，并能通过相关产品的功能来实现专利侵权举证，还能有效避免同等技术替换、底层技术革新带来的专利保护范围失效的问题，因而能够有效扩大授权专利的保护范围、降低专利维权的举证难度，并提升授权专利对同领域竞品排除效果的稳定性。

2. 准确划分独立权利要求的前序部分和特征部分

如上所述，在评价一件专利的权利要求是否具备创造性时，可能同时存在多篇符合规定的最接近现有技术，而不同的最接近现有技术会产生不同的区别技术特征，从而改变该权利要求实际解决的技术问题。因此，当现有技术无法对专利文件记载的技术问题提供相应的技术启示，审查员和专利无效请求人通常会采用更换最接近现有技术的方式来改变该权利要求实际解决的技术问题，再结合其他现有技术和/或"容易想到"的主观评价方式来证明该权利要求不具备创造性。

此时，作为排除创造性评价中不确定性的另一项措施，创新主体还可以通过准确划分独立权利要求中的前序部分和特征部分，进一步锚定该权利要求实际解决的技术问题，从而提高对应专利的授权前景和专利权稳定性。

具体来说，根据《专利审查指南》第二部分第二章第3.3.1节的规定，发明或实用新型的独立权利要求应当包括前序部分和特征部分，其中，前序部分应当写明要求保护的发明或者实用新型技术方案的主题名称，以及其与最接近的现有技术共有的必要技术特征，而特征部分应当写明发明或实用新型区别于最接近的现有技术的技术特征，以使公众更清楚地看出该独立权利要求中有哪些是区别于最接近的现有技术的特征。也就是说，权利要求的特征部分应当与对应专利所要解决的技术问题存在明确的对应关系。当审查员或专利无效请求人采用的最接近现有技术不能揭露该特征部分限定的任何技术特征，则创新主体可以通过主张该最接近的现有技术没有对解决原技术问题作出任何贡献，阻止审查员和专利无效请求人进一步改变该权利要求实际解决的技术问题的企图，从而提高对应专利的授权前景和专利权稳定性。

3. 简化独立权利要求的前序部分

在大多数采用"容易想到"的理由来否定相关权利要求创造性的案件中，审查员通常需要引用至少一篇现有技术来揭露对应权利要求的多数技术特征，再以"容易想到"的理由来否定剩余的少数区别技术特征的非显而易见性，才能作出该权利要求不具备创造性的审查结论。如此，当一条权利要求中仅有少数技术特征被现有技术揭露，而多数区别技术特征未被任何现有技术揭露时，审查员将较难通过"容易想到"的理由来否定该权利要求创造性。

继续以上述技术方案 *ABCDe* 为例，已知锚定的最接近现有技术（即上述对比文件2）揭露了技术特征 *ACe*。当专利代理师基于技术特征 *ABCe* 构建相关专利的独立权利要求时，审查员可通过引用上述对比文件2作为最接近的现有技术，认定该权利要求相较该最接近现有技术的区别仅在于技术特征 *B*，并在对比文件2揭露了该权利要求75%技术特征的前提下，理所当然地使用"容易想到"的理由来否定剩余的区别技术特征 *B* 的非显而易见性，从而作出该权利要求不具备创造性的审查结论。

反之，在保持区别技术特征 *B* 不变的情况下，当专利代理师简化独立权利要求的前序部分，仅基于技术特征 *Be* 来构建相关专利的独立权利要求，审查员则只能通过该对比文件2揭露该权利要求50%的技术特征。如此，当区别技术特征的数量或篇幅达到对应权利要求特征总数或总篇幅的50%以上时，仅以"容易想到"的理由来否定该权利要求的主体内容（即多数技术特征）的非显而易见性的审查意见，将明显偏离所述技术领域普通技术人员的客观视角，从而敦促审查员更加慎重地考虑是否应当使用"容易想到"的理由来否定该权利要求的创造性。

（四）优化说明书

虽然《专利法》第六十四条第一款规定，发明或者实用新型专利权的保护范围以其权利要求的内容为准，《专利审查指南》也指出发明专利的实质审查应当围绕权利要求书，特别是独立权利要求进行；但在专利申请的实际审查过程中，说明书的撰写质量通常也对权利要求的创造性判断起到至关重要的影响。以下将从背景技术、发明/实用新型内容的两个部分，分别提供帮助通过创造性判断的优化建议。

1. 背景技术部分

根据《专利审查指南》第二部分第二章第2.2.3节的规定，说明书的背景技术部分应当写明对发明或者实用新型的理解、检索、审查有用的背景技术，并且尽可能引证反映这些背景技术的文件。如果引证文件满足相关要求，则认为本申请说明书中记载了所引证文件中的内容。如此，对于技术内容比较复杂的系列申请，专利代理师即可通过准确引证相关的前序文献来扩充本申请说明书的记载范围，从而为后续答复关于创造性、充分公开、说明书支持的审查意见，提供更充分的争辩和修改空间。

此外，通过在说明书的背景技术部分客观、准确地描述本节第（二）部分锚定的目标背景技术的相关技术特征和缺陷，审查员还可以更容易地检索到该目标背景技术，并更清楚地了解本申请相较该目标背景技术的技术改进点及有益效果，以提高将该目标背景技术作为本申请最接近的现有技术的可能，并避免技术误解对创造性判断的负面影响。

2. 发明/实用新型内容部分

根据《专利审查指南》第二部分第二章第2.2.4节的规定，说明书的发明/实用新型内容部分应当清楚、客观地写明对应发明或实用新型所要解决的现有技术中存在的技术问题、解决该技术问题所采用的技术方案，以及该技术方案中各技术特征直接带来或必然产生的技术效果。如此，通过对标本节第（二）部分锚定的目标背景技术来确定对应发明或实用新型所要解决的技术问题，并通过技术效果描述来说明各区别特征与锚定的最接近现有技术中对应技术特征的方案差异、原理差异和/或效果差异，专利代理师可以在专利申请的撰写过程中，提前将这些区别特征锚定为对解决对应技术问题作出贡献的技术特征，从而避免审查员用"容易想到"等主观的理由来轻易否定对应权利要求的创造性。

结　语

虽然决定一件专利申请创造性的客观要件在于对应技术方案相较现有技术的非显而易见性，而判断一件专利申请是否能够获得授权的审查权在于审查员，但专利代理师作为连接创新主体与审查员的桥梁，不仅应该履行为创新主体提供法律合规建议的职能，更应该起到关键技术信息的梳理、提取和转达的作用，通过自身撰写申请文件的主动权来引导审查员正确、充分地理解对应技术方案对现有技术作出的贡献，从而通过高质量撰写来提高相关专利的授权前景和稳定性，并尽可能地帮助创新主体争取最大的合法权益。

参考文献

[1] World Intellectual Property Organization (WIPO). World Intellectual Property Indicators 2023［R］. Geneva: WIPO, 2023.

[2] 申长雨. 加快推进知识产权强国建设［J］. 中国信用, 2022, (9): 8-11.

[3] 张犁朦, 孙靓. 专利查新检索的重要性及其方法研究［J］. 安徽科技, 2010, (10): 31-33.

从专利无效案的角度理解《专利法》第二十六条第三款的"能够实现"

倪 莎

[摘 要] "能够实现"是"充分公开"的核心,是检验说明书是否充分公开的标准。在"能够实现"标准的判断过程中,需要站位本领域技术人员,结合说明书和本领域的公知常识,深度分析其实验证据,尤其是影响技术效果的实验证据是否充分,测试条件是否清楚完整,测试结果是否唯一,能否满足技术效果的可重现性。

[关键词] 专利说明书,充分公开,能够实现

引 言

"以公开换保护"是专利法的重要原则之一,要求申请人充分公开其发明创造,从而换取在一定时间范围内的专利法意义上独占保护的权利。充分公开的标准可以体现在《专利法》第二十六条第三款的规定上,"说明书应对发明或者实用新型作出清楚、完整的说明,以所属技术领域的技术人员能够实现为准"[1],即,在满足说明书清楚、完整的基础上,站位本领域技术人员,达到"能够实现"的标准。因此,"能够实现"是"充分公开"的核心,是检验说明书是否充分公开的标准。

对于什么标准才算"能够实现",审查指南列举了五种"不能实现"的反例:(1)说明书中未给出任何使所属技术领域的技术人员能够实施的技术手段;(2)说明书中的技术手段是含糊不清的;(3)说明书中给出

作者简介

倪 莎 上海专利商标事务所有限公司专利代理师。

的技术手段无法解决其所要解决的技术问题;(4)多个技术手段构成的技术方案中,其中一个技术手段不能实现;(5)必须依赖使用结果证实的技术方案未提供实验证据[2]。然而,在代理工作中撰写说明书时,由于测试条件不明确或测试结果不唯一导致的"不能实现"缺陷极为隐蔽,不易察觉。因此,本文以三个发明专利无效案例为例,梳理合议组在具体案例中"能够实现"的判断逻辑,为如何避免出现类似情况提供参考。

发明无效案例分析

(一)测试条件不明确

1. 案例介绍

中创新航科技股份有限公司(下称"无效宣告请求人")分别于2022年6月27日和2022年06月28日针对专利权人为宁德时代新能源科技股份有限公司(下称"专利权人")专利申请号为201810696957.2,发明名称为"正极极片及电池"的发明专利(下称专利一或案例一)和专利申请号为201910295365.4,发明名称为"锂离子电池"的发明专利(下称专利二或案例二)向国家知识产权局提出无效宣告请求。国家知识产权局复审和无效审理部于2023年07月31日针对上述两件专利分别作出第563247号和第562899号无效宣告请求审查决定,宣告这两件专利权全部无效。

两案的争议的焦点在于:无效宣告请求人质疑说明书中实验数据的真实性,认为两案中均没有循环寿命的测试过程的数据、图表,也没有充放电曲线、循环曲线等表征图,说明书中给出的技术手段是常规的材料和制备工艺,因而无法实现其声称的高循环寿命的技术效果,不满足说明书"充分公开"的要求。而专利权人认为,说明书中实验数据皆是真实的,两案的说明书已经充分公开了足够的技术信息,足以从大量实验数据总结出规律并形成技术方案,实验数据的结果也验证了技术效果。而充放电曲线等是在检测过程中的过程数据和图谱,不影响本领域技术人员实现方案,也不影响本领域技术人员根据实施例和对比例展现结果、确认方案达到的技术效果。

2. 合议组的观点

合议组首先从本专利的技术方案和实验数据分析两个角度,说明了为什么循环性能测试是两案的技术方案设计的重要组成部分,进一步阐述为什么循环性能测试条件不明确导致说明书公开不充分。

(1)循环性能测试是两案的技术方案设计的重要组成部分

从技术方案的角度,案例一的技术方案是控制正极极片中正极膜片满足两个条件:(1)控制正极膜片的OI值C_{OI}小于等于150;(2)控制正极膜片的OI值C_{OI}和面密度ρ的

乘积取值范围 $0.015 \leq C_{OI} \Diamond \rho \leq 4$。案例二的技术方案是权利要求1中记载的两个模型：（1）负极膜片 V_{OI} 值和负极膜片压实密度 PD 的关系模型，X 公式：$X=(80/V_{OI}+43/PD)\Diamond PD/V_{OI}$，取值范围是 $0.75 \leq X \leq 4.19$；（2）负极活性物质 $D50$ 和 G_{OI} 的关系模型，Y 公式：$Y=100/(D50+2.8\Diamond G_{OI})$，取值范围是 $3.14 \leq Y \leq 8.45$。进一步，根据说明书公开的内容，技术方案中的模型是对取值较大或较小时的结果进行定性分析，并未提供依据公知公式定律等理论基础的定量计算过程，其取值范围不是通过理论计算得出，而是完全来自实验数据统计分析的结果。在明确技术方案中的模型及其取值范围是通过实验数据总结归纳得到的经验规律的前提下，由于所属技术领域的技术人员仅根据现有技术既无法推演得到所述经验规律，也无法预测发明能够实现的技术效果，该技术方案必须依赖实验结果才能成立，则说明书应当提供足够充分的实验证据证明该技术方案的合理性。

从实验数据分析的角度，本领域技术人员已知，电池循环寿命是指电池在一定充放电制度下反复充电和放电，在其容量衰减到某一规定值之前，电池能经受的充放电循环次数（一次充电一次放电为一个循环，即一"圈"）。对于确定的电池，在相同的环境温度中，按照不同的充放电制度进行测试，得到的循环寿命存在差异，即，循环测试的方法直接影响到电池的循环寿命，进而决定了发明能否实现其所声称的电池循环性能提高的技术效果。所述充放电制度分为充电和放电两部分，充电部分包括充电方式和充电截止条件，放电部分电包括放电方式和放电截止条件。因此，循环性能测试必须明确充放电方式和截止条件，否则无法对测试结果（循环次数）进行评价和比较。在案例一和案例二的说明书中，充放电截止条件则设定为"满充满放"。在电池技术领域中，"满充满放"通常指充电至电压升高到达充电截止电压（满充）和放电至电压下降到达放电截止电压（满放），而具体截止电压数值需要根据电池材料体系和实验设计具体确定。"满充满放"是对充放电状态的定性描述，而非量化指标，本领域技术人员无法仅根据这一描述确定充放电截止电压数值。此外，在少数实验设计中，恒流充放电也可能将时间作为截止条件，即恒流充放电一定时间视为满充满放，具体时间数值同样不能确定。可见，循环性能测试是案例一和案例二技术方案设计的重要组成部分，"循环圈数"既是获得技术方案中模型的依据，又是循环性能这一技术效果的表征。

（2）循环性能测试条件不明确导致说明书公开不充分

在说明书关于循环性能测试方法（充放电截止条件）的文字记载不明确的前提下，本领域技术人员无法根据理论推导获得技术方案中的模型和取值范围，也无法利用相同的方法重现其循环性能测试，获得相应的循环圈数结果，更无法将获得的循环圈数结果与现有技术相比较，确定其所声称的高循环寿命的技术效果。因此，说明书无法达到本领域技术人员能够实现的要求，公开不充分。

3. 分析

笔者认为，技术效果的可重现性是"能够实现"标准的重要考量因素。因此，在撰写说明书时是否满足"能够实现"的要求，需要站位本领域技术人员依次分析：

第一，本领域技术人员是否可以根据理论推导获得该技术方案。

案例一和案例二中，其技术方案的获得是基于实施例中数据统计分析得来的结果，其特殊性在于，其技术方案仅仅由对实施例中取值较大或较小时的结果进行定性分析而获得，并没有公知公式定律等理论基础。因此，在无法通过公知公式定律等理论推导获得的前提下，本领域技术人员想要重现说明书中的技术效果，必须采用说明书中所记载的、达到其声称的技术效果的技术方案时所采用的测试方法重复该测试。

第二，说明书中记载的测试方法能否使得本领域技术人员重现该发明。

在技术方案是通过统计分析得来的，无法通过理论推导获得的基础上，测试方法和条件是否完整，决定了本领域技术人员能否根据其记载的测试方法和条件，重现该发明，从而获得与之相同或相类似的技术效果。就案例一和案例二而言，由于说明书没有记载循环性能测试方法中的充放电截止条件，导致本领域技术人员无法利用相同的方法重现其循环性能测试，获得相应的循环圈数结果，更无法将获得的循环圈数结果与现有技术相比较，确定其所声称的高循环寿命的技术效果。

第三，是否有相关实验图谱能够补足测试方法中缺少的条件。

在电池领域中，充放电曲线通常可显示充放电电压区间，循环曲线通常会注明电流和电压条件。因此，由于案例一和案例二均没有记载充放电曲线、循环曲线等实验表征图，在没有相关文字记载的情况下，无法利用充放电曲线、循环曲线等实验表征图中记载的条件，补足所需的循环性能测试的条件信息，从而使得本领域技术人员无法采用相同的方法重现其技术方案。

（二）测试条件模糊导致的测试结果不唯一

1. 案例介绍

Takeda公司（下称"无效宣告请求人"）开发的维多珠单抗，商品名为Entyvio，被批准用于治疗溃疡性结肠炎和克罗恩病。Roche公司（下称"专利权人"）认为该产品侵犯其EP2007809B（下称案例三）的专利权，Takeda公司否认专利侵权并声称该专利无效。

案例三的诉讼所针对的EP2007809B的权利要求为2018年9月12日公布的修改的基础上维持有效的版本。该版本中，权利要求1的技术方案是：人IgG1或IgG3型单克隆抗体，所述抗体在Asn297处被糖链糖基化，所述糖链内岩藻糖的量至少为99%，NGNA的量为1%或以下，N末端α-1,3-半乳糖的量为1%或以下，其中岩藻糖、NGNA和α-1,3-半乳糖的量均以不含甘露糖4和甘露糖5的G0、G1、G2之和作为100%，并且是通过液相色谱/质谱（LCMS）肽图谱分析所分析的。由权利要求1可以看出，岩藻糖、NGNA和α-1,3-半乳糖在所述单抗糖链中的含量是该技术方案中的三个关键技术特征。

案例三的争议焦点包括：无效宣告请求人认为，权利要求中的"液相色谱/质谱（LCMS）肽图谱分析"在实际操作过程中可以采用轨道离子阱的液质联用仪（LCMS/Orbitrap），微孔液质联用仪（Micro LCMS/Q-TOF）和纳米孔液质联用仪（Nano LCMS/Q-TOF）三种仪器进行测定，而三种仪器测定的结果不唯一：当应用Micro LCMS/Q-TOF和Nano LCMS/Q-TOF检测不含甘露糖的非岩藻糖基化糖结构总和时，通过Micro LCMS/Q-TOF能够满足不含甘露糖的非岩藻糖基化糖结构总和小于1%，在权利要求1的范围之内；而通过Nano LCMS/Q-TOF测定时，不含甘露糖的非岩藻糖基化糖结构总和不小于1%，超出了权利要求1的范围。因此，本领域技术人员无法获知采用哪种仪器测定时才能满足权利要求1中岩藻糖、NGNA和α-1,3-半乳糖在所述单抗糖链中的含量在其范围以内，说明书公开不充分。而专利权人则认为，带有轨道离子阱的液质联用仪（LCMS/Orbitrap）在优先权日之前技术不成熟，微孔液质联用仪（Micro LCMS/Q-TOF）存在样品过载的风险，因此，本领域技术人员不会采用存在缺陷的这两种仪器，只会采用微孔液质联用仪（Micro LCMS/Q-TOF）这个仪器进行液相色谱/质谱（LCMS）肽图谱分析。

2. 合议组的观点

合议组认为，从技术的成熟程度上看，带有轨道离子阱的液质联用仪（LCMS/Orbitrap）在优先权日之前技术不成熟，并且相对于Q-TOF，跟踪记录不全，存在较多的缺陷，因此，本领域技术人员不会选择采用该仪器进行液相色谱/质谱（LCMS）肽图谱分析。但是，样品过载的风险不会导致本领域技术人员不采用孔液质联用仪（Micro LCMS/Q-TOF），本领域技术人员有动机采用这种方法进行检测，并且知晓如何正确地操作仪器来避免样品过载的风险。

因此，由于案例三中没有明确记载权利要求1的技术方案中"液相色谱/质谱（LCMS）肽图谱分析"采用具体哪种检测仪器进行测定，而不同检测仪器测定的结果存在差异，某些检测仪器测定时无法满足权利要求1记载的"所述糖链内岩藻糖的量至少为99%"的要求，因此，根据发明的说明书结合本领域的公知常识，在重现该发明的技术方案的过程中，需要本领域技术人员进一步判断采用哪种检测仪器进行测定，对本领域技术人员而言产生了额外的负担。测试条件的模糊性（ambiguity），导致测试结果不唯一，从而使得本领域技术人员无法重现该技术方案的技术效果，因此，不满足"能够实现"的标准。

3. 分析

笔者认为，技术效果的可重现性，是"能够实现"标准的重要考量因素。因此，在撰写说明书时是否满足"能够实现"的要求，需要站位本领域技术人员考量：是否说明书已经记载了足够的技术信息，使得本领域技术人员能够重现本发明，从而能够取得发明所记载的技术方案所能达到的技术效果，而不需要进一步的思考或者判断。在案例三中，测试条件的模糊性所导致的测试结果不唯一，使得本领域技术人员在面对该专利时，需要额外判断具体使用哪种仪器才能满足权利要求1中所记载的技术方案，实现其所声称的技术效果，这种额外的判断无疑造成了本领域技术人员的"负担"。因此，案例三的说明书公开不充分，不满足"能够实现"的标准。

结　语

根据上述案例可以看出，由于测试条件不明确，以及测试条件产生的测试结果不唯一导致"不能实现"的缺陷隐蔽性较强，在代理工作中撰写说明书时，不容易察觉和意识到该缺陷的存在。

梳理"能够实现"标准的判断逻辑，可以看出，在判断过程中，假定的判断主体是本领域技术人员。在专利法上，"本领域技术人员"是虚拟的人，这个假定的技术人员具有普通的技术水平，并且完全了解所有相关的现有技术。而在实际判断过程中，并不存在专利法意义上的"本领域技术人员"，因此，在撰写说明书时，需要代理人结合发明人提供的资料，通过检索进一步获知相关的现有技术，从而深度分析其实验证据，确定影响本发明的技术效果的技术方案是否可以根据理论推导获得，针对不能根据理论推导获得的技术方案进一步分析说明书中记载的测试方法能否使得本领域技术人员重现该发明，包括测试条件是否清楚完整，测试结果是否唯一，是否缺少该领域相关的实验图谱等，从而判断说明书是否满足"能够实现"的要求，是否公开充分。

参考文献

［1］中华人民共和国国家知识产权局.专利法［M］.北京：知识产权出版社，2020.
［2］中华人民共和国国家知识产权局.专利审查指南［M］.北京：知识产权出版社，2023.

关于申请日后补交实验数据审查尺度的探讨

乐洪咏　胡嘉倩

［摘　要］《专利审查指南》针对申请日后补交实验数据的规定经过多次修改，对是否接受申请日后补交实验数据的态度经历了由宽到严再到宽的变化。本文结合案例分析了对申请日后补交实验数据由高门槛到低门槛的不同审查尺度，从理论上阐述了降低审查门槛的必然性，并针对如何提高申请日后补交实验数据被接受的可能性给出了建议。

［关键词］补交实验数据，技术效果，充分公开，审查尺度

引　言

化学是一门在很大程度上仍然依赖于实验的科学，可预测性低是其显著特征。化学发明能否实施、效果如何，在很多情况下需要通过实验来验证。由于提交申请时的主客观限制和专利审查本身的特点，要求申请文件中恰好包含审查所需的某些实验数据可能过于苛刻。实际上，在化学发明专利的授权确权程序中都可能涉及补交实验数据，而《专利审查指南》仅在"化学发明的充分公开"这一节作出简短的规定。有关补交实验数据的规定虽屡经修改，但仍然存在在实务中难以把握、审查标准不统一等问题。本文拟对该规定的历史作出梳理，并对申请日后补交实验数据的审查尺度等问题展开探讨。

作者简介

乐洪咏　上海专利商标事务所有限公司专利代理师。
胡嘉倩　上海专利商标事务所有限公司专利代理师。

一、《专利审查指南》中针对申请日后补交实验数据的规定的修改历史

关于申请日后补交实验数据的相关规定可以追溯到1993年公布的《审查指南》，它在第二部分第十章第4.1节规定可以在申请日后补充用途和效果，但用途或效果应该能直接推论出来；第4.3节规定可以补交实施例，但只能供审查员审查专利性时参考；第5.4节规定申请日后可以提交发明效果的证据。由于历史原因，此阶段专利审查部门对申请日后补交实验数据持宽松态度[1]。

2001年公布的《审查指南》将第二部分第十章第4.1节和第5.4节中的上述内容删除，表现出收紧申请日后补交实验数据的趋势。同时，修改后的第4.3节规定补交的实施例只能供审查"三性"时参考，从而将后补交的实施例的用途指向专利法第22条。

2006年公布的《审查指南》在第二部分第十章第3.4节明确排除了通过补交实施例和实验数据来证明说明书充分公开。同时，由于删除了在审查"三性"时可以参考补交的实施例的相关规定，对用于证明创造性的补交实验数据的审查空前严格。

2010年公布的《专利审查指南》没有修改上述相关内容，而2017年3月通过第七十四号局令（2017年4月1日起施行）、2020年12月通过第三九一号公告（2021年1月15起施行）对上述内容连续作出修改。2017年的修改明确规定审查员应当审查申请日后补交的实验数据，前提是想要证明的技术效果应能从专利申请公开的内容中得到。由于该规定从属于第3节"化学发明的充分公开"，并且联系到2006年删除了在审查"三性"时可以参考补交的实施例，人们容易误解为审查员在根据专利法第二十六条第三款审查专利申请时才审查补交的实验数据。

2020年的修改将补交的实验数据的用途明确指向专利法第二十二条第三款、第二十六条第三款，消除了上述可能产生的误解（要指出的是，补交实验数据并非只能针对专利法第二十二条第三款、第二十六条第三款，也不是只能用于证明技术效果），同时补充了涉及药品专利申请的补交实验数据的两个示例。

最新公布的2023年版《专利审查指南》没有修改上述内容。

纵观上述修改过程，可以看出专利审查部门在对待申请日后补交实验数据的态度上出现过反复。尽管《专利审查指南》最终明确地给补交实验数据打开了一扇门，不过，对于这扇门开多大，各方面仍存不同理解。

二、申请日后补交实验数据的行政和司法审查案例

《专利审查指南》规定审查员应当审查申请日后补交的实验数据，但有一个前提，

即它所证明的技术效果应当能从专利申请公开的内容中得到。然而,《专利审查指南》没有解释何为"得到"。以下通过五个案例说明各方面对"得到"的不同理解。前三个案例是专利行政部门的审查案例,后两个案例是最高人民法院的专利确权行政案。案例1和案例2涉及实质审查程序和复审程序对同一申请补交实验数据的不同处理方式,目的不是说明不同部门之间的审查尺度不同,而是反映《专利审查指南》在2020年的修改中就药品专利申请的补交实验数据补充两个示例给审查尺度带来的变化。

案例1:该申请涉及一种组合物的用途,除了其他成分外,该组合物还包含黄原胶、丙二醇和聚山梨酯。关于技术效果,说明书记载了稳定化聚合物(如黄原胶)、丙二醇和聚山梨酯表面活性剂的组合可以稳定该组合物,为该组合物提供温度稳定性。关于测试方法,说明书笼统地记载通过测定组合物经过一段时间后是否发生相分离来确定组合物的高温稳定性。若发生相分离或相变化,则该组合物不稳定。实施例1至实施例3给出了同时包含黄原胶、丙二醇和聚山梨酯20的具体组合物实例,没有测试它们的温度稳定性。

在实质审查过程中,申请人提交了补充实验数据,拟证明包含黄原胶、丙二醇和聚山梨酯20的本发明组合物,与缺少一种或多种上述物质的组合物相比,具有更为优异的温度稳定性。测试方法是将各样品在40℃、50℃、60℃、70℃和75℃分别保持24小时,观察样品是否出现分离、降解或沉积。

审查员认为说明书对黄原胶、丙二醇和聚山梨酯的组合所带来的技术效果的记载仅仅是一种断言性结论,并未记载任何实验数据加以证实;补交的实验数据也不能证明申请日前已经证实了该效果。审查员以该申请不具备创造性为由驳回了该申请,驳回决定发文日为2019年7月29日。

案例2:本案例是案例1所述专利申请的复审程序。复审请求人再次提交了案例1中的补充实验数据。

合议组认为:若专利申请文件记载了补交实验数据所要证明的技术效果,本领域技术人员能够确认申请人在申请日前已经关注并取得了所要证明的技术效果,则该补交的实验数据应被纳入创造性判断的考虑范畴,该数据属于对申请日前已经完成的补强证据,并不违背先申请原则。在该案中,说明书明确记载了上述三种化合物的组合的技术效果,即同时包含三者的组合物在温度稳定性方面优于缺少其中一种或多种组分的其他组合物,还具体公开了其在何种温度范围下具备该优异效果,并且在实施例中制备得到了包括三者的具体组合物。本领域技术人员基于所述记载可以确认说明书中关于组合物具备温度稳定性的明确性和指向性已足够清楚,并非仅是一种推测或臆断,而是申请人在申请日前明确关注到并已实际完成的技术效果。因此,该效果能够从专利申请公开的内容中得到。复审决定发文日为2021年6月9日。

案例3:该申请涉及一种化合物。说明书记载了该化合物具有磷脂酰肌醇-3-激酶（PI3K）抑制活性。此外，说明书记载了该化合物对PI3K的三种亚型PI3K-α、PI3K-β和PI3K-γ体外抑制活性的测试方法，并给出了抑制PI3K-α、PI3K-β的平均IC50小于10 nM。

在复审程序中，复审请求人提交了补充实验数据，其中包括申请化合物和对比文件化合物对PI3K-α、PI3K-β的体外抑制活性，其中该申请化合物得到的平均IC50分别为0.946 nM和3.72 nM。

合议组认为，补充实验数据落在说明书公开的范围内，所证明的技术效果能从专利申请公开的内容中得到，因而补充实验数据应予考虑。复审决定发文日为2022年8月24日。

案例4：本案例是最高人民法院知识产权庭审理的一件专利确权行政案，其涉及一种化合物。根据说明书在"背景技术"部分的记载，该化合物可以用作P2T受体拮抗剂，具有高代谢稳定性。除此之外，说明书没有再提到该化合物的代谢稳定性，也没有提及代谢稳定性的测试方法和结果。

专利权人提交补充实验数据：测量了权利要求1化合物的"人类微粒体——相对于右美沙芬对氧化的稳定性比值"和"人类体外葡糖醛酸基转移酶测定——相对于齐留通对葡醛酸结合反应的稳定性"，以证明其代谢稳定性。专利权人另提供证据证明上述测量方法是本专利的优先权日之前本领域已知的测量技术。

对于补充实验数据是否应当被接受，最高人民法院知识产权庭在针对此案的行政判决书［（2019）最高法知行终33号］中提出两个条件：（1）原专利申请文件应当明确记载或者隐含公开了补充实验数据拟直接证明的待证事实，此为积极条件；（2）申请人不能通过补充实验数据弥补原专利申请文件的固有内在缺陷，此为消极条件。

该行政判决书认为：原申请文件明确记载了补充实验数据的待证事实，即高代谢稳定性。补充实验数据拟通过证明待证事实的真实性，即权利要求1化合物具有高代谢稳定性，来补充证明最终要证明的法律要件事实，即权利要求1具备创造性，所以该补充实验数据不是用来克服原专利申请文件的内在缺陷，应该予以接受。裁判日期为2020年10月26日。

案例5：本案例是最高人民法院知识产权庭审理的另一件专利确权行政案，其涉及一种药物组合物。根据说明书的记载，与单独给予缬沙坦、ACE抑制剂或NEP抑制剂相比，给予缬沙坦和NEP抑制剂的组合具有更高的疗效。说明书还记载了验证技术效果的实验方法和结论，但没有记载具体数据。

申请人提交了补充实验数据：采用三种大鼠模型进行实验，缬沙坦与沙库巴曲的组合对其中两种大鼠模型具有一定的协同作用。

对于补充实验数据是否应当被接受，最高人民法院知识产权庭在针对此案的行政判决书［（2019）最高法知行终235号］中采用了案例4中最高人民法院知识产权庭所设立的积极条件和消极条件。

该行政判决书认为：说明书已经记载了补充实验数据所要证明的事实，即缬沙坦和NEP抑制剂的组合具有更高的疗效；也记载了验证技术效果的实验方法和结论。因此，可以根据诚实信用的原则推定申请人在优先权日之前已经完成了该实验。此时，申请人应当提交原始数据。但是，申请人现在提交的实验数据不是原始数据，又没有合理解释为什么不能提交原始数据。不仅如此，申请人补交的部分实验数据所采用的实验条件与说明书的记载不同，申请人也没有给出合理的解释。因此，原审判决和被诉决定不接受补充实验数据没有明显不当。裁判日期为2021年6月30日。

对比案例4和案例5可以看出，在说明书同样记载了技术效果的情况下，案例5增加了以下要求：提交优先权日前的原始实验数据；若不能提供，应当作出合理解释；在补充实验条件与说明书记载的实验条件不同时，应作出合理解释。

三、分析与讨论

从案例1和案例2可以看出，2017年对《专利审查指南》的修改似乎没有改变专利审查部门对补交实验数据的审查标准，即说明书应该明确记载技术效果并且给出令本领域技术人员确信其存在的实验证据[2]。这样就产生了一个悖论：如果说明书已经明确记载技术效果并且记载了充分的实验证据证明其存在，那么就不需要补交实验数据来证明该已经记载的技术效果；如果说明书没有记载技术效果或者虽然记载了技术效果但没有充分的实验证据证明其存在，那么补交的实验数据又不会被接受。这相当于对补交实验数据打开大门，而门槛却高到难以跨越。

门槛的高低取决于如何把握从专利申请公开的内容中"得到"补交实验数据所证明的技术效果。如果"得到"是指技术效果不仅要明确记载在说明书中而且说明书要给出实验证据，使得本领域技术人员确信该技术效果的存在，那就是几乎把门堵死的高门槛。如果只要说明书明确记载或隐含公开即视为能够得到，那就是容易跨过的低门槛。上面的案例1代表了高门槛，案例4代表了低门槛。

针对药品专利申请的补交实验数据，2020年修改的《专利审查指南》增加了两个审查示例，通过示例的形式将门槛降低。然而，由于没有具体说明，不同的解读方式得到的门槛高度可能不同。例如，基于示例1中的表述"根据原始申请文件的记载，化合物A的降血压作用已经公开，补交实验数据所要证明的技术效果能够从专利申请文件公开的内容中得到"和示例2中的表述"根据原始申请文件的记载，化合物A及其抗肿瘤作用已经公开，补交实验数据所要证明的技术效果能够从专利申请文件公开的内容中得到"，似乎"公开"即表明能够"得到"。然而，也有观点认为审查员在判断是否能够"得到"时不应简单看技术效果是否在原始申请文件中有文字记载[3]。

一种居中的观点认为补充实验数据拟证明的技术效果在说明书中的记载应足以使得所述领域的技术人员认识到，申请人在申请日时已经关注到了技术效果所反映的技术性能，针对技术性能的研究不是泛泛提及，而是做了实实在在的工作[4]。以这种观点为基础，可以设想这样一种中等门槛：申请日后补交的实验数据拟证明的技术效果被原始申请文件中明确记载或隐含公开，并且原始申请文件中有证据表明申请人在申请日时很可能为此做了实实在在的工作。也就是说，尽管不要求说明书将技术效果公开到让人确信该技术效果已然实现的程度，但要尽可能让人相信申请人的确想要实现该技术效果，并且做出过努力，而不是瞎猜瞎蒙。

采用这种中等门槛的要求，可以分析《专利审查指南》中的审查示例2和上面的案例2、案例3和案例5。在审查示例2中，说明书记载了测定降血压活性的实验方法和实验结果数据，这表明申请人已经针对降血压的技术效果做过实实在在的工作，只是没有记载具体化合物A的测定结果。在案例2中，说明书在多处专门描述了温度稳定性的技术效果，并记载了在至少40℃具有稳定性，表明申请人不仅关注了该技术效果，而且做过实实在在的工作，否则不可能知道在至少40℃具有稳定性。在案例3中，说明书记载了化合物对PI3K的三种亚型PI3K-α、PI3K-β和PI3K-γ体外抑制活性的测试方法，并给出了抑制PI3K-α、PI3K-β的平均IC50小于10 nM，这更直接证明申请人针对PI3K抑制活性的技术效果做过实实在在的工作。案例5可以反过来看：假如申请人提交的是优先权日前的原始实验数据，或者虽未能提供优先权日前的原始实验数据但作出了合理解释，并且合理解释了补充实验的条件与说明书记载的实验条件不同的原因，那么补充实验数据将会被接受。相比于案例4，案例5在说明书明确记载或隐含公开技术效果的基础上增加了条件，因此案例5采用了中等门槛。

在《专利审查指南》里的审查示例1中，说明书记载了测定降血压活性的实验方法，如果补交实验数据是利用相同的实验方法获得，并且证实了说明书记载的技术效果，则可证明申请人在申请日时有可能做过实实在在的工作。之所以说"有可能"，是因为若实验方法是申请日时已知的标准方法，则申请人仍有可能没有做过测试工作。在这种情况下认为补充实验数据所要证明的技术效果能够从专利申请文件公开的内容中得到属于采用了低门槛标准。

以上所说的低门槛至高门槛是补充实验数据可能被接受的门槛。倘若补充实验数据拟证明的技术效果在申请文件中没有记载或隐含公开，那么补充实验数据不可能被接受，如专利行政部门的第50045号无效决定书和第51799号决定书以及最高人民法院知识产权庭的（2020）最高法知行终100号行政判决书和（2020）最高法知行终297号行政判决书等所阐明的那样。

结　语

发明不能简单地理解为权利要求在文字上所呈现的技术方案，而是技术方案、技术效果和技术问题三位一体的结合，这种三位一体的思路贯穿于说明书充分公开、权利要求得到说明书支持和创造性的审查。因此，技术效果的充分公开在理论上是说明书充分公开的一部分，也是判断权利要求概括是否得当和审查创造性的前提之一。这也许能解释为什么2006年版《专利审查指南》规定判断说明书是否充分公开时不考虑申请人之后补交的实施例和实验数据，因为在"先申请"制度和"公开换保护"原则下，说明书公开不充分在理论上是不可能克服的缺陷。既然出于现实原因允许申请人针对专利法第二十六条第三款补充实验数据证明技术效果，本质上就是降低了原申请说明书对技术效果公开程度的要求。因此，审查部门理应放弃案例1那样的高门槛。

降低门槛后，究竟是采用前文所述低门槛，还是要设置一些可操作的条件，形成中间门槛，防止申请人"跑马圈地"获取不当利益，这需要出台详细的规则，以尽量统一审查员的审查尺度。由上面的案例可以看到，专利行政部门和法院对申请日后补交实验数据的审查思路和审查尺度也有差异，行政和司法审查尺度也宜统一。此外，目前《专利审查指南》仅针对药品专利申请的补交实验数据给出两个审查示例，容易让人误解为该审查示例仅适用于药品专利申请。对于化学领域中非涉药申请，理应采用相同的审查尺度。

对于补充实验数据提交方来说，为了提高补充实验数据被接受的可能性，首先应尽可能提供原始实验数据；若没有原始实验数据，应说明理由，并按照说明书记载的方法做实验，采用的材料、设备、条件等与说明书记载一致；若说明书没有记载实验方法，应提供证据证明获得补充实验数据的方法是申请日前已知的常规方法。在意见陈述中，要提供说明书中能够证明申请人在申请日时已经关注到技术效果并且做了实实在在工作的证据，例如说明书对技术效果的描述程度，对技术效果的测试方法、表征指标、与之相关的数据等的记载。

参考文献

[1] 张清奎. 化学及药品专利审查中的热点问题回顾和展望——关于实验数据的要求及补救措施[J]. 中国发明与专利, 2018, 15(8): 13-20.

[2] 国家知识产权局专利复审委员会. 化学领域专利难点热点问题研究[M]. 北京: 知识产权出版社, 2018: 276-292.

[3] 谭雷. 对《专利审查指南》"补交实验数据"章节修改的思考[J]. 法制博览, 2021, (16): 14-16.

[4] 马俊魁. 浅谈组合物并列选择技术方案的认定以及补交实验数据的考量[J]. 专利代理, 2021, (01): 74-78.

从侵权判定角度看实用新型中的组分特征在说明书中的撰写

侯颖媖

[摘 要] 实用新型中的组分特征因为不属于结构特征，不被允许出现在权利要求中，因此容易被忽略。但在侵权判定中，用来限定功能性特征的组分特征，即使只出现在说明书中，也有可能会被认定为对权利要求的保护范围具有限定作用。本文从最高院的一个实际判例出发，探讨实用新型中的组分特征该如何在说明书中进行撰写，才对实用新型权利人最有利。

[关键词] 实用新型，组分特征，侵权判定，功能限定

根据《专利法》第二条第三款的规定，实用新型只保护产品的形状、构造或者其结合，而物质的组分、配方等并不属于产品的构造，因此组分和配方特征一般都不被允许出现在实用新型的权利要求中。既然如此，实用新型中的组分特征又怎么会影响到侵权判定呢？

的确，根据《专利法》第六十四条的规定，发明或者实用新型专利权的保护范围以其权利要求的内容为准，从这点看，未包含在权利要求中的组分特征不应该影响侵权判定。但是，《专利法》第六十四条还规定了，说明书及附图可以用于解释权利要求的内容。无独有偶，《最高人民法院关于审理侵犯专利权纠纷案件应用法律若干问题的解释》（以下简称"最高院司法解释"）第四条也规定了，对于权利要求中以功能或者效果表述的技术特征，人民法院应当结合说明书和附图描述的该功能或者效果的具体实施方式及其等同的实施方式，确定该技术特征的内容。基于这样的规定，如果实用新型的权利要求中存在功能限定的技术

作者简介

侯颖媖　上海专利商标事务所有限公司专利代理师。

特征，而对于该功能限定的技术特征，说明书中的对应实施例是采用组分特征来描述的，则该组分特征就有可能对所述实用新型的权利要求的保护范围起到限定作用。这种限定作用，在侵权判定中，可能对专利权人是致命的。

在最高人民法院民事判决书（2021）最高法知民终411号的案例中，胡某为一实用新型的专利权人，该实用新型保护一种多功能塑料书写纸板及书写工具。在该实用新型授权公告后，胡某发现岳某的店铺一直在销售与其实用新型专利极为相似的塑料书写纸板和书写工具。胡某经网购获得岳某店铺内销售的相同塑料书写纸板和书写工具，经比对发现该塑料书写纸板和书写工具与胡某实用新型专利中的权利要求2和权利要求4所保护的技术方案完全一致。胡某遂向浙江省杭州市中级人民法院提起诉讼，要求判令岳某立即停止销售侵害胡某实用新型专利权的产品，并赔偿胡某损失以及为制止侵权行为所支出的合理开支。然而，杭州市中级人民法院经审理认定，胡某无法证明被诉侵权产品中的显影层的成分比例是否落入涉案专利的说明书中所记载的数值范围，胡某据此要求岳某承担侵权责任的主张没有事实依据，不予支持，因此最终驳回了原告胡某的全部诉讼请求。胡某不服，遂上诉到最高人民法院。在胡某看来，虽然在涉案实用新型的无效程序中，独立权利要求1被判无效，但从属权利要求2以及引用权利要求2时的从属权利要求4仍然被维持有效，而被诉侵权产品确实包含了权利要求2和权利要求4以及所引用的权利要求1的所有技术特征，无论被诉侵权产品中的显影层的成分比例是否落入涉案专利的说明书中所记载的数值范围，其都侵害了涉案实用新型专利权，而专利权人也没有义务还要去证明被诉侵权产品中的显影层的成分比例确实落入涉案专利的说明书中所记载的数值范围。但令胡某没有想到的是，最高人民法院经审理，最终还是驳回了其上诉，维持原一审判决。

在二审中，最高人民法院（以下简称"最高院"）对多个有争议的问题都重新进行了审理，侵权是否成立的关键最后仍然落在了上述权利要求中所记载的"显影层"上。根据最高院的意见，实用新型的权利要求中不得包含有关组分或配方含量的限定，是指在专利授权确权中，针对实用新型的新颖性、创造性进行评价时，对权利要求中物质的组分、配方等不属于产品的构造的内容不予考虑；但是在侵权纠纷中，已经记载在权利要求中的有关物质的组分、配方等内容对该权利要求的保护范围仍具有限定作用。本案中"显影层"的组分特征虽并未记载在权利要求中，但其并非本领域专业术语，也未给出结构和组成等实质性技术信息，属于功能性描述，本领域技术人员仅通过阅读权利要求书并不能确定"显影功能"的具体实施方式，所以"显影层"属于功能性特征。根据最高院司法解释第四条的规定，对于功能性特征，需要结合说明书和附图描述的该功能的具体实施方式及其等同的实施方式，来确定该功能技术特征的内容。最高院认为，是否为实现所称功能所不可缺少的技术特征，是判断说明书及附图记载的内容中有关该技术特征对于所述功能性特征是否具有限定作用的标准。在实用新型专利中，与功能性特征有关的实施例中的非形状、构造或其结合的技术特征，若为实现所称功能为不可缺少的，则仍构成对该功能性特征保护范围的限定。在本案中，涉案实用新型专利的说明书在描写书写纸板的制作方法时特别详细记载了显影层的原料、配比等，权利人胡某在应答其他争议问题时也主张以上述说明书所记载的内容来确定"显影层"技术特征的内容。最高院据此认定，上述说明书的内容是实现显影功能所不可缺少的技术特征，对权利要求的保护范围具有限定作用；而被诉侵权产品中虽然也包含了"显影层"，但该"显影层"是否具有涉案专利说明书中所述"显影层"的具体组分，实用新型权利人胡某并未予以证明，所以应当承担相应的不利后果。

对于上述案例的结果，相信会有不少人为权利人胡某觉得惋惜，因为他竟然败给了自己说明书中描述的组分特征。如果胡某的实用新型说明书中未描述"显影层"的组分特征，是否就不用考虑该组分特征的限定作用了呢？又是否只要在实用新型的说明书中描述了"显影层"的组分特征，该组分特征就必然对权利要求的保护范围起到了限定作用？对于实用新型中的组分特征，我们究竟该怎么撰写，才不会重蹈胡某的覆辙？

面对上述种种思考，我们先来看一下上述涉案实用新型的说明书，其中在第【0038】段-【0064】段详细描述了该实用新型所保护的多功能塑料书写纸板及书写文具的制作方法。特别地，在第【0054】段-第【0060】段描述了"显影层"的原料、配比等，具体如下：

"显影层石粉目数为320目以上；石粉从粗到细的目数有：320目、600目、1250目、2000目至纳米级石粉；石粉混合层中石粉和黏结剂组成的重量比例为1∶0.5-1.5；显影层黏结剂采用建筑用103外墙防水胶；或103外墙防水胶，与976#外墙抗碱底涂料、屋面防晒防漏胶水、107建筑胶水、801超浓缩建筑胶水中的一种或几种混合；103外墙防水胶和混合胶的重量比例为1∶3-6；显影层中显影层黏结剂和石粉的重量比例为1∶0.5-1；显影层石粉目数为600目以上；显影层石粉采用2000目轻钙石粉、2000目硅石粉、2000目方解石粉或600目瓷土粉"。

上述有关显影层的原料、配比等的描述是为了清楚地交代究竟本实用新型的多功能塑料书写纸板及书写文具是怎么制作的，即，本实用新型的实现方式。而根据专利法第二十六条第三款，说明书应当对发明或者实用新型作出清楚、完整的说明，以所属技术领域的技术人员能够实现为准。因此如果不在说明书中清楚描述上述显影层的组分特征，可能会导致本领域技术人员阅读完说明书都无法获知该如何得到本实用新型的多功能塑料书写纸板及书写文具，从而可能会直接导致该实用新型在授权前的审查阶段就"夭折"，或者即使获得了授权，也可能会以"说明书公开不充分"为理由被无效。因此，虽然说明书中不描述显影层的组分特征，确实也就不存在该组分特征对显影层起进一步限定的可能性了，但是该显影层的组分特征在说明书中的描述却是不可或缺的。

然而，组分特征在说明书中是不可或缺的，并不意味着组分特征本身对于实现显影层的"显影"功能也是不可或缺的。比如，上述说明书中描述"显影层石粉采用

2000目轻钙石粉、2000目硅石粉、2000目方解石粉或600目瓷土粉",实际上该显影层石粉也完全可以采用其他配比的轻钙石粉、目硅石粉、目方解石粉或目瓷土粉,换言之,该"显影层石粉采用2000目轻钙石粉、2000目硅石粉、2000目方解石粉或600目瓷土粉"并非实现显影层的"显影"功能所必不可少的,按照最高院的意见,其也就不应该对"显影层"起到限定作用。以此类推,显影层在说明书中的其他组分特征也完全有可能具有其他的替换示例。但遗憾的是,从前述有关显影层的原料、配比等的描述中并无法体现出它们还有其他的替换示例,这也直接导致了一审和二审的法官认定说明书中有关显影层的组分特征对"显影"功能的实现是必不可少的,从而对权利要求中的"显影层"具有限定作用。

如果说明书对上述"显影层"的具体组分都能进行适当的分析或说明,可能结果就会不一样。例如,在上述有关"显影层"的组分特征描述中记载到"显影层中显影层黏结剂和石粉的重量比例为:1:0.5-1",此时可以适当解释一下,这个重量比例可以更有助于显影层发挥显影功能或其他有利的技术效果,也就是属于"较佳的"比例范围,但其实也可以采用其他重量比例的显影层黏结剂和石粉来构成所述显影层,即,重点突出:构成所述显影层的关键是包括显影层黏结剂和石粉,而不是以固定比例包括显影层黏结剂和石粉。显影层黏结剂和石粉是显影层必需包括的,被诉侵权者很难否认,专利权人要举证也比较容易,所以即便权利要求中的"显影层"的保护范围被进一步限定为包括显影层黏结剂和石粉,相信法官也会认可被诉侵权产品落入涉案专利的权利要求的保护范围中。通过上述的补充分析和说明,可以在很大程度上弱化显影层黏结剂和石粉的构成比例对实现"显影层"功能的作用,也即弱化该构成比例对"显影层"功能的必要性。专利权人要证明被诉侵权产品的显影层也是采用该构成比例的显影层黏结剂和石粉,这是非常困难的,事实上,在一审的判决中,法官也是特别强调了专利权人无法证明被诉侵权产品中的显影层的成分比例是否落入涉案专利的说明书中所记载的数值范围。因此,如果能证明,该数值范围对于实现"显影层"的功能是非必要的,那就可以将其排除在对"显影层"进行进一步限定的技术特征之外,专利权人也就没有义务还要去证明被诉侵权产品中的显影层的成分比例落入这些在说明书中记载的数值范围内。

对于上述案例,也有人会提出,是否可以证明显影层并不是功能性特征,从而不应该用说明书中记载的组分特征来进一步限定其保护范围。首先,从字面上看,"显影"是动词,"显影层"其实就是用于显影的层,本领域中并没有一种公知的不是用来显影、只是名称叫"显影层"的层。而且,涉案实用新型所提供的塑料书写纸板及用其制成的书写文具,其改进点就是可用各种不同的笔在其表面上写字画画,特别是可以用普通水来代替黑汁进行毛笔书法练习,由此可见,显影功能是必不可少的。因此,想要反证显影层并非功能性特征,至少对于上述案例是不太可行的。但笔者觉得,上述思路仍然给我们今后对实用新型中的结构层进行概括提供了一些启发。如果我们不一味追求对该结构层的上位概括而只采用普通的名词来限定该结构层，那么即使该结构层在说明书中有对应的组分实施例，是否也不会因为是功能性特征而用这些组分来限定其保护范围呢？

  组分特征因为不属于结构特征，不被允许出现在实用新型的权利要求中，这导致了很多权利人会忽略组分特征的作用，在说明书中进行组分特征的相关描述也可能只是为了满足公开充分的要求，这就为后面发生侵权诉讼时埋下了一个"雷"。为了不像上述案例中的胡某那样被自己在说明书中撰写的组分特征反噬，笔者建议申请人在撰写实用新型的说明书时为权利要求中必需出现的功能结构特征"安装防爆手段"。对于只有通过功能限定才能上位的结构特征，因为将来在侵权判定时被认定为功能性特征的可能性很大，所以当在说明书中撰写这些功能性特征的组分实施例时，注意进行适当的分析和说明，尽量弱化这些组分特征对于实现所述功能的必要性，特别对于难以取证的构成比例，更要强调其非必要性。这些适当的分析和说明，就是笔者建议的"防爆手段"，其有助于法官将说明书中的组分特征排除在对权利要求的保护范围进行限缩的技术特征之外。当然，即使有了所述"防爆手段"，也不能保证所有在说明书中撰写的组分实施例都会被认定是非必要的。如果确实对于某一种组分配比只有一种情况能够实现所述功能性特征的功能，那么建议申请人可以在说明书中进一步强调该唯一组分配比所带来的直接或间接的技术效果，这样即使在侵权判定时该唯一组分配比也被认定为对权利要求的保护范围有限定作用，申请人可以通过主张被诉侵权产品也实现了只有该唯一组分配比才能带来的直接或间接的技术效果，来倒逼被诉侵权人举证其是通过其他组分配比来实现所述技术效果的，由此可避免像上述案例中胡某那样因无法举证对方产品中的成分构成比例而陷入被动局面。

  以上是笔者针对实用新型中的组分特征在说明书中的撰写所阐述的一些思考和探讨，希望对所有读者都有启发和帮助。最后也衷心地希望，所有有价值的实用新型申请不仅能早日获得授权，在授权后的维权道路上也能捍卫应有的权利。

参考文献

[1] 最高人民法院民事审判第三庭. 最高人民法院知识产权审判案例指导：第14辑[M]. 北京：中国法制出版社，2022：101-107.

商标共存制度的实践现状和实务探索

王逸奇

[摘 要] 我国现行《商标法》中并没有关于商标共存制度的规定，但在《商标评审规则》以及司法解释的相关条款中均体现了有条件接受商标共存的精神。在审查审判实践中，接受共存协议或同意书的裁定或判决亦不胜枚举。但近年来，我国商标审查和司法实践中出现了商标共存适用严格受限之趋势。本文介绍商标共存的概念、世界主要国家和地区的做法，分析商标共存在我国的实践现状、趋势以及审查机构的观点，对今后如何在实务中有效运用商标共存制度提出实践性建议。

[关键词] 商标共存制度，同意书，私权，混淆可能性

一、商标共存制度的概要

（一）商标共存概念

何谓商标共存？世界知识产权组织（WIPO）认为，商标共存是两个不同主体在销售某一商品或服务时使用近似或相同商标而不必然影响各自商业活动的情形。在商标实践中，商标共存往往以双方签订商标共存协议或在先商标权利人出具同意书的方式呈现。而关于商标共存协议，国际商标协会（INTA）给出的定义是：由两个或两个以上的当事人达成的协议，认为近似商标可以共存而不会产生混淆之虞，允许当事人为商标的和平共存设定规则。我国商标法尚未引进商标共存制度。而在学界，学者对于"商标共存"有着各自不同的理解，其中矛盾的焦点主

作者简介

王逸奇 上海专利商标事务所有限公司商标代理人。

要集中于"排除混淆可能性"是否构成商标共存的必备要件。

随着经济快速发展，全球知识产权活动持续活跃。根据世界知识产权组织（WIPO）2023年11月6日发布的《世界知识产权指标2023》，2022年，全球152个知识产权局的有效商标注册量估计达到8 250万件，相较于2021年增长9.4%。其中，我国有效商标注册量再次居于全球之首，总数近4 270万件，位列第二、第三位的美国和印度有效商标注册量分别为310万件、290万件。商标资源是有限的，在商标申请及注册数量急剧膨胀的情况下，势必会有越来越多商标申请因与在先商标的冲突而被驳回，这成了商标共存制度亟待引入的关键原因之一。另一方面，世界贸易组织（WTO）《与贸易有关的知识产权协议》（TRIPS协议）在序言部分开宗明义地指出——知识产权是私权。商标权作为知识产权的一种，无疑具有私权属性。因此，"法无禁止皆自由"这一私法自治的重要原则为商标共存制度的存在从内部成因上提供了合理性。

（二）域外商标共存制度的运用现状

随着全球经济一体化的飞速发展，近年来，有越来越多的国家和地区引入了商标共存制度。根据对商标共存接受程度的不同，目前，全球主要国家和地区的商标共存制度大致可以分为三种：完全接受型、有条件接受型、完全不接受型。目前，在立法或实践中引入并运用商标共存制度是世界主流趋势。一直以来，作为完全不接受型典型代表的日本、韩国两国，分别在2024年4月1日、2024年5月1日起正式施行的商标法修正案中最新引入商标共存制度。完全接受型与有条件接受型的区别在于，前者对引证商标权利人的同意持绝对接受的态度，而后者则在引证商标权利人同意的基础上，审查机构会综合考量是否存在混淆误认之虞等问题。目前采取完全接受型或接近完全接受型的国家和地区主要有英国、欧盟、新西兰、澳大利亚、印度、匈牙利等。例如，英国《商标法》第五条是有关驳回商标注册相对理由的规定，其中第五项"本条任何内容均不禁止经在先商标权利人或其他在先权利所有人同意的某一商标的注册。"之规定反映出英国在商标立法层面无条件接受商标共存。采取有条件接受型的则包括美国、加拿大、俄罗斯、瑞典、巴西、墨西哥、新加坡、马来西亚、越南等国和我国台湾地区。例如，美国《商标审查程序手册》1207.01（d）（ⅷ）有关同意协议的规定中明确指出："但是，审查员也许不予采纳该同意协议。"

二、我国商标共存制度的现状

（一）有关商标共存的法律法规和意见

尽管我国《商标法》中并没有关于商标共存制度的相关规定，但早在2007年，原国家工商行政管理总局商标评审委员会就在2007年第24次委务会上对商标驳回复审案件中的"共存协议"问题进行认真研究，并在第7期《法务通讯》上刊发《商评委认真研究驳回复审案件中的共存协议》一文。文章明确了"商标权为私权"，并提出"共存协议已经消除了当事人之间的权利冲突。而且，申请人与引证商标所有人签订共存协议，表明双方在实际使用商标时不会相互'搭车'，并且可以推定其具有相互区分的善意。因此，对当事人之间的共存协议完全不予考虑，不尽合理。"的观点。

最高人民法院在2009年、2010年分别发布了《关于当前经济形势下知识产权审判服务大局的若干问题的意见》《关于审理商标授权确权行政案件若干问题的意见》，其中均提出"尊重相关公众已在客观上将相关商标区别开来的市场实际""把握商标法有关保护在先权利与维护市场秩序相协调的立法精神""注重维护已经形成和稳定了的市场秩序"之意见。

2014年起施行的《商标评审规则》第八条规定："在商标评审期间，当事人有权依法处分自己的商标权和与商标评审有关的权利。在不损害社会公共利益、第三方权利的前提下，当事人之间可以自行或者经调解以书面方式达成和解。"——该规定体现了尊重私权处分，有条件接受当事人之间以书面方式达成和解的精神。

2019年，《北京市高级人民法院商标授权确权行政案件审理指南》对共存协议有了更具体的规定。《指南》第15.10条确认了共存协议可以作为"排除混淆的初步证据"之属性。《指南》第15.11条规定了共存协议需符合的形式要件，包括"书面形式""明确载明诉争商标具体信息""真实、合法、有效"等积极形式要件，以及"附条件或者附期限""损害国家利益、社会公共利益和第三人合法权益"等会导致共存协议不予采信、采纳的消极形式要件。《指南》第15.12条进一步明确了共存协议在不同情况下的法律效果。毫无疑问，《指南》的出台，为涉及共存协议的案件应如何审理提供了更为明确的指引。

（二）有关商标共存的审查趋势

在商标确权程序中，在后商标申请人通过提交在先商标权利人出具的同意书或是双方签署的共存协议等以尝试排除在先权利障碍，这早已成为商标实务中最常用的策略之一。

1. 行政审查趋势

笔者对2020年以来文书正文中包含关键词"同意书"的驳回复审决定进行了查询，据不完全统计[1]，自2022年以来，同意书在驳回复审案件中被采信的案件数量呈断崖式下降。

---

1 数据来源：白兔。笔者在"白兔"数据库"评审文书"栏目中筛选"驳回复审决定书"，检索文书正文包含关键词"同意书"的总件数，并统计"予以初审"的驳回复审决定书中国家知识产权局对同意书予以采信的决定件数。

在绝大部分驳回复审决定中，国家知识产权局都对同意书持有明确的否定态度，其主要理由在于——保护消费者利益亦是《商标法》立法宗旨之一，对私权的处分应以不易导致相关公众混淆或误认为前提，而共存协议或同意书并不足以排除相关消费者的混淆误认。

2023年以来，国家知识产权局对同意书的审查进一步趋严，即使是关联公司或共同申请人出具的同意书，也难在驳回复审案件中予以采信。如在商评字〔2023〕第0000081346号《关于第61748584号"华泰保兴"商标驳回复审决定书》中，申请人华泰保兴基金管理有限公司是诸引证商标所有人华泰保险集团股份有限公司的子公司。然而，对于母公司所出具的同意书，国家知识产权局仍以会造成消费者混淆误认为由未予采纳。另如在商评字〔2023〕第0000103572号《关于第60860413号"太乙仙魔录之决战昆仑及图"商标驳回复审决定书》中，申请商标由优酷信息技术（北京）有限公司、江苏糖心文化传媒有限公司共同申请，引证商标则为后者独立申请。尽管江苏糖心文化传媒有限公司在本案中出具了同意书，但国家知识产权局仍然认为不能以此排除市场混淆的可能性，对同意书不予认可。

另外值得注意的是，本次统计表明，2023年，国家知识产权局商标评审部门在复审程序中对同意书予以认可的驳回复审决定仅17件，其中15件是国家知识产权局根据法院的行政判决书重新审理后作出的决定。未经诉讼程序，国家知识产权局在评审阶段对同意书直接予以认可的案件可谓少之又少。

在尊重私权处分自由和保护消费者利益的天平之间，国家知识产权局在目前的审查实践中态度鲜明地向后者倾斜。

2. 司法审判趋势

在司法实务中，法院同样存在不认可同意书的趋势。经不完全统计[1]，在涉及同意书的商标确权行政诉讼案件中，一审法院对同意书予以采信，并撤销行政裁决的判决数量也在逐年递减。具体统计数据如下：

表1 2021—2023年涉及同意书的商标确权案件一审判决统计

裁判年份	涉及同意书的商标 确权案件一审判决数量	同意书予以采信， 撤销行政裁决的判决数量
2023	26	0
2022	186	36
2021	135	86

---

1 数据来源：知产宝。笔者在裁判文书高级搜索中筛选"商标""本院认为"检索关键词"同意书"，并在"案由"中筛选"驳回复审（商标）"进行统计。

根据《2020年商标评审案件行政诉讼情况汇总分析》，2019年、2020年，国家知识产权局商标评审部门因同意书一审败诉的案件数量分别达到110件、114件，远高于上述统计数据。

由此可见，近两年，法院与国家知识产权局似统一了对同意书的态度，在是否接受同意书的问题上，有"一刀切"地不予采信之势。

（三）审查机关对于商标共存的具体观点

尽管审查机关对同意书的接受程度呈急剧收紧之势，但对评审、裁判文书中审查机关涉及同意书的观点进行归纳分析，对于今后的实务操作无疑有十分重要的借鉴意义。

1. 国家知识产权局观点

如上文所提到的，根据不完整统计，国家知识产权局商标评审部门2023年在复审程序中对同意书予以认可的驳回复审决定仅17件，其中未经诉讼，国家知识产权局在评审阶段对同意书直接予以认可的仅2件。这2件驳回复审决定中，国家知识产权局分别持有以下观点：

表2　2023年国家知识产权局在评审阶段直接对同意书予以采信的案件

申请商标	引证商标	国家知识产权局观点
西湖生物医药科技 Westlake Therapeutics	西湖大學 WESTLAKE UNIVERSITY	鉴于申请人与引证商标一所有人已签订共存同意书，同意申请商标与引证商标一共存，且申请商标与引证商标一文字构成及整体含义有一定区别，无其他证据证明共存于市场易使相关公众对服务的来源产生混淆，故暂不判定申请商标与引证商标一构成使用在同一种或类似服务上的近似商标。[1]
优视汇	优视 UC优视	我局在申请人第41类第43973021号、第55023954号"优视汇"商标等系列驳回复审案件中均认可引证商标二、三出具的《商标共存同意书》，相关驳回复审决定现均已发生法律效力。……鉴于引证商标二、三的所有人已出具了《商标共存同意书》，同意申请商标与其商标共存，且双方商标亦有区别，故申请商标在复审服务上可予以初步审定。[2]

2. 法院观点

尽管自2022年以来，法院对同意书的接受程度大幅下降。但在不完全统计中，仍然存在一些一审或二审法院对同意书予以采信，并撤销行政裁决，且系争商标现已顺

---

[1] 商评字〔2023〕第0000174501号关于第62419231号"西湖生物医药 Westlake Therapeutics 及图"商标驳回复审决定书。
[2] 商评字〔2023〕第0000082047号关于第63128381号"优视汇"商标驳回复审决定书。

利获得注册的案例。笔者归纳整理了法院在这些判决中有关同意书的具体观点：

表3　2022年法院对同意书予以采信的案件

系争商标	引证商标	法院观点
NAKED WOLFE	GIANNI LUPO	北京知识产权法院认为，在存在《商标共存同意书》的情况下，诉争商标是否核准注册，应考虑商标专用权的私权属性，根据意思自治原则，应允许注册商标权利人自由处分其商标专用权。[1] 北京市高级人民法院认为，诉争商标与引证商标在文字构成、整体视觉效果等方面存在一定的区别，且引证商标的权利人出具了《商标共存同意书》，同意诉争商标在指定使用复审商品上的申请注册，表明引证商标的权利人认可诉争商标和引证商标尚不存在权利冲突，可以在市场上共存。[2]
赶集找工作	58赶集	北京知识产权法院认为，诉争商标与引证商标在文字组成、含义等方面尚存在一定的区别，且引证商标权利人已出具《商标共存同意书》，同意诉争商标在指定使用商品上的注册。考虑到原告在诉讼中亦补充了引证商标权利人与原告企业存在关联的相关证据，综合上述因素，可以认定诉争商标与引证商标共存于市场，尚不足以导致相关公众混淆误认。[3]
芒果超媒	芒果tv	北京知识产权法院认为，共存协议需要平衡商标权利人私权处分自由与消费者利益之间的关系，即商标权利人之间有关商标共存的意思表示不能对抗消费者对类似商品或服务上近似商标混淆误认的可能。这是因为在庞大的商品及服务市场中，消费者有辨认商品或服务来源的客观需要，商标区分商品及服务来源的功能在其中发挥着重要的作用。……诉争商标与引证商标一在整体视觉效果上仍具有一定差别，尚可区分，虽然诉争商标与引证商标均包含中文汉字"芒果"，消费者在识别两枚商标时，可能会产生关联联想，但由于引证商标一权利人为原告控股股东，持股比例达到56%，原告与诉争商标权利人之间在法律关系、利益分配及责任分担的方方面面都有着紧密的联系，消费者此种可能的关联联想并不违背实际情况。[4]

1　（2022）京73行初2491号。
2　（2022）京行终6644号。
3　（2021）京73行初19320号。
4　（2022）京73行初10140号。

三、商标共存的实务操作思考

商标权具有私权属性。长期以来，商标共存在我国商标实务操作中的运用就较为广泛。尽管近年来，国家知识产权局和法院对同意书采取基本不予采信的态度，但正如《商标法》第一条所规定的，制定《商标法》的目的，不仅要保护消费者的利益，同时也要保护生产、经营者的利益，两者不可偏废，因此，当事人在实务中仍可积极尝试运用商标共存制度从而实现消除商标权利冲突的目的。

1. 形式要件

在准备同意书或共存协议时，首先应确保形式要件上不存在瑕疵。具体可参照北京高院《指南》中的相关规定，以书面形式签署；明确载明诉争商标具体信息；域外主体提交签字人有权签署相关文件的证明并办理公证认证手续，以表明同意书或共存协议的"真实、合法、有效"。同时，应当避免在同意书或共存协议中设置涉及共存期限、共存条件等的附加条款。

2. 实质内容

综合分析笔者检索到的商标评审及法院的裁判文书，尽管2022年以来接受商标共存的案件数量呈断崖式下降，但不难看出，国家知识产权局和法院仍在尊重私权处分自由和维护消费者利益之间不断探寻平衡。国家知识产权局和法院在接受商标共存时的主要依据有："在双方商标标志存在差异的情况下，同意书可以作为排除混淆可能性的参考因素"；"双方存在关联关系的情况下，即使消费者存在关联联想的可能性也不违背实际情况"；"在发生法律效力的类案中已认可双方当事人之间的同意书"等等。

首先，几乎在每一件对同意书予以采信的裁判文书中，国家知识产权局和法院都在认定内容中强调"商标标志尚存一定差异"。可见，如果是完全相同或基本相同的商标标识，恐难借助商标共存制度消除权利冲突。反之，对于尚存一定区别的商标标识，当事人仍可尝试通过商标共存从而克服驳回决定。在起草同意书或共存协议时，可以考虑分配适当文字篇幅，从当事人的角度对双方商标、商品服务之间的差异加以确认。

其次，从上述案例中不难发现，双方当事人存在关联关系，或当事人签订的同意书或共存协议在已生效的类案裁定或判决中已获认可等事实，都可以在一定程度上增加同意书或共存协议被采信的可能性。考虑到这一点，在确权案件中，应当尽可能提交可以证明当事双方存在关联关系、主体利益一致的材料，或是表明同意书曾获采信的裁判文书。

最后，商标共存问题，归根结底，在于能否排除"混淆可能性"。为尽可能说服审查机关，除同意书或共存协议以外，申请人也可以考虑积极提交以下材料作为辅助证据：双方商标在使用中已实际共存且未发生混淆，双方已就避免使用过程中产生"混

淆可能性"的具体措施达成约定，等等。另一方面，表明申请人"主观善意"的相关材料在一定程度上也能够成为排除"混淆可能性"的间接证据。

我国有效商标注册量连续多年居于世界之首，庞大的基数无疑增加了因相对理由而引发驳回的概率。尽管针对此类驳回，申请人也可以尝试通过三年不使用撤销申请的方式消除双方商标之间的权利冲突，但这一做法无疑更具有攻击性，且会带来较高的时间和费用成本。况且，如因关联公司的在先商标而遭遇驳回时，申请人往往无法采取撤销申请作为排除权利障碍的有效手段。另一方面，随着全球一体化和互联网经济的不断发展演进，商标战略也将逐渐打破地域壁垒。在商标立法或实践中引入并实际运用商标共存制度已成为世界主流趋势，在此背景下，想必有越来越多的跨国企业会产生签订全球性商标共存协议的需求。为实现国际间协调，兼顾公平与效率，原本作为完全不接受商标共存之典型代表的日、韩，也已迈入在立法中引进商标共存制度的新纪元。笔者期待在不久的将来，我国也有望在立法层面引入商标共存制度，搭建完整的商标共存法律构造，并在实践中细化有关商标共存的审查标准，统一审查机关的裁量尺度，完善与商标注册制度之间的衔接。

参考文献

[1] Tamara Nanayakkara. IP and Business: Trademark Coexistence[EB/OL].(2006-06-11)[2024-03-29].https://www.wipo.int/wipo_magazine/en/2006/06/article_0007.html.

[2] 张田田.商标共存协议的认定问题研究[J].争议解决,2023,(1):156-163.

[3] 谭秋云.我国商标注册共存协议研究[J].对外经贸,2021,(3):94-97.

[4] 罗邱兰.商标共存法律问题研究[J].传播与版权,2020,(7):204-206.

[5] 戴哲.论商标共存协议的效力认定——美国法的司法实践与借鉴[J].重庆工商大学学报(社会科学版),2014,(2):105-110.

争议解决要点分析

技术秘密侵权分析疑难点探讨

孙 芳

[摘 要] 技术秘密侵权案件遵循"谁主张、谁举证原则",即原告承担初始举证责任,包括证明自己的技术秘密符合秘密性、价值性和保密性,同时举证被告使用了实质相同的技术秘密。其中技术秘密的秘密性认定、被告技术方案与技术秘密是否构成实质相同,是技术秘密侵权案件中的难点和争议点。本文从最高院的典型案例入手,探讨司法实践中对于上述两个疑难点的审理和判决思路,为企业梳理自身技术秘密及维权提供参考。

[关键词] 技术秘密,秘密性,秘密点,实质相同

根据《反不正当竞争法(2019)》第九条的规定,商业秘密是指不为公众所知悉、具有商业价值并经权利人采取相应保密措施的技术信息、经营信息等商业信息。对于企业而言,专利和商业秘密是两种最为重要的知识产权保护类型。相比专利通过公开技术方案的方式以换得专利权保护,商业秘密保护更适用于企业不想为外界知晓的秘密信息,例如英文中的Know-How,商业秘密是企业赢得市场竞争优势的重要资源。技术信息(即技术秘密)是商业秘密的一种类型。在实践中,技术秘密侵权案件大多疑难复杂,技术秘密权利人的维权难度大,不但需要承担初始举证责任,包括证明自己的技术秘密符合三个构成要件,即秘密性、价值性、保密性,而且同时举证被告使用了实质相同的技术秘密。因此,技术秘密侵权类案件数量目前仍较少。根据裁判文书网公

作者简介

孙 芳 上海专利商标事务所有限公司专利代理师。

开的信息，涉及技术秘密纠纷的民事案件裁判文书，2020年为96份，2021年为42份，2022年为59份，2023年为29份。本文将结合典型案例，探讨技术秘密侵权案件中的常见难点和争议点——技术秘密的秘密性认定、被告技术方案与技术秘密的相同性对比，为企业梳理自身技术秘密及维权提供有益参考。

一、技术秘密的秘密性认定

（一）秘密性的认定标准

《最高人民法院关于审理侵犯商业秘密民事案件适用法律若干问题的规定》的第三条规定，秘密性指权利人请求保护的信息在被诉侵权行为发生时不为所属领域的相关人员普遍知悉和容易获得。第四条进一步列出了几类信息可以被认定为公众所知悉的情形，归纳起来主要包括行业惯例、可以通过反向工程获得、已被公开或从公开渠道获得。在提起技术秘密侵权诉讼时，权利人需要主张技术秘密的具体内容，即秘密点，将其区别于为公众所知悉的信息（以下称之为现有技术），而不是将所有的技术信息都主张为秘密点，只有不属于现有技术的信息才能被认定为秘密点。例如在济南兰光公司侵害技术秘密纠纷案[1]中，权利要人主张其设备包括了6个秘密点，但通过拆解该设备，可直接观察到秘密点2、3、4、5，同时，本领域技术人员通过常理可知晓秘密点1和6，导致权利要人主张的秘密点未获得法院认可。

《最高人民法院关于审理侵犯商业秘密民事案件适用法律若干问题的规定》的第四条还规定了"将为公众所知悉的信息进行整理、改进、加工后形成的新信息，符合本规定第三条规定的，应当认定该新信息不为公众所知悉"。即，由现有技术组合形成的信息，如果其满足"不为所属领域的相关人员普遍知悉和容易获得"，也可以主张为技术秘密。例如蜜胺案[2]中，涉案技术秘密是一项成熟工艺的改进技术，技术图纸、资料必然记载了所属领域公知技术信息，权利人在全部技术信息中指明了其中不为公众所知悉的部分，而其整体技术因其中具备不为公众所知悉的技术信息得以成为技术秘密。

（二）秘密点的梳理规则

目前法律规定中尚没有关于秘密点的梳理规则，司法实践中主要先由权利人承担初步的举证责任，再经双方质证或进一步借助鉴定来确定[1]。结合《最高人民法院关

---

1 参见最高人民法院（2020）最高法知民终538号民事判决书。
2 参见最高人民法院（2022）最高法知民终541号民事判决书。

于审理侵犯商业秘密民事案件适用法律若干问题的规定（2020）》第一条的规定，结构、原料、组分、配方、材料、样品、样式、工艺、方法或其步骤等与技术有关的信息都可以作为技术信息，因此可以基于上述信息梳理秘密点，权利人对秘密点进行准确、有效的梳理，是案件正常审理的前提。

首先，秘密点应该是清楚、确定的信息。在博鸿公司侵害技术秘密纠纷案[1]中，权利人在一审中提交的技术方案没有具体的技术参数指标，经法院要求后才明确了具体的技术参数，但在之后的审理过程中，权利人又变更了技术方案，导致其对主张的技术秘密陈述前后不一致，法院最终以无法明确案件审理对象和范围为由，即具体的诉讼请求和事实、理由，驳回了权利人的起诉。

其次，秘密点应该是相对独立的技术单元。例如，在天成恒瑞公司侵害商业秘密纠纷案[2]中，原告主张主要秘密点为不完全齿轮间歇机构、快速拉紧扭扣技术、间歇给帽机构技术，但技术参数不具体、不完整，无法制造具有实用性的相关产品，最终无法认定是否构成技术秘密。因此在梳理秘密点时，应将能够相对独立运行或实施、发挥特定功能且产生相应技术效果的技术信息作为秘密点。常见的可以作为秘密点的例子是工艺流程、设备和工艺数据、管道仪表流程、设备布置、管道布置、工艺操作指南等信息。以工艺流程为秘密点的，参考泽兴公司侵害技术秘密纠纷案[3]，应该将具体工艺操作步骤，以及涉及的工艺参数（例如温度、压力、时间控制等）作为秘密点。针对工艺流程涉及多个工段的，参考香兰素案[4]，可以基于工艺流程特点，从反应、产物分离、精制、原料循环利用等角度，将整个工艺流程划分成多个工段，再梳理各个工段的秘密点。以设备和工艺数据作为秘密点的，参考蜜胺案，应将设备的具体结构及完成特定功能的工艺参数数据一并作为秘密点。以管道仪表流程、设备布置、管道布置作为秘密点的，需要将相关工序、工艺所需的设备及其位置和连接关系等信息一并作为秘密点。以工艺操作指南作为秘密点的，需要指南承载针对相应设备的操作步骤、正常操作参数和指标等信息。

需要注意的是，"独立的技术单元"并不完全等同于"独立的技术方案"。在程某侵害技术秘密纠纷案[5]中，最高院指出，技术秘密通常以图纸、工艺规程、质量标准、操作指南、实验数据的形式来体现，权利人为证明其技术秘密的存在及其内容，通常会在体现上述技术秘密的载体文件基础上，总结、概括、提炼其需要保护的技术信息，

1　参见最高人民法院（2022）最高法民申41号民事裁定书。
2　参见最高人民法院（2019）最高法民申337号民事裁定书。
3　参见最高人民法院（2020）最高法知民终621号民事判决书。
4　参见最高人民法院（2020）最高法知民终1667号民事判决书。
5　参见最高人民法院（2020）最高法知民终1889号民事判决书。

其技术秘密既可以是技术方案，也可以是构成技术方案的部分技术信息。当所主张的技术秘密是构成技术方案的部分技术信息时，《反不正当竞争法》对技术秘密的保护实际上是对该部分技术信息的保护，而不是保护由该技术信息与其他非技术秘密的技术信息共同构成的技术方案。当所主张的技术秘密是完整的技术方案时，《反不正当竞争法》对该技术秘密的保护实际上是对该完整技术方案的保护。因此权利人既可以主张部分技术信息为秘密点，也可以主张技术方案为秘密点，主张部分技术信息为秘密点的，应避免将不必要的现有技术纳入进来。

主张部分技术信息为秘密点的，技术秘密可以是系列信息，也可以是单一信息[2]。关于单一信息能否构成秘密点，笔者认为，如果单一信息与独特的技术效果具有一一对应关系的，可以认为它是相对独立的技术单元，可以主张为秘密点。在王某某侵害技术秘密纠纷案[1]中，权利人主张的三项秘密点中有两项为个别参数：动量清扫强度为 $0.7 \sim 1 \, kg \cdot m^3/s$，浓稀比为 $0.2 \sim 0.5$，其中动量清扫强度是干燥机机械转动部分对流场扰动影响、物料的打击力度、破碎能力及清扫强度的数值表征，浓稀比指快速粉碎浓相区与稀相区两个过程空间的优化匹配，以上两个参数都能实现独特的技术效果，都是相对独立的，将其主张为秘密点得到了法院认可。如果单一信息无法实现独特的技术效果，需要与其他信息配合才能实现独特的技术效果，则无法将单一信息主张为秘密点，而应将相互关联的信息的组合作为秘密点。例如某些与产品性能关联的多个参数，如果每个参数都不是单独存在的，所有的性能参数都是紧密联系、互相影响的，一个参数的变化会造成其他参数的改变，则应将所有相关联的参数的组合作为秘密点。在昆山某电子材料公司侵害商业秘密纠纷案[2]中，权利人将"Coredel"喷嘴半成品的工艺夹头、加热丝线槽、加热丝起始端相关参数信息，包括尺寸、配比、公差等系统化数值的集合作为产品的秘密点。

（三）秘密点载体

技术秘密信息通常被记载在各种载体上，例如纸介质、光介质、电磁介质；比较常见的秘密载体可以是图纸或相关说明文件。需要注意的是，秘密点与秘密载体并不是一一对应的，一个秘密点可能被记载在多份秘密载体中，一份秘密载体也可能记载多个秘密点。例如在香兰素案中，原告主张的技术秘密点有6个，技术秘密载体则涉及58个非标设备的设备图287张、工艺管道及仪表流程图25张。因此在梳理秘密点时，应先确定好技术秘密信息，再梳理记载该技术秘密信息的秘密载体，在举证时，可以

1　参见最高人民法院（2021）最高法知民终1844号民事判决书。

2　参见最高人民法院（2022）最高法知民终26号民事判决书。

将秘密载体作为证据来证明技术秘密信息的具体内容。

二、技术秘密的相同性认定

（一）实质相同的认定标准

在法院审理流程中，在完成技术秘密的认定之后，下一步是判断被告是否接触了技术秘密，以及被告使用的信息与技术秘密信息是否构成实质相同，即"接触+实质性相同"原则。

关于实质相同，《最高人民法院关于审理侵犯商业秘密民事案件适用法律若干问题的规定（2020）》第十三条规定："人民法院认定是否构成前款所称的实质上相同，可以考虑下列因素：（一）被诉侵权信息与商业秘密的异同程度；（二）所属领域的相关人员在被诉侵权行为发生时是否容易想到被诉侵权信息与商业秘密的区别；（三）被诉侵权信息与商业秘密的用途、使用方式、目的、效果等是否具有实质性差异；（四）公有领域中与商业秘密相关信息的情况；（五）需要考虑的其他因素"。整体来看，技术秘密侵权认定中的"实质相同"与专利侵权认定中的等同原则较为相似，会考虑用途、使用方法、效果、是否容易想到，在实际案件中，法院对"实质相同"的把握尺寸相比专利侵权的等同原则更为宽松[3]。例如在夏凌远侵害技术秘密纠纷案[1]中，法院认定，被控侵权产品与主张的商业秘密铜含量存在细微差别（99.6%以上 v. 99.97%以上），但该差别不会对金属棒熔点等物理参数产生影响，因此二者实质相同。在泽兴公司侵害技术秘密纠纷案中，被诉侵权技术方案虽然缺少技术秘密中反应时间和温度控制、除杂处理步骤，两者仍被认定为无实质区别。

（二）对技术秘密改动形成的新信息是否仍属于技术秘密

对技术秘密信息进行改动形成的新信息是否还属于技术秘密保护范围？根据《最高人民法院关于审理侵犯商业秘密民事案件适用法律若干问题的规定》第九条的规定，对商业秘密进行修改、改进后使用的，人民法院应当认定属于使用商业秘密。在司法实践中，改动形成的新信息与技术秘密在用途、使用方式、目的、效果方面是否基本相同，或是否容易想到，是衡量两者是否实质相同的重要依据，如果两者实质相同，那么擅自使用改动后的新信息仍属于技术秘密侵权行为。例如在蜜胺案中，被告基于涉案技术秘密的加压气相淬冷法三聚氰胺生产工艺和设备技术具体设计了自己的加压气相淬冷法三

---

1 参见江苏省高级人民法院（2013）苏知民终字第0159号民事判决书。

聚氰胺的工艺及其设备图纸、技术资料。与技术秘密相比，被告设备的主要区别在于个别设备的位置、局部尺寸、个别管道的尺寸和形状不同，但上述区别不会改变该设备的用途、使用方式、技术目的和效果，属于实质相同；反应器的主要区别在于，反应器直筒段高度增加了5米、设备容积也相应增加，但该反应器的技术效果，特别是产能，并没有发生变化，故仍属于实质相同；PID图中，部分配套设备的位置布置与技术秘密不同，但配套设备位置的调整是根据核心设备的布置进行的适应性调整，不产生新的技术效果，仍属于实质相同，最后法院判决被告侵犯了涉案技术秘密。

（三）自行研发抗辩

《最高人民法院关于审理侵犯商业秘密民事案件适用法律若干问题的规定》第十四条规定：通过自行开发研制或者反向工程获得被诉侵权信息的，人民法院应当认定不属于《反不正当竞争法》第九条规定的侵犯商业秘密行为。自行研发抗辩是被告常用的抗辩方式，如果采用自行研发抗辩，被告需提供设计研发的技术人员、实验数据、设备图纸、费用支出等相关凭证，且以上证据链是完整、合乎常理的。在程某侵害技术秘密纠纷案中，被告没有第一时间提供研发资料证据，存在怠于举证行为，且涉案人员在被告任职却不参与相关技术的研发，与常理不符，另外研发时间明显短于同类产品，基于上述因素，法院认为，即使被告提交的研发证据真实，也未能全面、完整地反映其研发过程，其关于涉及案人员未参与研发的主张违反常理，其所主张的自行研发抗辩难以成立。

结　语

技术秘密权利人对秘密点进行准确、有效的梳理，是技术秘密侵权案件正常审理的前提。如果权利人对秘密点归纳不合理、前后不一致，会直接影响后续维权成功率。秘密点的梳理是一项复杂、烦琐的工作，除了将其区别于现有技术，还需要将其从整体技术信息中提炼出来。秘密点的划分应遵循"独立的技术单元"原则，秘密点与其独特的技术效果应具有一一对应关系，内容可以是完整的技术方案，也可以是方案中的部分技术信息，甚至个别具体参数也可以被主张为秘密点。因此在实际操作时，权利人需要对自身技术方案进行深入分析，从具体的技术信息与独特的技术效果两个角度入手，梳理两者的对应关系，将有独特的技术效果的独立的技术信息作为秘密点。

在被告使用的信息与权利人的技术秘密信息是否构成实质相同方面，目前法院采用相对宽松的认定标准。如果被告使用的信息与权利人的技术秘密信息不存在实质性区别，例如技术方案存在细微差别，但技术效果不存在实质性区别，倾向于认定两者构成实质相同。作为被告，如果存在接触技术秘密的事实，且使用的信息与权利人的技术秘密信息构成实质相同，采用自行研发抗辩的难度较高。

参考文献

［1］ 顾韬. 关于侵害技术秘密纠纷案件审理思路及方法的探讨［J］. 电子知识产权, 2015, (12): 13-21.

［2］ 宋健. 2019年反不正当竞争法第三十二条对侵害商业秘密案件审理思路的影响［J］. 中国专利与商标, 2020, (4): 15-31.

［3］ 寇飞. 商业秘密的秘密性要件及侵犯商业秘密的认定标准［J］. 中国发明与专利, 2019, (11): 95-99.

小议侵权程序中权利要求术语的解释

宋静娴　朱琛琼

[摘　要]　权利要求是专利文件中至关重要的部分，它定义了专利的保护范围，并在侵权诉讼中扮演着关键角色。然而，权利要求的抽象性和概括性，可能会对事实内容的表达造成限制，术语的选择和含义可能存在一定程度的不清晰。本文通过具体案例分析权利要求中术语的解释原则和解释顺序，探讨侵权程序中如何解释权利要求术语，并从解释原则和解释顺序的角度总结在撰写专利申请文件时的注意点。

[关键词]　侵权程序，权利要求，术语，解释原则，解释顺序，工具书选用

　　本文将通过具体案例来细化分析《最高人民法院关于审理侵犯专利权纠纷案件应用法律若干问题的解释》(以下简称《侵权司法解释》)和《最高人民法院关于审理侵犯专利权纠纷案件应用法律若干问题的解释(二)》(以下简称《侵权司法解释二》)中对于权利要求用语的解释要点，主要讨论侵权程序中对权利要求进行解释时的解释原则、解释顺序，以及如何进行工具书选用的理解，并且从上述解释要点来给出撰写专利申请文件时术语选用的建议。

作者简介

宋静娴　上海专利商标事务所有限公司专利代理师、商标代理人。
朱琛琼　上海专利商标事务所有限公司专利商标主管。

一、权利要求术语的解释原则与解释顺序

作为专利文献的关键组成部分,权利要求定义了专利的保护范围,向公众公示"圈地"所在并划定公众利益与专利权人私权之间的边界。然而,由于权利要求的抽象性、概括性等原因,权利要求本身或权利要求术语难以直接实现上述功能:

1. 权利要求必须"清楚""简要"地限定要求专利保护的范围(《专利法2020》第二十六条第四款),因此,在用词和表达方面受限于"简要"的要求,有时难免失于"清楚";

2. 权利要求,特别是独立权利要求,往往是对于说明书中所列多个实施例的上位概括,申请人和专利代理师在撰写时希望权利要求的表达能覆盖该多个实施例的技术方案,有时难免过于"拗口";

3. 申请人和代理师出于能获得比较大的保护范围的期望或者由于技术方案属于前沿技术的原因,在权利要求术语的选用方面主观上会故意选择模棱两可的表达或者用"自造词"来叙述所要涵盖的范围。

权利要求本身是语句表达,在语句表达中,除了语法结构外,最重要的就是术语的选用,权利要求需要"进一步解释",很大程度上就是需要进一步解释术语,从而明确整个权利要求的保护范围。此外,语言词汇本身具有丰富的内涵与外延属性,这些都是权利要求术语需要进一步解释的原因。

因此,最高人民法院先后发布《侵权司法解释》和《侵权司法解释二》来阐述对于权利要求进行解释的原则(以下基于《侵权司法解释》第二条和第三条、《侵权司法解释二》第六条的相关内容进行归纳总结,如有疑义请以相关司法解释原文为准):

1. 运用说明书及附图进行解释;说明书对权利要求用语有特别界定(可以理解为"自造词")的,从其特别界定;

2. 运用权利要求书中的相关权利要求进行解释;

3. 运用专利审查档案进行解释;其中专利审查档案包括与涉案专利存在分案申请关系的其他专利及其专利审查档案、生效的专利授权确权裁判文书解释涉案专利的权利要求;

4. 结合工具书、教科书等公知文献以及本领域普通技术人员的通常理解进行解释。

下文通过具体案例来分析说明书和附图的作用、用相关权利要求和审查档案进行解释的情况以及内部证据穷尽后的外部证据选用。

二、通过具体案例分析权利要求解释的顺序

（一）说明书和附图的作用

如《侵权司法解释》第二条规定，在确定权利要求保护范围时，以"权利要求的记载"为本，以本领域普通技术人员对于说明书及附图进行阅读后对作为"本源"的权利要求进行理解后最终确定。

《专利法2020》第二十六条第三款规定：说明书应当对发明或者实用新型作出清楚、完整的说明，以所属技术领域的技术人员能够实现为准；必要的时候，应当有附图。

《专利法2020》第二十六条第四款规定：权利要求书应当以说明书为依据，清楚、简要地限定要求专利保护的范围。

说明书的作用是对于发明或者实用新型所要保护的技术方案进行完整说明，而权利要求则是要求对于完整说明进行的简要概括。

如果说权利要求里的术语是"条目"，那么说明书和附图就可以认为是类似词典中对于该"条目"的"释义"和/或"词语解释"。

在侵权案件中，大部分情况下，解释者很难仅仅通过对于"条目"的阅读理解来完成对于技术方案的理解和/或判断被诉产品是否落入权利要求保护范围，而是需要进一步阅读"释义"和/或"词语解释"来明确保护范围。因此，说明书和附图需要为解释者提供坚实后盾，试探并锤炼权利要求的稳定性，界定私权的边界。

说明书和附图的对于权利要求术语的解释可能扩张权利要求的范围，也可能限缩权利要求的范围。下文通过实际案例分情况讨论：

1. 说明书和附图的扩张

案例：

在宁波奥胜贸易有限公司与珠海格力电器股份有限公司侵害实用新型[1]一案中，双方争议焦点之一在于术语"密封"（"密封件"）。

涉案专利（ZL200820047012.X）的权利要求13和14（经无效程序修改后的序号，对应ZL200820047012.X授权文本的权利要求14和15）中分别限定了所述室内机还包括"位于所述前接水槽（4a）的凹槽内、带有至少一个向上开口的第一凹部（42a）的第一密封件（41a）"，所述室内机还包括"位于所述后接水槽（4b）的凹槽内、带有至少一个向上开口的第二凹部（42b）的第二密封件（41b）"。

在通常理解中，"密封"的含义是明确的，一般是指"严密地封闭"，被诉方奥胜

---

[1] （2018）粤民终1132号。

公司也是如此主张的。奥胜公司认为被指出对应"密封件"的部件其实仅仅是支撑热交换器，而并不是起到密封的作用，以此主张不侵权。

但是，说明书第7页最后一段至第8页第1段记载："在前接水槽4a的凹槽中，可设有至少一个第一密封件41a，该第一密封件41a可用于密封前侧热交换器61的下部与底壳4在前接水槽4a处所存在的间隙，防止由于漏风所产生的凝露，在该第一密封件41a上，可设有至少一个以上的第一凹部42a，以便于冷凝水在前接水槽4a中的流动，不至于造成堵塞。"因此，以权利要求13为例，第一密封件41a的本质作用其实是——遮挡前侧热交换器61的下部与底壳4在前接水槽4a处所存在的间隙空间，防止由于漏风所产生的凝露。

此外，从图1（ZL200820047012.X的图4）中也能看到第一密封件41a/第二密封件41b并非完全封闭住前侧热交换器61的下部与底壳4在前接水槽4a/4b处所存在的间隙空间。

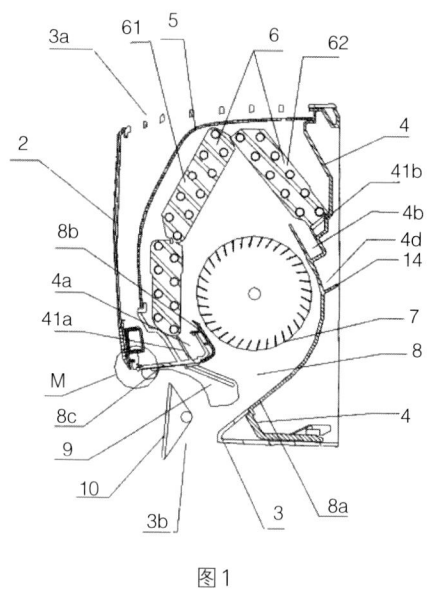

图1

可见，权利要求13或14限定的"密封件"其实是指能够遮挡前侧热交换器61的下部与底壳4在前接水槽4a/4b处所存在的间隙空间，防止由于漏风所产生的凝露，只要是能起到前述作用的部件就是权利要求13或14所限定的"密封件"，而不要求"严密地封闭"前侧热交换器61的下部与底壳4在前接水槽4a处所存在的间隙空间，只要能控制漏风就能达到目的。奥胜公司的被诉产品在相应位置设置的所谓"支撑热交换器"的板与热交换器相抵接，也是遮挡了热交换器的下部与底壳在前接水槽处所存在的间隙，客观上可以防止由于漏风所产生的凝露，影响换热效果，所以应该视为权利要求所述的"密封件"。

本案例中,通过查阅说明书和附图,从技术特征的目的和所起到的作用出发,对于"密封件"和"密封"作出了并不需要一定"严密地封闭"的扩张解释。

2. 说明书和附图的限缩

案例:

在信诺包装爱尔兰有限公司与西安高汇机械设备有限公司侵害发明专利权纠纷[1]中,双方争议焦点之一在于术语"垂直移动"。

涉案专利(ZL200680055796.4)的权利要求1具备技术特征"该薄膜进给装置(4)可在机架(6)内垂直移动"。"被诉侵权产品的送膜装置与机架顶端通过摆臂连接,当包括送膜装置在内的薄膜进给装置向下运动时,该摆臂带动送膜装置,先向下小幅运动,然后做轴向运动,且此时与焊接和切割装置分离,不再向下移动。"被诉侵权产品的这种运动方式是否属于涉案专利权利要求1所限定的"垂直移动"?

查看说明书来看看是否对于"垂直移动"这个"条目"的"释义":

在说明书[006]和[007]段描述了现有技术的缺点以及本发明的目的——现有技术缺点在于维护和修理工作必须在该装置上面较大高度上进行,本发明的目的在于便于进行该包装装置的维护或保养;

在说明书[0010]段描述了本发明的方案——为了包装货物,该薄膜进给装置在机架内移动到一个较高的操作位置;为了维修目的,它在机架内又可移动到较低的位置上。

由此可见,权利要求1中术语"垂直移动"要达到上升能包装货物,下降能维修的目的。反观被诉侵权技术方案中的薄膜进给装置的一部分,即送膜装置,始终通过摆臂固定于机架顶端,下降高度有限,无法实现下降维修目的。

本案例中,通过查阅说明书,从发明目的出发,对于术语"垂直移动"并非任何垂直移动达到任何高度差,而是要达到上升能包装货物下降能维修的高度差的限缩解释。

3. 不喧宾夺主——仍以权利要求为本

说明书和附图毕竟只是"释义"和/或"词语解释",而非权利要求的"条目"本身。所以,并非在任何情况下都必须要用说明书和附图进行扩张或限缩。

案例:

在深圳市蓝鹰五金塑胶制品厂与罗士中侵害实用新型专利权纠纷[2]中,双方争议焦点之一在于术语"贯穿"。

---

1 (2021)最高法知民终2399号。

2 (2011)民提字第248号。

涉案专利（ZL02231446.6）权利要求1中具有技术特征：垂直大孔的两侧设有贯穿其中心的纵向孔。如何理解"贯穿"？说明书中也没有对其含义作出特别界定，一审法院从图2（ZL02231446.6的图7）出发，认为图2中两侧的纵向孔33和20的中心线的连线与垂直大孔17的中心连线相交且垂直：

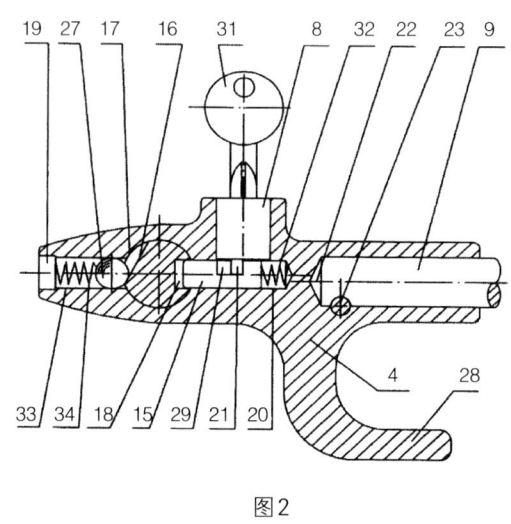

图2

一审法院由此认为权利要求1中所使用的术语"贯穿"应该仅仅指纵向孔33和20的中心连线与垂直大孔17的轴向中心线相交且垂直的情况。

而从产品图可知，被诉侵权产品的两侧纵向孔是上下错位设置的，因此两侧纵向孔的中心线并不处于同一水平线上且分别与垂直大孔的轴向中心线相交，因此一审法院作出不侵权的结论。

二审法院和再审法院则从权利要求术语本身和发明目的出发得出：垂直大孔本身是中空的，因此认为"垂直大孔的两侧设有贯穿其中心的纵向孔"的字面含义为两侧的纵向孔均能穿过垂直大孔轴向中心线即可。虽然附图中仅仅示出了纵向孔33和20的中心连线与垂直大孔17的轴向中心线相交且垂直的情况，但是从说明书描述看来垂直大孔两侧的纵向孔的作用是分别装设弹性定位掣和锁止原件，与垂直大孔中装设的转轴相配合实现锁紧和开锁即可，不管两侧纵向孔中心连线与垂直大孔的轴向中心线是否垂直相交均能实现这一目的，从而认为，被诉侵权产品的两侧纵向孔中心线并不处于同一水平线上且分别与垂直大孔的轴向中心线相交的情况仍能属于权利要求1中术语"贯穿"所能涵盖的情况。

本案中，一审法院从图2的图示不当地限缩解释了术语涵盖的范围，二审法院和再审法院则都是不以说明书和附图喧宾夺主,坚守本源——以权利要求为"本",从发明目的和说明书全面理解技术方案和权利要求相关术语所要表达的含义,在侵权诉讼中做出了较为合理的解释。

(二)由内而外——内部证据优先、外部证据的选用

在说明书和附图无法对权利要求术语进行有效解释或者对解释存在争议时,可采用其他内部证据,穷尽后才能寻求外部证据的帮助。

1. 其他内部证据的穷尽——相关权利要求、审查档案

案例:

在中国船舶重工集团公司第七一一研究所、上海齐耀热能工程有限公司与阿尔法拉瓦尔股份有限公司侵害发明专利权纠纷[1]一案中,双方焦点之一在于解释专利争议技术特征中的技术术语"相当大地(减少顶部峰线)"是否包括"整个(减少顶部峰线)"。

除了说明书记载外,最高院还分别从相关权利要求、审查档案(包括无效决定和PCT原始公开文件)等逐一分析。

相关权利要求——

虽然涉案专利权利要求6引用权利要求1,但并不能当然说明权利要求1的保护范围覆盖了权利要求6的保护范围,也并不能说明权利要求1的技术方案包括了权利要求6的技术方案。根据专利法实施细则和审查指南相关规定,对于特定权利要求及其引用的独立权利要求,应当根据两项权利要求所限定的保护范围是否属于"进一步限定",即二者的保护范围是否具有覆盖和被覆盖关系来具体判断。不能仅仅基于撰写形式上的引用和被引用,即认定独立权利要求的保护范围当然地覆盖对其进行引用的特定权利要求,并据此进行权利要求解释。因此仅仅根据权利要求6在撰写形式上对权利要求1加以"引用",并不足理解为权利要求1中限定的"相当大地(减少顶部峰线)"覆盖了权利要求6中的"整个(减少顶部峰线)"。

审查档案——

1. 无效决定

最高院引用了第30398号无效决定:

"'相当大地'与'整个'是并列选择的关系,'相当大地'表明减少到一定的程度,但并不包括'整个'。"

"权利要求6中的零高度,相当于整个地减小顶部峰线高度,不在权利要求1中'相当大地'范围内,可以将权利要求6理解为权利要求1的假从属权利要求。"

---

[1] (2020)最高法民申969号。

2. PCT原始公开文件——

国际申请文本也是专利审查档案的重要组成部分，对于基于PCT国际申请授予的专利权，其原始国际申请以及相应的申请文本具有法律效力。本案中，与争议技术特征有关的国际申请原文中的相关表述为"substantial or even total"，其含义与涉案专利说明书中的"相当大地或甚至整个"相符，可见PCT原始公开文件中"相当大地"与"整个"也是并列的方案，而非包含关系。因此，根据涉案专利国际申请原文中的相应表述，也不能认定争议技术特征中的"相当大地（减少顶部峰线）"覆盖了"整个（减少顶部峰线）"。

除上述内部证据外，在邱则有与山东鲁班建设集团总公司侵害专利权纠纷[1]中，法院还使用了关联专利（母案）这样的内部证据来对涉案权利要求进行解释：权利人主张分案申请权利要求中"分块模壳板"可以是由部分上底与部分侧壁相互连接成的成型件，也可以是单纯的上底或者侧壁，法院根据母案记载"部分上底和部分侧壁的结构"来解释分案申请中"分块模壳板"也仅仅是"部分上底和部分侧壁的结构"。

3. 外部证据的选用——通用工具书与其他

在穷尽内部证据仍然无法解释或界定保护边界的，可以寻求外部证据。对于外部证据的选用，要注意结合涉案专利所述的具体技术领域。

案例：

在广州华欣电子科技有限公司与佛山市厦欣科技有限公司、广州兆科电子科技有限公司、广州诚科商贸有限公司、峻凌电子（东莞）有限公司、广州君海商贸有限公司侵害发明专利权纠纷[2]一案中，双方争议焦点之一在于对术语"触摸屏"的解释。

各方在使用说明书和附图对于涉案专利中的术语"触摸屏"进行解释时存在争议，争议在于术语"触摸屏"是否必须是有形介质。此时，需要借助外部证据对于该术语进行进一步解释。

一审法院使用通用工具书《现代汉语词典》中的内容作为依据将涉案专利中的术语"触摸屏"解释为："在显示器屏幕上加一层感应膜，用手指或其他笔形物轻触屏幕就可以使计算机执行操作，这种屏幕叫'触摸屏'"，从而将术语"触摸屏"解释为有形介质。

二审法院对此持有不同看法，认为："在说明书对于权利要求中的技术术语没有作出特别界定的情况下，应当按照本领域技术人员对于该技术术语的通常理解进行解释，而不是诉诸该技术术语在日常生活中的通常含义进行解释。"因此，二审法院认为一审法院使用通用工具书对于术语"触摸屏"进行解释存在不合适之处。触摸屏属于在本

---

[1] （2011）民申字第1309号。

[2] （2020）最高法知民终580号。

领域中已有确切含义的技术术语,二审法院认为各方当事人提交的《多媒体计算机实用检修技术(教程)》《多媒体技术应用基础》《计算机操作装配与维修》等属于涉案专利所述技术领域的公知常识性证据,对于本领域技术人员而言,权利要求1主题名称中的"触摸屏",可以理解为既包括带有实体屏结构的接触式触摸屏,也包括不带有实体屏结构的非接触式触摸屏。并且,可以进一步认定,不带有实体屏结构的非接触式触摸屏属于本领域的公知常识。

从本案例可见,在穷尽内部证据寻求外部证据进行解释时,首先要考虑与涉案专利权利要求所属技术领域的工具书或公知常识,而不是使用通用工具书进行解释。如本案判决书所述:"相关技术词典、技术手册、工具书、教科书、国家或者行业技术标准等公知常识性证据,一般根据其与涉案专利技术所属领域的相近程度,作为认定本领域的技术背景和知识体系的相应证据。"

三、对专利申请文件撰写的启示

通过对上述相关侵权阶段解释权利要求相关术语的案例分析,笔者对于前端专利申请文本撰写时术语选用的注意事项提出几点想法:

(一)优先考虑本领域技术术语和公知常识术语

语言文字是互相交流的基础,以共性换取趋同的理解也是提交沟通效率的方式之一。基于这一点考虑,建议在申请文件中尽可能使用本技术领域中的技术术语或公知常识中的术语定义,以减少误解和歧义,更好地表达所要保护的技术方案。

例如,在前述"密封"案例中,所选用的技术术语在相关技术领域具有常用含义,但无法准确表达该案所要表达的内涵。虽然最终通过解释"扭转乾坤",但在撰写时仍建议应全面考虑后端侵权诉讼时可能产生的问题,尽量选用准确的术语。

(二)重视发明目的的描述

从上述"垂直移动""贯穿"等案例可以看到,发明目的的描述很大程度上影响对于术语的解释,从而可能进一步影响侵权判断的结论。因此,在撰写时要重视对于发明目的的描述,尽量减少不必要的限制,以免后续引发不利后果。

(三)使用自造词时的注意事项

如果出于能获得比较大的保护范围的期望或者由于技术方案属于前沿技术的原因,在专利申请文件中必须使用"自造词",则可能需要考虑以下几点:

1. 考虑本领域普通技术人员的认知水平

使用自造词描述技术方案中相关部件或技术特征时，应考虑本领域普通技术人员的认知水平，虽然说明书可以进行详尽说明和定义，但术语本身不宜过于跳脱或晦涩，应确保自造词能被领域内的普通技术人员理解，避免使用过于复杂或晦涩的术语，以使所创造的自造词符合相关技术领域内的语言风格和专业水平。

2. 避免分歧过大的自造词

在创造自造词时，要避免过大的分歧或误解。应选择简洁明了、容易接受的词汇，尊重术语词汇本身的含义，并确保自造词能够准确表达所需的概念，避免引起混淆或歧义，提高专业性和准确性，也可以避免在侵权诉讼中裁判方对涉案专利不利的第一印象和自由心证。

参考文献

[1] 马云鹏.专利权利要求解释规则[M].北京:法律出版社,2021.

数值特征或数值范围特征中等同原则的适用

俞莹琛

[摘　要] 随着人们的知识产权保护意识逐渐增强,各类涉及专利侵权的纠纷案件逐渐增多。其中,涉及数值特征及数值范围特征的专利纠纷在化工、机械和电子电气等领域中频繁出现,针对上述技术特征的解释过程中是否允许适用等同原则经常引起争议。本文通过对近年来国内部分判例的比较分析,探讨等同原则在涉及数值特征或数值范围特征的专利侵权判定中的适用标准,并提出相应的建议。

[关键词] 数值特征,数值范围特征,等同原则,专利侵权,判断标准

引　言

等同原则最初起源于美国,随后在德国、英国、日本等许多国家得到了广泛的应用,2001年6月22日,我国最高人民法院公布了《关于审理专利纠纷案件适用法律问题的若干规定》(即司法解释一,下同),正式提出了等同原则在专利侵权判定中的适用原则[1]。最高院在其中给出了等同技术特征的明确定义和要求,即要求"以基本相同的手段,实现基本相同的功能,达到基本相同的效果,并且本领域普通技术人员在被

作者简介

俞莹琛　上海专利商标事务所有限公司产权咨询事业部副总经理、专利代理师。

诉侵权行为发生时无需经过创造性劳动就能够联想到的特征"。[1]

等同原则实质上是对于权利要求文本限制的一种"突破"，作为一种相对具有"弹性"的原则，可以弥补字面侵权判定的不足和缺陷，在无法利用文字描述准确界定保护范围时，能够成为一种救济性的手段，避免侵权人轻易逃避侵权责任，进而防止申请人的发明热情受到打击。目前在专利侵权判定过程中，等同原则在各国均得到了广泛的应用。

随着技术的发展，近年来，出现了不少针对数值特征及数值范围特征的专利纠纷，在化工、机械和电学等领域中均有所涉及。在此背景下，对于等同原则在数值特征或数值范围特征的适用，形成了两种对立观点：

一种观点认为：应该限制等同原则的适用，由于专利的权利要求保护范围应具有明确性，数值特征及数值范围特征与一般意义上抽象的文字不同，已经对技术方案给出了明确清晰的限制，不应该再给予专利权人扩张权利的可能性；

另一种观点则认为：对于数值特征及数值范围特征，与文字描述的技术特征一样，若严格限制等同原则的适用，将给恶意抄袭者在不改变技术方案的实质内容的情况下，实现抄袭的机会，因此同样应通过适用等同原则保护权利人的权利。

一、国外案例

在美国、欧洲等地，司法机关对于数值特征及数值范围特征的判定过程中，主要从专利的发明目的角度出发对权利要求进行解释，认为专利的保护范围应超出字面含义，将"没有实质影响的任何变更"纳入保护范围，也即认同等同原则的适用。

例如，虽然直到2017年7月，英国最高法院在Eli Lilly案判决中才首次明确提出了等同原则和禁止反悔原则，但通过早期的一系列典型案件[2]，英国的法院已经形成了较为完善的"目的解释方法"[2]，在此基础上，对于权利要求的解释持较为"宽松"的态度。

其中，Catnic案就是一个典型的涉及数值特征的案例，涉案专利的权利要求1要求保护一种钢制门楣，并进一步限定了第二刚性支撑件"沿垂直方向延伸"，而被告产品与该权利要求唯一的区别在于刚性支撑件的角度，被告认为其产品中"倾斜"的刚性支撑件与权利要求中的"垂直"并不相同，此外，被诉产品将角度从垂直的90°调整为84°，其负载能力也会相应降低。法官在判决书指出，专利的保护范围必须从目的性出发进行解释，而不是单纯依靠字面解释，对本案来说，如果将权利要求中的"垂直"

---

1 参见最高人民法院《关于审理专利纠纷案件适用法律问题的若干规定》第十七条。
2 如1982年的Catnic案、1990年的Improver案和2004年的Kirin-Amgen案。

严格按照90°进行理解的话,那么任何对于角度的细微改变都不能被纳入专利权利要求的保护范围之内,由于这样细微的改变并不能够对技术方案本身产生任何实质性效果,这显然是不合理的,故而判决构成侵权。

此外,在1997年美国的WARNER-JENKINSON CO., INC. v. HILTON DAVIS CHEMICAL CO. 案中,法官也做出了类似的判决,该案的专利涉及一种染料的提纯方法,其争议特征在于方法中包含"通过一层薄膜进行超滤"的步骤,其中对于超滤的条件进一步限定为"大约为200~400 psig流体静压"和"6.0~9.0的pH"。被告采用的技术方案与权利要求的区别仅在于超滤的条件为"pH为5.0"。虽然"pH为5.0"明显不在权利要求的"6.0~9.0"的数值范围中,但法院在审理过程中指出该技术特征的技术效果为了防止对薄膜造成损害,且被告也承认采用被告的技术方案也能够实现类似的技术效果。因此,法院认为被诉产品与专利技术方案之间不存在实质性的区别,判决被诉产品构成等同侵权。

可见,虽然各国对于专利权利要求保护范围的解释的理论和方法各有不同,但在实践中,大多都支持对数值特征和数值范围特征适用等同原则进行扩展。

二、国内现状

(一)法律规定

虽然在专利制度构建之初,等同原则及相关理论就被引入我国,但即使是在最高人民法院在2009年公布的司法解释一中也并未明确就数值特征和数值范围特征的解释做出规定。

在之后的法律法规中,随着专利纠纷数量的增长以及案情的复杂,各级法院也逐渐开始针对等同原则在数值特征和数值范围特征中的适用提出了规定。

下表梳理了最高院和北京高院相关规定的内容:

表1 部分相关法律法规

法律法规	年份	相关条款	排除适用的情形	适用的情形
最高院司法解释一	2009	未规定	N/A	N/A
北京高院《专利侵权判定指南》	2013	第五十五条	数值不同	技术效果无实质性差异
最高院司法解释二	2016	第十二条	采用"至少""不超过"等用语对数值特征进行界定	

（续表）

法律法规	年份	相关条款	排除适用的情形	适用的情形
北京高院《专利侵权判定指南》	2017	第五十七条	不同的数值特征	不同的数值特征属于申请日后出现的
			采用"至少""不超过"等用语对数值特征进行界定	
			实用新型专利权利要求中的数值特征	不同的数值特征属于申请日后出现的

可见，在历次修改中，相较于国外的判定原则，我国的相关法律规定对于数值特征及数值范围特征的适用整体持较为负面的态度，更倾向于在满足一定条件的情况下适用等同原则。

例如，在司法解释二的公开征求意见稿中规定"数值限定技术特征不适用等同原则"，虽然在最终颁布的文本中删除了相关内容，但仍然指出对于使用"至少""不超过"等界定数值范围的情形下，若技术方案强调该特征的限定作用，则人民法院不应将不同的数值认定为等同特征。

2017年，在司法解释二及相关法律法规的基础上，北京高院也修订了《专利侵权判定指南》，其中，除司法解释二的规定外，进一步明确了，"权利要求采用数值范围特征的"（第一款）以及"实用新型专利权利要求中具有数值特征"（第三款）的情形下，一般认为不同数值特征不属于等同特征，仅在该"数值特征出现在申请日后"的情形下，作为一种例外。

（二）案例实践

虽然相关法律规定正在逐步完善，但在司法实践中的具体案例往往更为复杂。

本文在知产宝平台，以"数值范围""等同""专利侵权"为关键词针对最高院做出的"民事判决书"进行检索，共计命中判决书26件，经过合并、筛选后，对于针对数值特征或数值范围特征进行等通判断的相关判决情况的梳理如下：

表2 最高院部分相关判决情况

案件编号	涉案双方	涉案专利类型	原告权利要求技术特征	被告产品对应特征	认定结果
（2005）民三提字第1号	大连新益建材有限公司与大连仁达新型墙体建材厂	实用新型	筒底以至少二层以上的玻璃纤维布叠合而成	筒管部分在水泥无机胶凝材料中夹有一层玻璃纤维布	不构成等同特征

(续表)

案件编号	涉案双方	涉案专利类型	原告权利要求技术特征	被告产品对应特征	认定结果
（2019）最高法知民终516号	柳州市图腾保温建材有限责任公司与中铁一局集团有限公司、广西孔雀湾投资开发有限公司、广西巨朝峰科技有限公司、重庆市吉瑞建筑劳务有限公司	发明	复合薄壁箱体底板与现浇空腹密肋楼盖模板保持小于15mm空间	空心方箱底板与现浇混凝土空心楼板模板之间15-17mm的垫片	不构成等同特征
（2019）最高法知民终522号	仁创生态环保科技股份有限公司与北京英辉创业建筑材料厂	发明	所述的透水基层中的骨料的颗粒粒径为2mm-10mm	透水基层中的骨料的颗粒粒径为2.21mm-14.79mm	构成等同技术特征
（2020）最高法知民终1198号	李永青与太原市农业科学研究院	发明	处理剂量为1.6-1.8A	处理剂量为2.0A	不构成等同特征
（2020）最高法知民终953号	浙江振申绝热科技股份有限公司与江苏德和绝热科技有限公司	发明	温度690-730，长度3.5-4.5m，加热时间7.5-10min	温度669摄氏度，长度2.3米，加热时间5.043min	不构成等同特征
（2021）最高法知民终2167号	国机重型装备集团股份有限公司与烟台台海玛努尔核电设备有限公司	发明	芯模填充管体内空间的填充率大于95%	芯模填充主管道热段弯管的管体内空间的填充率小于95%	不构成等同特征
（2021）最高法知民终373号	南昌铁路天河建设股份有限公司与胡麓山	发明	墩柱的宽度为固定值1.05m	墩柱的宽度为1.06m	构成等同技术特征
（2021）最高法知民终399号	莆田市坚强缝制设备有限公司与中缝（厦门）自动化科技有限公司	实用新型	花轮本体与滚轮本体之间的间隙为0.5～0.8mm	花轮本体与滚轮本体之间的间距为5.56～6.69mm左右	不构成等同特征
（2021）最高法知民终407号	胡麓山与中建五局土木工程有限公司	发明	墩柱的宽度为固定值1.05m	墩柱的宽度为1.248m	不构成等同特征
（2021）最高法知民终985号	深圳某公司与上海某公司、广州晶东贸易有限公司	发明	限位块的限位平面的横向宽度（L）为束环夹的内径的0.5-0.8倍	该数值比例为0.45倍	构成等同技术特征

如前文所述，现有的法律法规对于数值特征和数值范围特征的等同原则存在明确不适用的情形，在实践中，认定为构成等同的情形所占的比例相对较低，具体而言，可以归纳为如下情形：

明确排除等同适用的情形

a）通过数值范围边界明确排除适用

如最高院在司法解释二中指出的[1]，通过"至少""不超过"这些词进行限定的数值范围，其边界的限定已相对较为清晰，如果利用等同原则突破这一范围限定，将会不合理扩大专利权的保护范围，违背了专利权利要求的公示性要求，且这些技术特征的限定往往会对技术方案的技术效果产生实质性影响，在这样的情形下，是不适宜适用等同原则的。

如在大连新益建材有限公司与大连仁达新型墙体建材厂一案[2]中，专利权利要求书明确限定了玻璃纤维布层数"至少二层以上"，且通过阅读其说明书中的实施例可见，该技术方案中层数最少需要"两层"，且说明书中也明确了这样设置的目的和技术效果，因此，最高院认为在解释该专利的权利要求时，不应该突破其明确限定的技术特征，即仅含有一层玻璃纤维布的被诉侵权产品应被排除在专利权保护范围之外，否则，就相当于从权利要求中去除了"至少二层以上"的技术特征，将使专利权人在无说明书支持的情况下扩大其权利要求的保护范围，从而获得不正当的利益。

此外，在权利要求中，通过其他表述方式对数值范围进行限定的，也可能排除等同原则的适用，如在国机重型装备集团股份有限公司与烟台台海玛努尔核电设备有限公司一案[3]中，权利要求限定了芯模填充管体内空间的填充率"大于95%"，而被诉侵权产品中的填充率小于95%，最高院在判决中指出，通过阅读涉案专利的全文，可以认为该专利技术方案中特别强调"大于95%"的限定作用和技术效果，在此情况下，尽管数值范围的边界较为接近，但仍不应将其认定为等同技术特征。

b）禁止反悔原则

此外，禁止反悔原则，作为对等同原则适用的限制，针对数值特征和数值范围特征的判断同样适用。

例如，在浙江振申绝热科技股份有限公司与江苏德和绝热科技有限公司一案[4]中，最高院审查了涉案专利的审查过程，并指出涉案专利在授权过程中，专利权人为获得

---

1 司法解释二第12条。

2 （2005）民三提字第1号。

3 （2021）最高法知民终2167号。

4 （2020）最高法知民终953号。

授权，将原权利要求2中记载的数值范围并入了原权利要求1，因此可以认为，上述的数值范围特征是该专利获权的重要基础，具有重要的限定作用，最终没有支持专利权人对于等同侵权的主张。

又如，在李永青与太原市农业科学研究院一案[1]中，专利权人在说明书中的处理剂量为"1.6—2.0 A"，在申请过程中，为了授权才修改为"1.6—1.8 A"。

最高院指出，应视为专利权人已经将处理剂量"1.8 A—2.0 A"的技术方案主动捐献给公众，而被诉侵权技术方案中处理剂量为"2.0 A"的技术特征不应该被纳入其保护范围。

适用等同的情形

虽然在实践中，不同的数值特征或数值范围特征被认定为不构成等同的情形所占的比例较高，但应注意的是，对于发明专利的数值特征而言，等同原则并非完全不能适用，具体而言，可以归纳为如下情形：

a）数值范围有重叠

对于数值范围特征而言，即使两者的两个端点不同，导致数值范围并未完全重合，只要其中存在的重叠范围较大，且产生的技术效果没有实质性区别的情形下，存在适用等同原则的可能。

例如，仁创生态环保科技股份有限公司与北京英辉创业建筑材料厂一案[2]中，涉案专利权利要求记载的透水基层中骨料的颗粒粒径为"2 mm—10 mm"，而被诉侵权产品中该技术特征为"2.21 mm—14.79 mm"。虽然，被诉侵权产品的数值与权利要求限定的数值范围并不完全重合（两个端点分别落在权利要求限定的数值范围内外），但被控侵权产品所采用的数值范围覆盖了权利要求的数值范围的97%以上，此外，根据专利说明书的记载，通过调节骨料的颗粒粒径，从而增强透水基层的透水性能是本领域技术人员惯用的技术手段，因而该参数上的细微差异对于透水的技术效果并不会产生实质性影响，最终这两个技术特征被认定为构成等同。

b）数值差距较小

对于数值特征而言，即使未落入权利要求的保护范围，但与权利要求数值范围特征的端点之间的数值差距较小，且产生的技术效果没有实质性区别的情形下，同样存在适用等同原则的可能。

例如，在南昌铁路天河建设股份有限公司与胡麓山案[3]及胡麓山与中建五局土木工程有限公司案[4]中，争议的焦点均为专利中对于墩柱宽度的数值限定——"1.05 m"，而

---

[1] （2020）最高法知民终1198号。
[2] （2019）最高法知民终522号。
[3] （2021）最高法知民终373号。
[4] （2021）最高法知民终407号。

两被诉侵权产品中该数值分别为"1.248 m"及"1.06 m",最高院在第一案中认为,由于"1.248 m"与"1.05 m"存在差异,差值约为0.198 m(与权利要求限定的数值差距约18.9%),会对盾构机的承重能力产生影响,在原告无法提交证据证明上述差异不会对盾构机的支撑承载能力造成实质性影响的情况下,不能认定两数值特征构成等同;而在第二案中,由于两者的数值差距仅为0.01 m(差距约0.9%),对于大型盾构的墩柱而言,该差值较小,在被告不能证明技术效果存在实质性差异的情况下,认定二者构成等同。

在深圳某公司与上海某公司、广州晶东贸易有限公司一案[1]中,权利要求限定了"限位块的限位平面的横向宽度(L)为束环夹的内径的0.5—0.8倍",而被诉侵权产品中该倍数为0.45。最高院在判决中指出,被诉侵权产品与涉案专利数值范围的端点相比,数值比例差值仅为0.05(约10%)的情况下,对于本领域技术人员而言,显而易见二者的技术手段、功能和效果实质相同,因此认定两技术特征构成等同。

可见,对于涉案的数值特征而言,若差异较小(10%以内),不足以对技术方案的手段、功能、效果产生实质性影响,则可能被认定为等同。

此外,应注意的是,在数值差距降低到一定程度时,对于技术效果"实质性影响"是否存在的举证责任也会相应发生变化,对于数值差距较大的情形,法院通常会要求原告进行举证,以说明二者不存在实质性差异;而对于数值差距较小的情形,法院会倾向于要求由被告对二者存在实质性差异进行举证。

结　语

综上所述,根据我国目前的法律规定以及司法实践,针对数值特征或数值范围特征的等同侵权判定,整体较为保守,但并非完全不能适用,具体而言,可以归纳为以下要点:

1.对于实用新型专利的数值特征或数值范围特征,等同原则的适用条件要求最为严格,除非权利人能够证明该数值特征或数值范围特征是申请日后出现的技术内容,一般不能适用等同原则。

2.对于发明专利的数值特征或数值范围特征,对于等同判断,应关注其是否对技术方案产生实质性影响,若数值上的差距不大(偏差值在10%以下),或数值范围存在较大幅度的重叠情况下,且对于技术方案不会产生实质性影响,不能排除等同侵权的可能性。

---

1 (2021)最高法知民终985号。

3.在适用等同原则的过程中,应注意是否存在明确排除使用的情形,例如该数值特征的边界较为清晰,对于技术方案有较强的限定作用,或存在主动缩限保护范围的情形,则不再能够适用等同原则。

由此可见,虽然数值和数值范围从数学上相对精确地限定了保护范围,但在实践中,无论是在机械、化工或生物领域,仍然存在数值不同而发明实质相同的情形,只有通过合理的适用等同原则,才能保护发明人的技术创新成果。

而对专利权人而言,应注意在申请过程中明确相应技术特征所产生的技术效果,尽可能地明确权利要求保护范围的边界;同时,若非必要,应注意尽可能避免在申请或确权过程中,使用"至少""不超过"等词汇对数值范围进行限制,或通过"捐献""禁止反悔"等方式,不必要地缩限权利要求书所保护的范围。

而在诉讼准备过程中,除需就被控侵权产品的数值进行举证外,也需注意对相应数值或数值范围所产生的技术效果是否存在实质性区别进行举证,从而提高获得支持的可能性。

参考文献

[1] 安平.东方机芯总厂与金铃五金公司发明专利权提审案——适用等同原则认定专利侵权第一案[N].人民法院报,2019-10-01(45).

[2] 闫文军,罗治成.英国专利侵权判断中的等同原则和禁止反悔原则[J].科技与法律,2017,(03):9.

关于装置类权利要求的间接侵权问题的思考

曾 浩

[摘 要] 随着制造业供应链产业分工的不断细化，对于装置类权利要求的间接侵权的疑问日益增多。本文从最高人民法院的相关案例出发，分析最高院对于装置类权利要求的间接侵权的裁判思路，以期对专利权人的诉讼策略、潜在实施人的自由实施分析提供一定的参考。

[关键词] 装置权利要求，间接侵权，帮助侵权

引 言

间接侵权，与之相对的概念为直接侵权，即基于全面覆盖原则，只有在被控侵权人实施权利要求中的全部技术特征，才构成侵权。但全面覆盖原则给许多潜在侵权人提供了可乘之机，尤其是随着制造业供应链的产业分工的不断细化，潜在侵权人在供应链中可以仅生产销售专利产品或方法的核心部分，以规避全面覆盖原则。为了进一步平衡专利权人的利益，专利的间接侵权的概念应运而生，间接侵权构成了全面覆盖原则的例外，对被控侵权人仅实施了权利要求中的部分的技术特征而非全部技术特征的行为加以规制。

在我国早期的专利实践中，对于间接侵权的应用较为谨慎，国家知识产权局条法司在2007年的文章中认为："专利间接侵权问题已经落入专利权人利益和公众利益之间十分敏感的灰色区域，有关规则的制动和适用略有不当，就会损害公众自由适用现有技术的权利"。[1]

作者简介

曾 浩 上海专利商标事务所有限公司专利代理师。

然而，随着我国社会经济的不断发展，尤其是制造业供应链的产业分工的不断细化，我国已经成为全世界唯一拥有联合国所列产业分类中全部工业门类的国家，在现实中已经出现了越来越多的间接侵权纠纷。一方面，专利权人需要判断间接侵权能否适用，以选择合适的专利发起专利诉讼；另一方面，潜在实施人也需要判断自身实施行为是否会构成间接侵权，以分析其自由实施（Free to Operate，FTO）的前景。因此，无论是对专利权人还是潜在实施人，间接侵权的判断都是一个无法逃避且需要具有确定性的问题。

一、间接侵权的法律依据

承上所述，我国早期的专利实践中对于间接侵权的应用较为谨慎。直到2016年实施的《最高人民法院关于审理侵犯专利权纠纷案件应用法律若干问题的解释（二）》（以下简称"解释（二）"）第二十一条，规定"明知有关产品系专门用于实施专利的材料、设备、零部件、中间物等，未经专利权人许可，为生产经营目的将该产品提供给他人实施了侵犯专利权的行为，权利人主张该提供者的行为属于《侵权责任法》第九条规定的帮助他人实施侵权行为的，人民法院应予支持。明知有关产品、方法被授予专利权，未经专利权人许可，为生产经营目的积极诱导他人实施了侵犯专利权的行为，权利人主张该诱导者的行为属于侵权责任法第九条规定的教唆他人实施侵权行为的，人民法院应予支持"，正式以司法解释形式将专利侵权领域出现的帮助行为和教唆行为纳入《侵权责任法》第九条（现《民法典》第一千一百六十九条）帮助侵权认定规则与教唆侵权认定规则的框架之中。

虽然在第二十一条中没有直接出现"间接侵权"的文字表述，但在最高人民法院对应的新闻发布会中，最高人民法院民三庭负责人表示："关于第二十一条规定的专利间接侵权制度，这次专利法修订草案也有类似的条文。实践中，间接侵权人与最终实施发明创造的侵权人之间没有意思联络，并不构成共同过错。但鉴于间接侵权人主观恶意明显且其提供的零部件等是直接侵权行为的专用品，或者其积极诱导他人实施侵权行为，故纳入侵权责任法第九条规制的范围。这是侵权责任法适用的应有之义，并非在现行法律框架之外给予专利权人以额外的保护，符合加强专利权保护的客观实际。需要强调的是，间接侵权应当以直接侵权为前提，故条文表述为'实施了'侵犯专利权的行为。但并不意味着，在提起间接侵权诉讼之前，必须存在认定直接侵权成立的裁判。关于是否将间接侵权人和直接侵权人作为共同被告的问题，考虑到可能存在直接侵权人已经被在先裁判认定的情况，人民法院可以根据具体案情依法决定是否作为共同被告。"[2]

虽然第二十一条的规定对于专利间接侵权在我国的判定具有里程碑的意义，但也不尽完善，例如对于向普通用户等不以生产经营目的专利实施者销售专利产品的核心零部件或者指导其进行专利方法的关键步骤的行为人，由于在此情况下不存在专利直接侵权行为，因此该行为人的行为虽然本质上属于间接侵权行为，侵犯了专利权人的利益，但在文字上却不属于间接侵权。另外，对第二十一条规定的"专门用于""明知"等要件的举证，在实务中也存在难以举证的情况。

二、最高人民法院对于专利间接侵权的相关案例

（一）案例1：绕开间接侵权讨论，以"不可替代的实质性作用"以及"实质内容固化"认定装置对多主体实施例的通信方法权利要求侵权

对于专利间接侵权的相关案例，最著名的莫过于敦骏vs腾达案[1]，虽然该案涉及的是通信方法类权利要求，看似与本文探讨的装置权利要求在实务中的差别较大，但笔者研究该案后认为，该案体现了最高院对于专利间接侵权案件的裁判思路，尤其是充满智慧地引入了"不可替代的实质性作用"这一概念。该案被最高人民法院知识产权法庭作为具有标杆意义的典型案例予以公开宣判，并入选了《最高人民法院知识产权法庭裁判要旨（2019）》，之后成为最高人民法院第159号指导案例，并于近期入选了最高人民法院知识产权法庭成立五周年100件典型案例，充分体现了该案的指导意义。

被诉侵权产品是一种路由器，而涉案专利的权利要求1如下：

"一种简易访问网络运营商门户网站的方法，其特征在于包括以下处理步骤：

A. 接入服务器底层硬件对门户业务用户设备未通过认证前的第一个上行HTTP报文，直接提交给'虚拟Web服务器'，该'虚拟Web服务器'功能由接入服务器高层软件的'虚拟Web服务器'模块实现；

B. 由该'虚拟Web服务器'虚拟成用户要访问的网站与门户业务用户设备建立TCP连接，'虚拟Web服务器'向接入服务器底层硬件返回含有重定向信息的报文，再由接入服务器底层硬件按正常的转发流程向门户业务用户设备发一个重定向到真正门户网站Portal_Server的报文；

C. 收到重定向报文后的门户业务用户设备的浏览器自动发起对真正门户网站Portal_Server的访问。"

虽然终端用户才是上述步骤A、B、C的完整实施者，但最高院认为，终端用户对于实施上述步骤没有发挥不可替代的实质性作用，因为用户只需要在正常网络环境下，利用具备上网功能的普通电脑，除了必须需要借助被诉侵权产品之外，无需再借助其

---

1 （2019）最高法知民终147号民事判决书。

他专用装置或依赖其他特殊网络条件,就能完整地实施涉案专利方法,故被诉侵权产品对于实施涉案专利要求保护的方法具有实质性作用。

最高人民法院认为:"如果被诉侵权行为人以生产经营为目的,将专利方法的实质内容固化在被诉侵权产品中,该行为或者行为结果对专利权利要求的技术特征被全面覆盖起到了不可替代的实质性作用,也即终端用户在正常使用该被诉侵权产品时就能自然再现该专利方法过程的,则应认定被诉侵权行为人实施了该专利方法,侵害了专利权人的权利"。

对于本案没有采用解释(二)第二十一条作为法律依据的原因,本案的承办法官在后续发表的文章中给出了说明[3],被诉侵权路由器除了Web认证上网方式外,还具备其他认证上网方式的功能,故被诉侵权路由器并非仅具有侵权用途的专用品;第二,本案也无证据显示腾达公司对于被诉侵权产品Web认证开启模式下将会覆盖涉案专利权利要求的所有技术特征是明知的。因此,本案并不满足专利间接侵权明知、专用品的要件,专利间接侵权相应规范无法直接适用。

另外,对于本案的适用范围,虽然在裁判要旨中明确指出是"多主体实施方法专利的侵权判定",但本案提出的"不可替代的实质性作用"以及"实质内容固化"的概念,却突破了方法专利的领域限制,在司法实践中延伸至装置类权利要求的侵权判定,以下通过案例2介绍这一突破。

(二)案例2:以"不可替代的实质性作用",判定销售产品核心零部件侵权

本案[1, 2]涉及石油化工领域的添加剂提抽系统,涉案专利的权利要求1如下:

"一种添加剂抽提系统,包括:

用于通过传送辊(100)运放盛装添加剂的桶(2)的平台(1),所述平台(1)设有至少一个重量传感器以称量放置在其上的物体的重量,并且还设有能使放置在其上的桶(2)倾斜一定角度的倾斜装置;

用于通过定位机构(50)和/或升降机构的动作来插入装有添加剂的桶(2)中以抽取添加剂的抽提杆(4),该抽提杆的定位机构(50)包括固定地安装的立柱(51),可旋转地连接在该立柱上的悬臂(52),以及可通过设置在悬臂(52)上的水平导轨(53)沿该悬臂滑动的水平滑行机构(54),该抽提杆的升降机构包括电动马达或气动马达,所述抽提杆(4)为管状,该管状抽提杆的内壁(43)限定添加剂可流过的内通道(46),一穿过该内通道(46)的拉杆(42)的上端连接到一气缸(6),而下端连接到一底阀

---

1 (2017)京73民初1760号民事判决书。
2 (2020)最高法知民终1152号民事判决书。

（41），该底阀能够通过拉杆的纵向运动而靠置在或离开一设置在抽提杆的下端并能与底阀密闭地配合的底阀座，从而关闭或打开该内通道。

带有抽提泵（14）和切断阀的抽提管路（13）；

处于抽提管路末端的接收抽取的添加剂的调和釜（35）。"

而被控侵权方是该系统的上游供应商，被控侵权方提供给下游客户包括有以上权利要求的所有特征设计图，但其提供给下游客户的被控侵权产品是不具有上述权利要求特征"带有抽提泵（14）和切断阀的抽提管路（13）"的提取/包括系统，而"带有抽提泵（14）和切断阀的抽提管路（13）"则是下游客户原有设备中已有的部件，被控侵权方负责将被控侵权产品安装连接至下游客户已有的"带有抽提泵（14）和切断阀的抽提管路（13）"。

在本案中出现了一种商业上常见的情况，由于位于产业链下游的客户一般处于较为强势的地位，上游供应商并不愿意"得罪"客户将其列为被告，而仅是需要规制处于供应链相同位置的竞争对手。本案的专利权人并没有将下游客户列为被告，也没有关于下游客户实施了侵犯专利权的主张，因此也没有采用解释（二）第二十一条作为法律依据。

在本案的一审判决书中，原审法院显然借鉴了案例1中的"不可替代的实质性作用"以及"实质内容固化"的概念，认为在一方面，从涉案产品的功能用途考虑，自动定量抽提/包装系统属于涉案产品的核心零部件，涉案产品的正常运转完全依赖于该系统发挥不可替代的实质性作用。另一方面，从自动定量抽提/包装系统的功能用途考虑，抽提泵、切断阀及抽提管路是该系统正常运转必不可少的辅助零部件。由此可见，主观上，被控侵权方以生产经营为目的提供的涉案产品整体结构设计图，具有侵害涉案专利权的故意。客观上，被控侵权方以生产经营为目的制造和销售自动定量抽提/包装系统，从而导致涉案产品落入涉案专利权利要求1的保护范围。

套用案例1的裁判要旨，在本案中，被诉侵权方以生产经营为目的，提供系统图纸以及核心零部件，借此将装置权利要求的实质内容固化在被诉侵权产品中，该行为或者行为结果对专利权利要求的技术特征被全面覆盖起到了不可替代的实质性作用，下游客户在正常应用该被诉侵权产品时就能自然再现该装置权利要求，认定被诉侵权方实施了该专利，侵害了专利权人的权利。

之后，最高院也维持了本案的一审判决。

通过案例2可以看出，在司法实践中，对于装置类权利要求的间接侵权判定，也可以灵活地借用发源于通信方法类权利要求的"不可替代的实质性作用"以及"实质内容固化"的概念，对于专利权人而言，可以仅举证有第三方完整实施了装置权利要求的所有特征，而无需主张该第三方侵犯专利权，无需承担将下游客户列为被告的商业关系风险，即不采用解释（二）第二十一条作为法律依据，也可以达到规制竞争对手实质上的间接侵权行为的目的。而对于潜在实施方而言，提供装置权利要求的核心部件产品，以及提供核心部件产品与装置权利要求中其余辅助部件的图纸、安装服务的行为难以自由实施。

另外，笔者认为，案例2中仅举证有第三方完整实施了装置权利要求的所有特征，而无需主张该第三方侵犯专利权的情况，甚至有可能用于出口贸易中，若竞争对手将涉案装置权利要求的核心部件产品出口至该权利要求的保护地域之外，导致实际实施该装置类权利要求的技术方案的第三方位于该权利要求的保护地域之外，案例2表明，无需主张该第三方是否侵犯专利权，同样可以规制位于该权利要求的保护地域之内的竞争对手的实质间接侵权行为。

（三）案例3：根据解释（二）第21条判定销售装置核心零部件构成间接侵权

本案[1]涉及园林机械，涉案专利的权利要求1如下：

"一种用于绿篱机的剪刀成弧支撑装置，所述绿篱机包括连杆（1）、工作舱（2）、电机、剪刀（3）、弧形支架（4）和连接件（5），所述连杆（1）一端设有所述工作舱（2），所述工作舱（2）上设有所述剪刀（3），所述电机设于所述连杆（1）的另一端上，所述电机带动所述剪刀（3）做往复移动，所述弧形支架（4）一端与所述剪刀（3）的末端连接，另一端通过所述连接件（5）连接在所述工作舱（2）上，所述弧形支架（4）的弯曲朝向所述剪刀（3）方向，当所述弧形支架（4）绕着所述连接件（5）转动时，所述弧形支架（4）的转动使所述剪刀（3）产生弯曲变形，其特征在于，所述剪刀（3）上设有条形通道，所述剪刀成弧支撑装置（6）包括：控制器（61），所述控制器（61）包括控制器本体（612）和基座（611），所述基座（611）与所述工作舱（2）固定连接，所述控制器本体（612）与所述剪刀（3）可相对滑动地连接；当所述弧形支架（4）相对所述工作舱（2）旋转时，所述剪刀（3）同所述控制器（61）同步弯曲变形，使所述剪刀（3）随着控制器（61）的弯曲变形而呈现一定弧度。"

专利权人主张制造该装置权利要求的制造商为直接侵权，而提供核心部件（以下简称为"刀头"）的上游供应商则为帮助侵权。具体的实施行为是，制造商从上游供应商购买"刀头"，与制造商生产的电机相结合，组装成侵犯该装置权利要求的绿篱机对外销售。

在本案的判决书中，对于该上游供应商是否存在帮助侵权行为，最高院认为："同时满足下列条件的，构成帮助侵权：1.行为人明知有关产品系专门用于实施涉案专利技术方案的原材料、中间产品、零部件或设备等专用品，未经专利权人许可，为生产经营目的向直接实施人提供专用产品；2.该专用品对专利技术方案具有实质性作用；3.该专用

---

[1] （2021）最高法知民终234号民事判决书。

品不具有实质性非侵权用途,即并非通用产品或常用产品,除用于专利技术方案外没有其他合理的经济和商业用途;4.有证据证明存在直接实施专利技术方案的行为。各方当事人是否有共同的侵权意思联络,并不影响帮助侵权行为的认定。"

即同时满足以上条件的,构成第二十一条所规定的帮助侵权。笔者发现,在案例3中,即使以第二十一条为法律依据,相关的措辞也变成了"直接实施专利技术方案的行为",而不是第二十一条文字记载的"实施了侵犯专利权的行为"。从"实施了侵犯专利权的行为"到"直接实施专利技术方案"的措辞变化,也可以看出,在司法实践中,不管是否以第二十一条为法律依据,对于直接实施专利技术方案但不直接侵犯专利权的行为,并不影响对间接侵权的认定。

在本案中,最高院认为,制造商实施了制造、销售被诉侵权产品的行为。上游供应商向制造商提供被诉侵权产品的刀头部件,其名称为"绿篱机刀头",且该部件为被诉侵权产品的主要部件。同时,该部件的用途仅用于绿篱机。可见,上游供应商向制造商提供被诉侵权产品部件的行为,属于帮助侵权。

另外,对于上游供应商的主张的,其仅仅是将刀头销售给制造商,并不知道制造商将要实施侵权行为,没有侵权的故意,不满足"明知"的条件,在判决书中未见正面回应,但笔者认为,从最高院认为的"各方当事人是否有共同的侵权意思联络,并不影响帮助侵权行为的认定"可以看出,案例3将"明知"的举证标准进行了降低,变为了"应知",而专利文本具有公示作用,被控帮助侵权方对该装置权利要求"绿篱机"的存在是应当知晓的,并且在案例3中,上游供应商提供的刀头在其提供的发票中明确为"绿篱机刀头",因此上游供应商应当知晓其提供的产品是专门用于实施该装置权利要求"绿篱机"的专用品,故满足构成帮助侵权的"明知"的要件。

综上,笔者认为,从案例3可以看出,即使以第二十一条作为法律依据,最高院对于"明知"的举证标准也有所降低,并且也不拘泥于第二十一条文字表述的"实施了侵犯专利权的行为",而是"直接实施专利技术方案的行为"。

结　语

通过前面的案例可以看到,为了适应我国社会经济的不断发展,尤其是制造业供应链的产业分工的不断细化的实际情况,目前我国对于专利间接侵权的判定,对专利权人利益的维护是非常友好的,并且判定标准也日渐清晰明确,为专利权人、潜在实施者均提供了清晰的权利边界范围,对于专利权人而言,通过以上案例可知,在司法实践中可以通过"不可替代的实质性作用"以及"实质内容固化"的思路认定侵权行为,也无需认定直接侵权对象,而是认定直接实施技术方案对象即可,对于第二十一条中

的"明知"的判断标准可以降低为"应知",因此专利权人无需过度担忧实施者借助销售装置的核心部件这一实质上间接侵权的行为规避装置类权利要求的保护范围,而对于潜在实施者而言,需要更加审慎地考虑实施行为中的间接侵权风险。

值得一提的是,在上述解释(二)第二十一条落地之前,上专所段登新等人[4]早在2013年即提出,在撰写专利申请文件时应尽量避免间接侵权的问题,并提出了有关的撰写原则以及撰写策略,撰写原则包括将间接侵权行为转换为直接侵权行为、考虑谁将侵权以及如何证明侵权,撰写策略包括尽量撰写方法和产品两类权利要求、尽量针对专利产品的关键部件和整体分别撰写权利要求、尽量从单方视角来撰写权利要求,以最大程度地保护委托人的利益。

最后,借用最高院承办案例1的法官的评论:专利间接侵权与专利直接侵权之间并不存在不可逾越的鸿沟。两种侵权形式在对专利权的保护方面并无本质区别。设立专利间接侵权制度的目的,在于对专利直接侵权制度的补充,可以将一些不满足专利直接侵权认定要件,但具有可责性的被诉侵权行为,通过专利间接侵权制度予以规制。

笔者希望通过本文抛砖引玉,吸引更多同仁对专利间接侵权的判断进行关注与探讨。

参考文献

[1] 于立彪. 关于我国是否有专利间接侵权理论适用空间的探讨[M]//国家知识产权局条法司. 专利法研究2007. 北京:知识产权出版社, 2008: 431-432.

[2] 刘靖. 细化专利侵权裁判标准 营造有利于创新的法治环境——最高人民法院民三庭负责人就专利法司法解释(二)答记者问[N]. 人民法院报, 2016-03-23(3-4).

[3] 张晓阳. 多主体实施方法专利侵权案件的裁判思路与规则——以敦骏公司诉腾达公司案为例[J]. 人民司法, 2020, (7): 6.

[4] 段登新, 李镝的, 潘明姵, 等. 间接侵权现象对权利要求撰写的启示[C]//中华全国专利代理人协会. 2013年中华全国专利代理人协会年会暨第四届知识产权论坛论文汇编第四部分. 北京:[出版者不详], 2013: 271-281.

专利侵权判定中等同原则的适用与限制

陈夏晗　樊云飞

[摘　要]　等同侵权在专利侵权诉讼实践中的重要性日益凸显。本文基于等同侵权的法律依据，围绕适用规则和限制展开讨论。首先，介绍了等同原则的法律依据，并阐述了等同原则的适用规则。其次，对等同原则的适用限制进行了深入探讨。最后，针对我国等同原则适用的现状，提出了一些可能的建议，以期为专利侵权案件中等同原则的适用提供理论和实践参考。

[关键词]　专利，侵权，等同原则

一、等同原则的法律依据

在我国，等同原则第一次在规范性文件出现是在2001年6月公布的《最高人民法院关于审理专利纠纷案件适用法律问题的若干规定》。在2020年12月修订的版本中，对等同原则作出了进一步的规定[1]。

作者简介

陈夏晗　上海专利商标事务所有限公司专利代理师。

樊云飞　上海专利商标事务所有限公司专利代理师。

1　《最高人民法院关于审理专利纠纷案件适用法律问题的若干规定》（2020修正）第十三条规定：专利法第五十九条第一款所称的'发明或者实用新型专利权的保护范围以其权利要求的内容为准，说明书及附图可以用于解释权利要求的内容'，是指专利权的保护范围应当以权利要求记载的全部技术特征所确定的范围为准，也包括与该技术特征相等同的特征所确定的范围。等同特征，是指与所记载的技术特征以基本相同的手段，实现基本相同的功能，达到基本相同的效果，并且本领域普通技术人员在被诉侵权行为发生时无需经过创造性劳动就能够联想到的特征。

二、等同原则的适用规则

在专利侵权判定中,等同原则有效弥补了专利权字面侵权认定的局限性,通过等同原则的适用,专利权人得以享受更加切实且高效的法律保护,这无疑进一步激发了技术创新的热情与积极性。因此,等同原则的适用不仅对专利权人的合法权益起到了强有力的保护作用,同时也促进了技术创新与和谐发展的良性互动。

(一)"三加一"的判断方法

等同特征的认定,一般依据"三加一"的判定方法,即"三个基本相同"加"无需创造性劳动"。要素"三个基本相同"是指等同特征与权利要求技术特征:

1. 运用基本相同的技术手段;
2. 实现基本相同的技术功能;
3. 获得基本相同的技术效果。

应注意,基本相同的功能,并非局限于特征自身或固有的功能,更侧重于特征在整个技术方案中所发挥的作用。而"无需创造性劳动"这一概念指的是被诉侵权产品的技术特征是不是该领域普通技术人员在不需要创造性劳动的前提下能够联想到的。判断时,需要从普通技术人员的角度出发,根据被控侵权专利技术方案的内容和涉案专利的权利要求,来评估是否能够产生"技术启示"[1]。

在(2022)最高法知民终2218号案件中[1],涉案专利的权利要求1对于磁铁一、磁铁二、磁铁三的位置进行了限定,被诉侵权产品与之的区别仅在于,位于导向杆上的磁铁是两条相连的磁铁,磁极分布在上下两端。虽然被诉侵权产品使用的磁铁设置位置与涉案专利存在区别,但是被诉侵权产品与涉案专利的磁铁复位结构并无实质不同。被诉侵权产品在壳体内腔的导向杆采用两条相连的磁铁的技术手段,与涉案专利导向杆上端设置磁铁二、导向杆下端设置磁铁三的技术手段基本相同。从本领域的普通技术人员的角度,被诉侵权产品和涉案专利在技术功能和效果方面都基本相同,并且在被诉侵权行为发生时,无需创造性劳动就能联想到被诉侵权产品的技术特征,因此构成侵权。

(二)技术特征等同而非"整体等同"

等同原则中的"等同"一词是指,被诉侵权技术方案中某一个技术特征或者某些技术特征与专利权利要求中记载的特征之间的等同。这一解释着重强调了"等同"不是指被诉侵权技术方案与专利技术方案的整体等同。

---

1 (2022)最高法知民终2218号。

在（2022）最高法知民终2366号案件中[1]，浙江某公司提出某银行使用的ETC系统与其"一种智能化交通指挥系统及其控制方法"的发明专利（以下简称"涉案专利"）解决方案一致，在想要实现的技术目的、产品功能和达到的效果上基本相同，属于等同侵权。然而，最高院认为，浙江某公司在原审法院释明的情况下，明确拒绝对无法直接观察到的技术特征进行鉴定，进而主张"两者技术方案一致，构成等同"，在二审时主张"ETC系统与涉案专利解决方案一致，目的、功能和效果上基本相同"，实质上是主张了技术方案的整体等同。最高院认为其未能充分证明技术特征的等同性，而是错误地进行了技术方案的整体比较，因此对某公司等同侵权的主张不予支持。

（三）以侵权行为日为判定时间点

"专利申请日说"与"侵权行为日说"是国际专利法领域中两种不同的等同侵权时间判定标准，它们体现了不同的价值取向和法律适用原则。"专利申请日说"强调专利权的保护范围应当限制在申请日时已知的技术方案及其技术特征，体现了避免专利权人通过等同侵权条款过度限制后续技术的发展的价值取向。而"侵权行为日说"基于侵权行为发生的时间，判断被诉侵权物是否构成等同侵权，意味着允许将申请日之后出现的技术方案纳入专利权的保护范围，在一定程度上扩大了专利权的保护范围。这对于保护专利权人的利益，激发创新者的技术研发热情是有利的。专利申请日说与侵权行为日说各有优势和局限，反映了对于专利权人与社会公众利益平衡的不同取向[2]。

目前，我国采用的是"侵权行为日"判断时间基准。最高院明确规定了等同特征的判断时间点应当为被诉侵权行为发生时，北京高院《专利侵权判定指南（2017）》第54条也做出了类似的规定。以上规定的出台，有助于我们在专利侵权判定中更准确地把握等同特征的判断时间。

三、等同原则的适用限制

等同原则的目的是在合理的边界内对权利做出扩张解释，以更好地保护专利权人的利益。然而，如果等同原则的适用范围过宽，可能会导致专利权的保护范围模糊不定，这不仅会使社会公众难以判断哪些行为可能构成侵权，从而增加了社会成本和法律风险，还可能影响正常的竞争秩序，甚至阻碍科学技术的进步。因此，必须对等同原则加以合理的限制。

在美国，等同技术特征分成了三种不同的类型。第一种是在专利说明书中已经有明

---

1 （2022）最高法知民终2366号。

确记载的等同技术特征；第二种是在权利要求书和说明书中虽然没有记载，但是在专利申请时就已经存在的等同技术特征；第三种是权利要求书和说明书中没有记载，在专利申请时不存在，但随着科学技术的发展后来出现的等同技术特征[2]。笔者认为通过借鉴美国对等同技术特征的分类方法，可以对等同原则的适用限制进行一定意义上的区分。

对于第一种类型的等同技术特征，笔者认为，可以划分成两种情况分别讨论。如果等同技术特征在专利说明书中已经有了明确的记载，但是该技术特征没有出现在权利要求书中，那么根据捐献原则，视为专利权人未将其纳入权利要求保护范围之内。这意味着，专利权人在侵权诉讼中不得再适用等同理论将该技术特征纳入保护范围；如果该技术特征已经纳入在权利要求书中，但是在后续审查过程中，专利申请人或专利权人通过修改或者意见陈述的方式放弃了该技术特征，那么，笔者认为应当根据禁止反悔原则，不允许权利人将已放弃的（例如在专利授权或者无效程序中放弃的）技术方案再次纳入专利权的保护范围内。

对于第二种类型的等同技术特征，即在权利要求书和说明书中虽然没有记载，但是在专利申请的时候就已经存在的等同技术特征，笔者认为，对于专利权人在专利申请日知晓或应当知晓的技术特征，如果没有记载在专利文件中，而专利权人又主张其构成权利要求记载的特征的等同特征的，根据可预见性原则通常不予支持。

对于第三种类型的等同技术特征，即在专利申请时不存在但随着科学技术的发展后来出现的等同技术特征，是等同原则所保护的重要类型之一。因此，笔者认为，判断是否适用可预见性原则的时间节点应当是专利申请日。而申请日之后出现的新技术通常认为是本领域技术人员在申请日时间所难以预见的。

（一）禁止反悔原则

最高院在司法解释中对禁止反悔原则作出了规定[1]。

在（2020）最高法知民终1433号案件中[2]，广泓公司认为福朗公司的被诉侵权产品侵犯了其名下的实用新型专利"一种直插母小端子和公小端子及对应的LED灯"的专利权。在本案的诉讼过程当中，福朗公司就涉案专利向国家知识产权局提出无效宣告请求，广泓公司向国家知识产权局提交的意见陈述书中，通过将"基座的两个横边顶部形成凸起""凸起的顶部和跨接部的顶部平齐"的区别技术特征写入权利要求1，对权利要求进行了限缩性的修改，明确排除了横边不存在凸起的技术方案。最高院认为，

---

1 《最高人民法院关于审理侵犯专利权纠纷案件应用法律若干问题的解释》第六条规定，专利申请人、专利权人在专利授权或者无效宣告程序中，通过对权利要求、说明书的修改或者意见陈述而放弃的技术方案，权利人在侵犯专利权纠纷案件中又将其纳入专利权保护范围的，人民法院不予支持。

2 （2020）最高法知民终1433号。

在此基础上，应当适用禁止反悔原则，排除"横边不存在凸起"的技术方案，福朗公司的产品横边顶部并无凸起，所以不构成等同侵权。

（二）可预见性原则

可预见性原则于2002年第一次在美国正式提出，但是美国在后续的司法判例中又推翻了这一原则。因此，可预见性原则存在非常大的争议，最高院在司法解释中对此并没有明确，但是在一些司法判例中引用了该规则[1]。北京高院在《侵权判定指南2017》中对可预见性原则作出了规定[2]。

在（2021）最高法知民终2482号案件中[3]，关于被诉侵权产品是否在PCB板上开设了与顶柱滑动配合的导向孔，与涉案专利权利要求1中提及的"所述PCB支架上开设有与顶柱滑动配合的导向孔"是否可视为等同技术特征，最高院给出了如下判断：对于本领域的技术人员而言，他们普遍了解，在PCB板、PCB支架和基座上，选择其中一处或多处开设供顶柱通过的通孔，并设置与顶柱滑动配合的导向孔，其余部分则作为避让孔。尽管这些不同的设置方式在说明书中并未详尽描述，但它们所衍生的多种技术方案均属于本领域技术人员在涉案专利申请日时所熟知的技术范畴。专利权人在涉案专利权利要求1中，特别限定了该技术特征为"所述PCB支架上开设有与顶柱滑动配合的导向孔"，这实际上是将在PCB板或基座上开设此类导向孔的做法排除在了涉案专利权的保护范围之外。在侵权判定时，不能将"所述PCB支架上开设有与顶柱滑动配合的导向孔"这一特征宽泛地解释为也涵盖了在PCB板或基座上开设导向孔的情况，因此不构成侵权。

（三）捐献原则

最高院在司法解释中对捐献原则作出了明确规定[4]。在此之后，捐献原则作为等同原则的限制之一，已成为被控侵权方的一种常规抗辩手段

在（2021）最高法知民终1558号案件中[5]，上诉人上海进申建筑工程有限公司主张其

---

[1] （2015）民申字第3263号。

[2] 北京市高级人民法院《专利侵权判定指南（2017）》第六十条规定：对于发明权利要求中的非发明点技术特征、修改形成的技术特征或者实用新型权利要求中的技术特征，如果专利权人在专利申请或修改时明知或足以预见到存在替代性技术特征而未将其纳入专利权的保护范围，在侵权判定中，权利人以构成等同特征为由主张将该替代性技术方案纳入专利权的保护范围的，不予支持。

[3] （2021）最高法知民终2482号。

[4] 《最高人民法院关于审理侵犯专利权纠纷案件应用法律若干问题的解释》第五条规定：对于仅在说明书或者附图中描述而在权利要求中未记载的技术方案，权利人在侵犯专利权纠纷案件中将其纳入专利权保护范围的，人民法院不予支持。

[5] （2021）最高法知民终1558号。

涉案专利为一种工艺，其方法所制造的地砖系统属于新产品，顶进公司销售的最终产品对依据涉案专利制造的产品构成等同侵权。顶进公司辩称，依据捐献原则，被诉侵权技术方案在说明书中有记载，但未纳入权利要求保护范围，因此不构成侵权。最高人民法院审理后认为，原审法院适用捐献原则并未失当。关于涉案专利权利要求1的步骤8，涉嫌侵权产品的砖的拼接抵靠位置与涉案专利的要求不同，应根据捐献原则认定二者不等同。

（四）特意排除

在专利侵权案件中，如果专利权利要求中对某一特征的含义进行了特意的强调，从而排除了特定技术方案，那么不应再通过适用等同原则将被刻意排除的技术方案再次纳入专利权保护范围内。

在（2020）最高法知民终1310号案件中[1]，最高人民法院二审认为，虽然涉嫌侵权产品只在治具托盘的两个边上设置了边位推拉装置，而涉案专利则要求每个边上都设置这种装置，从功能上来看，二者并无实质性差异，但是涉案专利技术特征"治具托盘的每个边上均活动安装有用于夹持PCB板边位的边位推拉装置"特意强调了"每个边上"的限定作用。普通技术人员通过阅读专利文件，能够明白专利权人在申请专利时有意排除了被诉侵权产品所具备的技术特征。因此，不应当将被诉侵权产品的这一技术方案通过等同认定纳入专利权的保护范围。

（五）对背景技术、发明目的的考量

在专利侵权案件中，适用等同侵权原则时，应充分考虑涉案专利说明书中的背景技术和发明目的。如果本领域技术人员认为，涉案专利的发明目的之一是克服某项背景技术的缺陷，并采用了摒弃该背景技术方案的方式来解决这一问题，那么含有该技术缺陷的技术方案不应被认定为等同侵权的范围之内。

在（2021）最高法知民终860号案件中[2]，宝索公司作为专利权人，主张德昌誉公司和金博士公司侵犯了其名为"以机械压合纸卷的封口装置"的实用新型专利权（以下简称涉案专利）。涉案专利在技术背景中指出，现有技术在纸卷圆周面上挤压出凸出于纸卷圆周面的压合部，存在封口质量极不稳定的缺陷，而涉案专利通过在第一夹压件边缘处施加适当压力，以提高封口质量，即涉案专利技术方案的改进正是基于该背景技术的而作出的。最高人民法院二审认为，被诉侵权产品的挤压机构与背景技术的技术手段相比并无实质性差异，与涉案专利技术特征1相比，两者技术手段差异明显，因

---

[1] （2020）最高法知民终1310号。

[2] （2021）最高法知民终860号。

此不构成等同技术特征。

四、合理适用等同原则的建议

（一）明确判定等同特征的标准和程序

鉴于等同原则的适用具有一定的主观性和裁量空间，建议法律或司法解释对判定等同特征的标准和程序进行更为明确的规定，以减少司法裁量的不确定性。这可以包括明确列举手段、功能、效果等方面的具体判定标准，并提供详细的判定流程和案例分析，以指导法官和当事人更准确地应用等同原则。

（二）加强技术专家的参与

鉴于等同原则的适用需要对技术特征进行较为深入的比较和分析，建议在专利侵权案件中加强技术专家的参与。法院可以委托专业人士，对专利技术方案和被诉侵权技术方案进行技术特征的比较和评估，从而提高对等同特征的判定的客观性和准确性。

（三）加强司法实践的指导和统一

为了确保等同原则在司法实践中的一致性和稳定性，建议相关司法机构通过发布指导性文件或司法解释等形式，进一步的规范等同原则的适用。此外，可以通过案例分析等方式，为法官和律师提供更多的实践指导，以促进司法实践的规范化和统一化，提高侵权案件的审理效率和质量。

参考文献

[1] 徐紫笛.专利侵权等同原则中"容易联想"要件的适用研究[J].法学，2023，11(6)：7.
[2] 高玉光.专利等同侵权判定时间研究[EB/OL].(2020-01-02)[2024-03-26].http://www.iprdaily.cn/news_23586.html.

方法专利侵权诉讼的举证责任探讨

王柄叶

[摘　要]　在方法专利侵权诉讼中,其较低的可视化程度通常对于侵权事实的查明构成巨大挑战。本文结合目前针对方法专利侵权诉讼的举证责任分配的相关法律适用、案例等探讨了缓解举证困境的一系列手段,如事实推定、不负证明责任当事人的阐明义务、举证责任倒置等,并探索了AI方法专利诉讼的举证策略。

[关键词]　方法专利侵权诉讼,举证责任分配,事实推定,AI方法

引　言

针对专利侵权诉讼的举证难问题,在我国的司法实践中一直备受关注,其中方法专利由于其所保护的技术方案涉及关于一系列步骤的实施的动态过程,因此能够有效实现侵权认定的证据多为侵权方所掌握,因此对于专利权人来说,举证难的问题就显得尤为突出。

根据我国现行的《专利法》第十一条[1]及《民事诉讼法》第六十七条[2]的规定,方法专利的侵权事实认定需要满足关于授权要件、营利要

作者简介

王柄叶　上海专利商标事务所有限公司专利代理师。

1　《专利法》第十一条第一款规定:"发明和实用新型专利权被授予后,除本法另有规定的以外,任何单位或者个人未经专利权人许可,都不得实施其专利,即不得为生产经营目的制造、使用、许诺销售、销售、进口其专利产品,或者使用其专利方法以及使用、许诺销售、销售、进口依照该专利方法直接获得的产品。"
2　《民事诉讼法》第六十七条第一款规定:"当事人对自己提出的主张,有责任提供证据。"

件、实施法定行为要件以及不属于"法律另有规定"情形的四个要件。此外,除了针对方法专利侵权事实和责任的举证所通常遵循的"谁主张,谁举证"的举证分配原则之外,也适用证据保全、推定规则等证明责任减轻手段以及针对"新产品制造方法发明专利"的"举证责任倒置"[1]等。

通过以下对司法实践中针对方法专利的举证责任分配的一些案例可以进一步探讨关于平等保护当事人诉讼权利,保证司法公正,适应国际知识产权司法保护发展趋势的有效路径,以期探索对方法专利侵权的"举证难"问题的进一步突破。另外,针对目前的AI、大数据等新兴领域,也尝试探讨针对相对更低的侵权可视化程度的保护策略。

一、举证责任分配在方法专利中的法律适用和司法实践

(一)举证责任减轻

1. 事实推定

依据现行的证据规定[2],在专利方法制造的产品不属于新产品时,不能适用"举证责任倒置",但是在专利权人依据上述关于"非新产品"的规定中的三个要件进行充分举证后,可以将举证责任转移至被诉侵权人,这实际上是基于我国知识产权发展路径对《TRIPS协定》[3]加以适用的结果。

在亚什兰案[4]中,因被诉侵权方员工曾在原告处任职,接触到涉案专利完整技术方案的可能性较大,专利权人结合目前已经掌握的证据,尽其合理努力并穷尽其举证能力,能够证明同一产品采用专利方法制造的可能性较大的情况下,将举证责任适当地转移至被诉侵权人,这实际上就是通过合理的事实推定减轻了专利权人的举证负担,切实维护了专利权人的利益。

---

[1] 《专利法》第六十六条第一款规定:"专利侵权纠纷涉及新产品制造方法的发明专利的,制造同样产品的单位或者个人应当提供其产品制造方法不同于专利方法的证明。"

[2] 《最高人民法院关于知识产权民事诉讼证据的若干规定》第三条规定:"专利方法制造的产品不属于新产品的,侵害专利权纠纷的原告应当举证证明下列事实:(一)被告制造的产品与使用专利方法制造的产品属于相同产品;(二)被告制造的产品经由专利方法制造的可能性较大;(三)原告为证明被告使用了专利方法尽到合理努力。原告完成前款举证后,人民法院可以要求被告举证证明其产品制造方法不同于专利方法。"

[3] 《TRIPS协定》第34条(b)项规定:"各成员应规定至少在下列一种情况下,任何未经专利所有权人同意而生产的相同产品,如无相反的证明,应被视为是通过已获专利方法所获得的:(b)如存在实质性的可能性表明该相同产品是由该方法生产的,而专利所有权人经过合理努力不能确定事实上使用了该方法。"

[4] 参见苏州中院(2010)苏中知民初字第0301号民事判决书。

事实推定的原则不仅适用于"产品制造方法",也涉及"产品使用/运行/操作/控制方法"。在格力案[1]中,格力诉美的制造销售的空调器产品侵犯了其关于"控制空调器"的一方法发明专利权,在该案中,专利权人通过举证证明四款被诉侵权产品中的一款产品在某个模式运行方式下的技术方案侵犯了上述方法发明专利权,法院在被诉侵权方拒不提供相关证据的情况下,通过对于事实推定和举证妨碍制度的合理运用,合理推定另三款产品亦构成侵权。

另外,在通信领域,由于方法专利通常由多个主体实施,对"全面覆盖"的充分论证对于专利权人而言通常困难重重,此时采用合理的事实推定可以在一定程度上破除方法专利权人"举证难"的窘境。在"西电捷通案"[2]中,专利权人穷尽其举证能力提供了关于索尼的手机具备 WAPI 功能的初步证据,以证明其实现专利方法的可能性较大,法院在该案中也采用了合理的事实推定来认定侵权事实,减轻了专利权人的举证负担。

从司法实践中来看,合理的事实推定可以在一定程度上破除方法专利权人证明困难的困境,但是同时也需要保证被诉侵权方的辩论权,从而真正有助于案件事实的查明。

2. 证据保全

方法专利侵权诉讼中侵权事实多偏在被诉侵权人一方,存在严重的"证据距离"问题,另外,侵权证据容易因方法专利侵权的无形性和阶段性而灭失,此时采取合理的证据保全制度,可以有效地缓解举证压力。

在司法实践中,方法专利权人可以通过采用申请证据保全[3]的手段借助法院来固定证据,法院可以通过对方法技术特征的比对来认定侵权事实,这实际上也是一种举证责任的"转嫁",但是单纯利用证据保全制度对于法院的事实认定能力具有极高要求,存在一定弊端,这在实践中对于正确的事实查明也存在一定问题。

3. 不负证明责任当事人的阐明义务

对于方法专利侵权案件中的"证据偏在"问题,目前已有学者提出可以借鉴德国近年兴起的关于"不负证明责任当事人的阐明义务"理论[1],认为被诉侵权方应承担阐明其制造方法的义务。若被诉侵权人无正当理由拒不提供关于其制造方法的资料或证据的,可认为构成了对阐明义务的违反,需承担不利判断的后果。基于该"阐明义务"理论,可以进一步缓解方法专利权人的举证压力,同时也在一定程度上规避了证据保全制度的弊端,促使案件事实能够得到更多的阐明。

---

1 参见广东省高级人民法院(2011)粤高法民三终字第326号民事判决书。
2 参见北京市高级人民法院(2017)京民终454号民事判决书。
3 《最高人民法院关于对诉前停止侵犯专利权行为适用法律问题的若干规定》第十六条规定:"人民法院执行诉前停止侵犯专利权行为的措施时,可以根据当事人的申请,参照《民事诉讼法》第七十四条的规定,同时进行证据保全。"

（二）举证责任倒置

依据现行的《专利法》规定，仅关于新产品制造方法的侵权诉讼适用举证责任倒置，这实际上严格限定了案件性质。

在司法实践中，通常要求专利权人首先完成关于"新产品"[1]和"同样产品"的初步举证，随后倒置举证责任，而被诉侵权人不必将自己的技术方案完全披露，仅需提供未"全面覆盖"的证据即可。

在华美龙[2]一案中，最高院根据涉案专利说明书的记载否定新产品，而在隆盛电缆材料厂[3]一案中，最高院根据涉案专利权利要求书和说明书的记载认定新产品，从这些案例中可以看出，专利说明书对于"新产品"的证明具有显著作用，另外，专利权人还可以提供例如《检索报告》《科技查新报告》等作为进一步的证据。

笔者认为，将这种特定的举证责任的适用限定在"新产品"和"同样产品"的前提下，是一种利益平衡的巧妙安排，可以在一定程度上避免证据的开示滥用。

（三）关于计算机软件方法的专利侵权中的举证责任适用

与产品制造方法专利等不同，软件方法专利通常由一系列代码步骤构成，其所保护的是基于代码所实现的技术方案，专利权人在取得被诉侵权软件后，无法像其他产品一样通过拆解来进行研究，因此软件方法专利的维权和取证通常存在诸多难点，需要结合当事人的举证能力，通过举证责任的不断转移来合理分配举证责任。

在搜狗诉百度[4]一案中，搜狗诉称百度的百度输入法中用户自造词的技术方案包含了建立用户多元库的方法，侵犯了涉案专利权。在该案中，搜狗公司通过初步举证在表象上证明了被控侵权软件具备了涉案专利所限定的全部功能，此时举证责任转移到两百度公司，而两百度公司通过一系列反证实验来证明其未实现"完全覆盖"，另外还提供了软件源代码进行勘验，此时两百度公司已经尽到了相应的举证责任，举证责任再次转移给专利权人。

---

[1] 北京市高级人民法院《专利侵权判定指南（2017）》第112条规定："专利法第六十一条规定的'新产品'，是指在国内外第一次生产出的产品，该产品与专利申请日之前已有的同类产品相比，在产品的组分、结构或者其质量、性能、功能方面有明显区别。产品或者制造产品的技术方案在专利申请日以前为国内外公众所知的，应当认定该产品不属于专利法规定的新产品。是否属于新产品，应由权利人举证证明。权利人提交证据初步证明该产品属于专利法规定的新产品的，视其尽到举证责任。"

[2] 最高人民法院（2018）最高法民再63号民事判决书。

[3] 最高人民法院（2012）民提字第3号民事判决书。

[4] 参见上海市高级人民法院（2018）沪民终134号。

笔者认为，对于计算机软件方法专利类的侵权诉讼，由于权利人只能在功能上对潜在侵权软件进行初步判定，无法掌握软件的源代码，而相同或相似功能的实现不意味着一定采用相同的技术手段，因此通过举证责任的不断转移可以最大程度还原事实，同时也可以减轻法院审理的压力。在上述案例中，百度恰恰是采用完全不同的技术手段实现了与专利类似的技术效果。

另外，在目前的实践中，由于软件方法专利的权利要求通常涉及内部信息处理过程，一些权利要求还会在输入和输出之外限定中间变量，这些内部信息处理在无法取得软件源代码时对于专利权人而言是一个"黑盒"，部分软件方法专利的信息处理过程还发生在服务器端，对于证据的保全而言又增加了难度，因此，除了适用上述举证责任的转移来缓解举证难的问题之外，还可以在专利的选择上有所倾向，目前有两类专利的举证难度适中，较为适合维权，比如涉及UI交互的前端类型的专利或者创新点在于使用何种外部输入、得到何种外部输出的专利。

（四）专利侵权赔偿额计算中的举证规则

在专利侵权案件中，如果法院认定构成专利侵权，则需要进一步计算侵权赔偿额，依据《专利法》的规定[1]，我国目前存在四种赔偿方法，即所失利润、非法获利、许可费的倍数和法定赔偿。在司法实践中，针对赔偿额的计算，通常限于举证难和赔偿低的困境。

实务中权利人通常选择提供侵权人获益的计算方式，权利人可以针对市售的侵权产品就侵权人的获利情况进行充分举证，以达成举证责任的转移。在腾达案[2]中，权利人通过提供侵权人在线上销售的情况、销售额、行业内该侵权产品的利润等进行了充分举证，将举证责任转移给侵权人，侵权人虽然对赔偿额提出了异议，但没有提交相关证据，据此可以认定侵权人并未完成举证责任，从而对于权利人主张的赔偿予以支持。

笔者认为，通过上述侵权人获益的计算方式可以在一定程度上缓解举证难和法定赔偿较低的问题，但是直接将侵权人获益作为权利人的损失来确定赔偿额是不够合理的，这种做法实际上过多减轻了权利人的举证责任，无需权利人证明侵权行为与其所失利润之间存在因果关系，笔者认为可以借鉴美国基于"市场价值规则"和"技术分摊规则"对侵权赔偿额的计算，建立更为合理的专利侵权损害赔偿额计算制度，进一步加强专利权保护。

---

1 《专利法》第七十一条第一款规定："侵犯专利权的赔偿数额按照权利人因被侵权所受到的实际损失或者侵权人因侵权所获得的利益确定；权利人的损失或者侵权人获得的利益难以确定的，参照该专利许可使用费的倍数合理确定。对故意侵犯专利权，情节严重的，可以在按照上述方法确定数额的一倍以上五倍以下确定赔偿数额。"
2 参见最高人民法院（2019）最高法知民终147号民事判决书。

二、AI方法专利侵权的举证策略思考

依据世界知识产权组织（WIPO）的统计和分析报告[2]，近年来关于AI技术的专利申请量呈大幅上涨，其主要实现为三个维度，即，底层实现、功能性应用和产业应用。AI技术中的一大关键技术为机器学习，而模型是机器学习的核心，在经过已知数据的训练后，可以识别特定类型的模式，随后可以利用它对新的数据进行推理和预测，由此可见，经过训练的模型蕴含着丰富的数据和很高的商业价值。

由于AI技术不仅涉及静态模型的构建，还涉及模型的动态训练、优化过程，而这些过程相较于传统的软件专利或方法专利甚至可视性更低，从表象上仅能大致知晓AI模型的功能（例如该模型是用于人脸识别、语音识别等等），而无法知晓其具体的原理和机制。对于权利人而言，在涉及AI领域的专利侵权判断和保护时提供充分的证据来证明侵权行为存在是一项巨大的挑战。

例如，在"北京同创诉山西晋南钢铁等"[1]一案中，最高法初步明确了人工智能底层模型案件中，专利权人的初步举证责任等审判规则。该案涉及一种用于废钢判级的模型建立方法，其在权利要求中包括了底层神经网络模型结构、神经网络模型的训练方法等技术特征，在该案中，被告通过提交晋南钢铁公司废钢定级系统实际工作过程中卸货、拍照、定级全过程的照片，证明了被控侵权系统至少不具备涉案专利权利要求中关于图像预处理、特征提取等的表象技术特征，另外针对无法用肉眼直接观察得到的技术特征，即，底层技术特征，对废钢判级工作的原理进行了解读，从表象技术特征和底层技术特征两方面进行了充分论证，证明被控侵权系统与案涉专利技术并不相同。另外，由于原告仅通过宣传报道的文章猜测被告实施了侵权行为但并未提供充分的证据证明其所主张的侵权事实存在较大的可能性，因此法院并未准许原告提出的调查取证请求，由原告承担举证不能的后果。

笔者认为，在上述案件中，由于权利要求的构成过多涉及底层技术特征，并未体现其表象上可直接观察到的特定算法优势，另外由于其算法所实现的功能早已存在，因此在初步举证时，权利人很难给出其所指控的侵权系统所应用的AI算法与其专利算法的高度盖然性，因此不免承担举证不能的不利后果。

因此，对于AI方法专利而言，首先在权利要求的撰写上应当关注于表象上易于观察到的技术特征，聚焦于应用场景中能够解决的技术问题，突出体现算法核心优势，在侵权诉讼时，若能初步证明该侵权系统也具有案涉算法的核心优势特征，则有较大

1　参见最高人民法院（2023）最高法知民终1432号民事判决书。

可能性实现举证责任的转移。

另外，笔者认为，还可以探索将目前关于新产品制造方法的举证责任倒置制度应用于训练得到的新算法模型，因为模型训练过程与产品制造方法实际上具有内在的逻辑一致性，其所制造产生的是"无形的"产品。在另一方面，还可以探索将AI方法专利的保护延伸到以软件形式固化了该AI方法的AI系统或产品，以期进一步促成对于AI创新主体的专利权保护。

结　语

笔者介绍了司法实践中针对方法专利侵权诉讼的"举证难""赔偿低"等问题可以采取的举证责任减轻、倒置等手段，同时针对新兴的人工智能相关领域，也探索了针对相对更低的侵权可视化程度的保护策略，以期进一步加强对于专利权的保护。

参考文献

［1］ 胡学军. 分合之道：两种方法发明专利侵权举证责任规则变迁评析［J］. 当代法学，2014,（1）：99-109.

［2］ World Intellectual Property Organization. Technology Trends 2019: Artificial Intelligence.［R/OL］.［2024-03-27］. https://www.wipo.int/edocs/pubdocs/en/wipo_pub_1055.pdf.

知识产权惩罚性赔偿制度在中国的实践

牛超超

[摘　要]　惩罚性赔偿是一种较为特殊的民事侵权损害赔偿形式，与基于填平原则的补偿性赔偿不同，它可通过超过实际损害的赔偿实现诸如弥补不可量化的损失、威慑违法行为和利益平衡等功能。我国知识产权领域已正式引入惩罚性赔偿制度，目标在于实现对市场主体创新活动的有效保护。在知识产权惩罚性赔偿的司法实践中，对于适用条件和赔偿计算的认定是最受关注的，同时争议也较大。结合最高院公布的侵害知识产权民事案件适用惩罚性赔偿典型案例，本文对此进行了探讨。

[关键词]　知识产权，惩罚性赔偿，适用条件，计算基数，赔偿倍数

　　惩罚性赔偿（punitive damages），是一种较为特殊的损害赔偿形式，一般认为其起源于英国，其后在美国走向成熟，并形成体系化的赔偿理论。惩罚性赔偿又称为示范性赔偿或者报复性赔偿，是指由法院所作出的赔偿数额超过实际损害数额的赔偿[1]。不同于以弥补权利人损失为目的的补偿性赔偿，惩罚性赔偿的适用突破了"填平"原则，即不满足于仅仅通过赔偿使得受损害的权利恢复到被侵害以前的状态，而是通过超额的赔偿实现特定的目的，如对受侵害方的超额损失进行赔偿，以进一步弥补被侵权方因侵权行为所受到的精神损害等较难量化的损失；或者通过超额赔偿对不法行为人进行惩罚，并基于此形成社会性的法律指引，从而遏抑类似侵权行为的发生。

作者简介

牛超超　上海专利商标事务所有限公司专利代理师。

一、知识产权惩罚性赔偿制度在中国的引入

2020年5月28日,十三届全国人大三次会议表决通过了《中华人民共和国民法典》(以下称"《民法典》"),正式从民事基本法层面将惩罚性赔偿扩大至知识产权案件。2021年3月,最高人民法院发布了《关于审理知识产权民事案件适用惩罚性赔偿的解释》[2](以下称"《解释》"),针对知识产权民事案件中惩罚性赔偿的适用范围、故意、情节严重的认定、计算基数、赔偿倍数的确定等问题进行了认定,目的在于通过厘清裁判标准,对人民法院准确适用惩罚性赔偿进行指导。

从立法进程来看,我国对于惩罚性赔偿制度的引入呈现逐步扩散的趋势[3]。最早在1993年审议通过的《消费者权益保护法》中,就经营者的欺诈行为规定了惩罚性赔偿,其后在商品房交易、食品安全等领域陆续引入了惩罚性赔偿。在《民法典》颁布前后,我国在知识产权侵权案件涉及的多部法律中设置了惩罚性赔偿相关的侵权救济条款,具体包括2013年修正的《商标法》第六十三条、2019年修正的《反不正当竞争法》第十七条、2020年先后修正的《专利法》第七十一条和《著作权法》第五十四条,以及2021年修正的《种子法》第七十三条。

在引入惩罚性赔偿之前,我国的知识产权侵权案件长期面临举证难度大、维权成本高、赔偿计算额低、对侵权行为的实施遏制效果差的困境,由此进一步导致营商环境恶劣,恶意侵犯知识产权的行为屡禁不止。造成上述现象的主要原因在于传统上我国的知识产权侵权赔偿制度采用"补偿性损害赔偿为主、法定赔偿为辅"的组合,其中,补偿性损害赔偿遵循"填平"原则,其赔偿数额以弥补权利人损失为限,当在损害事实发生后,权利人无法确定或无法证明其损失大小时,适用法定赔偿制度,即由法官根据案件情况及相应证据材料对损害赔偿额进行裁量。该组合在司法实践过程中存在较大问题,由于专利侵权诉讼存在举证和专利价值认定的障碍,补偿性损害赔偿往往不能真正实现"填平"的功能,而法定赔偿的上限仅为500万元,法官的赔偿额裁量空间有限,最终导致相较于其他民商事案件,该类诉讼的赔偿额普遍较低,而由低赔偿额导致的专利侵权行为较低的违法成本就自然成了恶意侵权和反复侵权不断出现的主要诱因。

在新的发展形势下,知识产权惩罚性赔偿制度在我国的引入与体系化适应了时代的需求,有助于对市场主体的创新活动实现有效的知识产权保护,进而创造良好的市场营商环境,提升社会层面对于知识产权价值的认识,稳步实现知识产权强国建设目标。

二、知识产权惩罚性赔偿在中国的司法实践

自最早2013年在《商标法》中引入惩罚性赔偿的侵权救济手段,至2021年《民法典》的正式实施以及《解释》的出台,目前我国在知识产权惩罚性赔偿上的制度建设已经趋于成熟,但在司法实践中还是存在一定的适用性问题。对此,各地高院结合本区域的知识产权审判工作实际,纷纷出台关于审理侵害知识产权民事案件适用惩罚性赔偿的指引性文件,对相关适用性规则进行细化梳理。

2021年3月,在《解释》发布之后,为指引司法实践中对《解释》进行准确理解和适用,最高人民法院同月发布了6件知识产权侵权适用惩罚性赔偿的典型案例[1],相关案例均涉及严重侵害知识产权的行为,且判决决定具有示范性意义,有助于更好的理解知识产权惩罚性赔偿的适用性规则,如下表所示。

表1 侵害知识产权民事案件适用惩罚性赔偿典型案例

案号	安陆名称	赔偿基数	赔偿倍数	赔偿确定依据
(2019)最高法知民终562号	广州天赐公司等与安徽纽曼公司等侵害技术秘密纠纷案	被侵权人经济损失及合理开支	5	侵权行为人主观恶意大,以侵权为业、侵权规模大、持续时间长、存在举证妨碍行为等严重情节
(2015)京知民初字第1677号	鄂尔多斯公司与米琪公司侵害商标权纠纷案	侵权获利额	2	作为同业经营者,使用与商标权人几乎完全相同的标识且侵权时间较长,主观恶意明显,侵权情节严重
(2019)苏民终1316号	小米科技公司等与中山奔腾公司等侵害商标权及不正当竞争纠纷案	侵权获利额	3	在二审期间仍持续宣传销售被诉商品,侵权恶意明显,侵权规模大,且对于权利人知名品牌的良好商誉有损害
(2019)浙8601民初1364号	五粮液公司与徐中华等侵害商标权纠纷案	被侵权人经济损失及合理开支	2	以侵害知识产权为业,在因侵权被处罚后再次实施相同或者类似侵权行为,侵权持续时间长
(2020)浙03民终161号	阿迪达斯公司与阮国强等侵害商标权纠纷案	被侵权人经济损失	3	被侵权人的商标知名度高,侵权人主观恶意非常明显,被诉侵权行为持续时间长,后果恶劣

---

1 《侵害知识产权民事案件适用惩罚性赔偿典型案例》,内容来源:https://www.chinacourt.org/article/detail/2021/03/id/5868590.shtml。

（续表）

案号	安陆名称	赔偿基数	赔偿倍数	赔偿确定依据
（2019）粤民再147号	欧普公司与华升公司侵害商标权纠纷案	参考涉案商标的许可使用费、侵权行为持续时间确定	3	作为同业经营者，大量生产销售质量不合格的侵权产品，主观恶意明显

上表对前述6件侵害知识产权民事案件的判决结果和惩罚性赔偿确定依据进行了梳理，以下结合相关审判实例，从适用条件和赔偿计算层面分别进行讨论。

（一）惩罚性赔偿的适用条件

《民法典》第1185条规定了知识产权侵权惩罚性赔偿的一般适用条件，包括"故意侵害他人知识产权"的主观条件和"情节严重"的客观后果，以及"依请求"的审判原则。在《解释》中进一步对惩罚性赔偿适用的主客观要件进行了说明，主观上要求侵权方在实施侵权行为过程中具有侵权的故意，即要求对侵权方的主观过错程度进行判断，《解释》第三条具体列举了6类主要的可以初步认定具有"故意"的情形，概括为：（1）经通知警告后仍继续实施侵权行为；（2）侵权行为人是被侵权人的法定代表人、管理人、实际控制人的；（3）侵权行为人与被侵权人之间存在劳动、劳务、合作、许可、经销、代理、代表等关系，且接触过被侵害的知识产权的；（4）侵权行为人与被侵权人之间有过业务往来或者为达成合同等进行过磋商，且接触过被侵害的知识产权的；（5）侵权行为人实施盗版、假冒注册商标行为的；（6）其他。虽然"故意"属于人的主观心态，难以直接证明，但通过分析上述列举的情形，我们不难发现，惩罚性赔偿制度对"故意"认定的主要判断依据在于，是否可以基于侵权人与权利人之间的事实联系及侵权人实施的客观行为推断出其主观上对侵权行为的发生是知晓的或者是应当知晓的。客观上则要求所实施的知识产权侵权行为造成了一定的后果，且侵害情节较为严重，依据该《解释》第四条，人民法院在对侵害情节严重与否进行认定的时候，应当综合考虑侵权手段、次数、持续时间、地域范围、规模、后果、侵权人在诉讼中的行为等多种因素。

对前述知识产权惩罚性赔偿典型案例的适用依据进行分析可知，司法实践层面上对于惩罚性赔偿适用主观要件的认定从定性层面看还是较为清楚的。"故意"的认定要求侵权行为人具有"明知应知"的行为实施认识，即主观上知晓所实施的行为会导致侵权后果的发生，仍希望或放任结果发生，其主观上的故意可以通过是否同业经营者、侵权对象的知名程度、侵权行为发生的频次与规模，以及相关人间的利害关系等进行推知。进一步地，在山东省高院和北京市高院出台的地方性审判指引文件[1,2]中，都明确了恶意属于故意侵权的情形，并将恶意作为提高惩罚性赔偿计算额的条件之一。

至于客观要件的"情节严重"，综合考虑的因素较多，从前述案例的裁判结论来看，其推定的一般性原则在于是否造成严重后果，或对被侵权人正常的经营行为是否产生了严重的影响，如多次重复侵权、长时间持续性侵权和大规模侵权等可能造成权利人严重损失的情形。对侵权人和被侵权人以及两者间利害关系的定性认识也能辅助判断情节的严重程度，如侵权人以侵权为业、被侵权人为行业内知名度较高的品牌、侵权人通过侵权行为影响同业竞争者商誉等。此外，在《解释》及相关地方性审判指引文件中也给出了包括对抗调查取证、危害国家安全和公共利益、拒不履行保全裁定等其他情形的判定依据。

（二）惩罚性赔偿的计算

惩罚性赔偿计算的一般原则为将除合理维权开支之外的惩罚性赔偿总额确定为计算基数与赔偿倍数的乘积，其重点在于对计算基数和赔偿倍数的确定，其中，计算基数的确定是惩罚性赔偿的适用基础。关于计算基数，《解释》第五条规定了应当以原告实际损失数额、被告违法所得数额或者因侵权所获得的利益作为计算基数，或在以上数额均难以计算的情况下参考权利许可使用费的倍数合理确定；关于赔偿倍数，《解释》第六条规定了应当需要由请求人主张，并由法院根据"主观故意"和"情节严重"的程度来确定，具体的倍数范围未明确给出，但参见《专利法》《商标法》和《反不正当竞争法》的相关规定，一般为计算基数的1—5倍。

对于惩罚性赔偿计算基数的确定，近年来在司法实践中也出现了约定赔偿额的新情形，例如在浦东法院适用知识产权惩罚性赔偿的案件中目前已经出现了适用原被告双方协议约定赔偿数额作为基数的情形[4]。因此，在无法提供有效证据以支撑实际损失、违法所得或侵权所得利益计算的情况下，根据诉讼双方协议约定数额确定计算基数也是潜在可行的方式。

对于惩罚性赔偿赔偿倍数的确定，目前的司法判例中普遍还是采取较为审慎的裁判态度，避免出现过度超出被侵权人损失的高额惩罚性赔偿，参见前述相关经典案例，即便在裁判理由中明确了存在侵权人具有较大主观恶意、以侵权为业和侵权行为导致的后果严重等情节加重的情形，在最终的赔偿额计算时还是主要采用了2—3倍的中间数值，仅有1件采取了5倍的顶格赔偿倍数。此外，参见倪朱亮教授对于知识产权惩罚性赔偿金量定的研究[5]，其对2021年之前与商标侵权惩罚性赔偿相关的案件进行了

1　山东省高级人民法院关于审理侵害知识产权民事案件适用惩罚性赔偿的裁判指引，2022年。
2　北京市高级人民法院关于侵害知识产权民事案件适用惩罚性赔偿审理指南，2022年。

统计分析，发现人民法院对于侵权行为的主观过错及侵权情节严重性的认定情况并不必然构成影响最终赔偿倍数的主要依据，惩罚性赔偿倍数的参考权重既存在不确定性，但又相对集中地分布于2-3倍的确定范围内。

目前，适用顶格惩罚性赔偿5倍的知识产权侵权案件中，前述列表中列举的广州天赐公司等与安徽纽曼公司等侵害技术秘密纠纷案[1]（以下称"卡波案"）较为典型，该案件也已在2024年2月被评为最高人民法院知识产权法庭成立五周年十大影响力案件。卡波案涉及的知识产权主要为天赐公司生产免洗消毒洗手液原料"卡波"的技术秘密，纽曼公司利用原天赐公司核心技术人员多次非法获取"卡波"产品的技术资料，包括生产工艺技术相关设备图纸等，并组织研究改进、采购设备生产和向国内外销售，后被天赐公司提起诉讼。一审中纽曼公司被认定侵害了天赐公司的技术秘密，法院判决其停止侵害并按照侵权获利的2.5倍确定赔偿数额。此后诉讼双方均提起上诉，二审判决对一审中对于侵害技术秘密的相关认定并无异议，但认为一审判决对于侵权获利数额和赔偿倍数的确定有误，其中，针对惩罚性赔偿倍数，二审认为纽曼公司本身以侵权为业，在前法定代表人因涉嫌侵害涉案技术秘密的刑事犯罪被判处刑罚后仍持续生产，销售到国内外多个国家和地区，同时在案件原审阶段无正当理由拒绝提供相关证据文件，构成举证妨碍，具有明显的侵权故意且情节严重，应将惩罚性赔偿倍数提高至法定最高倍数，其后最高院也支持了这一判决结果。由于该案是最高人民法院判决的首例依法适用惩罚性赔偿的侵害知识产权案件，该种顶格赔偿的判决对于有效保护权利人、威慑遏制侵权行为发生、警示潜在侵权人等方面具有有力的示范作用，并有可能形成广泛的裁判指引基础。

（三）存在的适用性问题

惩罚性赔偿涉及加重的赔偿责任，因此无论是计算基数还是赔偿倍数都需要进行精细化计算。若赔偿额计算存在较大偏差，则可能导致惩罚性赔偿责任过重或不足的情况发生。赔偿额过高可能会导致过度惩罚，造成不公；而赔偿额过低则可能无法有效影响侵权行为人的获利空间，从而难以实现对侵权行为的有效震慑和持续遏制。

目前，司法实践中对于计算基数和赔偿倍数的确定，尚无明确有效的审判操作性指引。法官在确定赔偿额是否能达到惩戒或遏制不法侵权行为的效果时，很大程度上需要依赖主观判断，而最终惩罚性赔偿计算方式的确定则受到相当大的自由裁量空间的影响，这也是当前知识产权惩罚性赔偿倍数普遍落在2-3倍范围内的原因之一。这一情况往往导致法院在裁定赔偿金额时，实质上绕过了惩罚性赔偿的使用，转而采用带有惩罚性质的法定赔偿作为替代。这一问题需要在未来的司法实践中不断完善。

此外，由于加重的惩罚性赔偿责任会导致超过"填平"范畴的赔偿额，其适用可

---

[1] 最高人民法院（2019）最高法知民终562号。

能引发的诉权滥用问题也应当引起重视。在普遍强调加强知识产权保护的当下社会，大批量知识产权维权案件的出现，会对法院法官在司法实践中适用惩罚性赔偿造成压力，一旦出现不当的惩罚性赔偿适用案例或远超合理范畴的巨额赔偿，同样会对惩罚性赔偿制度适用产生的司法指引效果造成不利影响，减弱其适用的合理性，进而弱化通过该制度提升知识产权保护意识、遏制知识产权侵权发生的社会性指引效果。对此，较合理的做法是严格限制惩罚性赔偿的适用条件，特别是在对于主观故意与客观情节的认定上，不做扩大适用，如不将重大过失纳入"故意"的认定范畴。进一步地，也有学者指出[6]，可以针对仅依靠诉讼获利的非实施主体不适用惩罚性赔偿，以防止知识产权流氓的过度诉讼。

结　语

综上，目前在我国对于知识产权惩罚性赔偿的引入必要性已经形成共识，其对于优化营商环境，提升全社会层面知识产权的价值认识，通过有效保护实现对市场创新主体的激励，具有重要意义。随着知识产权惩罚性赔偿制度的实施，包括《民法典》、《解释》、地方性审判指引文件以及典型案例在内的司法指导体系逐步建立。目前在司法实践中，对于"主观故意"和"情节严重"的认定方法已经相对成熟。然而，对于惩罚性赔偿的适用仍存在一些问题，一方面对于惩罚性赔偿数额的确定有待完善，具体包括计算基数的计算和赔偿倍数的选取；另一方面对于惩罚性赔偿滥用的潜在风险也应当引起重视。因此，需要不断进行理论探讨和实践创新，以形成操作性强、法律指引明确的惩罚性赔偿数额计算方法和适用限制指引。

参考文献

［1］王利明.惩罚性赔偿研究［J］.中国社会科学，2000，(04)：112-122.

［2］最高人民法院关于审理侵害知识产权民事案件适用惩罚性赔偿的解释［J］.中华人民共和国最高人民法院公报，2021，(S2)：143-144.

［3］苏志甫.论我国知识产权惩罚性赔偿制度的目标、定位与司法适用［J］.中国应用法学，2021，(01)：132-145.

［4］吴智永，庄雨晴.知识产权惩罚性赔偿制度司法适用问题探究——以上海市浦东新区人民法院知识产权惩罚性赔偿案件为样本［J］.电子知识产权，2023，(03)：66-80.

［5］倪朱亮.比例原则在知识产权惩罚性赔偿金量定中的运用［J］.知识产权，2021，(07)：24-38.

［6］邓雨亭，李黎明.专利侵权惩罚性赔偿之威慑机理与规则适用研究：以法经济学为视角［J］.知识产权，2020，(08)：46-58.

商标侵权案件正当使用的认定标准：从上海万翠堂餐饮管理有限公司与温江五阿婆青花椒鱼火锅店侵害商标权纠纷案说起

王樱晔

[摘　要]　商标侵权纠纷案件中，正当使用抗辩是被诉侵权人常用的抗辩手段，但是正当使用的认定标准并不明确。本文将以上海万翠堂餐饮管理有限公司与温江五阿婆青花椒鱼火锅店侵害商标权纠纷案为引子，从标识的显著性、使用情况、使用人的主观意图等方面切入，分析探讨实践中正当使用的认定标准。

[关键词]　商标侵权，正当使用，商标性使用

一、基本案情

上海万翠堂餐饮管理有限公司（以下简称"万翠堂公司"）在第43类饭店、餐厅等服务上注册有第12046607号" "、第17320763号" "、第23986528号" "商标。

2021年5月，万翠堂公司发现位于四川省成都市的一家店铺温江五阿婆青花椒鱼火锅（以下简称"五阿婆火锅店"）的店招为"青花椒鱼火锅"，遂向四川省成都市中级人民法院提起商标侵权诉讼。

一审法院认定五阿婆火锅店在其店招上使用"青花椒鱼火锅"标识的行为侵犯了注册商标专用权，判决五阿婆火锅店立即停止在店招上使

作者简介

王樱晔　上海专利商标事务所有限公司商标代理人、专利代理师。

用"青花椒"字样的标识，赔偿万翠堂公司经济损失25 000元及合理开支5 000元[1]。

五阿婆火锅店不服一审判决，向四川省高级人民法院提起上诉。二审法院认定五阿婆火锅店店招上的"青花椒"字样不具有识别服务来源的作用，不会导致相关公众产生混淆或误认，其使用行为不构成商标侵权，不应承担侵权责任，撤销一审法院判决，驳回万翠堂公司的全部诉讼请求[2]。

二、案件评述

在一审判决中，万翠堂公司主张五阿婆火锅店未经其许可擅自在门头使用了"青花椒"字样，误导了相关公众，侵犯了万翠堂公司的注册商标专用权。五阿婆火锅店辩称"青花椒"是通用名称，其在店招上使用的"青花椒"字体与万翠堂公司商标字体不同，不构成侵权。

一审法院认为，"青花椒"被五阿婆火锅店用于店招等处，且属于突出使用，其使用方式、所使用的位置起到了识别商品来源的功能，属于商标性使用。五阿婆火锅店辩称"青花椒"属于通用名称，但是并没有提交充分的证据证明。在侵权比对中，一审法院认为，万翠堂公司涉案注册商标的核定使用类别与被诉侵权服务相同，均为饭店。五阿婆火锅店店招上的"青花椒"标识与万翠堂公司三件涉案注册商标的文字部分均完整包含了"青花椒"三字，易使相关公众在识别、呼叫、判读时误认为被诉侵权商品与涉案注册商标权利人万翠堂公司具有一定联系，产生混淆误认。

经过审查，二审法院最终认为，万翠堂公司作为餐饮行业经营者，注册和使用商标都应当遵循诚实信用原则，对五阿婆火锅店就"青花椒"字样的正当使用和诚实经营，无权干预和禁止，其诉讼请求不应得到支持。

两级法院对五阿婆火锅店在店招上使用"青花椒"字样是否侵犯了万翠堂公司的注册商标专用权持完全不同的观点。本案的审判焦点在于五阿婆火锅店就"青花椒"字样的使用是否构成正当使用。二审法院从商标显著性、使用方式、使用意图等方面切入论述了五阿婆火锅店行为的正当性。"青花椒"案为我国商标正当使用的认定标准提供了一个具有指导意义的裁判思路，对实现商标法中私人利益和公共利益的平衡，划清商标权利边界，实现知识产权法中利益平衡机制及知识产权立法宗旨都具有十分重要的影响和作用。[1]

---

1 参见四川省成都市中级人民法院（2021）川01民初8367号民事判决书。
2 参见四川省高级人民法院（2021）川知民终2152号民事判决书。

（一）标识的显著性影响正当使用的判断

《中华人民共和国商标法》第九条规定，"申请注册的商标，应当有显著特征，便于识别，并不得与他人在先取得的合法权利相冲突"。商标的显著性直接影响其识别作用，商标的显著性越强，其越能够起到识别商品或服务来源的作用。消费者在看到该商标时，就能够将其与商品或服务的提供者联系起来，而不会产生混淆误认。如果商标的显著性较弱，就不易起到识别商品或服务来源的作用，混淆可能性就小。可见，显著性强的商标相对显著性弱的商标获得的保护力度更大，保护范围更大。

本案中，万翠堂公司的三件注册商标均完整包含文字"青花椒"，且"青花椒"是涉案注册商标的显著部分。对"青花椒"的显著性判断直接决定了万翠堂公司商标专用权的保护范围。"青花椒"是一种特定调味品的通用名称，在调味料等商品上作为商标使用缺乏显著特征。青花椒是一种植物果实，在川渝地区种植时间悠久，是川菜中不能缺少的一味极具风味的调味料。"青花椒"已经是一种特定调味料的通用名称，在调味料等商品上缺乏作为商标应有的显著特征，不能起到区分商品来源的作用。通过中华商标网查询发现，包含万翠堂公司在内的多家企业都曾经在第29类肉、蛋、牛奶制品等和第30类调味品等商品上尝试申请包含"青花椒"文字的商标，但最终这些商标申请均被驳回。

万翠堂公司的"青花椒"商标申请注册在第43类饭店、餐馆等服务上。"青花椒"是一味调味品的通用名称，并不是饭店、餐馆等服务的通用名称，也没有直接表示服务的内容、质量等特点。因此，法院认为，万翠堂公司将"青花椒"申请注册在第43类饭店、餐馆等服务上具有一定显著性，能够起到区分服务来源的作用。但是，"青花椒"作为一种调味料，使用在菜品名称上以体现其风味特色，是餐饮服务行业中的常见的做法，甚至万翠堂公司在宣传推广中使用的"青花椒砂锅鱼&招牌青花椒味"也是强调了菜品口味是"青花椒"味。可见，本案中除文字要素先天固有显著性较弱之外，万翠堂公司自身的使用方式，亦强化了"青花椒"作为对菜品口味的描述性属性。这也就导致"青花椒"作为商标使用在饭店、餐馆等服务上的显著性大大削弱。消费者在饭店、餐馆等服务上看见"青花椒"字样，很难将其识别为商标，而大概率会认为其是该饭店的菜品风味特色，"青花椒"字样在第43类饭店、餐馆等服务上作为商标使用的显著性较弱。可见，商标显著性的判断必须与商品或服务相联系。

因"青花椒"字样在第43类饭店、餐馆等服务上的固有显著性较弱，万翠堂公司注册的"青花椒"商标的专权保护范围是非常有限的。同时，万翠堂公司也并没有通过使用使其"青花椒"商标的识别度提高。在这种情况下，如果给予万翠堂公司的涉案注册商标过大的保护范围，将很可能会妨碍到其他市场主体的正当使用，影响公平竞争的市场秩序。在上海碧丽化妆品有限公司诉苏州诗妍生物日化有限公司等"金银花"商标侵权纠纷案中,最高院在再审判决中指出:"单纯文字形式的'金银花'标志在花露水商品上的固有显著性不高。虽然涉案注册商标的'金银花'文字进行了一定程度的艺术设计,但考虑到其前述属性,即使通过使用强化了显著性,其保护范围也应仅限于具有该特定艺术设计形式的文字"[1]。

因此,商标注册不代表其就享有了完全的、等同于其他商标的保护范围。对于文字标识,该标识与其所使用的商品或服务的关联性越强,该标识的显著性就越弱,被判定为描述性使用等正当方式的可能性越高。即使通过艺术化设计或采纳手写体等艺术字体获得注册的商标,对注册商标其商标专用权的保护范围往往亦局限于该独特的设计特征。

(二)从使用情况判断使用的正当性

《商标侵权判断标准》第三条规定:"判断是否构成商标侵权,一般需要判断涉嫌侵权行为是否构成商标法意义上的商标的使用。"如果涉嫌侵权行为不构成商标法意义上的商标使用,商标侵权就无从谈起。因此,在商标侵权纠纷案件中,被诉侵权方通常会提出其使用行为并非商标性使用,而属于正当使用的抗辩理由。

《中华人民共和国商标法》第四十八条规定:"本法所称商标的使用,是指将商标用于商品、商品包装或者容器以及商品交易文书上,或者将商标用于广告宣传、展览以及其他商业活动中,用于识别商品来源的行为"。要判断一标识的使用是否构成商标性使用,不仅要考虑如前所述的显著性问题,还要综合考虑标识的使用目的、使用方式、市场惯例等因素。

判断标识的使用是否构成商标性使用,我们应当先判断标识的使用目的。生活中,将调味品与菜品名称一同使用,是常见的标识菜品口味的做法。在"青花椒"商标侵权纠纷案件中,五阿婆火锅店将"青花椒"与"鱼火锅"一同使用在店招上,目的是说明其招牌菜含有"青花椒"这一味调味料,或者是"青花椒"风味的,并非用于识别服务来源。消费者在选择五阿婆火锅店用餐时,能够从店招标识明确了解该饭店的招牌菜是"青花椒"风味的。在"金银花"商标侵权纠纷案中,最高院同样对被诉侵权标识的使用目的进行了认定,认为诗妍公司在包装瓶贴上使用"金银花"属于对商品原料名称的指明。

我们还可以通过标识是否突出使用,是否附加其他商标、宣传语等使用方式来判断标识的使用是否构成商标性使用。在本案中,五阿婆火锅店在店招上附加了"邹鱼匠"注册商标,在视觉效果等方面与"青花椒"都明显独立和区分。并且"青花椒"与"鱼火锅"的使用样式完全一致,没有单独突出使用。消费者在看到五阿婆火锅店的店招时,更易将"邹鱼匠"视作区分服务来源的标志,将"青花椒鱼火锅"作为一

---

[1] 参见最高人民法院(2022)最高法民再238号民事判决书。

个整体视作五阿婆火锅店提供的招牌菜菜名。在湖北虾乡食品股份有限公司诉湖北洪森实业（集团）有限公司的"虾香稻米"商标侵权纠纷案中，洪森公司的被诉侵权产品上突出使用了"洪森"注册商标，还标注了"农技专家精选优良稻种，稻虾、稻鸭共育，生态种植"宣传语，相关公众从常理来理解，会将"虾香稻米"视为体现该产品独特种植模式的产品名称，而不会将"虾香稻米"视为商标[1]。

除此之外，市场惯例也应当是判断是否构成商标性使用的依据。本案中，法院指出，将特色菜品名称标注在店招上是餐饮行业的惯常做法，特别是在川渝地区以川菜为特色的众多中小微餐馆经营中，无论是在店招还是菜单上使用"青花椒"字样，相关公众都习惯将其含义理解为含有青花椒调味料的特色菜品。在"金银花"商标侵权纠纷案中，法院调查发现，淘宝、百度平台上搜索金银花花露水，可见多款其他品牌商品，并且在国产非特殊用途化妆品备案平台，可见多款金银花花露水商品。由此可以证明，以金银花作为原料的花露水属于常见的商品类型，消费者不会仅因"金银花"文字的使用对商品来源产生混淆。

综上，我们应当从使用目的、使用方式、市场惯例等方面综合判断，被诉侵权标识的使用是否起到了识别商品来源的作用，是否构成商标性使用。如果被诉侵权标识的使用不构成商标性使用，其正当使用抗辩将大概率获得支持。

（三）正当使用的主观意图应当是善意的

在判断被诉侵权行为是否构成正当使用时，还应当考虑被诉侵权人的主观意图。主观意图的判断应当结合前述讨论的各种客观因素。本案中，"青花椒"在第43类饭店、餐馆等服务上的显著性较弱。五阿婆火锅店在店招上使用"青花椒"字样时，并不是单独使用，还附加了注册商标"邹鱼匠"和菜品名称"鱼火锅"。从整体上看，"青花椒"字样的使用与"鱼火锅"字样完全保持一致，没有突出使用，其目的是描述其招牌菜含有"青花椒"这一味调味料，或者是"青花椒"风味的，并非用于识别服务来源。此外，在餐饮行业中，将特色菜名使用在店招上是惯常做法，相关公众看到店招上的"青花椒"字样都习惯将其理解为含有青花椒的特色菜品。基于上述客观事实，法院认定五阿婆火锅店仅是为经营青花椒味的火锅而在店招上标记"青花椒"字样，没有攀附万翠堂公司涉案注册商标的主观意图。在"金银花"商标侵权纠纷案中，法院也通过被诉侵权人的使用目的、视觉效果、市场惯例等因素认定被诉侵权商品对"金银花"文字的标注方式已经对涉案注册商标进行了避让。可见，被诉侵权人的主观意图可以从其使用方式等客观因素上进行判断。

1　参见广东省佛山市中级人民法院（2020）粤06民终6643号民事判决书。

结　语

在商标侵权纠纷案件中，正当使用的认定需要结合标识的显著性、具体使用方式，以及当事人的使用意图等上述各方面的因素综合判断，而这些因素是互相联系，互为影响的。在认定正当使用时，不仅要对各种因素单独分析，还要总体把握、综合考虑，主、客观相结合。从被诉侵权人的行为方式通常可以判断其主观意图。被诉侵权人主观上如果是善意的，通常也会在行为上主动避让，注意使用的合理性，避免造成消费者对商品来源的混淆。

参考文献

[1] 王寒梅.商标描述性合理使用制度研究[D].北京:中国政法大学,2022:28.

相关问题比较研究

跨国视角下的人工智能相关专利申请审查实践的比较：以中国、欧洲、日本、韩国、美国为例

陈 斌

[摘 要] 本文详细探讨了中、欧、日、韩、美五个专利局在AI相关发明创造的客体适格性、权利要求撰写形式以及新颖性和创造性审查方面的异同，并通过假想案例在客体适格性方面进行了比较分析。

[关键词] 客体适格性，人工智能相关发明创造，抵触申请

引 言

专利制度是激励科技创新的重要机制。随着AI（人工智能）技术的快速发展，AI相关的发明创造日益增多，如何界定这类发明创造的可专利性成了全球知识产权界关注的核心议题。各国专利机构在涉及AI的发明创造的可专利性评判上呈现出一定的共性和差异性。本论文将通过比较研究，探讨中、欧、日、韩、美等五个主要专利局在AI相关发明创造客体适格性、权利要求撰写形式、新颖性和创造性等可专利性方面的审查标准和实践。通过对五局的比较分析，揭示国际专利制度在应对新兴科技挑战时的不同应对策略和标准，为创新主体在AI相关领域进行全球专利布局时提供参考和借鉴。

作者简介

陈 斌 上海专利商标事务所有限公司客户部部长兼上专研究院院长、专利代理师。

一、术语对照表

表1 本文使用术语一览

CNIPA	中国国家知识产权局
中国专利法	中华人民共和国专利法（2020年修正）
CNIPA审查指南	专利审查指南2023
USPTO	美国专利商标局
35 U.S.C.	美国专利法
MPEP	美国专利审查指南（Manual of Patent Examining Procedure）
EPO	欧洲专利局
EPC	欧洲专利公约
EPO审查指南	欧洲专利局审查指南（Guidelines for Examination in the European Patent Office）
JPO	日本专利局
JP专利法	日本专利法（Patent Act）
JP审查指南	日本专利和实用新型审查指南（Examination Guidelines for Patent and Utility Model in Japan）
JP审查手册	日本专利和实用新型审查手册（Examination Handbook for Patent and Utility Model in Japan）
KIPO	韩国知识产权局
KR专利法	韩国专利法（Patent Act）
KR审查指南	韩国专利审查指南（Patent Examination Guidelines）
KR AI审查指南	韩国人工智能领域审查指南（Examination Guide in the Artificial Intelligence Field）

注：为节省篇幅，本文中法律、指南、手册等均不加书名号。

二、客体适格性

客体适格性是一项发明创造是否满足成为专利保护对象的基本条件，也是本文的比较重点。各国专利法都规定了只有符合专利客体适格性的发明创造才能被授予专利权。AI相关的发明创造往往涉及计算机程序/软件、深度学习/神经网络算法、模型等等，因此，其客体适格性一直都是业内讨论的首要问题。五局在AI相关的发明创造的客体适格性评判上虽有各自的具体标准和流程，但基本围绕是否具备技术性、是否应用于某一具体领域以及是否包含创新的技术解决方案等方面展开，旨在确保专利制度既能激励技术创新，又能避免对智力活动规则、自然规律等非专利客体过度保护。

（一）CNIPA

中国专利法第2条给出了专利客体的定义，第25条第1款列出了不授予专利权的客体，其中明确规定了智力活动的规则和方法不授予专利权。"CNIPA审查指南"第二部分第一章第4.2节进一步对智力活动的规则和方法进行了解释，并给出了非穷举的排除示例。不仅如此，"CNIPA审查指南"第二部分第九章还专门给出了"关于涉及计算机程序的发明专利申请审查的若干规定"，其中第6节特别给出了包含算法特征或商业规则和方法特征的发明专利申请审查相关规定。

根据CNIPA的审查标准，针对涉及AI的发明创造，需要就其是否属于中国专利法第二条第二款所述的技术方案进行审查，及针对技术方案的构成三要素——技术问题、技术手段和技术效果，作为一个整体进行考虑和判断，也就是说不应当简单割裂技术特征与算法特征等，而应将权利要求记载的所有内容作为一个整体，对其中涉及的技术手段、解决的技术问题和获得的技术效果进行整体分析。其中，"CNIPA审查指南"第二部分第九章第6.1.2节针对各种具体情况给出了审查基准，6.2节的【例1】至【例10】给出了审查示例。

简单来说，就适格性而言，CNIPA首先判断所要求保护的方案是否属于智力活动的规则和方法，如果不是，则再进一步判断是否采用了技术三要素。

（二）EPO

EPC并没有像中国专利法第2条那样给出专利客体的定义，而是类似于中国专利法第25条第1款，EPC第52条第2款列出了不授予专利权的客体，且EPC第52条第3款规定了只有在欧洲专利申请或欧洲专利涉及这样的客体或活动本身（as such）时，才应予以排除。

"EPO审查指南"G-Ⅰ,1规定了发明必须具有"技术性"（technical character），即涉及某一技术领域、涉及某一技术问题、必须具有技术特征。"EPO审查指南"G-Ⅱ,2给出了关于可专利性的两步法评估步骤（two-hurdle approach），其中第一个步骤称为专利适格性步骤，指出一个技术特征就足以满足适格性要求，也就是说如果所要求保护的方案涉及或使用了技术手段，那么该方案就是专利适格的。"EPO审查指南"G-Ⅱ,3.3给出了人工智能和机器学习可用于技术目的的更多示例。

与CNIPA相比，就适格性的判断而言，EPO更为宽松，只要满足"任一技术手段"即可。

（三）JPO

类似于中国专利法，JP专利法第2条第1款给出了发明的定义，即"利用自然规律的高度先进的技术思想创造"。JP专利法第2条第3款（i）规定了计算机程序属于"产品"，而且JP专利法第2条第4款给出了计算机程序的定义。与CNIPA和EPO不同的是，JP专利法并没有给出关于不授予专利权的客体的排除清单，而是在"JP审查指南"第Ⅲ部分第1章第2.1节中予以规定，指出法定的"发明"必须是"利用自然规律的技术思想创造"。"JP审查指南"第Ⅲ部分第1章第2.2节还专门给出了针对利用计算机软件的发明的审查要点。

关于"软件相关发明"的适格性判断，"JP审查手册"附录B第1章2.1给出了具体的判断流程和具体示例。首先判断是否整体上利用自然规律并被视为"利用自然规律的技术思想创造"，即是否构成法定"发明"，如果不是则不符合适格性要求；如果无法确定，则需要判断软件进行的信息处理是否通过硬件资源具体实现，即取决于预期用途的特定信息处理器或其操作方法是通过软件和硬件资源的协作而构建的。

与CNIPA相比，在判断适格性时，CNIPA和JPO都要求从权利要求所要求保护的方案的整体进行判断，除此之外，CNIPA进一步要求技术三要素，而JPO更为宽松，只要满足利用软件和硬件资源的相互协作的方式构建即可，并没有对技术问题和技术效果的明确要求。

（四）KIPO

类似于CNIPA和JPO，KR专利法第2条第1款给出了发明的定义，即"利用自然规律的高度先进的技术思想创造"（该定义的中译文与JPO的定义相同）。类似于JPO，KR专利法并没有给出关于不授予专利权的客体的排除清单，而是在"KR审查指南"第Ⅲ部分第1章第4.1节中予以规定。"KR AI审查指南"第3节指出AI相关发明的专利适格性标准与计算机软件相关发明的专利适格性标准是相同的，并在3.1.2给出了具体的判断方法。首先判断权利要求所要求保护的主题是否针对"利用自然规律的技术思想创造"（其中包括整体判断原则），不是则不符合适格性要求；如果无法确定，则需要判断该发明是否属于通过硬件专门执行软件信息处理的情况。

可以看到，KIPO与JPO判断适格性的过程是非常类似的。在判断适格性时，都要求从权利要求所要求保护的方案的整体进行判断，除此之外，CNIPA进一步要求技术三要素，而类似于JPO，KIPO更为宽松，只要满足通过硬件专门执行软件信息处理即可，也同样没有对技术问题和技术效果的明确要求。

（五）USPTO

35 U.S.C. 101给出了专利客体的定义，即过程、机器、产品或物质组合物。MPEP§2106给出了专利适格主题的司法例外，即自然规律、自然现象，以及抽象概念。针对适格性的判断，MPEP § 2106 I 给出了两个标准，并给出了具体的分析流程（见 MPEP § 2106 III）。其中首先是判断权利要求的主题是否涉及四种法定类别之一，如果是，则可能需要进一步进行 Alice/Mayo 两步法测试，即权利要求是否涉及司法例外（步骤2A）（MPEP § 2106.04），如果是，则评估权利要求是否有额外要素（additional elements）提供了发明构思（inventive concept）（也称为比所述的司法例外"显著更多"）（步骤2B）（MPEP § 2106.05），其中对额外要素的评估既包括单独评估也包括与权利要求的其他要素进行组合评估，即整体上考虑权利要求的所有要素。步骤2B，通常被认为是查找发明构思是否存在，例如额外要素是否属于众所周知、惯例、常规活动等。

针对步骤2A，MPEP § 2106.04 进一步给出了一种双重判断方法（two-prong inquiry），首先判断权利要求是否描述了一种司法例外（prong one），如果是则进一步判断所描述的司法例外是否被结合到实际应用中。这两重判断构成了 Alice/Mayo 两步法测试中的步骤2A。

可以看到，在判断适格性的过程中，USPTO 采用的标准与其他四局均不相同或相类似，判断过程更为复杂。在判断过程中，如果权利要求所要求保护的主题涉及司法例外，则首先需要判断是否存在实际应用，然后再判断是否有额外要素提供了发明构思。

三、权利要求的撰写形式

由于 AI 相关的发明创造往往涉及程序或算法，在撰写形式上与涉及计算机程序的发明专利申请的权利要求的撰写形式是相同的。

（一）CNIPA

在 CNIPA，涉及计算机程序的发明专利申请的权利要求可以写成一种方法权利要求，也可以写成一种产品权利要求，例如实现该方法的装置、计算机可读存储介质或者计算机程序产品（"CNIPA 审查指南"第二部分第九章第5.2节）。

例如，在 CNIPA，可以采用如下形式的撰写方式：

【方法权利要求】（权利要求1）：一种用于……方法，包括：步骤a；步骤b；步骤c。

【功能模块架构的产品权利要求】：一种用于……的装置/设备/系统，包括：用于实现步骤a的装置；用于实现步骤b的装置；用于实现步骤c的装置。

【软硬混合的产品权利要求】：一种计算机装置/设备/系统，包括存储器、处理器及存储在存储器上的计算机程序，其特征在于，所述处理器执行所述计算机程序以实现权利要求1所述方法的步骤。

【计算机可读存储介质权利要求】：一种计算机可读存储介质，其上存储有计算机程序/指令，其特征在于，该计算机程序/指令被处理器执行时实现权利要求1所述方法的步骤。

【计算机程序产品权利要求】：一种计算机程序产品，包括计算机程序/指令，其特征在于，该计算机程序/指令被处理器执行时实现权利要求1所述方法的步骤。

（二）EPO

对于计算机实施的发明（CII），"EPO审查指南"F-IV，3.9.1以非穷尽的方式给出了可接受的权利要求的撰写形式，例如：

【方法权利要求】（权利要求1）：
　一种计算机实施的方法，包括步骤A，B，……
　一种由计算机执行的方法，包括步骤A，B，……
【装置/设备/系统权利要求】（权利要求2）：
　一种数据处理装置/设备/系统，包括用于执行权利要求1的方法（步骤）的装置。
　一种数据处理装置/设备/系统，包括用于执行步骤A的装置，用于执行步骤B的装置，……
　一种数据处理装置/设备/系统，包括适合于/配置成执行权利要求1的方法（步骤）的处理器。
【计算机程序（产品）】（权利要求3）：
　一种计算机程序（产品），包括指令，当所述程序被计算机执行时，所述指令使所述计算机执行权利要求1的方法（步骤）。
　一种计算机程序（产品），包括指令，当所述程序被计算机执行时，所述指令使所述计算机执行步骤A，B，……
【计算机可读（存储）介质/数据载体】（权利要求4）：
　一种计算机可读（存储）介质，包括指令，当被计算机执行时，所述指令使所述计算机执行权利要求1的方法（步骤）。
　一种计算机可读（存储）介质，包括指令，当被计算机执行时，所述指令使所述计算机执行步骤A，B，……
　一种计算机可读数据载体，存储了如权利要求3所述的计算机程序（产品）。
　一种数据载体信号，载有如权利要求3所述的计算机程序（产品）。

另外，"EPO审查指南"G-Ⅱ 3.6.3还指出体现在介质上或体现为电磁载波的计算机实现的数据结构或数据格式整体上具有技术属性，属于发明的定义。也就是说，"一种存储数据结构的介质"或"一种载有数据结构的电磁载波"也是可接受的权利要求撰写形式。

与CNIPA相比，在可接受的权利要求形式上，EPO更为广泛，其数据载体不仅涉及物理有形的载体，还可以是电磁波；载体所承载的内容不仅可以是计算机程序，也可以是数据结构。

（三）JPO

对于软件相关发明，"JP审查手册"附录B第1章1.2.1.1给出了可接受的权利要求撰写形式，包括：

1. 方法的发明
2. 产品的发明，包括程序、结构化数据、数据结构、计算机可读存储介质。

示例1：一种程序，用于使计算机执行步骤A，步骤B，步骤C……

示例2：一种程序，用于使计算机充当装置A，装置B，装置C……

示例3：一种程序，用于使计算机实现功能A，功能B，功能C……

示例4：结构化数据，包括数据元素A，数据元素B，数据元素C……

示例5：数据结构，包括数据元素A，数据元素B，数据元素C……

示例6：一种计算机可读记录介质，其记录用于使计算机执行过程A，过程B，过程C……的程序。

示例7：一种计算机可读记录介质，其记录用于使计算机充当装置A，装置B，装置C……的程序。

示例8：一种计算机可读记录介质，其记录用于使计算机实现功能A，功能B，功能C……的程序。

示例9：一种计算机可读记录介质，其记录包括数据元素A，数据元素B，数据元素C……的结构化数据。

此外，根据"JP审查手册"附录B第1章1.2.1.2，只要基于说明书、附图以及公知常识，可以清楚地得出所要求保护的发明是"程序"，即使权利要求的主题是除"程序"以外的任何词语（例如，"模块""库""神经网络""支持向量机"或"模型"），也按照"程序"进行处理。

也就是说，只要能够清楚地认定是"方法的发明"还是"产品的发明"，那么对于权利要求的撰写形式来说，JPO是非常开放的。与CNIPA和EPO相比，在可接受的权利要求形式上，JPO更是可以涵盖数据结构和结构化数据本身。

（四）KIPO

对于计算机相关发明，"KR AI审查指南"2.2.2.2给出了可接受的权利要求撰写形式，包括：

1. 方法发明

2. 产品发明，例如用功能限定的装置、计算机程序可读介质、记录在介质中的计算机程序、具有数据结构的记录介质。

示例1：一种计算机可读介质，其上记录了程序，其中所述程序使计算机执行过程A，过程B，过程C……

示例2：一种计算机可读介质，其上记录了程序，其中所述程序使计算机充当装置A，装置B，装置C……

示例3：一种计算机可读介质，其上记录了程序，其中所述程序使计算机实现功能A，功能B，功能C……

示例4：记录在介质中的计算机程序，使计算机执行过程A，过程B，过程C……

示例5：一种计算机可读介质，记录了表示结构A，结构B，结构C……的数据结构，在计算机上运行。

需要特别注意的是，计算机程序本身并不被允许。

与CNIPA、EPO和JPO都不同的是，在KIPO，计算机程序产品本身是不被允许的，而必须是记录在介质中的程序。与JPO和EPO类似，在KIPO，具有数据结构的记录介质也是被允许的。另外，在KIPO，程序信号/程序信号序列也不被允许。

（五）USPTO

35 U.S.C. 101列举了四种类别的法定主题，即过程、机器、产品或物质组合物。根据MPEP§2106Ⅰ，过程即方法，而其他三种类别定义了物理或有形的"物"或"产品"类型。不满足任一法定主题的权利要求的非限制性示例包括：

不具有物理或有形形式的产品（在没有任何结构化描述的情况下），例如信息（通常称为"数据本身"）或计算机程序本身（通常称为"软件本身"）；

信号传输的暂态形式（通常称为"信号本身"），例如传播的电子或电磁信号或载波；以及法律明确禁止授权的主题，例如人类本身。

可见，在五局中，USPTO提供的权利要求的撰写形式是最受局限的。

四、新颖性

新颖性在五局中所采用的表述基本相同，简单来说是不属于现有技术、不存在抵触申请。但是五局对于抵触申请的定义以及适用范围略有不同。

（一）CNIPA

中国专利法第22条第2款给出了新颖性的定义，即权利要求所要求保护的技术方案不属于现有技术，也不属于抵触申请记载的内容。在CNIPA，抵触申请不属于现有技术。

"CNIPA审查指南"第二部分第三章第3节给出了新颖性审查的原则。除了适用常规技术领域的新颖性评价标准之外，"CNIPA审查指南"第二部分第九章第6.1.3节还进一步指出：对包含算法特征或商业规则和方法特征的发明专利申请进行新颖性审查时，应当考虑权利要求记载的全部特征，所述全部特征既包括技术特征，也包括算法特征或商业规则和方法特征。

也就是说，对于AI相关的发明创造，CNIPA考虑权利要求所要求保护的技术方案中的全部特征，既包括技术特征，也包括非技术特征。

（二）EPO

EPC第54条给出了欧专局对于新颖性的定义，其中与中国专利法有关新颖性的规定是高度类似的，区别在于，抵触申请属于现有技术的范畴（但仅能用于评价新颖性）。

"EPO审查指南"G-Ⅵ给出了新颖性的审查规则，其中并没有针对AI相关的发明创造有任何特殊的规定。EPO上诉委员会的判例法第十版[1] I.C.1中指出"判断某一发明相对于现有技术是不是新的，第一步是定义现有技术、现有技术的相关部分，以及该相关部分的内容；第二步是将所述发明与如此定义的现有技术进行比较，以确定该发明是否与之相区别"，并且I.C.4指出"对于不具有新颖性的发明，其技术方案必须是可从现有技术中清楚且直接得出的，并且其全部特征（不仅仅是必要特征）都必须是从现有技术已知的"。

也就是说，对于AI相关的发明创造，EPO适用常规技术领域的新颖性审查规则，且同CNIPA类似，考虑权利要求所要求保护的技术方案中的全部特征。

（三）JPO

JP专利法第二十九条第一款以排除的方式阐明了新颖性，并且在第二十九条第二款给出了抵触申请的定义。从字面上看，在JPO，新颖性的规定与CNIPA和EPO是类似的，但实际上在现有技术和抵触申请的认定中存在区别，具体来说在JPO，现有技术的时间节点细化到具体时刻，而不是具体日期；抵触申请排除了"发明人相同"以及"申请人相同"的专利申请或专利。

---

[1] *Case Law of the Boards of Appeal*，第十版，2022年7月，见：https://www.epo.org/en/legal/case-law/2022/index.html（2024年3月29日读取）。

"JP审查指南"第Ⅲ部分第2章第3节给出了新颖性审查的原则。根据"JP审查手册"附录B第1章2.2.1，针对软件相关的发明创造，其新颖性审查需要考虑权利要求所要求保护的技术方案中的全部特征。此外，"JP审查手册"附录B第1章2.2.4还给出了在判断软件相关发明的新颖性时需要注意的特殊事项。

也就是说，对于AI相关的发明创造，和CNIPA、EPO相同，适用常规技术领域的新颖性审查规则，且考虑权利要求所要求保护的技术方案中的全部特征。

（四）KIPO

类似于JPO，KR专利法第29条第1款也以排除的方式阐明了新颖性，并且在第3款给出了抵触申请的定义。同样，与JPO类似的是，在KIPO，抵触申请排除了"发明人相同"以及"申请人相同"的专利申请或专利。

"KR审查指南"第Ⅲ部分第2章给出了新颖性审查的原则。根据"KR AI审查指南"3.2，针对AI相关的发明创造，其新颖性审查需要整体上考虑权利要求所要求保护的技术方案，即考虑其中的全部特征，而不是分别考虑每一个单独的特征。

也就是说，对于AI相关的发明创造，和CNIPA、EPO、JPO相同，适用常规技术领域的新颖性审查规则，且考虑权利要求所要求保护的技术方案中的全部特征。

（五）USPTO

35 U.S.C. 102给出了新颖性的定义。因为U.S.C. 102的条款涉及一些独特的法律概念，与其他四局的专利法采用的"先申请制"不同，AIA（Leahy-Smith America Invents Act）之前的美国专利法采用"先发明制"；AIA之后的美国专利法采用"发明人先申请制"。本文并不对美国专利法的新颖性的判断规则进行展开，而是针对涉及AI相关的专利申请，在某些方面与其他四局进行比较。在USPTO，35 U.S.C. 102（a）明确了现有技术的定义，其中包括了类似于"抵触申请"的概念。与EPO相同的是，在USPTO，所谓的"抵触申请"属于现有技术的范畴，但不同的是还可以用于评价创造性。与JPO和KIPO相类似的是，在USPTO，所谓的"抵触申请"排除了相同申请人，同时在USPTO，"抵触申请"还可以包括已公开的指定进入美国国家阶段的PCT申请。

MPEP§2131指出，在评价新颖性时，现有技术必须教导权利要求在其最宽合理解释的情况下的每一个要素，即需要考虑权利要求所要求保护的技术方案的全部特征。

对于AI相关的发明创造，USPTO并没有给出专门的新颖性评价标准，和CNIPA、EPO、JPO相同，适用常规技术领域的新颖性审查规则，且考虑权利要求所要求保护的技术方案中的全部特征。

五、创造性

由于AI相关的发明创造往往涉及程序或算法,甚至包括商业规则和方法特征,在进行创造性审查的时候,各国的判断标准或方法并不完全一致。

(一) CNIPA

中国专利法第22条第3款给出了创造性的定义。"CNIPA审查指南"第二部分第四章给出了创造性审查规则,即三步法规则。针对包含算法特征或商业规则和方法特征的发明专利申请的审查,"CNIPA审查指南"第二部分第九章第6.1.3节给出了相应的创造性审查规则,其中指出"对既包含技术特征又包含算法特征或商业规则和方法特征的发明专利申请进行创造性审查时,应将与技术特征功能上彼此相互支持、存在相互作用关系的算法特征或商业规则和方法特征与所述技术特征作为一个整体考虑。"功能上彼此相互支持、存在相互作用关系"是指算法特征或商业规则和方法特征与技术特征紧密结合、共同构成了解决某一技术问题的技术手段,并且能够获得相应的技术效果。"

也就是说,对于AI相关的发明创造,除了适用常规技术领域的创造性审查规则之外,CNIPA进一步要求要将与技术特征功能上彼此相互支持、存在相互作用关系的非技术特征与技术特征一起作为一个整体进行考虑,而不能剥离非技术特征。

(二) EPO

EPC第56条给出了欧专局对于创造性的定义。"EPO审查指南"G-Ⅶ给出了有关创造性的审查规则,即所谓的"问题-解决方案法"(problem-solution approach),其与CNIPA的三步法规则是类似的。此外,针对既包含技术特征又包含非技术特征的权利要求(简称为混合型权利要求),"EPO审查指南"G-Ⅶ 5.4给出了具体的审查规则,其中强调在评估此类权利要求的创造性时,对于发明的技术性作出贡献的所有特征都应予以考虑。具体的步骤包括:(i)根据发明上下文中所实现的技术效果确定对发明的技术性作出贡献的特征。(ii)基于步骤(i)中确定的对发明的技术性作出贡献的特征,选择最接近的现有技术。(iii)确定区别,将权利要求作为一个整体来确定这些区别产生的技术效果,以便识别出这些区别中哪些区别作出技术贡献:(a)如果没有区别,则不具有新颖性;(b)如果区别未作出任何技术贡献,则不具有创造性;(c)如果区别包含作出技术贡献的特征,则适用以下步骤:-基于这些特征实现的技术效果确定客观技术问题;-判断所要求保护的用于解决客观技术问题的技术方案是否显而易见。

也就是说,对于AI相关的发明创造,与CNIPA相类似,权利要求中的所有特征都应当被考虑。不同的是,在适用常规技术领域的创造性审查规则之前,EPO需要首先判断权利要求中的哪些特征属于对发明的技术性作出贡献的特征,然后进行最接近现有技术的选择和对比,再确定区别特征中哪些是作出技术贡献的特征。

(三) JPO

JP 专利法第 29 条第 2 款阐明了创造性。"JP 审查指南"第Ⅲ部分第 2 章第 3 节给出了创造性审查的规则。针对软件相关的发明创造,"JP 审查手册"附录 B 第 1 章 2.2.3 给出了其创造性审查的规则和具体事例。

对于 AI 相关的发明创造,其创造性的判断适用于软件相关发明的判断规则。在 JPO,在判断过程中并不区分技术特征和非技术特征。

(四) KIPO

KR 专利法第 29 条第 2 款阐明了创造性。"KR 审查指南"第Ⅲ部分第 3 章给出了创造性审查的规则。针对 AI 相关的发明创造,"KR AI 审查指南"3.2 给出了其创造性审查的规则和具体事例。与 JPO 类似,在判断过程中并不区分技术特征和非技术特征。

(五) USPTO

35 U.S.C. 103 给出了有关创造性(非显而易见性)的定义。MPEP §2141 给出了判断非显而易见性的审查指南,主要通过美国各级法院的判例来给出"显而易见性"的具体判断方法。在 USPTO,对于 AI 相关的发明创造的非显而易见性的判断,并没有给出特殊的审查规则,而是适用常规技术领域的创造性审查规则。

表 2 五局比较

	CNIPA	EPO	JPO	KIPO	USPTO
适格性	中国专利法第 2 条、第 25 条第 1 款;"CNIPA 审查指南"第二部分第一章第 4.2 节、第二部分第九章第 6.1.2 节和 6.2 节	EPC 第 52 条第 2 款、第 3 款;EPO 审查指南 G-Ⅰ, 1, G-Ⅱ, 2, G-Ⅱ, 3.3	JP 专利法第 2 条第 1、3、4 款;JP 审查指南第Ⅲ部分第 1 章第 2.1 节、第 2.2 节;JP 审查手册附录 B 第 1 章 2.1	KR 专利法第 2 条第 1 款;KR 审查指南第Ⅲ部分第 1 章第 4.1 节;KR AI 审查指南第 3 节	35 U.S.C. 101;MPEP §2106 Ⅰ, Ⅲ;MPEP §2106.04;MPEP §2106.05
	技术问题、技术手段和技术效果三要素	任一技术手段	利用软件和硬件资源的相互协作	通过硬件专门执行软件信息处理	司法例外的实际应用+额外要素带来的发明构思
权利要求的撰写形式	"CNIPA 审查指南"第二部分第九章第 5.2 节	"EPO 审查指南"F-Ⅳ, 3.9.1;"EPO 审查指南"G-Ⅱ 3.6.3	"JP 审查手册"附录 B 第 1 章 1.2.1.1, 1.2.1.2	"KR AI 审查指南"2.2.2.2	35 U.S.C. 101;MPEP §2106 Ⅰ

（续表）

	CNIPA	EPO	JPO	KIPO	USPTO
权利要求的撰写形式	方法；装置/设备/系统；计算机可读存储介质（记录了程序）；计算机程序产品	方法；装置/设备/系统；计算机可读存储介质（记录了程序）；计算机程序产品；计算机可读数据载体（记录了程序或数据结构）；数据载体信号（承载了程序或数据结构）	方法；装置/设备/系统；程序；计算机可读记录介质（记录了程序/数据结构）；数据结构/结构化数据	方法；装置/设备/系统；计算机可读介质（记录了程序/数据结构）；记录在介质中的计算机程序	方法；装置/设备/系统；计算机可读介质
新颖性	中国专利法第22条第2款；"CNIPA审查指南"第二部分第三章第3节；"CNIPA审查指南"第二部分第九章第6.1.3节 有抵触申请；考虑权利要求记载的全部特征	EPC第54条；"EPO审查指南"G-VI；EPO上诉委员会的判例法第十版I.C.1, I.C.4 有抵触申请；考虑权利要求记载的全部特征	JP专利法第29条；"JP审查指南"第Ⅲ部分第2章第3节；"JP审查手册"附录B第1章2.2.1, 2.2.4 有抵触申请（申请人或发明人不同）；考虑权利要求记载的全部特征	KR专利法第29条；"KR审查指南"第Ⅲ部分第2章；"KR AI审查指南"3.2 有抵触申请（申请人或发明人不同）；考虑权利要求记载的全部特征	35 U.S.C. 102；MPEP § 2131 有类似的抵触申请的概念（属于现有技术，不仅仅用于评价新颖性，申请人不同）；考虑权利要求记载的全部特征
创造性	中国专利法第22条第3款；"CNIPA审查指南"第二部分第四章、第二部分第九章第6.1.3节	EPC第56条；"EPO审查指南"G-Ⅶ 5.4	JP专利法第29条第2款；"JP审查指南"第Ⅲ部分第2章第3节；"JP审查手册"附录B第1章2.2.3	KR专利法第29条第2款；"KR审查指南"第Ⅲ部分第3章；"KR AI审查指南"3.2	35 U.S.C. 103；MPEP § 2141
创造性	将与技术特征功能上彼此相互支持、存在相互作用关系的非技术特征与技术特征一起作为一个整体进行考虑	考虑对发明的技术性作出贡献的所有特征	不区分技术特征和非技术特征	不区分技术特征和非技术特征	适用常规技术领域的创造性审查规则

六、假想案例有关适格性的比较

以 USPTO 提供的关于客体适格性的最新示例39[1]为假想例,根据上文的总结分析,进行如下比较。

为节省篇幅,此处省略对该示例案例的背景技术的介绍(具体参见原文),此处仅仅给出示例性权利要求的中文译文进行分析。示例性权利要求如下:

一种训练用于面部检测的神经网络的计算机实现的方法,包括:从数据库收集数字面部图像集;

对每个数字面部图像应用一个或多个变换,包括镜像、旋转、平滑或对比度降低,以创建经修改的数字面部图像集;

创建第一训练集,包括所收集的数字面部图像、所述经修改的数字面部图像集,以及数字非面部图像集;

使用所述第一训练集在第一阶段训练所述神经网络;

创建用于第二阶段训练的第二训练集,该第二训练集包括所述第一训练集和在第一阶段训练之后被错误地检测为面部图像的数字非面部图像;以及使用所述第二训练集在第二阶段训练所述神经网络。

在CNIPA,需要判断所要求保护的方案是否采用了技术手段解决技术问题并实现相应的技术效果。权利要求所要求保护的方案涉及一种训练用于面部检测的神经网络的计算机实现的方法,其中明确了该训练方法的各步骤中处理的数据均为图像数据以及各步骤如何处理图像数据,体现出该神经网络训练算法与图像信息处理密切相关。根据该案例的背景内容,该解决方案所解决的问题是现有技术中没有提供一种可以检测畸变图像中的面部,同时限制误报数量的面部检测模型,该问题是一种技术问题。采用了使用不同的训练集在不同的训练阶段进行训练神经网络的手段,利用的是遵循自然规律的技术手段,获得了能够提供一种稳健的面部检测模型,可以检测畸变图像中的面部,同时限制误报数量的技术效果。因此,该权利要求所要求保护的方案属于专利法第二条第二款规定的技术方案,属于专利保护的客体。

在EPO,需要判断所要求保护的方案是否采用了任一技术手段。当前的权利要求是一种计算机实现的方法,因此满足了任一技术手段原则,故满足EPO的专利适格性要求。

在JPO,需要判断所要求保护的方案是否利用软件和硬件资源的相互协作。由于权利要求明确限定了"计算机实现",因此是一种根据预期用途,通过软件和硬件资源的协作,建立的一种信息处理设备的特定操作方法,因此满足专利适格性要求。

在KIPO,需要判断所要求保护的方案是否通过硬件专门执行软件信息处理。由于权利要求保护的方案是一种训练用于面部检测的神经网络的计算机实现的方法，通过计算机这种硬件专门执行神经网络训练这种软件信息处理程序，因此满足专利适格性要求。

在USPTO，首先判断权利要求的主题要求保护一种方法，因此属于法定四种类别之一。接着需要进一步进行Alice/Mayo两步法测试，判断权利要求是否涉及司法例外。在该示例中，权利要求没有描述任何数学关系、公式、计算，尽管有些特征可能基于数学概念，但是权利要求本身并没有对数学概念进行描述；此外，权利要求也不涉及智力活动，因为所述的各个步骤实际上并非由人来执行，也不能由人来执行；最后权利要求也没有描述任何指导、组织、安排人类活动的方法。因此，从权利要求的表述来看并不涉及任何司法例外，因此满足专利适格性要求。

结　语

五局在判断AI发明创造的可专利性时的侧重点各有不同。例如，针对适格性，CNIPA注重技术三要素的完整性，而EPO仅需存在技术手段即可，JPO和KIPO要求软件硬件的协作或结合，而USPTO的判断最为复杂。在权利要求撰写上，各国均有针对AI发明的特定规范，且USPTO可保护的主题形式最为有限。对于新颖性，五局均需考虑权利要求中的全部特征，同时都有抵触申请的概念，但EPO的抵触申请尽管属于现有技术但不可用于评价创造性，JPO和KIPO的抵触申请涉及不同申请人或发明人，USPTO抵触申请属于现有技术，可用于评价创造性。对于创造性审查，五局遵循各自的审查原则和步骤，CNIPA强调技术与非技术特征的整体考量，EPO关注对技术性有贡献的特征，而JPO、KIPO和USPTO在创造性的审查方面适用常规技术领域的创造性审查规则。

随着AI技术在全球范围内的快速发展，各国专利局正不断调整和完善其专利审查体系，以适应这一新兴领域的独特挑战。各局都在积极应对AI时代下知识产权保护的需求，力求在鼓励技术创新与维护专利质量之间找到平衡点，构建有利于AI技术研发和商业化的专利法律环境。通过本文，创新主体能够更清晰地了解五局在涉及AI的发明创造的专利申请中的审查实践，有助于更好地撰写适合于进行全球布局的申请文件。

参考文献

［1］Subject Matter Eligibility Examples: Abstract Ideas［EB/OL］. (2019-01-07)［2024-03-27］. https://www.uspto.gov/sites/default/files/documents/101_examples_37to42_20190107.pdf.

抗体专利的五局审查实践研究

陶启长　韦　东

[摘　要] 近年来，抗体的专利申请数量显著增加。与此同时，伴随着Amgen与Sanofi侵权案涉案专利的无效诉讼在美国的终局，国际上对抗体专利的审查尺度也发生变化。本文通过对案例的研究，探索抗体专利在五大局的审查实践。

[关键词] 抗体，抗原，CDR，创造性，说明书支持

随着测序技术在抗体研究中的应用，企业对抗体的研究开发迎来了新一波的高峰。笔者在工作中发现，自我国2021年《专利审查指南》修改后，抗体的专利申请数量显著增加。与此同时，伴随着Amgen与Sanofi侵权案涉案专利的无效诉讼在美国的终局[1]，国际上对抗体专利的审查尺度正在悄然发生变化。本文通过对案例的研究，探索抗体专利在中国、欧洲、美国、日本和韩国的创造性和说明书支持方面的审查实践。

一、背景简介

抗体是一种蛋白质，通过与抗原特异性结合发挥功能。抗体氮（N）端存在一段氨基酸序列变化较大的区域，称为可变区。可变区通过互补决定区（CDR）形成环状结构与抗原特异性结合。CDR是位于可变区中的6个（对于纳米抗体为3个）序列高度变化的区域。可变区中除

作者简介

陶启长　上海专利商标事务所有限公司专利代理师。
韦　东　上海专利商标事务所有限公司专利代理师。

CDR 之外的部分称为骨架区（FR），其氨基酸组成和排列的变化较少。

作为生物体主要的免疫机制之一，抗体通过可变区的多样性变化来识别和结合不同的抗原。因此，本领域的共识是可变区对抗原和抗体的结合具有决定作用[2]。

常用的抗体限定方式有三种：抗原限定、杂交瘤限定和结构特征限定。实践中，这三种方式有时与其他功能特征限定组合使用。其中，随着技术的发展，杂交瘤限定已较少使用，且实际保护范围较窄。抗原限定、结构特征限定以及其他功能限定将在下文详述。

本文拟讨论案例（CN101932607B）是 Amgen 与 Sanofi 侵权和无效案中所涉美国专利的中国同族专利，其说明书记载了 41 个实施例：首先用 PSCK9 抗原免疫小鼠，得到 3 000 个抗原特异的阳性杂交瘤，然后通过交叉反应性筛选、突变体结合筛选、受体配体封阻筛选、受体配体结合测定等进行功能鉴定，得到 85 个能封闭 PCSK9 突变酶和 LDLR 之间相互作用的抗体，并给出了其中 26 个抗体的轻重链氨基酸序列。之后，选取了 3 个抗体进行细胞实验和体内实验。此外，该专利通过对 30 余个抗体进行表位分库和突变筛选，确定了抗体与 PCSK9 的结合位点。[3]

二、创造性

实践中，各国对抗体专利创造性的规定均没有脱离各自专利法中的创造性判断原则，但细节略有不同。

（一）中国

我国针对抗体的创造性判断原则与其他类型的专利没有本质区别，参见《专利审查指南》2023 版第二部分第十章第 9.4.2 节。对于不同限定方式抗体的创造性，《专利审查指南》2023 版第二部分第十章第 9.4.2.1 节做出具体规定：对于已知的抗原，只要本领域技术人员能清楚地确定该抗原具有免疫原性，那么仅抗原限定的抗体就不具备创造性；对于杂交瘤限定的抗体，如果能证明产生了预料不到的技术效果，则该抗体具备创造性；对于结构特征限定的抗体，如果"决定功能和用途的关键序列"明显不同，并且该抗体能够产生"有益的技术效果"，则该抗体具有创造性。[4]

值得注意的是，当使用结构特征对抗体进行限定时，《专利审查指南》对抗体效果的要求为"有益的技术效果"，而非"预料不到的技术效果"。实践中，中国专利局对结构特征限定抗体的效果要求相对宽松一些。

（二）欧洲

2021 年 3 月发布、2022 年 3 月修订的《EPO 审查指南》[5]中新增了 G-Ⅱ,5.6 节，其中列举了抗体的8种限定方式，并对各限定方式进行了解释，提示了可能导致专利保护范围不清楚、不具有新颖性等不能获得授权的情形。关于创造性，欧洲审查指南明确规定，如果单克隆抗体是通过氨基酸等结构序列进行限定，那么必须跟现有技术相比达到意料不到的技术效果才能满足创造性要求。实践中，EPO对于抗体创造性要求是各国中最高的，通常需要阐述某一方面的技术效果是意料不到的，例如抗原抗体的结合亲和力高于现有技术常规水平、抗体与抗原的结合位点不同于已知抗体等。

（三）美国、日本和韩国

美国对抗体专利创造性的要求与其他领域并没有较大不同。在美国，创造性的评判标准经历了如下变化：

1966年Graham标准[6]：（1）确定现有技术的范围和内容；（2）确定现有技术与发明之间的区别，（3）确定相关领域中普通技术人员的水平；（4）次要考虑因素（如商业成功，长期存在但未解决的需要，他人的失败等）。

1982年TSM（Teaching-Suggestion-Motivation）准则：需要证明现有技术提供了明确的教导、建议或启示，足以让本领域普通技术人员将各项现有技术进行组合。

2007年KSR案[7]：由于TSM过于僵化，在KSR案后，美国专利商标局表示教导、启示或动机可以隐含在市场力量、设计需求或整体现有技术中，而不在对比文件中明确提供。2008年通过修改指南，在TSM基础上，制定了详细的非显而易见性的判断原则。

实践中，美国对抗体创造性方面的要求介于中欧之间。与美国类似，日本和韩国在抗体创造性方面的要求也介于中欧之间。

三、说明书支持

（一）中国

1. 在中国，对于抗原限定（含或不含抗原的结构特征）的抗体，如果抗原的免疫原性已知，仅抗原限定会被视为功能性限定，无论从创造性还是说明书支持方面，均无法得到专利局的认可。

以2017年提交的申请号为201710367906.0的专利申请为例，申请人主张保护一种双抗体夹心法检测抗原的试纸，其中的抗体来源于特定的ST2抗原表位肽。该权利要求为仅通过抗原限定的单抗，未限定抗体的结构特征[8]。2021年的驳回决定中指出，现有技术公开了抗原ST2蛋白序列以及针对ST2蛋白的单克隆抗体，现有技术中公开的ST2蛋白序列包含了权利要求所述的抗原表位肽序列，由于抗体筛选结果的不确定性，仅用抗原表位肽限定的单克隆抗体也是不确定的，导致本申请所述单克隆抗体并没有取得预料不到的技术效果，因此不具备创造性。

该申请中的特定ST2抗原表位肽在申请人的另一件于该申请提交后公开的系列专利中要求保护并最终授权。而在抗原表位肽本身具备创造性的情况下，审查员仍没有接受仅通过抗原表位肽限定的单抗。

值得注意的是，同一申请人在2012年之前审结的专利中，仍有仅使用抗原表位肽进行限定的抗体得到授权。此外，复审委在2015年的87373号决定[9]中支持了申请人以抗原或其截短体对抗体进行限定的主张。可以看出，2012-2015年这段时间，中国专利局对抗体的审查标准逐渐发生了变化。

2. 对于结构特征限定的抗体，审查指南并没有明确结构特征的定义。通过对《专利审查指南》第二部分第十章第9.4.2节[4]的内容分析，结构特征是指"决定功能和用途的关键序列"。

在抗体的结构特征中，部分CDR和全抗体通常不被认为是"决定功能和用途的关键序列"。这是因为6个（对于纳米抗体为3个）CDR均参与了抗原和抗体的特异性结合，任意的部分均不能保证二者的特异性结合，也就无法决定抗体的功能和用途。而全抗体中的恒定区由于本领域共识其不参与抗原抗体结合[2]，因此专利的审查实践中也鲜有将全抗体认定为决定功能和用途的关键序列的案例。

对于全部6个CDR限定和可变区限定，在不同的审查员之间存在分歧。大部分审查员认可可变区中的FR区对抗原抗体的结合有一定影响但未达到决定性的程度，因此同意仅以6个CDR作为结构特征限定抗体，例如《专利审查指南》第二部分第十章第9.3.1.7节[4]中的示例：抗原A的单克隆抗体，其包含氨基酸序列如SEQ ID NO：1-3所示的VHCDR1、VHCDR2和VHCDR3，和氨基酸序列如SEQ ID NO：4-6所示的VLCDR1、VLCDR2和VLCDR3。

实践中，权利要求的具体表述虽有差异，但保持了以CDR组作为结构特征并对CDR序列进行封闭限定的要求。例如在Amgen与Sanofi侵权及无效案中所涉美国专利的中国同族专利CN101932607B中，授权权利要求1为：

"分离的中和抗原结合蛋白，其与包含氨基酸序列SEQ ID NO：1的PCSK9蛋白结合，其中所述中和抗原结合蛋白包含：重链多肽，其包含以下互补决定区CDR：作为SEQ ID NO：49中的CDR1的重链CDR1；作为SEQ ID NO：49中的CDR2的重链CDR2；和作为SEQ ID NO：49中的CDR3的重链CDR3，以及轻链多肽，其包含以下CDR：作为SEQ ID NO：23中的CDR1的轻链CDR1；作为SEQ ID NO：23中的CDR2的轻链CDR2；和作为SEQ ID NO：23中的CDR3的轻链CDR3。"[3]

但是，由于存在一些证据表明FR区会对抗原抗体的结合紧密程度（即结合亲和力）存在少量影响，审查员会认为这样的影响属于决定功能和用途的范畴，要求以可变区（含CDR和FR）作为结构特征限定抗体。参见复审决定第80566号[10]。

（二）欧洲

《EPO审查指南》第G-II, 5.6.1节列举针对抗体可以使用的8种限定方式：(a) 抗体自身结构（氨基酸序列）；(b) 编码抗体的核酸序列；(c) 引用靶标抗原；(d) 靶标抗原和其他功能特征；(e) 功能和结构特征；(f) 制备过程；(g) 表位；(h) 产生抗体的杂交瘤[5]。上述c-g的限定方式在中国均很难被接受，可以看出，EPO对抗体的限定持开放的态度，EPO新指南也没有排除通过其他方式限定抗体。实践中，EPO对于抗体限定的接受形式也在逐步发生变化。

在Amgen与Sanofi案的欧洲同族专利EP2215124中，授权的独立权利要求为（节选）："一种与人PCSK9结合并具有中和作用的单克隆抗体或其片段，在体外竞争结合试验中，过量的所述抗体或其片段能够减少与LDLR结合的PCSK9的数量，其中所述单克隆抗体或其片段与下列抗体竞争与PCSK9的结合：(a) 包含SEQ ID NO: 49中氨基酸序列的重链可变区和SEQ ID NO: 23中氨基酸序列的轻链可变区的抗体……。"[11]可以看出，欧专局在2016年该案授权时支持了以靶标抗原PCSK9和其他功能特征的限定方式，其他功能特征包括能够减少LDLR与PCSK9的结合以及能够与参考抗体竞争结合PCSK9。该方式范围很大，理论上在参考抗体所结合的相同表位上与PCSK9结合的任何高效抗体都涵盖在内。

然而，经过长达7年的异议过程，2023年12月，上述权利要求被宣布部分无效，修改后的有效权利要求为（节选）：

"一种抗原结合蛋白，其中……

（A）所述抗原结合蛋白特异性结合人PCSK9并且具有中和作用，在体外竞争结合试验中，过量的所述抗原结合蛋白能够减少与LDLR结合的PCSK9的数量，所述抗原结合蛋白包含：

（i）(a) 具有与SEQ ID NO: 9有至少90%相同性的序列的轻链可变结构域和具有与SEQ ID NO: 71具有至少90%相同性的序列的重链可变结构域……，或……

（ii）(a) 包含SEQ ID NO: 308的CDRH1、包含SEQ ID NO: 175的CDRH2和包含SEQ ID NO: 180的CDRH3，以及包含SEQ ID NO: 158的CDRL1、包含SEQ ID NO: 162的CDRL2和包含SEQ ID NO: 395的CDRL3……，或……

（B）所述抗原结合蛋白包含含有SEQ ID NO: 23氨基酸序列的轻链可变结构域和含SEQ ID NO: 49氨基酸序列的重链可变结构域。"[12]

可以看出，EPO对于抗体限定也开始采取非常谨慎的态度，加上EPO对于抗体创造性要求是各国中最高的，抗体专利在EPO的授权难度最大。当然，欧洲专利局对序列允许相同性限定和开放式限定，因此其能够覆盖一部分中国授权专利所不包含的范围。

（三）美国

美国《专利法》112（a）条规定了说明书充分披露的规范，包括对发明内容"能够实现（enablement）"的要求[13]，以使所述领域的技术人员能够制造和使用该发明。该规定在面对抗体治疗这一21世纪的新物种时，也经历了变化和更新。

2004 至 2008 年：2004 年 Noelle v. Lederman 案中提出"新特征抗原"测试法[14]；并于2008年公告规定，仅需充分表征抗原并证明可使用常规方法制备抗体，即可主张与该抗原结合的抗体。这也称为抗体原则或抗体例外原则。

2010 至 2018 年：2010 年 Ariad v. Eli Lilly 案中提出"代表性物种"测试法，要求说明书应详细描述抗体的结构或其他代表性性质[15]；2011 年 Centocor v. Abbott 案中虽适用"新特征抗原"测试法，但要求所述抗原为新的抗原[16]；2017 年 Amgen v. Sanofi 案中，联邦巡回法院推翻了"新特征抗原"测试法[17]；并于2018年公告废止了"新特征抗原"测试法[18]。

在 Amgen v. Sanofi 案中，涉案专利US8829165B2和US8859741B2均保护抗PCSK9抗体，二者授权权利要求的描述方式相似[19][20]。其中US8829165于2014年的授权权利要求1如下：

"一种分离的单克隆抗体，当与PCSK9结合时，所述单克隆抗体与SEQ ID NO：3的以下残基中的至少一个结合：S153、I154、P155、R194、D238、A2391369、S372、D374、C375、T377、C378、F379、V380或S381，并且所述单克隆抗体阻断PCSK9与LDLR的结合。"

两件专利的权利要求1均采用描述靶标抗原以及其他功能限定，即抗原结合表位的氨基酸残基以及抗体阻断抗原和配体的结合。因此，相比欧洲同族专利的授权范围，尽管美国专利在2014年授权时对抗体抗原的结合位点进行了限定，但并未限定抗体本身的任何结构，实际保护范围仍旧很大，覆盖了大量尚未发现的抗体。

在诉讼期间，两件专利最初于2017年被地区法院维持有效，但在被联邦巡回法院发回重审后，地区法院于2019年指出专利不满足"能够实现"的要求（enablement requirement）。之后 Amgen 公司持续上诉，但 2021 年联邦巡回法院维持原判，最终这一结果在2023年5月得到联邦最高法院的判决支持[1]。

对于"能够实现"的评判标准，联邦最高法院的观点是："一方要求的越多，其要求的垄断就越广泛，它就越必须实现"；对于功能性限定的权利要求，需要有更充分的实施例证明权利要求所覆盖的方案都是可实施的。

联邦最高法院指出：当功能性限定过于广泛而说明书的指导较为狭窄的情况下，本领域技术人员需要花费大量时间和精力才能充分实施权利要求中的技术方案。即使已知晓代表性抗体与抗原结合的三维结构，但是仍不可能由此得到结合相同表位的抗体的氨基酸序列。Amgen 在 US8829165 中试图通过功能定义垄断一整个属类，其中涵盖了至少数百万抗体，这其中包括专利中给出轻重链序列的 26 种抗体，还包括大量其他没有给出序列的抗体，本领域技术人员不得不进行过度的实验才能确定其他的抗体是否满足权利要求中的功能要求。最终，两件专利中表位限定的权利要求由于不满足能够实现而被无效。

笔者认为，功能性限定实质上提高了能够实现的门槛，具体而言，主张的范围越大，需要的实施例也就越多。对于数百万未知的抗体，仅提供 26 种的序列和效果显然是不足够的。基于笔者的经验，目前在美国，抗体专利也需要限定 CDR 组。

（四）日本

日本《专利法》有关支持问题的原理与中国类似。日本《专利法》第三十六条第六项规定，权利要求书应当以说明书为依据[21]。根据日本审查指南的规定[22]，是否得到说明书的支持应该基于以下事实：关于权利要求所涉及的发明，是否在具体实施方式中记载的"本领域技术人员所认知的能够解决发明的技术问题"的范围内；另外，是否在"即使没有记载和暗示，本领域技术人员按照申请时的技术常识能够解决发明的技术问题"的范围内。同样地，日本针对"支持问题"进行了基础性规定，但是也保留了规定的灵活性。

还是以 Amgen 与 Sanofi 案为例。该案的日本同族专利 JP5705288B2 于 2014 年授权，授权权利要求 1 采用了与欧洲类似的功能限定方式，即能够中和 LDLR 与抗原的结合以及能够与参考抗体竞争结合抗原，如下所示："一种分离的抗体，能够中和 PCSK9 与 LDLR 蛋白的结合，并与含有重链和轻链的抗体竞争结合 PCSK9，该重链包含氨基酸序列分别如 SEQ ID NO：368、175 和 180 所示的 CDR1、2 和 3，该轻链包含氨基酸序列分别如 SEQ ID NO：158、162 和 395 所示的 CDR1、2 和 3。"[23]

在后续的无效诉讼中，Amgen 修改权利要求的功能限定方式为：抗原+与抗体竞争结合抗原，并限定了竞争抗体的可变区，如下所示："一种分离的抗体，能够中和 PCSK9 与 LDLR 蛋白的结合，并与含有重链和轻链的抗体竞争结合 PCSK9，该重链包含由 SEQ ID NO：49 的氨基酸序列组成的重链可变区，该轻链包含由 SEQ ID NO：23 的氨基酸序列组成的轻链可变区。"

2020 年 4 月，日本最高院判决修改后的专利有效，同时判决 Sanofi 侵权[24]。不过，在后续的再次无效中，日本知产高院于 2023 年 1 月因"支持问题"无效了 Amgen 的上述专利[25]，该案目前还在上诉中。

当前的日本审查实践中，与中国的要求类似，抗体至少需要使用由序列封闭限定 CDR 组来表征，例如上述涉案专利的另一件日本同族授权专利 JP5906333B2[26]。再结合欧美同族专利的命运，不难想象 JP5705288B2 专利的最终结果也将是维持无效。

（五）韩国

韩国《专利法》第42条第4款和第6款中规定[27]：权利要求应该得到说明书的支持，并且权利要求应该清楚、简洁地描述发明；权利要求应阐明识别发明所需的结构、方法、功能和材料或其组合，以清楚限定要保护的权利要求。对于功能限定，韩国《专利审查指南》规定[28]："因为技术多样化，希望通过装置的效果或操作方法而不是产品（装置）发明的物理结构或详细手段来定义发明。因此，如果一项发明可以被清楚描述，该发明可以根据申请人的选择自由表述"。

根据韩国审查实践，抗体专利也需要使用CDR组来表征。当然，韩国允许对CDR序列进行保守取代的限定。例如，Amgen与Sanofi案的一件韩国同族专利KR101494932B1，其授权权利要求1如下：

"一种特异性结合PCSK9的抗原结合蛋白，包括：SEQ ID NO：49中的CDRH1序列或其保守氨基酸取代序列、SEQ ID NO：49中的CDRH2序列或其保守氨基酸取代序列、SEQ ID NO：49中的CDRH3序列或其保守氨基酸取代序列、SEQ ID NO：23中的CDRL1序列或其保守氨基酸取代序列、SEQ ID NO：23中的CDRL2序列或其保守氨基酸取代序列，以及SEQ ID NO：23中的CDRL3序列或其保守氨基酸取代序列。"[29]

但是，涉案专利的另一件韩国同族专利KR101702194B1却并非如此。该专利于2017年授权，其权利要求1和2与前述欧洲同族的授权权利要求相同，即采用了靶标抗原PCSK9和参考抗体竞争结合PCSK9的功能限定方式；而权利要求5与美国同族权利要求相同，即采用了靶标抗原以及抗原结合表位的氨基酸残基的功能限定方式[30]。虽然Sanofi的被控侵权产品Praluent在韩国有售卖，但是截至目前，Amgen与Sanofi在韩国尚没有针对涉案专利和产品的法律诉讼。基于同族在欧美日的遭遇，不难预期，如果Amgen在韩国挑起侵权诉讼，其专利极有可能也会面临被无效的风险。

结　语

无论是欧洲的抗体限定方式，还是美国的"能够实现"，美国和欧洲在抗体专利的授权范围方面均经历了从"抗原+功能限定"到具体限定抗体特征序列的重大转变。结合中日韩的审查实践，可以看出，抗体专利的授权范围在全球正在趋于统一，即以CDR组的序列限定为基础，辅以功能限定或者进一步的可变区序列限定。

专利的核心目的是保护专利权人的合法权益。从促进创新的角度看，创新越难，则利益越大，创新越易，则利益越小。从1890年发现白喉的血清疗法开始，直到1962年抗体的分子结构才被确定，此时围绕抗体的工作更多的是科学研究。在1984年通过杂交瘤技术制备单克隆抗体技术得到完善之后，对抗体结构的解读也变得容易，科学家逐步发现抗体的安全性、有效性、稳定性等与结构的关系，对抗体特征的表征成为可能。随着核酸测序技术和蛋白质合成技术的突飞猛进，进入21世纪20年代，已经可以批量获取抗体序列并快速制备抗体，创新难度相比20年前显著下降，本领域技术人员的水平也明显提高。当前的抗体研发对社会的贡献已经不足以赋予研发者一大属类（genus）抗体的利益了。

而且，单克隆抗体技术的完善使得治疗性抗体成为可能，抗体药物的开发进入加速期。随着1997年首个抗体药物于FDA获批，抗体作为药物的有效性和安全性已经毋庸置疑，大小药企均开始抗体药物的开发。在利益的驱使下，对抗体专利的挑战增多，反过来推动了法律的进步和审查尺度的变化。

专利的深层次目的是鼓励发明创造，推动发明创造的应用。基于抗体免疫的原理，能够直接投入治疗应用的通常都是抗体，而不是抗原。那么，以抗原作为功能性限定来划定抗体专利的范围是否有可能限制创新主体对抗体的开发，从而妨碍此类发明创造的应用？

将更多的利益让渡给公众，事实上有助于促进创新。近年来，每次科学界发现一个新的靶点抗原，企业总能敏锐地发现并开展抗体研究。如果仍以抗原作为功能性限定来确定抗体专利的授权范围，由于忌惮巨额的侵权成本，企业对开展抗体研究的热情和动力势必显著降低，导致抗体药物数量骤减，最终的结果将是疾病治疗方案的不足，影响公众整体健康水平。

专利的最终目的是促进科学技术进步和经济社会发展。当技术发生革命性升级时，将权利的天平适当向公众倾斜，有望避免权利过度扩张，进而发挥专利在激励创新方面的效能。我国虽然专利系统起步较晚，但对抗体药物发明专利的审查却适时地确立了较为严格的标准：1）不接受包括抗原限定在内的仅功能限定，2）不接受序列相同性限定，3）序列要以封闭形式限定而非开放形式，4）虽然接受仅以CDR作为关键序列的限定，但存在一些证据表明，中国专利局可能要求以保护范围更小的可变区作为关键序列进行限定，5）虽然对抗体的效果要求较低，但对于涉药的抗体专利有严格的说明书公开充分和支持要求。

对于Amgen和Sanofi案涉案专利，除了上述在中国授权的同族专利CN101932607B使用CDR限定之外，申请人曾多次尝试在分案中使用欧洲或者美国授权权利要求的限定方式，但是均被驳回，例如CN104311665A和CN104311667A等。在CN104311667A的一审行政判决书中，北京知识产权法院指出："本申请说明书中仅验证了几个参考抗体的作用，并没有证据证明与参考抗体21B12竞争结合的所有抗体均能够中和PCSK9与LDLR的结合，并均能解决本申请实际所要解决的技术问题，达到说明书的实验效果"[31]。

Amgen和Sanofi各自的产品均已进入中国，但由于Amgen在中国没有获得以功能特征限定的权利范围，二者至今没有发生法律层面的交锋。

参考文献

[1] Amgen Inc. v. Sanofi, 598 U.S._(2023)[Z/OL]. (2023-05-18)[2024-03-29]. https://supreme.justia.com/cases/federal/us/598/21-757/.

[2] 马兴铭,丁剑冰. 医学免疫学[M]. 北京:清华大学出版社,2017:27.

[3] 安姆根有限公司. 针对前蛋白转化酶枯草杆菌蛋白酶KEXIN9型(PCSK9)的抗原结合蛋白:CN101932607B[P]. 2014-06-25.

[4] 国家知识产权局. 专利审查指南2023[M]. 北京:知识产权出版社,2024.

[5] Guidelines for Examination in the European Patent Office[M]. Munich: European Patent Office,2024.

[6] Graham v. John Deere Co., 383 U.S. 1[Z]. 1966.

[7] KSR Int'l Co. v. Teleflex Inc., 550 U.S. 398[Z]. 2007.

[8] 深圳市安群生物工程有限公司. 检测人ST2蛋白的荧光免疫层析试纸及其制备方法:CN108956996A[P]. 2018-12-07.

[9] 第87373号复审决定[Z]. 2015-04-22.

[10] 第80566号复审决定[Z]. 2014-12-22.

[11] AMGEN INC. Antigen binding proteins to proprotein convertase subtilisin kexin type 9 (PCSK9): EP2215124B1[P]. 2016-02-24.

[12] AMGEN INC. Antigen binding proteins to proprotein convertase subtilisin kexin type 9 (PCSK9): EP2215124B9[P]. 2023-12-27.

[13] 35U.S.C.112[Z]. 2022.

[14] Noelle v. Lederman, 355 F.3d 1343[Z]. 2004.

[15] Ariad Pharms., Inc. v. Eli Lilly & Co., 598 F.3d 1336, 1344[Z]. 2010.

[16] Centocor Ortho Biotech, Inc. v. Abbott Labs, 636 F.3d 1341[Z]. 2011.

[17] Amgen Inc. v. Sanofi, 872 F.3d 1367, 1381-82[Z]. 2017.

[18] Clarification of Written Description Guidance for Claims Drawn to Antibodies and Status of 2008 Training Materials, Memorandum, USPTO[R]. 2018-02-22.

[19] AMGEN INC. Antigen binding proteins to proprotein convertase subtilisin kexin type 9 (PCSK9): US8829165B2[P]. 2014-09-09.

[20] AMGEN INC. Antigen binding proteins to proprotein convertase subtilisin kexin type 9 (PCSK9): US8859741B2[P]. 2014-10-14.

[21] 特許法[M]. 东京:日本特許庁,2023.

[22] 特許・実用新案審査ハンドブック[M]. 东京:日本特許庁,2024.

[23] AMGEN INC. Antigen binding proteins to proprotein convertase subtilisin kexin type 9 (PCSK9): JP5705288B2[P]. 2015-04-22.

[24] 平成29年(行ケ)第10225号[Z]. 2018-12-27.

[25] 令和3年(行ケ)第10093号[Z]. 2023-1-26.

[26] AMGEN INC. Antigen binding proteins to proprotein convertase subtilisin kexin type 9 (PCSK9): JP5906333B2[P]. 2016-04-20.

[27] Patent Act[M]. Seoul: Korea Legislation Research Institute,2017.

[28] Patent Examination Guidelines[M]. Daejeon: Korean Intellectual Property Office,2023.

[29] AMGEN INC. Antigen binding proteins to proprotein convertase subtilisin kexin type 9 (PCSK9): KR101494932B1[P]. 2015-02-26.

[30] AMGEN INC. Antigen binding proteins to proprotein convertase subtilisin kexin type 9 (PCSK9): KR101702194B1[P]. 2017-02-03.

[31] (2021)京73行初18228号[Z]. 2023-03-29.

从Amgen v. Sanofi案论抗体权利要求的"说明书支持"边界

陈扬扬

[摘　要] 2023年5月18日，美国联邦最高法院对Amgen v. Sanofi案作出判决，强调抗体权利要求的说明书支持中的"可实施性"判断标准。本文探讨抗体权利要求的"说明书支持"问题，认为说明书是否支持取决于抗体的可预期性，即从说明书出发，是否需要"过度实验"才能证明权利要求中涵盖的每个抗体的效果。本文亦对专利申请文件的撰写给出了建议。

[关键词] 抗体，说明书支持，可实施性，功能性限定，过度实验

引　言

　　专利制度设立的目的是保护专利权人的合法权益，鼓励发明创造，推动发明创造的应用，提高创新能力，促进科学技术进步和经济社会发展[1]，其手段在于"公开换保护"，即专利权人通过将其技术向社会公众公开来换取对专利权人在一定时间内独占该技术的合法权益的保护。这里的"保护"有两个维度，一个维度是保护的时间，通常是指法律规定的专利有效期，另一个维度是保护的范围，即专利权人在权利要求书中所涵盖的全部技术方案。专利制度可看作专利权人与社会公众之间的利益平衡机制。作为一种平衡，专利公开的程度与其保护的范围息息相关。通常，只有公开的越多，才能保护的越多，也就是说，说明书提供

作者简介

陈扬扬　上海专利商标事务所有限公司专利代理师。

的支持越多，权利要求可以保护的范围越大。一般来说，权利要求的保护范围是由说明书记载的一个或者多个实施方式或实施例概括而成。但是，如果权利要求的概括使所属领域的技术人员有理由相信权利要求中通过概括所包含的一个或多个下位概念或具体技术方案不可实施，则这样的概括被认为是过分夸大或者不合理的。此时，就存在无法授权、被无效或无法维权的风险。因此，"说明书支持"对于专利权的获得和稳定性至关重要。2023年5月18日，美国联邦最高法院对Amgen v. Sanofi案作出了判决，本案中Amgen公司的两项PCSK9抗体专利中的功能性权利要求因为没有"可实施性"（enablement）而被判无效。那么，说明书究竟能在多大程度上支持抗体权利要求的范围，从而使其被认为具有"可实施性"？本文试图对这一问题展开探讨。

一、案情简介

在美国，抗体权利要求的说明书支持标准经历了由宽松到严格的变化趋势。抗体药物的发展历史只有短短几十年。到21世纪初之前，抗体大多数是作为检测试剂使用，而非药物，其说明书只要充分描述了抗原和产生抗体的过程，就能够支持权利要求中针对该抗原的所有抗体的保护[2]。2008年3月，美国专利商标局（USPTO）在书面说明要件审查指导原则[3]中针对抗体技术领域判断说明书支持问题提出"新特征抗原"测试法，即专利申请人只要已经充分描述蛋白质X，并且以本领域惯用的技术产生可与其结合的抗体，则不需要详细描述可与蛋白质X结合的抗体结构，即满足说明书对相关抗体保护范围的支持。但是，由于"新特征抗原"测试法确实涵盖了众多尚未鉴定的抗体，使专利权人获得了远大于实际贡献的利益，美国的各级法院越来越多地基于可实施性要求来否定这类由抗原结合功能限定的抗体。USPTO最终于2018年2月公告废止使用"新特征抗原"测试法作为书面说明要件的审查标准。两项涉案专利正是在"新特征抗原"测试法推行期间获得授权的。通过本次判决，美国联邦最高法院进一步确认了对"新特征抗原"测试法的彻底否定。

PCSK9是人体调节体内胆固醇含量的机制，也是降脂药物的靶点。降脂药物可以作用于PCSK9而有效降低血液中的低密度脂蛋白（LDL）。Amgen公司是美国第8 829 165号和第8 859 741号涉及"结合PCSK9抗原的蛋白"专利的专利权人。2014年10月，Amgen公司于特拉华州联邦地方法院向Sanofi公司提起专利侵权诉讼。Sanofi公司提出抗辩，主张这两项专利都没有可实施性，因此这两项专利都无效。本案先后经过美国地方法院和巡回上诉法院的审理，地方法院和巡回上诉法院都支持Sanofi公司。最终，此案上诉到美国联邦最高法院。

美国第8 829 165号的权利要求1如下：

"1. 一种经分离的单克隆抗体，其中当与PCSK9结合时，该单克隆抗体至少与SEQ ID NO: 3的以下残基之一结合：S153、I154、P155、R194、D238、A239、I369、S372、D374、C375、T377、C378、F379、V380或S381，并且该单克隆抗体可阻隔PCSK9与LDL受体的结合。"

美国第8 859 741号的权利要求1如下：

"1. 一种与PCSK9结合的经分离的单克隆抗体，其中该单克隆抗体与PCSK9的一个表位相结合，其中至少包含SEQ ID NO: 3的237或238号的残基之一，并且该单克隆抗体可阻隔PCSK9与LDL受体的结合。"

这两项专利所要求保护的单克隆抗体都只是通过其所结合的抗原表位和阻隔功能来限定，即纯功能性限定。对于两项专利的可实施性，Amgen公司认为其专利的说明书披露了26个抗体的具体序列和实验数据，还提供了实现权利要求中所有抗体的两种方法：一是"路线图（Roadmap）"，其包括（1）在实验室中产生一系列抗体，（2）测试这些抗体以确定是否有任何抗体与PCSK9结合，（3）测试那些与PCSK9结合的抗体，以确定是否结合权利要求中的所述结合位点，和（4）测试那些与权利要求中所述结合位点结合的抗体，以确定是否有任何抗体阻隔PCSK9与LDL受体的结合；二是"保守替换（Conservative Substitution）"，其包括（1）从已知具有所述功能的抗体出发，（2）用已知具有相似特性的其他氨基酸替换抗体中选定的氨基酸，和（3）测试产生的抗体，看它是否也具有所述功能。Amgen公司据此认为说明书已经充分公开，本领域技术人员根据说明书可实施其记载的技术方案从而获得这两项专利所要求保护的全部抗体。

美国联邦最高法院在判决中认定Amgen公司的两项PCSK9抗体专利中的功能性权利要求因为不可实施而无效。美国联邦最高法院再次强调了"可实施性"的判断标准，即技术人员是否可以根据专利中公开的内容制造或使用本发明，而无需过度实验。美国联邦最高法院认为，"路线图"和"保守替换"只是两个科研课题，在此基础上，科研人员仍需大量实验试错，即需要过度实验。所以，判决Amgen公司的两项PCSK9抗体专利中的发明没有"可实施性"从而无效。

二、解读与分析

让我们首先看一下在美国的法律体系中，对于说明书支持是怎么规定的。美国法典第35卷第112（a）条规定"说明书应当包括发明的书面描述，以及制作和使用的方式和过程，言词应该是完整、清晰、简洁、确切，以至于使任何在同一领域或相关领域有一般知识的人能制作和使用这个发明,说明书还应当阐述发明者或共同发明者所设想的使用这项发明的最佳模式"[4]。对于"说明书支持",该条款提出了三项要件:书面描述(written description)、可实施性、最佳实施例(the best mode),其中"可实施性"是确保说明书支持的核心,它要求发明人以充分、清楚、精准及准确的术语进行描述,以使得所属领域的技术人员能够制造及使用相同的发明。那么究竟怎样来判断说明书是否"使任何在同一领域或相关领域有一般知识的人能制作和使用这个发明",即说明书支持这个发明有"可实施性"呢?根据巡回上诉法院之前的判例和联邦最高法院在本次判决中强调的观点来看,标准就是"技术人员是否可以根据专利中公开的内容制造或使用本发明,而无需过度实验"。

由此可见,"可实施性"的判断标准就在于是否需要"过度实验"。笔者认为,这一标准既承认了可以通过说明书中经实验对具体技术效果的验证来支持权利要求书中对技术方案的概括,又对说明书中为了支持这种概括而必须达到的技术效果公开程度提出了要求。那么究竟进行多少实验才算是"过度实验"呢?笔者认为,这个判断不能一概而论,需要结合众多因素,并不是一项专利说明书中公开的实验数据多,所以其权利要求就必然可实施,而另一项专利说明书提供的实验数据很少,甚至没有实验数据,就可以直接判断其权利要求不可实施。美国联邦最高法院在该案的判决中也指出"可实施性不需要通过测量权利要求中每个实施方式所耗费的累计时间和精力来判断"。首先,对于某一技术领域,为了达到支持权利要求书中概括的目的,在说明书中通常需要以一定程度展示技术效果,这个程度与该技术领域的可预见性直接相关。例如,在生物学领域,技术效果的可预见性较低,一个技术方案是否可行经常需要通过实验数据来判断。在这种情况下,为了证明一个技术方案可实施,就必须进行相应的实验,对于说明书支持而言,充足的实验数据自然必不可少。然而,笔者认为,即便一项专利所属技术领域的可预见性较差,也不意味着必须要在说明书中披露权利要求所涵盖的全部技术方案的实验数据。只要根据所属领域技术人员的常规实验技能和公知常识,从已有的部分技术方案的实验数据出发能合理推定权利要求中涵盖的其他未经实验验证的技术方案会有类似效果,就可以认定目前的实验数据足够支持权利要求的概括,由此在不需要"过度实验"的情况下就可以实施权利要求中所概括的全部技术方案。

为了证明不需要"过度实验"就能确立其权利要求的"可实施性",Amgen公司提出了两条理由,即"路线图"和"保守替换"。对于"路线图",美国联邦最高法院认为"这仅是一步步描述了Amgen公司自己寻找功能性抗体的'试错法'"。笔者认为,"路线图"只是一种研发策略,对于本案所涉及的抗体而言,虽然通过"路线图"确实能够得到权利要求中的一部分抗体,例如其说明书中已经验证的26个抗体,但鉴于权利要求中所涵盖的具有所述功能特征的抗体种类至少以百万计,针对除这26个抗体以外的具备所述功能特征的另一抗体,为了得到它,通过"路线图"这样的实验方案所产生的实验工作量是近乎无限的，明显属于"过度实验"。对于"保守替换"，美国联邦最高法院认为"这与'路线图'没什么差别"。对此，笔者持有不同观点。"保守替换"与"路线图"本质上不同，前者是对已有方案的有限改造，后者则是几乎从头开始的探索。在生物学领域中，数十年来，已经对很多生物分子，如蛋白质、抗体等进行了大量基于保守替换的工程改造，并且发现绝大多数情况下，这些保守替换不会导致原有功能明显丧失。正如在有机化学领域中的取代基选择一样，即便在实施例中对于某一化合物的一处取代基仅使用了一个具体基团并加以验证，通常可以在马库什权利要求中要求保护由与该基团在结构和功能上相近的一类基团组成的较大保护范围。一般而言，化合物中一类相似基团的范围要远大于氨基酸中保守替换所包含的少数几个特定氨基酸选项，后者的可预期性并不弱于前者。所以，笔者认为对于"保守替换"的可实施性是否需要"过度实验"，还需要根据具体情况具体分析。

笔者认为美国联邦最高法院的判决中给出的理由及背后的观点导向大大限制了说明书可支持的抗体权利要求范围。对于纯功能性限定的抗体权利要求，除了对落入权利要求范围中的所有抗体进行实验验证以外，似乎没有别的方法可以支持这样的概括。由于纯功能性限定通常涵盖至少百万计的潜在抗体数量，鉴于巨大到近乎无限的实验成本，这样的实验验证是不可能的。也就是说，根据该判决，美国联邦最高法院实际上完全否定了纯功能性限定的抗体权利要求获得说明书支持的可能性，专利权人所可以获得的保护范围相对于其具体实施例而言的拓展微乎其微。

关于可实施性，我国专利法也有相关的规定。《专利法》第二十六条第三款中规定：说明书应当对发明或者实用新型作出清楚、完整的说明，以所属技术领域的技术人员能够实现为准；必要的时候，应当有附图[1]。另外，《专利审查指南》第二部分第二章第2.1.3节对"能够实现"作了进一步的解释，即所属技术领域的技术人员能够实现，是指所属技术领域的技术人员按照说明书记载的内容，就能够实现该发明或者实用新型的技术方案，解决其技术问题，并且产生预期的技术效果[5]。那么对于抗体权利要求，在我国说明书支持又能获得多大的保护范围呢？

几乎与这2项美国专利同时，Amgen公司在我国的同族专利申请获得了授权[6]，其权利要求1如下：

"1. 分离的中和抗原结合蛋白，其与包含氨基酸序列SEQ ID NO：1的PCSK9蛋白结合，其中所述中和抗原结合蛋白包含：

重链多肽，其包含以下互补决定区CDR：

作为SEQ ID NO：49中的CDR1的重链CDR1；作为SEQ ID NO：49中的CDR2的重链CDR2；和作为SEQ ID NO：49中的CDR3的重链CDR3，以及轻链多肽，其包含以下CDR：

作为SEQ ID NO: 23中的CDR1的轻链CDR1；作为SEQ ID NO: 23中的CDR2的轻链CDR2；和作为SEQ ID NO: 23中的CDR3的轻链CDR3。"

该权利要求也是在我国审查实践中授权的抗体权利要求的典型类型。长期以来，我国审查实践对于说明书所能支持的抗体权利要求保护范围持有一种非常谨慎的态度。在第239660号复审决定中，对于仅通过结合抗原和结合亲和力限定的抗体权利要求，合议组认为其概括了未在实施例中验证的抗体，保护范围过大，得不到说明书的支持，另外对于开放式限定CDR序列的从属权利要求，合议组也认为在CDR序列的两端添加不限数量类别的氨基酸残基会影响抗体的结构和功能，同样得不到说明书的支持。在具体代理实务中，笔者注意到对于抗体权利要求，我国审查员往往会认定说明书支持的范围仅限于实施例中具体制备并验证的抗体或其抗原结合片段，超出此范围的任何概括几乎不会被接受，更不用说涵盖范围更大的功能性限定了。在说明书中记载了具体抗体及其实验数据的情况下，可支持的抗体保护范围只有明确的抗原结合片段（重链可变区、轻链可变区或全部6个CDR）序列，并且对这些序列只能是封闭式限定。这与说明书中记载的具体抗体相比，拓展范围很少。

对于明确的抗原结合片段序列的要求，笔者认为应当适度放宽，例如，放宽对保守替换和序列相同性百分比的限制。对于保守替换，只要说明书中记载了原始抗体相应结合功能区域的序列（例如，CDR）和对该序列的一个或多个氨基酸残基进行保守性替换得到的部分变体抗体，并验证其效果，即便在没有穷举所有变体抗体的情况下，只要没有明显不利的数据，就可以认为对该区域中的一个或多个所述氨基酸残基所进行保守替换得到的所有变体抗体都可以得到说明书支持，从而纳入权利要求的合理保护范围，只要这种保守替换的位点和选项是明确的即可。

对于序列的封闭式限定的要求，笔者认为这样的要求不甚合理。抗体的结构是由重链和轻链通过链间二硫键连接而成，其中重链包括重链可变区和与之相接的重链恒定区，轻链包括轻链可变区和与之相接的轻链恒定区，重链可变区和轻链可变区中的3个CDR与4个框架区（FR）彼此交错排列。对重链可变区、轻链可变区和CDR的封闭式限定不允许在其任意端添加任意数量和类型的氨基酸残基，但是审查实践通常对重链恒定区、轻链恒定区和框架区都没有限定要求，也就是任何序列的重链恒定区、轻链恒定区和框架区都可以包括在权利要求的范围中，这就意味着对与重链可变区、轻链可变区和CDR的末端相接的序列没有任何限定要求。这显然与对重链可变区、轻链可变区和CDR的封闭式限定要求自相矛盾。如果说审查实践认为在重链/轻链可变区和CDR的任意端添加任何氨基酸残基会导致结构和功能被破坏，那么与之相邻的重链/轻链恒定区和框架区采用任意氨基酸序列实质上等同于在重链/轻链可变区和CDR的任意端添加任何氨基酸残基，这难道就不会导致结构和功能被破坏？所以笔者认为，这样的封闭式限定没有意义。审查实践既然认为说明书能支持对重链/轻链恒定区和框架区的任意选择，也应当能支持对重链可变区、轻链可变区和CDR的开放式限定。

笔者认为，适度放宽对说明书支持的标准有利于调动专利权人的创造积极性。不论是在电学、化学、机械还是生物学领域，对实施例中任何技术方案中具体技术特征的上位概括都不能保证100%维持原有功能，从概率上来说，根据说明书中记载的内容，只要能让所属领域的技术人员相信概括后的技术方案中绝大多数都可以实施，就应当允许这种概括。除了实施例以外，适度的拓展范围本身也是对专利权人的合理奖赏，从而尽可能减少他人通过简单改造就轻易避开侵权从而获得不当利益，让专利权人的合理利益蒙受损失的情况发生。

另外，笔者认为，除了行政和司法上的纠错机制以外，社会公众由于本身是专利公开的受益者，也应当承担一定的责任。对于明显涵盖过大范围或者涵盖大量不可实施方案的抗体权利要求，社会公众可以通过提供相应的证据来无效。只要没有充足的证据和理由来推翻某一权利要求，即便该权利要求所概括的范围看似较大，也应当认定这样的概括得到说明书的支持，属于专利权人的合理利益。从而，在专利权人和社会公众的利益之间达到合理平衡。无论如何，应该避免一个过度偏向社会公众利益的行政司法体系的出现，这种情况与过度保护专利权人利益一样，都与专利制度设立的初衷背道而驰。

三、申请文件撰写建议

综上所述，无论是在美国还是在中国，对于抗体权利要求的"说明书支持"要求总体是趋同的。鉴于此，笔者建议，首先，在撰写说明书时，需要在实施例中提供抗体序列、制备过程和验证数据的详细信息，这些是构成说明书支持的基础，对于抗体权利要求而言必不可少。其次，如果希望获得涵盖一定序列相同性或保守替换的保护范围，至少需要提供一定数量具有所限定序列相同性或保守替换的抗体实施例，这个数量越多越好，如果能涵盖所有抗体，则这样的序列相同性或保守替换基本会被接受。再次，在撰写权利要求书时，尽量避免采用纯功能性限定，最好是采用结构限定，或者结构限定＋功能性限定的方式，而且结构限定要与说明书中实际制备或验证的抗体序列特征相对应，这样所获得保护范围不论在授权概率还是稳定性上都更为有利。最后，在权利要求的谋篇布局中，要注意增加权利要求的保护层次。尤其是在采用纯功能性限定的独立权利要求之后，增加具有结构特征限定的从属权利要求以避免"一着不慎满盘皆输"的情况出现。

结　语

　　如果说新颖性和创造性往往是由撰写之前研发立项的"先天因素"所决定，那么"说明书支持"可以说主要取决于研发人员的实际工作量和代理师在撰写过程中的深思熟虑。"说明书支持"的边界通常可以认为是基于说明书中实施例或实施方式的"适度"概括。究竟何谓"适度"，需要考虑技术效果的可预期性，即从说明书出发，是否需要"过度实验"才能证明权利要求中每个技术方案的效果。对于抗体权利要求的说明书支持，最理想的结果是，抗体权利要求的保护范围与说明书公开的范围相适应，该范围既没有宽到超出通过合理的尝试或调整而获得的范围，也未窄到让他人通过简单改造就轻易避开侵权从而有损于专利权人因公开而应当获得的权益。

参考文献

［1］ 中华人民共和国专利法2020［M］.北京：知识产权出版社，2021.
［2］ TENG TW, KESSELHEIM AS, TU SS. Antibody Patent Evolution［J］. IEEE Pulse, 2022, 13(5): 33-37.
［3］ USPTO. Written Description Training Materials, Revision 1［S］. 2008.
［4］ 美国法典［M］.北京：中国社会科学出版社，1997.
［5］ 国家知识产权局.专利审查指南2023［M］.北京：知识产权出版社，2024.
［6］ 安姆根有限公司.针对前蛋白转化酶枯草杆菌蛋白酶KEXIN9型(PCSK9)的抗原结合蛋白：200880113475.4［P］.2014-06-25.

专利诉讼信息对于专利信息分析的重要性：以中美锂电行业为例

马晓枫

[摘　要]　本文通过收集和分析中国和美国锂电行业的专利诉讼数据，研究专利诉讼信息对于专利信息分析的重要性。作为专利信息分析的重要组成部分，专利诉讼信息提供了更多维度的信息，可为决策过程提供更多启示，从而帮助决策者做出更为合理的决策。

[关键词]　专利信息，专利诉讼信息，专利侵权，专利无效，锂电行业

引　言

专利信息，被广泛用于辅助决策，旨在有效解决与各技术领域高风险决策相关的问题，从而提高决策可信度[1]。从产业的角度看，专利信息可用于投资、研发、竞争对手调查以及推出新产品等做出战略决策；从公共政策的制定看，专利信息可用于政策制定之前建立事实基础，尤其是在卫生、农业和环境等领域[1]。

根据分析目的的不同，专利信息分析的方法也有所不同，常规做法是定量分析和定性分析。定量分析可包括专利申请数量、引用/被引数量、专利权人相关信息、专利家族的规模等；定性分析可包括技术的发展周期、技术方向等。

通常情况下，专利信息分析中诉讼数据分析的维度较少，从一定程

作者简介

马晓枫　上海专利商标事务所有限公司专利代理师。

度上低估了诉讼信息对于提高专利信息分析的准确度所能发挥的重要作用。例如：张谦等[4]提到中国专利CN100421289C的无效宣告请求，该专利的技术领域属于锂电行业，专利权人是魁北克水电公司，该公司在锂电领域的专利数量不多。在进行常规的定量分析时，如只考虑专利权人的专利数量，那么上述专利很可能不会被识别。然而，该专利被中国电池工业协会提起无效宣告请求，这表明该专利可能会对中国锂电行业产生巨大影响。通过增加诉讼数据的分析，可发现该专利对技术和产业的影响。

从上述案例可以看到，专利诉讼数据在专利信息分析中所发挥的重要作用。在目前的专利信息分析中，与专利诉讼相关的信息通常没有被完全考虑在内，为了增加专利分析的价值，以便提供更可靠的决策支持，可适时考虑法律数据的更多维度，如：诉讼时间、涉诉技术、相关当事人……这些都可能表明技术和产业的发展，并可能成为影响决策过程的因素。

与庞大的专利数量相比，涉诉专利的数量相对较少，但从技术或市场角度看，涉诉专利可能具有更重要的作用。例如，Matthew D. Henry[8]研究了专利诉讼的市场效应，发现公司价值会因诉讼增加或减少，专利价值也会因法律法规的改变增加或减少。此外，专利诉讼也可能影响决策过程。例如，Yi-Hsien Wang等[7]发现，当发生侵权诉讼时，诉讼双方的风险会显著不同，专利诉讼也会对产业产生严重影响，这就迫使相关主体不仅要根据经济形势、研发情况，还要根据法律信息进行判断和决策。

因此，专利诉讼数据分析不仅对诉讼当事人，且对整个行业都很重要，它可成为技术开发、技术商业化、公共政策的指标，也可为决策过程提供更多支持性信息。

本文之所以选择锂电行业作为主题，是因为：i) 该技术已商业应用三十多年，以市场为导向，出现法律纠纷的可能性较高；ii) 近年来，该领域内出现了行业内具有影响力的专利诉讼，例如：在中国，珠海冠宇先后遭到新能源科技有限公司ATL和麦克赛尔MAXELL的专利诉讼（后两者均为本领域内的主要公司），且这些诉讼发生在珠海冠宇IPO期间，对其具有非常大的影响，可见，专利诉讼已成为商业博弈的一种手段，这些信息会为各主体（如相关公司、研究机构、政策制定者等）提供更多的启示。

一、专利信息收集

本文通过关键词、国际专利分类和相关申请人制定检索策略，检索时间从优先权日/申请日为1990年1月1日开始，到公开日为2023年4月30日结束。基于上述检索策略，在全球范围内共命中171,957项专利家族，其中373项专利家族涉及诉讼。

需要注意的是，数据收集具有一定的局限性，一是专利的收集，由于专利数量庞大，不可能对所有命中专利进行人工查阅，以排除不相关专利，因此难免存在噪声；

二是专利诉讼数据,由于部分诉讼数据不对外公开,和/或部分诉讼在判决前就已达成和解,因此,可能没有记录,造成诉讼数据的不完整。

二、中国锂电行业相关专利诉讼情况

(一)相关制度简介

《中华人民共和国专利法》第二条规定了专利的类型,为发明、实用新型和外观设计。由于锂电行业的核心技术涉及产品和方法,因此,本文中仅包括发明和实用新型。

中国实行两分法,即:专利侵权和专利有效性分开。专利侵权诉讼由民事法庭处理,必须向最高人民法院指定的中级人民法院或初级人民法院提起一审。如果事实足够复杂和/或索赔损失足够大,高级人民法院也可进行一审。当事人可向最高人民法院对一审判决提出上诉。专利有效性则由中国国家知识产权局专利局复审和无效审理部处理,对于其做出的决定,专利权人或提起无效当事人可通过行政诉讼向民事法院提起上诉,民事法院可以维持或撤销专利复审委员会的决定,但不能修改决定。

(二)统计结果分析

1. 总体情况

经统计,中国有35件专利不涉及侵权诉讼,仅涉及无效宣告请求;有22件专利涉及侵权诉讼,其中15件专利被提起了无效宣告请求。

2. 趋势分析

通过趋势分析发现,侵权诉讼和无效宣告请求的数量均逐年增加,说明专利的实施力度在不断加大,专利的作用得到了很好的应用与发挥。

侵权诉讼多涉及优先权年为2015年之前的专利,而近期申请的专利则没有涉及侵权诉讼。这表明,专利权人可能并未及时注意到侵权行为,也可能是专利权人虽然已经注意到侵权行为,但在起诉前可能采取其他行动来维权或应对,如行政程序、许可邀约等,诉诸法院的侵权诉讼是专利权人最后采取的应对策略。此外,近期未涉及侵权诉讼的无效宣告请求增长较快。这表明,有些潜在侵权人在已注意到可能面临风险的情况下,采取了主动出击、积极应对的策略。

3. 当事人分析

在侵权诉讼中,中小公司参与诉讼的比例较高,而大公司或上市公司则相对较少。通常情况下,诉讼活动会对公司产生负面影响,尤其是对上市公司,公司的市场价值可能会发生变化[6],因此,上市公司往往会对诉讼更加谨慎。此外,在多数情况下,原告和被告的公司规模是类似的,这表明双方在某种程度上具有可比性,可能是直接竞争对手，共享同一个市场。2020年之前，几乎所有诉讼都发生在中小企业和个人。2020年之后，大企业开始卷入其中。

在无效宣告请求中，2020年之前提起无效宣告请求的多为中小企业和个人，大企业相对较少。根据《中华人民共和国专利法》第45条，任何单位和个人都可以提起专利无效宣告请求。因此，一些公司可能不愿意与专利权人发生直接冲突，就通过个人代其提起无效宣告请求。近期，无效宣告请求的数量增长较快，这一增长主要来自大公司。可见，近年来大公司在发现产品或技术可能存在侵权风险时，也会积极应对提起无效宣告请求。

4. 专利类型分析

本文的分析对象为发明和实用新型，由于两者的保护对象、审查程序以及对创造性的要求等不同，有必要分别分析两者对诉讼的影响。

在侵权诉讼中，实用新型和发明的数量相当。这说明实用新型和发明都是有效的维权方式，专利类型并不是专利权人选择是否进入诉讼程序的首要考虑因素。

此外，从涉诉发明和实用新型的增长趋势看，越来越多的实用新型卷入诉讼。可能的原因是：第一，实用新型的主题是产品，相对来说更容易证明是否构成侵权；第二，由于实用新型未经实质审查，其新颖性和创造性可能存在一定的缺陷。

5. 无效请求结果分析

在侵权诉讼中，近七成专利的专利性受到质疑，其中，发明和实用新型被维持有效占比均超过一半。可见，涉诉专利并不容易被宣告无效。这可能是因为，一方面，专利权人在向法院提起诉讼之前，已对专利，尤其是实用新型的专利稳定性进行了充分的分析；另一方面，国家知识产权局也可能会倾向于维持专利权，给予专利权人更多的保护。

在不涉及侵权诉讼的无效宣告请求中，被维持有效的比例有所下降，尤其是实用新型，仅有20%的实用新型被维持有效。这表明，实用新型被宣告无效的成功率相对较高。

6. 诉讼与技术

在侵权诉讼和无效宣告请求中，技术主题多涉及产品，只有极少数涉及方法。通常情况下，获得侵权产品并不困难，将侵权产品与产品专利的权利要求书进行对比，确定侵权产品是否落入权利要求的保护范围，从而确定是否存在侵权，也相对容易。因此，针对产品专利，举证过程相对容易。

一般来说，与方法有关的证据则很难获得。方法通常是在潜在侵权人的场所实施的，专利权人几乎不可能获得证据。当产品完成并进入市场时，很难判断使用了哪种方法。《中华人民共和国专利法》的相关条款和案例减轻了专利权人的举证责任。《中华人民共和国专利法》第六十六条规定了新产品方法的举证责任，即，被控侵权人应当证明其产品是用与专利方法不同的方法制造的。但首先，专利权人应当证明产品是新产品，这在实践中也很难证明。如果产品不是新产品，在［2017经民初字第402号］中指出，对于非新产品，如果专利权人能够证明被控侵权人制造的产品与专利方法制造的产品相同，而很难证明被控侵权人使用了专利方法，但使用专利方法的可能性相当大，在这种情况下，举证责任可以转移到被控侵权人，即被控侵权人应当证明其使用了不同的方法生产该产品，如果被控侵权人没有或无法证明，则推定被控侵权人使用了专利方法。虽然上述规定降低了专利权人的举证责任，但在实践中适用上述规定仍有相当的难度，因此，与方法专利相关的诉讼很少发生。

从专利的技术内容看，多数涉诉专利与锂电产业的中游技术有关，即正极、负极、隔膜和电解液等主要部件，也是本领域的核心技术；值得注意的是，从2010年开始，出现了涉及上游技术（即：锂离子电池原材料、锂离子电池制造方法/装置等）的诉讼，这表明，该行业可能进入了一个新的技术生命周期。

（三）案例分析

通常情况下，通过统计被引用次数最多的专利和/或主要市场参与者的专利来确定该领域的重要专利。然而，在对诉讼数据进行收集和分析后，发现部分涉诉专利并不是上述定义的重要专利，而这些专利可能对某些决策过程也很重要，下文将详细讨论一个案例。

专利权人是一家名为湖南华慧新能源（下称"华慧公司"）的企业，其并非该市场的主要公司，属中小企业。2015年和2017年，华慧公司对同为中小企业的东莞力源电池（下称"力源公司"）提起了系列侵权诉讼（共7件）。

所有涉诉专利均为实用新型。力源公司对其中5件专利提出了无效宣告请求，其中3件在两次请求后被全部或部分无效。可见，无效成功并非易事。如前所述，专利权人可能已对专利稳定性进行了分析。此外，另一个原因可能与实用新型的创造性相关，《中华人民共和国专利法》第二十二条规定，发明应当具有"突出的实质性特点和显著进步"，实用新型则应当具有"实质性特点和进步"；此外，《专利审查指南》规定，实用新型专利创造性的标准应当低于发明专利创造性的标准[9]。

本案例表明，在传统定量的专利信息分析中很难识别中小企业和实用新型的相关专利，但涉诉中小企业和实用新型等诉讼信息可在某些情况下提供更多的启示，例如，如果X公司生产与华慧公司类似的产品，首先，基于上述信息，X公司会注意到这些专利，通过与自身产品的对比分析，确认是否存在侵权；其次，如存在侵权，鉴于华慧公司非常积极的诉讼策略，为避免法律风险，X公司可选择规避设计、请求许可或提起专利无效宣告请求，甚至X公司也可分析华慧公司的产品，寻找进行交叉许可的可能性。这些信息至少可将被起诉的风险降到最低，有助于X公司制定更合理的策略。

三、美国锂电行业相关专利诉讼情况

（一）相关制度简介

美国实行统一的专利诉讼制度，即：专利侵权和有效性可在同一法院处理。

当专利权人面临侵权时，有两种维权途径：1）向地区法院提起一审侵权诉讼，之后可向联邦巡回上诉法院（CAFC）提起上诉；2）根据《1930年关税法》第337条向国际贸易委员会（ITC）提出申诉。两种方式的主要区别在于，后者不能要求损害赔偿。

如前所述，被告可向法院提出专利有效性问题。此外，也可通过行政程序对专利有效性提出疑问，有三种方式，为单方复审（Ex parte reexamination）、授权后复审（PGR）、多方复审（IPR）或商业方法复审（CBM），这三种方式在申请时间、无效理由和现有技术的范围等方面有一些区别，在确定采用哪种程序时，应根据具体情况考虑每种程序的优缺点进行选择。

（二）统计结果分析

1. 总体情况

经统计，发现15件专利涉及侵权诉讼，其中7件的有效性受到了质疑；3件专利涉及无侵权诉讼的有效性案件。

2. 趋势分析

美国涉诉专利的数量相当有限，多数为优先权年为2010年以前的专利，优先权年与侵权或有效性诉讼发生年的平均年限在8至18年之间。

3. 当事人分析

在侵权和有效性诉讼中，上市公司作为原告的数量多于非上市公司。此外，大多数诉讼发生在规模相当的原、被告之间，它们可能是市场上的直接竞争对手。

4. 有效性结果分析

在侵权诉讼中，7件专利中有2件专利被无效或部分无效；在不涉及侵权诉讼的3件有效性诉讼中，1件专利被部分无效。

5. 诉讼与技术

在侵权和有效性诉讼中，涉诉专利的技术主题基本涉及产品，仅有1件与方法相关。这与中国的情况十分相似，其可能的原因也与前述相似。美国法律同样规定了方法专利的举证责任，但举证责任转移的要求具有限制性，在实践中同样很难应用。

1/3涉诉专利与锂电行业的中游技术有关，1/3涉及相关领域的应用，剩下的1/3涉及上游和下游技术。此外，最近涉诉专利多涉及上游和中游技术。

(三)案例分析

传统的专利信息分析通常以专利家族作为分析单位,由于专利数量庞大,几乎不可能对专利家族内的所有专利进行分析。但在某些情况下,专利家族中的所有专利都应进行分析,尤其是具有多个涉诉专利的专利家族。

在本案例研究中,同一专利家族中有三件专利涉及诉讼。专利US8475961B2的主题是含有碳或矿物纳米管的能量存储和收集装置,专利US9636649B2的主题是含有碳纳米管的分散体,专利US10608282B2的主题是用作能量存储或收集装置的黏合剂材料、电解质材料或隔离膜材料的组合物。如上所述,三件专利在技术上具有一定的相似性,属于同一专利家族,但各专利权利要求的保护范围却大相径庭。由于上述专利均已涉及诉讼,因此,有必要对权利要求进行分析,识别可能的法律风险。

四、中美锂电行业相关专利诉讼比较分析

对中美两国的结果进行比较分析后,发现了一些相似点和不同点,如下:

(一)相似点

中美锂电行业专利诉讼主要的相似点有:1)诉讼率很低,均低于0.1%;2)大部分涉诉专利是产品专利,而非方法专利;3)涉诉专利的技术内容多与锂电产业的中游和应用有关,近年来,出现了涉及锂电产业的上游技术的诉讼。

与专利的庞大数量相比,只有极少数专利引发了诉讼,两国的诉讼率很低。由于方法专利侵权取证相对困难,两国与方法专利相关的诉讼都很少。虽然举证责任在一定条件下可以转移,但在实践中,通过方法专利来维权仍然是困难重重。从技术的角度看,中美两国的诉讼数据呈现出相似的技术内容和相似的发展趋势。

(二)不同点

中美锂电行业专利诉讼的主要差异点:1)在中国,诉讼主体多样,大公司、中小企业、个人都参与其中;而美国则较多涉及大公司;2)在中国,专利有效性的诉讼较多,且成功率较高;而在美国则相对较少。

当事人类型的不同,一个可能原因是诉讼成本和时间。在美国,诉讼费用相对较高,而且持续时间很长[3];在中国,诉讼费用相对较低,诉讼时间相对较短[3]。Emmanuel Gougé等[5]也指出,在欧洲,中小型企业不愿意采用诉讼策略,因为它们的财务能力较低。Yi-Hsien Wang等[7]指出,市场领导者在面对侵权诉讼时风险较小,

相应的，中小企业则可能面临更大的风险。所以，诉讼成本可能是决定是否进入程序的主要原因之一。

第二个差异的主要原因是专利制度。在中国，存在发明和实用新型，两者的要求、审查程序均不同，这直接影响了有效性案件的结果和数量。

结　语

本文试图回答：（1）为什么专利诉讼数据分析对专利信息分析具有重要作用？（2）从专利诉讼数据分析中可以获得哪些信息，从而为决策过程增加价值？为了回答上述问题，本文以中国和美国锂电行业的专利诉讼数据为例进行了分析，并讨论了中国和美国之间的相似点和不同点。

专利诉讼数据分析对于专利信息分析非常重要，例如：通过诉讼数据分析可识别出传统方法难以识别的重要专利，譬如：在中国，更多的实用新型卷入诉讼，在传统分析中，实用新型几乎不会被视为重要专利。分析还显示，涉侵权诉讼的实用新型的专利稳定性相对较高。决策者应将这些高风险实用新型考虑在内，以便对法律风险做出更准确的评估。另外，在无侵权诉讼的无效宣告请求中，实用新型被无效成功的比例相当高。所以，如果潜在侵权人发现其所侵权的专利为实用新型，可考虑收集现有技术，评估其专利性，在适当时候提起无效宣告请求，不失为一种有效的应对策略。

诉讼数据分析也发现不同司法管辖区的诉讼情况可能不同。例如，在中国，更多的中小企业卷入了诉讼；而在美国，较多大公司参与了诉讼。这些信息提示决策者，中国和美国的法律风险大不相同，两国的战略应对也应有所不同。

总之，虽然专利诉讼率很低，但诉讼数据的重要性不容忽视，诉讼数据分析可以为分析结果提供更多的信息，从而提高分析的准确性。这些信息可用来识别关键专利、评估法律风险，甚至预测竞争对手的行为，从而为决策过程增加价值，进一步完善专利信息分析。

参考文献

［1］ World Intellectual Property Organization (WIPO). Guidelines for Preparing Patent Landscape Reports［EB/OL］.［2024-03-26］. https://www.wipo.int/edocs/pubdocs/en/wipo_pub_946.pdf.

［2］ World Intellectual Property Organization (WIPO). WIPO Guide to Using Patent Information［EB/OL］.［2024-03-26］. https://www.wipo.int/edocs/pubdocs/en/wipo-pub-rn2021-1e-en-wipo-guide-to-using-patent-information.pdf.

［3］ Christian Helmers. Economic Research Working Paper No. 48 The economic analysis of patent litigation data［EB/OL］.［2024-03-26］. https://www.wipo.int/publications/en/details.jsp?id=4370.

［4］ 张谦,张文明. 浅谈专利诉讼分析对于提高专利分析准确性的重要意义［J］. 中国发明与专利, 2017,(增刊), 92–97.

［5］ Emmanuel Gougé, Valicha Torrecilla. SMEs And Patent Litigation: A European Perspective［J］. Journal of Licensing Executives Society, 2017, 52(4): 162-166.

［6］ Jean O. Lanjouw Mark Schankerman. Characteristics of Patent Litigation: A Window on Competition［J］. The RAND Journal of Economics, 2001, 32(1): 129-151.

［7］ Yi-Hsien WANG, Wan-Rung LIN, Shu-Shian LIN, Jui-Cheng HUNG. How Does Patent Litigation Influence Dynamic Risk For Market Competitors?［J］. Technological and Economic Development of Ecnomy, 2017, 23(5), 780–793.

［8］ Matthew D. Henry. The Market Effects of Patent Litigation［J］. Technology and Investment, 2013,(4): 57-68.

［9］ 翟琳娜. 实用新型专利创造性判断中所属技术领域的认定［EB/OL］.(2021–03–04)［2024–03–26］. https://www.cnipa.gov.cn/art/2021/3/4/art_2650_167150.html.

中外专利诉讼中现有技术抗辩的认识和发展

胡嘉倩　陈哲锋

［摘　要］为了限制不完善的专利并保护公众对现有技术的自由使用权，德国最先提出在专利侵权诉讼中以现有技术进行抗辩。日本、美国等国家也相应地建立了类似的现有技术抗辩制度。我国在2008年第三次修改的《专利法》中明确规定了现有技术抗辩，最高人民法院也公布了裁判规则对其进行指导，但在专利侵权纠纷案件中对现有技术抗辩如何适用及其具体操作仍存在不少争议，现有技术抗辩制度仍需进一步完善。本文对此作了分析，并根据现有技术抗辩实践对中国企业出海提出建议。

［关键词］现有技术抗辩，对比标准，司法现状

现有技术抗辩虽入法已逾十年，但时至今日在专利侵权纠纷案件中，仍表现为现有技术抗辩适用少、成功率低的特点。我国现有技术抗辩的判断规则与美国、德国、日本均不相同。随着我国专利制度发展逐步完善，有必要对各国对现有技术抗辩的认识和发展进行研究和梳理，以资借鉴。

作者简介
胡嘉倩　上海专利商标事务所有限公司专利代理师。
陈哲锋　上海专利商标事务所有限公司化学医药生物事业部副总经理、专利代理师。

一、各国对现有技术抗辩的认识

1. 德国的做法

现有技术抗辩的理论和学说最早在德国产生和发展。该理论的最初目的是在于对缺乏新颖性的瑕疵专利进行限制。德国采用职权分离体制，处理专利侵权诉讼的法院和授予专利权的专利行政机构在职责上有所分工，法院在接受专利侵权案件后，不得对专利权的有效性做出评判。而未经无效宣告审查的瑕疵专利在法律上与不存在瑕疵的专利地位相同，若对这种瑕疵专利赋予垄断性权利，则对公众不公，因此许多学者主张对瑕疵专利进行限制。

1891年德国对专利的无效宣告请求设立了5年除斥期，根据德国专利法第28.3款和第37.3款的规定，一旦除斥期满，他人就无权对瑕疵专利向专利局提出无效请求。该规定促使德国产生了现有技术抗辩制度。该规定的目的在于维持专利权的稳定，但对公众明显不公，因此需要对现有技术的实施者进行救济。1938年德国最高法院在处理Keller Fenster专利侵权纠纷案时做出的判决已经涵盖了现有技术抗辩的基本理念[1]。

德国在1941年取消了专利法中关于除斥期间的规定，但德国法院在审查包含现有技术的瑕疵专利的侵权诉讼中，仍保留了现有技术抗辩原则。德国法院认为在除斥期间取消之后，对因经济等原因未能提出无效宣告的被告，仍需要途径限制瑕疵专利。在1986年的Formstein侵权案中，德国联邦最高法院首次明确提出了现有技术抗辩[2]。

与德国法院的判决相适应，德国学术界也形成了现有技术抗辩的通说理论。但德国学者普遍认为应将现有技术抗辩限制在等同侵权的范围内，不赞成在相同侵权的情况下适用。德国的这一做法的理由是，基于德国现行的行政权和司法权职权分立的体制，专利权一旦被授予，即使有瑕疵，法院也不得质疑其有效性。专利法已经允许第三人在任何时间都可以提起无效宣告对瑕疵专利进行修正，那么在相同侵权诉讼中就没有必要再引入现有技术来进行抗辩，同时被控侵权人被认为是瑕疵专利的既得利益者，有义务出于公众利益启动无效诉讼，这样也有利于提高专利权的稳定性，因此诉讼中不能无限制地适用现有技术抗辩。如果仅在侵权诉讼中采用现有技术抗辩，虽然被控侵权人可以获得救济，但是本不该被授权的专利将会带着瑕疵继续存在，这不利于解决根本问题。

---

1 张鹏、崔国振《现有技术抗辩的对比方式和对比标准探析》，《知识产权》第19卷总第109期，2009年1月，第62页。

2 杨志敏《专利侵权诉讼中"公知技术抗辩"适用之探讨——中、德、日三国判例、学说的比较研究》，《专利法研究2002》，第77-78页。

2. 日本的做法

在日本，法院无权宣告专利无效或撤销瑕疵专利，只要专利未经过无效判定即被当做有效专利对待，即便该专利存在瑕疵。根据日本专利法第七十条规定，确定发明专利权利范围的关键在于对权利要求的解释。日本法院有权对权利要求进行解释，法院只要不否定专利权的存在，根据案情需要，甚至有权将权利要求的范围解释到接近于零。在专利侵权诉讼中日本法院会积极参考现有技术，从多个角度对专利效力范围进行限制性解释，并建立了一系列判例理论，以调整权利人和第三方实施现有技术之间的关系[1]。

从解释的手法来看，日本适用现有技术抗辩等于限制权利人行使权利。日本学者对这种抗辩手法赞否不一，研究比较活跃，主要包括：

第一种是否定说，即认为在专利侵权诉讼中不能适用现有技术抗辩。日本老一辈学者三宅正雄持这种观点，他认为专利权是经国家登记而授予的，不能谁都能加以否定，若专利权人不能对其发明主张独占的话，专利权就没有存在的意义了。日本专利法是根据"专利在其无效审决确定之前即为有效"的专利原理构建的。如果任何人都能在法庭上主张专利无效，则与专利无效制度相悖。制度设计中既设置了专利无效审判制度并法定其无效事由，另一方面又允许自由否定专利权的效力，对国家而言是一种意志分裂[2]。三宅正雄先生认为基于职权分开的原则，既然已经规定了专利无效制度，就不应当采用现有技术抗辩手段来赋予法院否定专利权效力的权利。

日本也有学者提出由于存在先用权制度，应当不适用现有技术抗辩。持有此观点的有竹田稔等[3]。他认为支持现有技术抗辩可能对先用权造成冲击，因此反对现有技术抗辩的适用。

第二种观点是部分赞同说，该观点与德国通说和判例几乎一致。即在专利侵权诉讼中，等同侵权时可采用现有技术抗辩；相同侵权时则不适用。持有此观点的有大赖户豪志教授。他认为只要被告不请求无效，即使被控侵权技术与权利要求相符也不能免除专利侵权责任[4]。

第三种观点是全面赞同说。多数学者的主流观点是现有技术抗辩与涉诉专利有效性无关，应根据被控侵权技术的新颖性以及创造性程度确定现有技术的适用[5]。普遍认为

---

1 [日] 田村善之《功能的知识产权法的理论》，信山社1996年版，第62-78页，转引自：杨志敏《专利侵权诉讼中"公知技术抗辩"适用之探讨——中、德、日三国判例、学说的比较研究》，《专利法研究2002》，第82-83页。

2 [日] 三宅正雄《专利本质及其周边》，发明协会1981年版，第150-151页，转引自《专利法研究2002》，第87页。

3 竹田稔《知识产权侵害要论》，发明协会1992年版，第57页。转引自《专利法研究2002》，第87页。

4 杨志敏《专利侵权诉讼中"公知技术抗辩"适用之探讨——中、德、日三国判例、学说的比较研究》，《专利法研究2002》，第89页。

5 杨志敏《专利侵权诉讼中"公知技术抗辩"适用之探讨——中、德、日三国判例、学说的比较研究》，《专利法研究2002》，第87页。

现有技术抗辩与侵权形式无关，无论等同侵权还是相同侵权都适用现有技术抗辩。但日本学者对现有技术抗辩的判断标准是否应采取创造性标准存在争议，对此本文将在现有技术的对比标准一章进行详细描述。

3. 美国的做法

美国的现有技术抗辩仅在等同侵权时适用，是对等同原则的限制。由于美国实行严格的三权分立制度，司法权与行政权相比居于优越地位，在美国，司法机关有司法审查权，可以审查包括法律的合宪性等各种社会问题。尽管由美国专利商标局授予专利权，但在专利侵权诉讼中美国各联邦法院都有权审查专利的有效性。因此，在相同侵权时，如果被控侵权人可以证明其使用的是现有技术，就可以用该现有技术破坏涉诉专利的新颖性，法院可以直接确认专利无效，没有必要采用现有技术抗辩。

二、各国对比标准的产生和发展

1. 德国的做法

德国采用的判断标准是被控侵权技术相对于现有技术是否具有专利性。德国联邦最高法院在1986年Formstein侵权案作出判决，允许被告以被指控为"等同利用"的技术相对于技术水准不构成具有专利性的发明为由进行抗辩。也就是说，被告可以主张被控侵权客体对于所属技术领域普通技术人员而言是显而易见的为理由进行现有技术抗辩[1]。至今德国联邦最高法院仍允许被告进行该主张，即只要被告能证明被控侵权技术相对于现有技术无新颖性或者是显而易见的，即能证明现有技术抗辩成立。由此可见，对于现有技术抗辩，德国采用的对比标准同时包括新颖性和创造性。

2. 日本的做法

日本法院和学者曾对现有技术抗辩的对比标准有过争议。1980年，京地方法院认为在"生检针"案中要采用新颖性的对比标准。

另一种观点认为现有技术抗辩还适用于被告实施技术与现有技术虽不相同但根据现有技术容易推想到的场合。一年后，在"包装容器案"中，东京地方法院认为应根据两项从现有技术中容易推知的技术方案来进行判断。在"无限折动用滚珠花键轴承案"中，日本最高法院也持同样的观点，这相当于专利法对创造性规定的标准[2]。

另外还有学者认为现有技术抗辩只适用于被控侵权技术与现有技术相同或明显近

---

[1] 杨志敏《专利侵权诉讼中"公知技术抗辩"适用之探讨——中、德、日三国判例、学说的比较研究》，《专利法研究2002》，第78页。

[2] 张鹏、崔国振《现有技术抗辩的对比方式和对比标准探析》，《知识产权》第19卷总第109期，2009年1月，第61页。

似的场合。把缺乏创造性的判断限于明显近似的情况，主要是出于在授权机关与法院两者之间平衡的考虑。东京大学中山信弘教授认为现有技术抗辩的最大目的在于使一个纠纷尽可能在一个诉讼中得到尽快解决。应该建立这样一种基准：尽可能地避免法院与无效审判间结论的相互矛盾，尽量统一法院间的结论，同时使不具有知识产权庭的法院也能容易判断，因此现有技术抗辩应该限于与现有技术相同或明显近似的场合[1]。

日本法院在2000年之前的专利侵权诉讼中不审理专利有效性问题。然而，从2000年Kilby专利侵权纠纷案开始，日本最高裁判所提出了新观点。他们认为，在专利无效判决生效之前，审理法院可以判断是否明显存在专利的无效理由。如果法院认为专利存在明显的无效理由，允许被控侵权人以专利权明显无效为由进行抗辩[2]。由于日本最高裁判所的判决在法律上具有判例的功能，法院可以以权利滥用原则宣告该专利权相对无效，因此该判决促进了侵权诉讼的快速审理。因此，2004年日本修订了专利法，在法条第104条第3款对此进行了规定，即当专利存在明显无效理由时，专利权人不得行使权利。日本特许法123条所列举的无效理由当然包括新颖性和创造性标准。

从上述案例和学说的演变可以看出，日本对于现有技术抗辩采用的对比标准也包括新颖性和创造性。

3. 美国的做法

美国法院可以对专利权的有效性进行审理，在美国，现有技术抗辩制度是对等同原则的限制。

在1990年Wilson Sporting Goods案之前，美国联邦巡回上诉法院通过一系列案例确定了判定等同原则的"三步曲"：首先确定实质等同，然后适用禁止反悔原则，最后排除现有技术。

在Wilson案之前，美国联邦法院有两种方法来判断现有技术抗辩是否成立：Carman检测法和Ryco检测法。在Carman检测法中，若专利权人证明被控侵权技术对专利权构成等同侵权，则由专利权人对权利要求进行覆盖被控侵权技术的解释，再判断该被解释的方案相对于现有技术是否可以预料或显而易见，当该被解释的方案没有可专利性时，现有技术抗辩成立，不构成侵权；否则被控侵权技术构成侵权。在Ryco检测法中，若被控侵权技术被证明构成等同侵权，接下来就是判断被控侵权技术是否属于现有技术。这种检测法与我国常用的做法类似，较为简单。

在Wilson案中，美国联邦法院采纳了Carman检测法，并且在此基础上发展了"假

---

1 ［日］中山信弘：《工业产权法》（上），弘文堂1993年版，第354-357页，转引自：杨志敏《专利侵权诉讼中"公知技术抗辩"适用之探讨——中、德、日三国判例、学说的比较研究》，《专利法研究2002》，第88-89页。

2 最高裁判所第三小法庭平成12年（2000年）4月11日判决，民集第54卷4号1368页。转引自：梁熙艳《权利之限：侵权审理法院能否直接裁决专利权的有效性》，《世界知识产权》，2005年第4期。

想权利要求法",即先通过想象得到在字面上能覆盖被控侵权技术的一个假想权利要求,再判断该假想权利要求能否被授予专利权。若不能被授权,则现有技术抗辩成立;否则,不能适用现有技术抗辩[1],"假想权利要求法"提出后便受到学者和法官的追捧。

美国的假想权利要求法虽然较复杂,但能更有效地体现现有技术对等同原则的限制,抑制专利权基于等同原则的过分扩张,对于我国在等同侵权时适用现有技术抗辩具有借鉴意义。

三、我国现有技术抗辩的司法现状

我国在2008年将现有技术抗辩明确写入专利法,现行专利法第67条对此进行了规定。从第67条的字面上理解,只要被控侵权人能证明被控侵权技术属于现有技术,就不构成侵犯专利权,无论侵权形式如何。因此,笔者认为现有技术抗辩应当全面适用于等同侵权和相同侵权的情况。

通常,现有技术抗辩适用新颖性的单独对比原则。在南京普天通信股份有限公司与苏州工业园区新海宜电信发展股份有限公司等侵犯专利权纠纷一案[2]中,一审法院认为应以单独比对来判断,不能以组合而成的技术与之进行比对,从而判定现有技术抗辩不成立。

二审法院认为通常情况下,进行现有技术抗辩时,被控侵权人只能援引一份现有技术,原则上不允许以两份或多份现有技术进行组合抗辩,但若被控侵权人提供充分证据证明其使用的技术属于一份现有技术与所属领域公知常识简单组合时,应当允许进行现有技术抗辩。同时法院援引行政判决书中的观点作为印证,认定现有技术抗辩成立,普天公司的产品不侵犯专利权。该案例貌似突破了单独对比原则,但实际上仅用现有技术中的一项技术方案与所属领域公知常识简单结合,而且法院在等待专利无效决定作出之后,才谨慎地作出这样的论断。

《最高人民法院关于审理侵犯专利权纠纷案件应用法律若干问题的解释》第十四条规定了"被诉落入专利权保护范围的全部技术特征,与一项现有技术方案中的相应技术特征相同或者无实质性差异的,人民法院应当认定被诉侵权人实施的技术属于专利法第六十二条规定的现有技术"。对于"无实质性差异",通常认为其涵盖了对相应技术特征与发明目的之间关联性的审查。理论上,如果现有技术缺少某项技术特征,而这项技

---

[1] 1991 Ann Surv. Am. L. 571.转引自:雷艳珍《中美现有技术抗辩制度之比较》,《河南省政法管理干部学院学报》,2010年第1期(总第118期)。

[2] (2007)苏民三终字第0139号。

特征在被控侵权的技术方案中能够带来一定的技术效果，并且其功能和效果与现有技术中相对应的特征存在区别，则应认定两者具有"实质性差异"。对如何判断明显"无实质性差异"，最高人民法院通过公布典型案例不断对该规则进行补充说明，例如，对区别技术特征属于本领域可直接替换的惯用技术手段被认为是属于无实质性差异的情况。

在再审申请人北京百度网讯科技有限公司与被申请人北京搜狗科技发展有限公司等侵害发明专利权纠纷案[1]中，原告指控百度网讯公司开发的百度输入法构成专利侵权。被告主张以飞利浦手机及其使用手册为现有技术进行抗辩。一、二审法院认定现有技术抗辩不成立，最高院最终撤销一、二审法院判决，驳回了原告的诉讼请求。最高院认为在认定是否相同或者"无实质性差异"时，应当围绕涉案专利所要解决的技术问题以及涉及的技术特征在专利技术方案中的功能和技术效果，判断其手段、效果、功能等方面的差异及其影响程度。显然，最高院通过该案例形成了具有我国特色的关于现有技术抗辩的比对方法，该方法不同于德国、日本或者美国的做法。在案例中，最高院首先确认了现有技术抗辩比对的基础是技术特征，而不是技术方案，这与侵权判定中的全面覆盖原则和等同原则一致。其次，在进行技术特征比对时，最高院排除了与权利要求保护范围无关的技术特征。换言之，现有技术抗辩的比对范围与权利要求的保护范围是有关联的。与德国或日本的做法不同，最高院不直接将被诉侵权技术方案与现有技术进行比对，而是考虑了权利要求的保护范围，这点与美国有点类似。

自现有技术抗辩入法已逾十年，但在实际案件中得到法庭的支持却非常难。目前，现有技术抗辩的情况总体表现为适用较少，证据来源相对单一、区别特征具体而微以及抗辩成功率低的特点[2]。现有技术抗辩涉及被控侵权技术、专利权和现有技术三者的比对和认定，在专利侵权纠纷案件中引入现有技术增加了技术认定的难度。通常在被控侵权时，如果被控侵权人检索到可破坏专利权新颖性和创造性的对比文献，最直接有效的手段还是对专利权提出无效，因为要证明被控侵权技术本身属于现有技术就颇费周章，极少有以在先专利文件为证据的现有技术抗辩被采纳，基本上被采纳的现有技术抗辩都是依据市场上在先产品成立的。从以上案例一、二审法院的判决也可以看出司法实践中法院仍普遍对现有技术抗辩存有谨慎的态度。究其原因，是由于我国专利侵权与确权二元分立的格局下，法院尚未具备对新颖性，尤其是创造性等专利授权条件判断的能力。因此，相同或者无实质差异的标准应运而生。但如何认定"无实质性差异"，"无实质性差异"是否与"等同""惯用手段的直接替换"等概念具有相同的含义仍存在争议。我国目前仍需要一种标准统一、切实可行的现有技术对比标准，以避免多个专利侵权诉讼审理法院之间以及各级法院与专利局的审查标准不统一的情况。

---

1 （2020）最高法民再82号。

2 潘才敏《专利侵权诉讼现有技术抗辩的司法实证分析》。

以上对各国现有技术抗辩制度的认识和发展进行了研究和梳理，以期对我国现有技术抗辩制度有所借鉴。我国专利申请数量逐年迅速增加，社会对知识产权保护的意识不断提高，当事人的现有技术抗辩能力也在增强。随着司法案件数量的不断增加和形式的多样化，我们期待司法机关能够做出与时俱进、统一标准的判决，进一步规范现有技术抗辩在司法中的适用。

了解各国现有技术抗辩制度的发展也有助于我国企业出海遭遇专利侵权纠纷时合理地制定应对策略，即根据不同国家的实践情况决定采用无效宣告途径还是采用现有技术抗辩。对于可以采用现有技术抗辩的情况，关键是要有证据证明涉及的证据为现有技术。企业出海时除了做好专利布局、专利侵权风险排查、风险预警工作等工作，还应当对产品投入生产的时间、产品发布日期、技术图纸、产品手册等以合乎证据形式的方式进行保存和固定。只有未雨绸缪，才能在日后可能作为证据时不至于陷入被动。

参考文献

［1］尹新天. 中国专利法详解［M］. 北京：知识产权出版社，2011.

［2］程永顺. 中国专利诉讼［M］. 北京：知识产权出版社，2005.

［3］李明德. 美国知识产权法［M］. 北京：法律出版社，2003.

［4］程永顺，罗李华. 专利侵权判定——中美法条与案例比较研究［M］. 北京：法律出版社，1998.

［5］尹新天. 专利权的保护［M］. 北京：知识产权出版社，1998.

［6］中山信弘. 工业产权法（上）［M］. 东京：弘文堂，1993.

［7］德国最高法院Keller Fenster专利侵权纠纷案［Z］. 1938.

［8］日本最高裁判所第三小法庭Kilby专利侵权纠纷案［Z］.（2000年）4月11日判决.

［9］(2007)苏民三终字第0139号［Z］. 民事判决书.

［10］(2020)最高法民再82号［Z］. 民事判决书.

［11］张鹏，崔国振. 现有技术抗辩的对比方式和对比标准探析［J］. 知识产权，2009,(01)：61-67.

［12］杨志敏. 专利侵权诉讼中"公知技术抗辩"适用之探讨——中、德、日三国判例、学说的比较研究［C］//国家知识产权局条法司. 专利法研究2002. 北京：知识产权出版社，2002.

［13］梁熙艳. 权利之限：侵权审理法院能否直接裁决专利权的有效性［J］. 世界知识产权，2005,(04)：58-63.

［14］雷艳珍. 中美现有技术抗辩制度之比较［J］. 河南省政法管理干部学院学报，2010,(01)：178-183.

浅析专利间接侵权制度

张佳鑫

[摘　要]　本文通过美国、日本、欧洲和我国的专利间接侵权制度相关法律规定和司法实践的对比，对专利间接侵权制度进行分析。

[关键词]　教唆侵权，帮助侵权，多主体侵权

引　言

在专利司法领域的侵权判定中，通常适用"全面覆盖"原则，即判定被控侵权的产品或者方法中是否包含了专利权利要求中记载的"全部"技术特征。然而在司法实践中，若机械性地适用"全面覆盖"原则，则有很多专利权的权利将难以得到合理保护。最典型的是在通信领域，由于通信方法常有需要多名主体互通互连才能完整实施专利方法的情况，在这种情况中，从通信终端的某些部件的制造商到终端的个人用户的任何主体均不可能独自完整实施专利方法。因此如果单纯地适用"全面覆盖"原则，则会出现任何主体都不用承担侵权责任的情况。此时，在司法实践中往往会适用"间接侵权"来追究理应承担侵权责任的主体的责任[1]。

专利"间接侵权"并不是法律领域的标准术语，而是伴随着专利司法实践的发展产生的概念，主要针对的是一些较为复杂的专利侵权行为。例如，若针对专利权人的专利，行为人仅故意教唆或帮助他人实施侵权行为，而自己不直接实施侵权行为，或者行为人不独立实施侵权行

作者简介

张佳鑫　上海专利商标事务所有限公司专利代理师。

1　赵千喜《也谈专利侵权诉讼中的间接侵权问题》，武汉市中级人民法院，2019年2月。

为，而是与其他主体共同协作实施侵权行为，则此类行为将确实地从专利权人独占的市场中获取本应由专利权人享有的利益，应当予以规制。然而，当试图基于专利法追究此类行为的侵权责任时，必须认定被控侵权行为完全落入该专利的保护范围内，但上述复杂侵权行为中的行为人却仅实施了教唆、帮助等行为，或者仅实施了该专利完整技术方案中的一部分，因此将难以直接认定该行为人的行为构成侵权。

于是，为了有效地规制此类行为，世界专利制度成熟的国家都基于本国的司法实践，在本国的法律体系中通过成文或不成文的方式引入了专利"间接侵权"制度。这些专利"间接侵权"制度各具特色，标准也不统一，但无一例外的都是以规制上述复杂侵权行为为目的，并且在实践中不断完善。

下文中，将通过美国、日本、欧洲和我国的专利间接侵权制度的相关法律规定和司法实践的对比，对专利间接侵权制度进行分析。

一、美国的专利间接侵权制度

美国的专利制度起步较早，并且早在1952年修改专利法时，就引入了第二百七十一条（b）款和（c）款（司法实践中常将这两款统称为间接侵权条款），分别对教唆侵权和帮助侵权进行了明确规定。

具体而言，美国专利法第二百七十一条（b）款规定："任何人积极引诱他人侵犯专利权的，应当承担侵权责任。"该条（c）款规定："任何人在美国境内许诺销售、销售或者进口到美国境内构成发明实质部分的专利装置、产品、组合品或者组合物的部件，或者用于实施专利方法的材料或者装置，如果行为人明知这样的部件、材料或者装置是专门为侵犯专利权所制造或者改造的，并且不是常用商品或者具有实质性非侵权用途的，应承担帮助侵权的责任"。

由上述规定可知，不同于不涉及主观要件的直接侵权，在第二百七十一条（b）款规定的教唆侵权中明确要求行为人主观上"积极"引诱他人侵犯专利权，在第二百七十一条（c）款规定的帮助侵权中明确要求行为人主观上"明知"其提供的产品是专用于实施专利的。可见，在美国追究间接侵权行为的侵权责任时，行为人必须具有侵犯专利权的主观故意。

此外，由于上述间接侵权行为是教唆或帮助他人直接侵犯专利权的行为，因此间接侵权行为客观上通常都会与他人的直接侵权行为相关联。于是，美国虽未在法律中作明确规定，但在司法实践中通常都认为，教唆侵权和帮助侵权都必须以直接侵权行为的客观存在为前提。

然而，仅基于上述两个主观和客观要件，有时并不足以应对复杂多变的专利侵权行为。以美国典型的专利间接侵权案件——Akamai Tech. 诉 Limelight Networks 案（以下简称为Akamai案）为例，该案的专利权人Akamai公司拥有一项涉及网络内容分发方法的专利，该方法具体涉及两个主体，分别是网页提供者和网络内容传送者，其执行过程为：网页提供者先对网页执行一个标记（即tagging）步骤，网络内容传送者则基于该标记高效、迅速、准确地识别出网页提供者希望推送的内容。Limelight公司生产和销售服务器，也属于网络内容传送者，并且也执行了上述专利方法中除上述标记步骤外的所有步骤，但上述标记步骤却是由其客户（即网页提供者）执行。Akamai于2006年指控Limelight对上述专利构成直接侵权和间接侵权。该案的争议焦点在于，Limelight自身的行为很难认定为传统意义上的专利侵权，因为其行为中并不包括上述标记步骤，不满足全面覆盖原则，但从其生产和销售的服务器的工作原理来看，Limelight自身的行为加上其客户的行为却又包括了上述专利方法的全部步骤，对Akamai的权益造成了实质性损害。

正是由于该争议焦点的复杂性，该案的审判过程十分曲折。

（1）2008年的一审中，地区法院认定，Limelight未执行上述标记步骤，因而根据"全面覆盖"原则，Limelight不构成侵权；

（2）2010年的二审中，美国联邦巡回上诉法院（CAFC）提出了所谓"控制或指使"标准，并据此认定，Akamai没有充分证据表明Limelight对其客户进行了控制或指使、使得其客户必然会在其"教唆"下执行该标记步骤，故维持一审判决；

（3）2012年的再审中，CAFC进行了全席审判，并对专利间接侵权成立的前提条件进行了创造性的解读，强调在专利间接侵权中作为前提的直接侵权的行为主体不限于单个主体，也可以是多个主体，在涉案专利的全部步骤由多个主体共同执行的情况下，如果有某一主体对其他主体的行为起到了积极的促使或鼓励作用，就应当判定为教唆侵权，因而Limelight构成教唆侵权；

（4）2014年联邦最高法院调卷审理中，上述全席判决又被推翻并发回重审；其理由是，没有任何一个主体执行了涉案专利的全部步骤，因此不存在直接侵权；而在直接侵权这一基础不存在的情况下，教唆侵权也就不能成立；

（5）2015年CAFC通过重审重新作出了全席判决，并在"控制或指使"标准之上新增了另一归责标准，即，Akamai案中，客户想要使用Limelight的服务器，是以执行专利中的标记步骤为前提的，而Limelight通过固化在服务器中的程序已经告知了客户执行该标记步骤的具体方式，由此"决定"了客户在使用其服务器时必然会具体执行该标记步骤，因此被控侵权行为应归咎于Limelight，Limelight构成直接侵权。

由该判例可知，美国的司法实践中，也明确了间接侵权必须以直接侵权为前提，但关于直接侵权的行为主体，当存在多个主体共同参与侵权行为时，可能会存在无法确定直接侵权行为人或无法认定直接侵权行为、从而导致间接侵权行为的追究缺乏基础的问题。因此，基于行为人的主观故意，美国在司法实践中归纳出了所谓"单一主体原则"，通过考虑多个主体之间的"控制或指使"关系以及具体动作或利益分配的"决定",将被控侵权行为归咎于实施该控制、指使或决定的主体。借此,即使出现无法确定直接侵权行为人而导致间接侵权行为的追究缺乏基础的情形,也能通过直接侵权对真正具有侵权主观故意的行为主体追究侵权责任,从而有效地保护了专利权人的利益。

二、日本的专利间接侵权制度

在日本,专利法属于特别法,其中通过第2条和第68条规定了直接侵权行为的认定。而关于间接侵权,则通过作为更上位的一般法的民法典加以规制。即,对于教唆侵权,日本的司法实践主要基于民法典中有关共同侵权行为的规定进行规制,因为教唆侵权行为与传统民法中的共同侵权行为并无实质区别。但对于帮助侵权行为,日本民法典中有关共同侵权行为的规定往往不能适用,因此日本在专利法第101条中,通过若干相关要件的规定,将帮助侵权行为视作直接侵权行为加以规制。并且随着专利侵权行为越来越复杂,日本专利法第101条中规定的款项也从最初的两款逐步增加到了现在的6款,将有关帮助侵权的规定更加细化,更好地应对各种复杂的专利侵权行为。

具体而言,日本专利法第101条规定,列举了下列行为作为帮助侵权行为权:

(一)在专利涉及产品发明的情况下,在生产经营过程中生产、转让或者进口、许诺转让专门用于生产该产品的专用品的行为;

(二)在专利涉及产品发明的情况下,明知该发明为专利发明且该产品用于实施该发明,却仍在生产经营过程中生产、转让或者进口、许诺转让用于生产该产品且对该发明的技术问题的解决而言不可或缺的产品(不包括在日本广泛传播的产品)的行为;

(三)在专利涉及产品发明的情况下,在生产经营过程中为转让或出口等目的而持有该产品的行为;

(四)在专利涉及方法发明的情况下,在生产经营过程中生产、转让或者进口、许诺转让专门用于实施该方法的产品;

(五)在专利涉及方法发明的情况下,明知该发明是专利发明且该产品用于实施该发明,却仍在生产经营过程中生产、转让或者进口、许诺转让用于实施该方法且对该发明的技术问题的解决而言不可或缺的产品(不包括在日本广泛销售的产品)的行为;

(六)在专利涉及产品的生产方法发明的情况下,在生产经营过程中为转让或出口等目的而持有以该方法生产的产品的行为。

由上述规定可知,不同于可以通过共同侵权理论进行规制的教唆侵权,针对帮助侵权,在日本专利法第101条中详细规定了多个要件,并倾向于以这些要件为标准将某些帮助侵权行为视作直接侵权行为进行规制。例如,在日本专利法第101条第1、第4

款中，均规定了所谓的"专用品"要件，即严格限制被控侵权产品只能用于实施专利，并且在满足"专用品"这一客观要件的情况下，不再要求主观要件。又例如，在日本专利法第101条第2、第5款中，在不满足"专用品"要件的情况下，均规定了行为人"明知"自己的行为所涉及的产品用于实施该发明这一主观要件，以及"对该发明的技术问题的解决而言不可或缺"这一客观要件，即要求同时满足"非专用品但不可或缺"要件和主观要件。这些要件均有着清晰的判定标准和很强的操作性，易于清楚地认定那些预备性或帮助性侵权行为。

可见，在日本追究间接侵权行为的侵权责任时，法律的规定十分详细，针对不同情形都有不同的规定，并且也不同于美国，并不要求间接侵权必须以直接侵权行为的客观存在为前提，甚至在帮助侵权行为满足"专用品"要件的情况下都不要求主观要件。而且很有日本特色的是，至少针对帮助侵权行为，日本倾向于通过直接侵权来追究侵权责任，而非先要求直接侵权行为客观存在才来追究间接的帮助侵权行为责任。换言之，日本的司法实践更倾向于找出实质上具有侵权故意并理应为侵权行为承担责任的主体来追究其侵权责任，而不论其行为的性质究竟属于直接侵权还是间接侵权。

但是，日本的上述法律规定难以解决当多主体的共同行为导致专利权被侵害时应该如何认定侵权的问题，并且这一问题至今在日本的司法实践中没有定论。为了应对该问题，日本通常采用所谓"工具理论"，即，若行为人实施了专利中的某些技术特征，导致其他主体只能必然地实施专利中的其余技术特征，最终导致专利的全部技术特征被全面地实施，则其他主体可以视作行为人的"工具"，因而可以将其他主体的行为都归咎于行为人，将行为人视作实质上全面实施了专利的全部技术特征，从而能够将行为人的行为视作实质上的直接侵权加以规制。基于该理论，可以取得与美国的"单一主体原则"类似的效果，通过直接侵权对真正具有侵权主观故意的行为主体追究侵权责任，并同时回避对多主体侵权问题的讨论。

三、欧洲的专利间接侵权制度

欧洲是专利制度最早的发源地，欧洲各国的专利法立法思想也较为接近，因而在此基础上，欧共体成员国之间签订了欧共体专利公约，以更好地统一各成员国的专利制度。

具体而言，为了在整个欧洲范围内更好地规制专利间接侵权行为，欧共体专利公约第二十六条规定：

（1）欧共体专利赋予其专利权人如下的权利，即禁止任何第三人未经许可而在成员国领土范围内向无权利用该专利发明的人提供或者承诺提供与专利发明的实质性特征有关的产品，用于实施该专利发明，其条件是所述第三人明知或者实际情况明显应知这样的产品适合用于并且本意就在于用于实施该专利发明；

（2）如果上面所述的产品是一种常用的商品，则不属于（1）中所规定的情况，除非是第三人有意诱导被提供者作出公约第25条规定的行为（欧共体公约第25条规定的即为直接侵权行为）。

由上述规定可知，欧洲有关间接侵权的规定与美国相似，也是在两项条款中分别规定了帮助侵权和教唆侵权，并且在教唆侵权的相关条款中也明确要求行为人主观上"有意"诱导他人（即直接侵权行为的实施人）侵犯专利权，在帮助侵权的相关条款中也明确要求行为人主观上"明知"其提供的产品是专门用于实施专利发明的。可见，在欧洲追究间接侵权行为的侵权责任时，行为人必须具有侵犯专利权的主观故意。

此外，关于间接侵权与直接侵权的关系，欧共体专利公约中虽未作明确规定，但欧洲各国的司法实践中也与美国同样普遍认可，教唆侵权和帮助侵权都必须以直接侵权行为的客观存在为前提。

当然，当存在多个主体共同参与侵权行为时，这样的判定标准与美国同样也会存在无法确定直接侵权行为人或无法认定直接侵权行为、从而导致间接侵权行为的追究缺乏基础的问题。对此，作为欧洲主要经济体的德国在其司法实践中发展出了所谓"实现发明目的标准"，以及与之相匹配的所谓"归咎责任理论"。即，针对多主体侵权问题，在考虑行为人的行为是否构成侵权时，作为客观要件，只要专利的技术方案实际被实施了就认定构成侵权；而作为主观要件，在多名行为人共同实施了专利的所有技术特征而构成侵权的情况下，基于各行为人的行为与专利的发明目的之间的关联性，可将其他行为人的行为责任全都归咎于实现了发明目的的那几名行为人，并且此时所有应当承担侵权责任的行为人在主观上均具有过错，应共同承担连带责任。

可见，在欧洲的司法实践中，与美国、日本类似，也会将被控侵权行为归咎于多个主体中的某些理应承担侵权责任的主体，但不同点在于"理应承担侵权责任的主体"更多地取决于该主体的行为与专利的发明目的之间的关联性，而非各主体之间是否存在诸如控制或指使之类的关系。

四、我国的专利间接侵权制度

我国的《专利法》中并不存在专利间接侵权相关条款。但是，在2016年的《最高人民法院关于审理侵犯专利权纠纷案件应用法律若干问题的解释（二）》第二十一条（2020年民法典实施后的修订版）中，有关于间接侵权的规定。即，在该条款中具体规定了两种情形，分别对应于帮助侵权和教唆侵权[1]。并且在这两种情形中，作为间接侵权的成立要件之一，必须都要有他人已经"实施了"侵权行为，亦即，与美国一样，中国的所谓"间接侵权"通常以直接侵权为前提。

但是，这也存在着例外情况。即，根据北京市高级人民法院《专利侵权判定指南（2017）》第119条的规定，若行为人帮助他人实施了侵犯专利权行为，但该他人因为（1）基于专利法第75条（原69条）而不视为侵犯专利权，或者（2）该行为并非营利目的等原因而不被追究直接侵权责任的，由该行为人承担民事责任[2]。可见，在满足以上规定的情况下，"间接侵权"也可不以直接侵权为前提。

从以上两个规定来看，中国判断间接侵权的思想是，必须先有他人实施了侵权行为，以生产经营为目的对该行为教唆或提供帮助者才会被视作对该侵权行为提供了教唆或帮助，从而能够被认定为间接侵权。但是，作为他人"实施了"侵权行为的认定标准，并不要求他人承担侵权责任，而只要他人在客观上已经实施了侵犯专利权的行为即可。此时，即使他人的客观行为在法律上不被追究直接侵权责任或者不视为侵权，也会因为直接侵权行为的客观存在而仍然可以直接追究对该行为教唆或提供帮助者的侵权责任。

并且，这样的判断思想也得到了最高人民法院典型案例（2017）京民终454号[3]的印证。根据该判例，要跳过直接侵权行为人直接追究对该行为教唆或提供帮助者的侵权责任，在中国的司法实践中也是可能的，但要求满足三大要件：（1）以生产经营为目的故意实施间接侵权；（2）提供对专利技术方案具有实质性作用的专用产品或者存在诱导他人实施专利技术方案的教唆行为；（3）直接侵权行为人不被视为侵权。

这里需要说明的是，以上要件（1）为生产经营目的和（3）《专利法》第75条（原69条）规定的例外情况的判断标准是相对比较清楚的。但是，以上要件（2）的判断标准却相对复杂，尤其是其中的"专用产品"要件是决定要件（2）是否成立的重要因素。这是因为，在上述司法解释（二）中有关帮助侵权的条款中，明确规定了有关产品必须是"专门用于"实施专利的。换言之，如果被控间接侵权产品不是专用产品，而是具有其他用途，则只要被控侵权人没有以任何能够把被控间接侵权产品与专利技术方案联系起来的方式销售或许诺销售该被控间接侵权产品，则法律上应该都是允许的。因此，若要主张间接侵权，尤其是帮助侵权，则"专用产品"要件是特别重要的。而另一方面，关于要件（2）中的教唆行为要件，由于司法解释（二）第二十一条[4]有关教

---

1 最高人民法院关于审理侵犯专利权纠纷案件应用法律若干问题的解释（二）2020年修订版 第二十一条。
2 专利侵权判定指南（2017），北京市高级人民法院2017年，第119条。
3 （2017）京民终454号，北京市高级人民法院，2018年3月28日。
4 最高人民法院关于审理侵犯专利权纠纷案件应用法律若干问题的解释（二）2020年修订版 第二十一条。

唆侵权的条款中并无"专用产品"要件，因此通常认为，只要被诉侵权人的行为能够诱导直接侵权行为的发生，就会构成教唆侵权，而无需考虑"专用产品"要件（因为既然该教唆行为已经诱导了直接侵权行为，那么其教唆内容必然已经实质上满足了将被控侵权产品"专门用于"实施专利的要件）。

并且，以上结论也得到了最高人民法院典型案例（2008）渝高法民终字第230号[1]的印证。根据上述判例，对于教唆侵权，只要被诉侵权人的行为能够诱导直接侵权行为的发生，那么就会被认为构成教唆型间接侵权。另外值得一提的是，根据上述判例的对应一审判决，关于帮助侵权，如果贩售商明知自己所贩售的商品（例如中间体）系专门用于实施专利的，那么其销售和许诺销售行为还可以构成帮助型间接侵权。但是，为了满足"专用产品"的构成要件，必须要求所贩售的商品在商业上除了用于实施专利以外并无其他商业用途，从而导致买受人必然将其用于实施专利。因此，为了证明该构成要件成立，专利权人通常需要提供初步证据证明所贩售的商品在商业上只会用于实施专利，此时，只要贩售商无法提供相反证据证明所贩售的商品在商业上还有其他用途，那么"专用产品"的构成要件通常就能够成立，从而有助于证明贩售商构成帮助型间接侵权。

综上，在中国的司法实践中，在判断间接侵权是否成立时，主要考虑主客观两大要件，其中客观要件主要要求直接侵权行为的客观存在（但不要求直接侵权行为人负有侵权责任），而主观要件主要要求行为人在主观上"明知"其提供的产品本意就是用于实施专利发明。除此之外，在判断帮助型间接侵权时，还需考虑"专用产品"要件。可见，中国有关间接侵权的司法实践有机融合了美国、日本和欧洲各国相关法律法规，并排除了一些带有一定模糊性的标准（比如美国的"单一主体原则"和日本的"工具理论"），最终结合民法典的相关规定形成了一套颇具中国特色的判断标准。

结　语

通过上述分析可以理解，由于专利间接侵权行为的多样性和复杂性，各个国家的专利间接侵权制度都一直在司法实践中不断地进步，也越来越完善。我们相信，随着我国对于知识产权的保护力度不断增强，对于间接侵权行为的评判标准也会相应变得越来越灵活，从而更好地体现出保护专利权人以及公众的合法利益的立法宗旨。

1　（2008）渝高法民终字第230号，重庆市高级人民法院，2008年12月19日。

氢燃料电池专利技术的日本案例研究

汤易成

| [摘　要]　本文概述氢燃料电池原理、研究现状和发展方向,重点研究了氢燃料电池相关技术专利的申请现状,从专利视角解读氢燃料电池专利技术的发展态势。随后,引用了两个日本案例,对日本专利审查实践中氢燃料电池专利的创造性评定进行解读。

[关键词]　燃料电池专利技术,异议制度,公开不充分

一、氢燃料电池原理

氢燃料电池,其原理是一种电化学装置,利用氢气与氧气之间的电化学反应产生水,从中获取电能进而利用。由于氢气与氧气之间的氧化还原反应仅产生水,不生成任何其他副产物,原料无毒无害,因此该反应符合绿色化学的理念。因此,人们将氢气看做二十一世纪最具潜力的能源。

氢燃料电池的结构组成与一般电池相同,每个电池单体由正极(氧化剂电极)、负极(燃料电极)、电解质、隔膜等元件组成。作为燃料的氢气从外部输入至负极,经负极催化剂的作用发生氧化反应,电子通过外部电路做功,而质子通过电解质与正极导入发生还原反应的氧气结合形成水。与传统的电池(例如锂电池等)不同的是,氢燃料电池的正、负极本身不包含活性物质,其只起到催化电化学反应的作用,而作为反应物的氢气和氧气通过外界补充,原则上只要反应物不断输入,反应产物不断排除,氢燃料电池就能连续地发电,也无需像传统电池那样进行充电。

作者简介

汤易成　上海专利商标事务所有限公司专利代理师。

氢燃料电池按照其结构可以分成多个大类。传统的分类方法是按照电解质的材料进行分类，一共分为5类：质子交换膜燃料电池（PEMFC）、磷酸燃料电池（PAFC）、碱性燃料电池（AFC）、熔融碳酸盐燃料电池（MCFC）、固体氧化物燃料电池（SOFC）。其中，PEMFC和AFC的工作温度在100℃以下，属于低温燃料电池，而MCFC和SOFC需要650℃甚至800℃的高温环境，属于高温燃料电池。

目前市面上的氢燃料电池车中，PEMFC为主流技术。PEMFC采用固态高分子质子交换膜作为电解质，其工作温度低，安装于汽车上时可以在短时间启动，而且无需采用复杂的耐高温材料，适合于小型化车载应用。车用PEMFC氢燃料电池采用电堆结构，由电池单元堆叠而成。电池单元的正负极基材多为碳纸，其上承载或涂布贵金属铂或钯作为催化剂，正负极之间夹有固态高分子质子交换膜，用于传递质子，而正负极两侧则进一步覆盖隔膜，隔膜与碳纸之间形成气体导通层，由此引入氢气或空气。电池单元呈片状，经堆叠后形成电堆，以达到额定电压值。反应时，氢气和空气需要通过气体导通层通往每个电池单元的正负极，因此装置在气密性方面有较高的要求。另外，正负极通常均采用贵金属作为催化剂，而且其载量相较于传统汽车的尾气催化剂而言要高很多，这导致了氢燃料电池车的高昂造价。

二、氢燃料电池专利申请态势

众所周知，丰田公司在2014年发售了世界上首辆氢燃料电池车MIRAI，此后日本众多车企加入竞争行列，拉开了氢燃料电池车的高速发展序幕。

在专利角度上，截至丰田MIRAI发售的2014年止，日本持续保持氢燃料电池相关技术申请量世界第一的位置。此后，中国申请人加入竞争行列，申请量快速上升。从2015年往后，至今为止，中国企业和大学的氢燃料电池相关技术申请量持续保持世界第一。

图1为1950—2020年燃料电池技术专利申请量统计图。可以看出，世界范围内，燃料电池技术的专利申请量的第一波浪潮出现在20世纪80年代中期，而在2005年左右出现了第二波浪潮，第三波则在丰田MIRAI发售的次年，即2015年左右开始。其中，日本申请人对2000—2005年的第二波浪潮做出了重大贡献，而中国申请人则对2015—2020年的第三波浪潮做出了重大贡献。

如上文所述，目前车用氢燃料电池的主流技术为PEMFC氢燃料电池。图2为现有燃料电池技术专利分类统计图。可以看出，世界范围内，PEMFC的专利申请量居首位，且远高于其他类别的燃料电池。从该结果可以看出，目前而言，汽车工业仍然是对氢燃料电池有着最大需求的行业，同时也是氢燃料电池专利申请的主力。

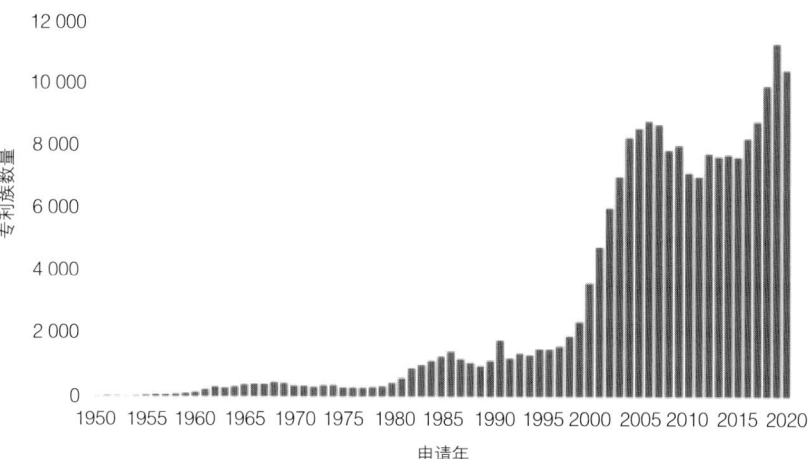

数据来源：世界知识产权组织（WIPO），基于LexisNexis PatentSight的专利数据（截至2022年3月）。
注：在专利申请和公开之间有平均18个月的延迟，2019年是此时可获得完整数据的最后一年。

图1　1950—2020年燃料电池技术专利申请量统计图（出处：世界知识产权组织网站）

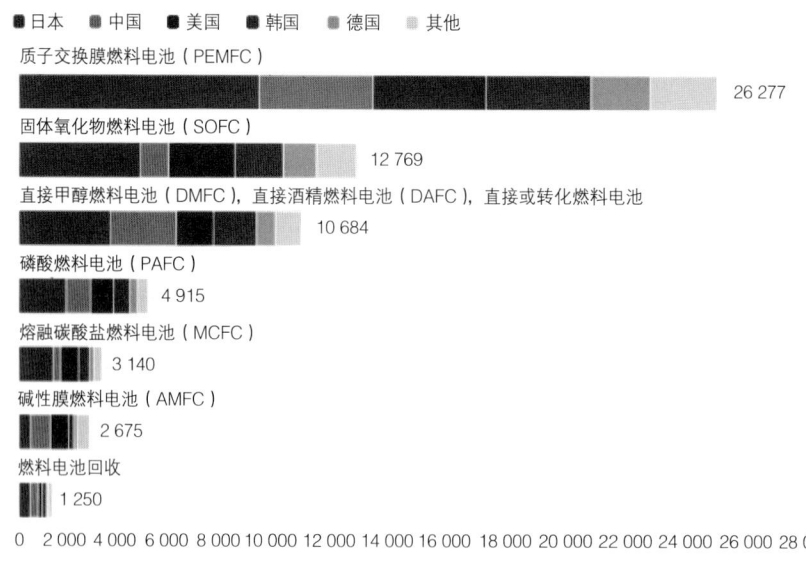

图2　现有燃料电池技术专利分类统计图（出处：世界知识产权组织网站）

在剩余类别中，SOFC的申请量相对占比较大。SOFC大多采用锆系金属氧化物陶瓷作为电解质材料，其在高温下具有氧离子导通性，将正极还原的氧离子传导至负极。迄今为止，由于其对高温工作环境的要求，人们难以将其小型化并应用于汽车工业中，而是更多将其用在大型设施等固定场所的用途。但是，由于其发电效率较PEMFC而言更高，而且无需贵金属铂或钯作催化剂，因此毫无疑问会成为氢燃料电池未来发展的一个焦点。

在PEMFC和SOFC领域中，日本申请人对技术的贡献程度最大。申请人主要为日本传统车企。

三、氢燃料电池专利技术的日本案例研究

从上文中可以看出，无论是从专利角度还是从市场角度，日本无疑是氢燃料电池领域的重要玩家。

在对日本企业的本国申请情况进行调查时发现，近年来，随着氢燃料电池专利申请量的不断提升，相关专利遭到异议或无效的案件频率也不断上升，其中不乏涉及氢燃料电池领域的知名大型企业。以下，结合两个实际案例，剖析氢燃料电池领域的日本专利审查实践。

案例一：日本专利第6986053号发明"燃料电池单元"异议案

本案专利名为燃料电池单元，权利要求1要求保护一种燃料电池单元，其具有平板形的燃料电池单元本体、隔膜、接合材料，其中，平板形的燃料电池单元本体具有固态电解质、夹持固态电解质进行层叠的燃料电极和空气电极，其中，隔膜具有框架形状，中间具有矩形开口部分，在俯视方向上将燃料电池单元本体的外周缘部分以外的部分暴露，隔膜具有与燃料电池单元本体的外周缘部分重合的内周缘部分，其中，接合材料将燃料电池单元本体的外周缘部分和隔膜的内周缘部分接合，其中，在俯视方向上，接合材料在与燃料电池单元本体相接的面的内周边缘上具有两组相向的延伸部分和将各延伸部分连接的连接部分，至少一个延伸部分具有曲线部分，在俯视方向上，接合材料具有与燃料电池单元本体和隔膜相重合的中央部分、从中央部分向内周侧突起的第1突起部分，第1突起部分的最大突起长度除以第1突起部分的最小突起长度在1.10以上8.00以下。

作为技术问题，本案专利指出，燃料电池单元在工作时会发生温度变化，温度变化会导致燃料电池单元本体变形，从而对将燃料电池单元本体的外周缘部分和隔膜的内周缘部分接合的接合材料产生应力，引起故障。而本发明的设计正是为了缓和这种应力。通过"第1突起部分的最大突起长度除以第1突起部分的最小突起长度在1.10以

上8.00以下"，本发明成功分散了残留于接合材料内周边缘部分的应力。

本案专利于2021年11月30日获得授权，并于2021年12月22日授权公告。2022年5月31日，第三人对本案专利提出异议。

在日本，专利实践中存在异议制度。根据日本专利法的规定，在授权公告的六个月内，任何第三人都可以对日本专利局提起异议，请求专利局取消授权。提起异议所需要的理由主要涉及新颖性、创造性、支持性等。向专利局提起异议后，异议书一式两份抄送专利权人，而专利局则组织三人合议组对异议理由进行审理。如果异议理由合理，合议组将采纳并向专利权人发出专利取消理由通知书。专利权人可以在专利取消理由通知书发出后的60天内提出反驳理由或申请修改权利要求。合议组会给双方陈述理由的机会，并最终判断修改后的权利要求是否可以维持授权。与无效制度相似，异议制度也是限制竞争对手的有效途径之一，而异议案件的数量可以反映相关技术领域的竞争程度。

本案中，异议申请人向专利局提出了若干篇对比文献，其中相关性最强的是对比文献1，其同样涉及一种燃料电池单元。合议组在收到异议申请后，对本案专利和对比文献1的结构进行比对，发现其相似点在于均具有平板形的燃料电池单元本体、隔膜、接合材料，其中，平板形的燃料电池单元本体具有固态电解质、夹持固态电解质进行层叠的燃料电极和空气电极，其中，隔膜具有框架形状，中间具有矩形开口部分，在俯视方向上将燃料电池单元本体的外周缘部分以外的部分暴露，隔膜具有与燃料电池单元本体的外周缘部分重合的内周缘部分，其中，接合材料将燃料电池单元本体的外周缘部分和隔膜的内周缘部分接合。简而言之，基本结构相同。而两篇文献的不同之处主要在于，接合材料具有与燃料电池单元本体和隔膜相重合的中央部分、从中央部分向内周侧突起的第1突起部分，第1突起部分的最大突起长度除以第1突起部分的最小突起长度在1.10以上8.00以下。

本案专利中，突起部分的存在及其长度关系对技术问题的解决起到了关键作用，其成功分散了残留于接合材料内周边缘部分的应力，因此属于发明点。对此，合议组进一步比较异议人提供的其他对比文献，发现只有一篇对比文献2涉及相关技术点。对比文献2涉及一种音频发生器，其具有框架材料，该框架材料的中间部分为矩形开口，其与支持膜的一侧接合，而支持膜的另一侧与振动器接合。在这样的音频发生器中，振动器的振动会带来共振，引起接合的破裂。为了解决这样的技术问题，对比文献2将接合材料的边缘设计成波形，从而分散振动带来的破坏。异议人认为，对比文献2给出了将接合材料的边缘设计成突起形状，从而减轻残留应力的技术启示，因此只要将其与对比文献1结合，便可以轻松获得本发明的技术启示。对此，合议组认为，尽管形状相似，但是本案专利涉及燃料电池单元，其中不存在振动器，也不存在共振，因此本领域技术人员没有将对比文献2与对比文献1结合的动机。本案专利的专利权得到维持。

从本案中可以看出，日本异议申请的审理过程与无效审理相类似，合议组在对异议申请人提出的各项证据进行内容认定，找出最接近涉案专利的现有技术文献，明确区别技术特征，然后从对比文献中寻找获得该区别技术特征的动机。本案中，对比文献2尽管形状相似，但是其涉及的音频发生器与本案专利涉及的燃料电池单元在结构和功能上相差甚远，无法给到本领域技术人员参考的动机。

案例二：日本专利第6818960号发明"单体电池、单体电池堆装置、模块以及模块容纳装置"异议案

本案专利名为单体电池、单体电池堆装置、模块以及模块容纳装置，权利要求1要求保护一种单体电池，其具有元件部，该元件部具有第1电极层、位于第1电极层上并含有Zr的固体电解质层、位于固体电解质层上并包含除Ce之外的稀土元素且含有CeO_2的中间层、位于中间层上的第2电极层，其中，中间层具有第1中间层、至少部分位于第1中间层和固体电解质层之间且包含Zr和Ce的第2中间层，从第2电极层俯视时，位于中间层外周部的第2中间层具有比与第2电极层中央重叠的第2中间层更厚的部位。

本案专利于2021年1月5日获得授权，并于2021年1月27日授权公告。2021年7月21日，第三人对本案专利提出异议。

本案中，异议申请人向专利局提出了若干篇对比文献，其中相关性最强的是对比文献1，其涉及一种固体氧化物型燃料电池单元和燃料电池模块，与本发明同属于SOFC的技术。合议组在收到异议申请后，对本案专利和对比文献1的结构进行比对，发现其相似点在于均具有元件部，该元件部具有第1电极层、位于第1电极层上并含有Zr的固体电解质层、位于固体电解质层上并包含除Ce之外的稀土元素且含有CeO_2的中间层、位于中间层上的第2电极层，其中，中间层具有第1中间层、至少部分位于第1中间层和固体电解质层之间的第2中间层。简而言之，基本结构相同。而两篇文献的不同之处主要在于：(1) 第2中间层包含Zr和Ce；(2) 从第2电极层俯视时，位于中间层外周部的第2中间层具有比与第2电极层中央重叠的第2中间层更厚的部位。

本案专利中并未明确记载技术问题，因此无法轻易判断发明点。而以上两个区别技术特征均未在对比文献中记载。对于第二个区别技术特征，也就是厚度关系，异议申请人给出了这样的理由，即，本案专利未明确厚度测定条件和方法，因此基于相同的条件，本领域技术人员也可以在对比文献的产品中任意选择位置进行厚度测定。而在对比文献1中，如果任意选择测定位置，也会存在满足上述区别技术特征的厚度关系的位置。异议申请人认为，本案专利违背公开充分原则，因此上述厚度关系无法作为区别技术特征。

对此，合议组分析本案专利后，引用了说明书中的两段话：

"包含Zr以及Ce的第2中间层8b具有高电阻。若具有高电阻的第2中间层8b存在于元件部6，则担心使单体电池1的发电效率下降。元件部6是第1电极层3、固体电解质层4以及第2电极层5重叠的区域，是承担单体电池1的发电的部位。通常，俯视观察时的第2电极层5的面积比第1电极层3以及固体电解质层4小，因此承担发电的元件部6的面积与第2电极层5的面积大致一致。因此，通过使位于元件部6的第2中间层8b的厚度变薄、特别是使与第2电极层5的中央C重叠的第2中间层8b的厚度变薄，从而能够减小第2中间层8b对单体电池1的发电效率的影响。"

"位于中间层8的外周部的第2中间层8b的厚度以及与第2电极层5的中央C重叠的第2中间层8b的厚度例如能够通过进行沿着外周部的层叠方向的剖面和沿着中央C的层叠方向的剖面的元素分析来确认。具体地，通过对Zr元素以及Ce元素进行剖面的面分析或层叠方向的线分析，从而能够确认第2中间层8b的厚度。元素分析例如也可以使用能量色散型X射线分光（STEM-EDS: Scanning Transmission Electron Microscope-Energy Dispersivex-ray Spectroscopy，扫描透射电子显微镜-能量色散X射线光谱仪）来进行。"

对此，合议组认为，本案专利中明确记载了厚度关系所带来的效果，并且明确记载了厚度的测量方法，其并非任意选择测定位置而获得的偶然结果，因此可以认可厚度关系作为区别技术特征。由于第二个区别技术特征已经支持了权利要求的创造性，因此无需考虑第一个区别技术特征。本案专利的专利权得到维持。

本案中，异议申请人希望通过公开不充分的理由来否定区别技术特征。在判断公开是否充分时，日本审查员的做法与中国审查员相似，着眼于说明书中相关技术特征及其效果的记载。本案专利中，专利权人不仅记载了厚度关系的测定方法，还记载了厚度关系与发明主旨的联系，即其意想不到的技术效果。在这样的前提下，合议组更倾向于认为关于厚度关系的公开已经充分，从而肯定了发明的创造性。

参考文献

1. Yuhji Matsuo, Harumi Hirai, Hiroshi Uno, Yu Nagatomi. Hydrogen Energy as Automotive Fuel[R]. IEEJ, 2010.
2. Gaydaa AlZohbi. An Overview of Hydrogen Energy Generation[J]. Chem Engineering, 8(1):17.

关于日本专利侵权诉讼案例中"均等论"的探讨

宋俊寅　付尉琳

[摘　要]　本文通过介绍一个日本专利侵权诉讼案例，来对日本专利侵权诉讼中的"均等论"的构成要件，即第一要件（①非本质部分）、第二要件（②置换可能性）、第三要件（③置换容易性）、第四要件（④与公知技术的同一性或容易推测性）、第五要件（⑤有意识地排除等特别的情况）进行探讨，希望对于中国企业今后在日本的知识产权战略有所帮助。

[关键词]　均等论，构成要件，日本专利诉讼，非本质部分

引　言

2022年7月21日，比亚迪日本分公司在东京召开品牌发布会，宣布正式进入日本乘用车市场。而在今年10月举办的东京车展上，作为首家进军日本市场的中国汽车品牌，比亚迪携海豹、海豚、元PLUS、腾势D9、仰望U8首次海外齐聚亮相。截至目前，比亚迪在日本的门店已达15家，按规划，到2025年底，比亚迪在日本的门店将超过100家。

不仅仅是比亚迪，早在2019年12月，小米就在东京举办了发布会，正式宣布进军日本市场。在2019年的发布会上，小米在日本一共发布了5款新品，其分别是Mi Note 10手机、小米手环4、米家IH电饭煲、小

作者简介

宋俊寅　上海专利商标事务所有限公司专利代理师。
付尉琳　上海专利商标事务所有限公司专利代理师。

米18W快充移动电源、20英寸手提箱。其中，米家IH电饭煲的项目负责人内藤毅是压力IH电饭煲发明人，他曾经是三洋电饭煲事业部开发部长，小米总裁雷军在当时也发布了微博："小米把电饭煲卖回日本了！"

随着中国企业逐渐走进日本市场，我们在日常的工作中也发现越来越多的中国企业在日本进行专利。其中，2023年华为在日本首次公开的专利数量达到了991件，并且其中的990件都是发明专利，只有1件是实用新型专利。而2022年7月刚刚进军日本的比亚迪2023年在日本首次公开的专利数量也达到了142件，并且也全部都是发明专利。

在日本进行专利申请布局固然很重要，但是也要特别注意到进军日本时仍可能会发生的专利诉讼风险。2022年8月，日本制铁就以宝钢股份生产的电磁钢板侵犯了其三项专利为由向东京地方法院提起了专利侵权诉讼，要求索赔600亿日元（约合30亿元人民币）。可见，中国企业对于日本专利侵权诉讼的应对已迫在眉睫。其中，等同原则在日本专利侵权诉讼中被使用的情况非常普遍，其也是被诉侵权方在专利侵权诉讼中常用的防御手段之一。因此，笔者认为，对于等同原则在日本专利侵权诉讼中的适用条件的研究是非常有意义的。

一、日本"均等论"与中国"等同原则"的比较

日本专利侵权诉讼中，对应于中国专利侵权诉讼中的"等同原则"的理论被称为"均等论"，表1列出日本"均等论"与中国"等同原则"的适用中构成要件的区别。

表1 "均等论"与"等同原则"

	日本"均等论"	中国"等同原则"
构成要件	① 非本质部分 ② 置换可能性 ③ 置换容易性 ④ 与公知技术的同一性或容易推测性 ⑤ 有意识地排除等特别的情况	i. 以基本相同的手段 ii. 实现基本相同的功能 iii. 达到基本相同的效果 iv. 无需经过创造性劳动就能够联想到

关于中国的"等同原则"，在《最高人民法院关于审理专利纠纷案件适用法律问题的若干规定》（法释〔2015〕4号）第十七条中有如下规定：专利法第五十九条第一款所称的"发明或者实用新型专利权的保护范围以其权利要求的内容为准，说明书及附图可以用于解释权利要求的内容"，是指专利权的保护范围应当以权利要求记载的全部技术特征所确定的范围为准，也包括与该技术特征相等同的特征所确定的范围。等同特征，是指与所记载的技术特征以基本相同的手段，实现基本相同的功能，达到基本

相同的效果，并且本领域普通技术人员在被诉侵权行为发生时无需经过创造性劳动就能够联想到的特征。

而在日本，"均等论"首次在1998年的最判平10・2・24"滚珠花键事件"中被日本最高院认可。"均等论"认为：在专利权利要求所记载的结构中存在与目标产品不同的部分的情况下，为了要使得目标产品与专利权利要求所记载的结构视为等同，需要满足以下5个构成要件：

① 非本质部分，其是指与目标产品不同的部分不是专利的本质部分；

② 置换可能性，其是指即使将专利中与目标产品不同的部分替换为目标产品中的结构，也能达到专利的目的，起到相同的作用效果；

③ 置换容易性，其是指将专利中与目标产品不同的部分替换为目标产品中的结构是本领域技术人员在制造目标产品时能够容易想到的；

④ 与公知技术的同一性或容易推测性，其是指目标产品与专利申请时的公知技术不相同，或者本领域技术人员在专利申请时从公知技术并不容易想到；

⑤ 有意识地排除等特别的情况，其是指目标产品中不存在从专利权利要求中有意识地排除的结构。

通过以上的比较我们可以发现，日本的"均等论"中的②置换可能性以及③置换容易性相当于中国的"等同原则"中的iv.无需经过创造性劳动就能够联想到，日本的"均等论"中的④与公知技术的同一性或容易推测性相当于中国专利侵权诉讼司法解释中的"现有技术抗辩"，日本的"均等论"中的⑤有意识地排除等特别的情况相当于中国专利侵权诉讼司法解释中的"禁止反悔原则"，而日本的"均等论"中的①非本质部分是中国目前的专利侵权诉讼司法解释中并未直接规定的内容。

二、日本专利侵权诉讼判例中"均等论"的适用

为了更直观地理解"均等论"在日本专利侵权诉讼实务中的适用条件，下面以日本东京地方法院于2023年做出的最新的专利侵权诉讼判决"令和3年（ワ）第33996号"（以下简称为本案）为例进行详细说明。

原告（专利权人）：株式会社世界之翼事业

被告（疑似侵权人）：4D-Stretch株式会社

原告持有发明名称为"训练器具"的日本特许JP4063821B2专利（以下简称为本案专利），并认为被告所生产销售的名为"总肩关节"的训练器具（以下简称为被告产品）侵犯了上述本案专利，要求被告根据专利法第100条第1款停止制造、销售被告产品，并根据第100条第2款销毁被告产品及半成品。

本案专利的独立权利要求1的技术方案如下（附图标记是为了便于理解而由笔者加入的）：

（A）座位部（10）；

（B）负荷施加部（30），其能够自由调整负荷的大小；

（C）两根导向支柱（40），其隔开预定的间隔在垂直方向上延伸，使得所述座位部（10）位于其中央位置；

（D）两个升降摇动构件（50），其一端侧可上下移动且水平方向上可旋转地分别嵌合在所述两根引导支柱（40）上；

（E）把持部（60），与垂直方向上轴支撑在所述两个升降摇动构件（50）的另一端侧的轴连接，并水平方向上可旋转地设置在所述升降摇动构件（50）的下方；

（F）拉伸构件（80），其一端连接到所述负荷施加部（30），另一端连接到升降摇动构件（50）的引导支柱（40）的嵌合位置以外的另一端侧，并缠绕在转向引导滑轮（70）上，通过所述负荷施加部（30）的负荷向上推动所述升降摇动构件（50）；

（G）旋转传递部（91），该旋转传递部（91）设置成在所述升降摇动构件（50）中连接到所述拉伸构件（80）的另一端侧，以通过所述负荷施加部（30）向把持部（60）的以所述轴为中心的旋转施加负荷，并传递所述把持部（60）的以所述轴为中心的旋转运动；曲柄机构部（92），该曲柄机构部（92）将由该旋转传递部（91）传递的旋转运动转换为连接到所述拉伸构件（80）的另一端侧的滑动轴（54）的上下运动；

（H）具备上述部件的训练器具。

被告产品的结构如下：

（a）座位；

（b）载重，其能够调整负荷的大小；

（c）两根导向支柱，其隔开预定的间隔在垂直方向上延伸，使得座位位于中央位置；

（d）两个升降摇动构件，其一端侧可上下移动且水平方向上可旋转地分别嵌合在两根引导支柱上；

（e）把手，其与垂直方向上轴支撑在两个升降摇动构件的另一端侧的轴连接，并可旋转地设置在升降摇动构件的下方；

（f）钢丝，其一端连接到所述载重，另一端连接到升降摇动构件的导向支柱的嵌合位置以外的一端侧，缠绕在滑轮上，通过所述载重的负荷向上推动所述升降摇动构件；

（h）具备上述部件的训练器具。

为了更直观地理解，以下的图1中，对本案专利的附图与被告产品的照片进行比较。

由于本案的焦点就在于是否应当适用均等论，因此以下主要针对均等论的上述五个构成要件，从〈原告的主张〉、〈被告的主张〉以及〈东京地方法院的判断〉这三个方面进行详细说明。

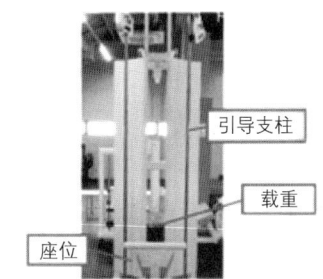

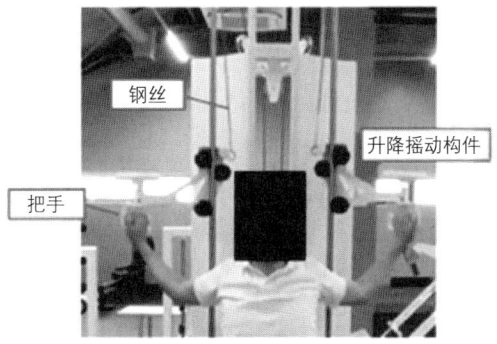

被告产品

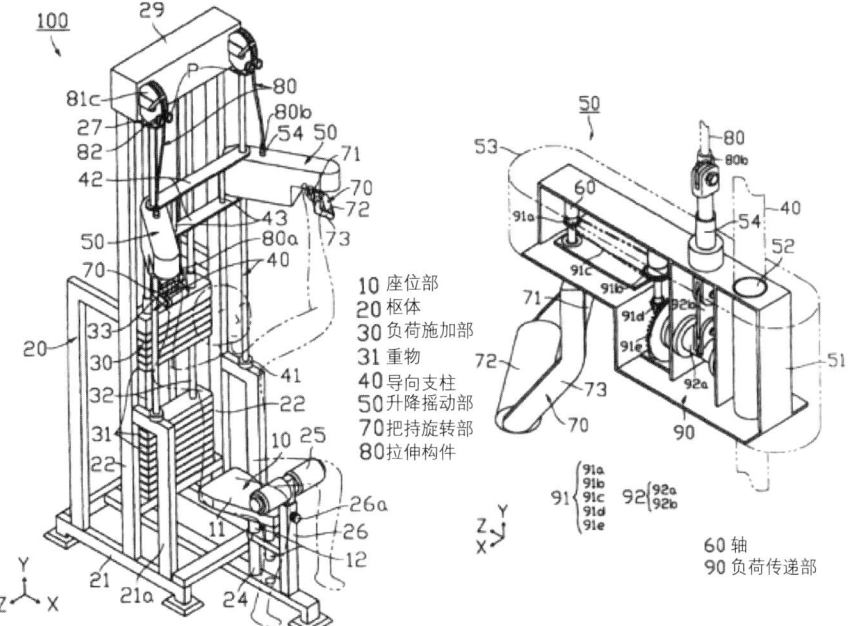

10	座位部
20	枢体
30	负荷施加部
31	重物
40	导向支柱
50	升降摇动部
70	把持旋转部
80	拉伸构件

60 轴
90 负荷传递部

本案专利

图1

〈原告的主张〉

原告认为,虽然被告产品的钢丝的另一端连接在升降摇动构件的导向支柱的嵌合位置以外的一端侧(构成要件f),而不是"连接到升降摇动构件的引导支柱的嵌合位置以外的另一端侧"(构成要件F)(以下简称"区别点A"),且被告产品不具备与构成要件G相对应的结构(以下简称"区别点B"),但是等同侵权仍然成立,具体理由如下。

(1)第一要件(①非本质部分)

首先,相对于现有技术P(US2004018920A1,由被告提供),本发明同时实现了垂直方向上降低升降摇动构件的运动,以及以支柱为轴使升降摇动构件旋转的运动。

并且,能够同时实现这样的运动的是本发明的结构中的:构成要件D"两个升降摇动构件(50),其一端侧可上下移动且水平方向上可旋转地分别嵌合在所述两根引导支柱(40)上"以及构成要件F"拉伸构件(80),其一端连接到所述负荷施加部(30),另一端连接到升降摇动构件(50)的引导支柱(40)的嵌合位置以外的另一端侧,并缠绕在转向引导滑轮(70)上,通过所述负荷施加部(30)的负荷向上推动所述升降摇动构件(50)"。因此,本发明的本质部分可以认为是上述各结构,区别点B不构成本质部分。

此外,区别点A虽然涉及构成要件F的一部分结构,但即使存在区别点A,被告产品仍然能够同时实现垂直方向上降低升降摇动构件的运动,以及以支柱为轴使升降摇动构件旋转的运动,即,能够实现本发明的技术思想,因此区别点A不构成本质部分。

假设即使上述主张不被认可,被告产品也与本发明结构的技术思想具有共同的思想。也就是说,在本发明中,施加在升降摇动构件上的力学要素是当降低升降摇动构件时拉伸构件的张力(在负荷施加部的负荷中产生的重力),以及在升降摇动构件与拉伸构件的连接点处产生的以支柱为轴在旋转方向上起作用的复原力,因此,本发明的技术思想可以认为是如下:通过将支柱、拉伸构件和把持部连接在升降摇动构件上,从而实现了对在负荷施加部的负荷作用下施加在升降摇动构件的上下方向上的力进行了利用的运动,并且还实现了使用"杠杆"的运动,该"杠杆"利用当使升降摇动构件旋转并打开时产生的上述旋转限制力。根据本发明的这种技术思想,本发明的本质部分如上所述。而且,被告产品具有两个升降摇动构件,其一端侧可上下移动且水平方向上可旋转地分别嵌合在两根引导支柱上,显然具备能够使升降摇动构件在水平方向上可旋转的宽度,并且同样利用了"杠杆原理",因此通过该结构实现了本发明的技术思想。

因此,被告产品具备本发明的本质部分,区别点A和区别点B不属于本发明的本质部分,因此被告产品满足"均等论"的第一要件。

(2) 第二要件（②置换可能性）

被告产品即使存在区别点A和区别点B，其技术方案也是升降摇动构件50越下降，施加于把持部的水平方向的力越弱，由此，在使用者使两臂弯曲从而将把持部60向下拉时，以使两臂向外侧外扩的方式输出大致一定的肌肉力量，由此能够一边将把持部60向下拉，一边顺利地进行使两臂向外侧逐渐外扩的动作，其结果是，使用者可以进行以主动肌肉为目的的训练，可以防止肌肉的共收缩（参见本案专利的说明书第［0032］段）。

另外，被告产品也与本发明相同，既实现了对在负荷施加部的负荷作用下施加在升降摇动构件的上下方向上的力进行了利用的运动，也实现了对以支柱为轴的旋转方向上的复原力所得到的"杠杆原理"进行了利用的运动，因此其作用效果是相同的，显然应当认为具备置换可能性。

因此，被告产品满足"均等论"的第二要件。

(3) 关于第三要件（③置换容易性）

从本案专利中排除区别点A和区别点B的结构，将普通把手直接安装在升降摇动构件上没有特别困难，因此被告产品满足第三要件。

(4) 关于第四要件（④与公知技术的同一性或容易推测性）

由于本发明的技术思想与现有技术P的技术思想完全相反，且反映了该思想的结构也完全不同，因此，基于现有技术P而产生本发明的技术思想所得到的构思是极其困难的。因此，对于具备与本案专利的技术思想相同的技术思想的被告产品，也不能说是基于现有技术P能够容易想到的。因此，被告产品满足第四要件。

(5) 关于第五要件（有意识地排除等特别的情况）

虽然构成要件G所涉及的结构未记载在申请之初的权利要求1中，但是，在收到平成19年（2007年）5月30日发出的以违反明确性要求为内容的拒绝理由通知书之后，仅仅是为了更清楚地说明该结构，才增加了构成要件G。

并且，目标产品中不存在从专利权利要求中有意识地排除的结构。

因此，被告产品满足第五要件。

(6) 原告的总结

综上，被告产品与本案专利的权利要求书（权利要求1）记载的结构等同，属于本案发明的技术范围。

〈被告的主张〉

(1)第一要件(①非本质部分)

本案说明书的[0009]中记载了：使用者的初始动作是，将手臂向上方伸展以握住升降摇动部件的把手(把持部)，在想要将把手向下拉时进行"将上臂向外侧扭转并旋转各把持部"的动作，从而"减少两臂下拉的初始动作中的负荷"，并且通过旋转把手以"抵抗负荷施加部的一部分负荷"的形式，进行包括了"扭转"力的动作([0030]中所说的"躲避动作")，从而具有肌肉"松弛"以成为放松状态的作用效果(以下称为"第1作用效果")；进一步地通过进行"分别逐渐朝向外侧地将两臂向外侧扩张，同时弯曲两臂并拉下把持部"的动作，从而"以使两臂向外侧外扩的方式输出大致一定的肌肉力量"，具有"防止肌肉共收缩"的作用效果(以下称为"第2作用效果")。

并且，在本案说明书的[0027]中公开了：利用构成要件G的结构，"把持部60被与负荷施加部30的负荷成比例的力旋转并施力成朝向正面方向"，由此，能够通过旋转把手以"抵抗负荷施加部的一部分负荷"的形式进行躲避动作，因此可以说第1作用效果是通过构成要件G实现的。

另外，关于构成要件F的"升降摇动构件"，本案说明书的[0025]中记载了"可旋转地加载于各升降摇动部50以使其朝向正面方向的力与位置P和升降摇动部50的距离大致成反比例"，升降摇动构件越往下拉，旋转施力(即向"向前看齐"状态的复原力)越弱，"两臂向外侧张开"所需的力就越小，因此仅凭升降摇动构件难以进行作为第2作用效果的"输出大致一定的肌肉力量"。

另一方面，在本案说明书的[0031]中，即使在该下拉动作时，也会在"当两臂弯曲并下拉把持部60以'缩短'肌肉时，上臂进一步向外侧扭转"，通过该动作，"通过使各把持部60相对于升降摇动构件50在外侧水平方向上进一步轴向旋转，从而拉起配重31"，抵抗负荷施加部的一部分负荷，与升降摇动构件下拉而旋转施力减弱的部分互补，实现作为第2作用效果的"输出大致一定的肌肉力量"，因此，可以说，第2作用效果在没有构成要件G的结构的情况下也无法实现。

综上所述，根据本发明的技术问题、解决方案及其效果，构成现有技术中未见的特有技术思想的特征部分、即本发明的本质部分，是构成要件G的结构，缺乏该结构的被告产品不满足第一要件。

(2)关于第二要件(②置换可能性)和第三要件(③置换容易性)

本发明的本质部分在于把手部分被旋转施力使其始终朝向正面，被告产品的把手只是自由旋转，没有任何旋转施力。

因此，由于使用被告产品不能获得第1作用效果和第2作用效果，因此被告产品不满足第二要件和第三要件。

（3）关于第四要件（④与公知技术的同一性或容易推测性）

现有技术P与被告产品的基本技术思想相同。也就是说，虽然在把手的固定方法、与支柱的连接方法等方面存在细微的结构差异，但这些都只是一般的技术，被告产品的结构是根据现有技术P很容易想到的。

因此，被告产品也不满足第四要件。

（4）关于第五要件（有意识地排除等特别的情况）

在本案专利申请之初的权利要求1中，仅记载了"负荷传递部设置成在升降摇动构件中连接到拉伸构件的另一端侧以通过负荷施加部向把持部的以轴为中心的旋转施加负荷"，而没有记载负荷传递部的具体结构，而构成要件G的曲柄机构部的结构作为一种变体记载在申请之初的权利要求4中。

但是，原告在收到以违反明确性要件和支持要件为内容的平成19年（2007年）5月30日发出的拒绝理由通知书之后，在同年8月3日的手续补正中进行了修改，将申请当初的权利要求1的负荷传送部的结构限定为构成要件G的曲柄机构部。

根据上述程序补正书，可以说原告是从本发明的技术范围内有意识地排除了不具备构成要件G中的曲柄机构部的产品，而不具备该曲柄机构部的被告产品则应当被认为存在从本案发明的技术范围中有意识地排除的结构。

因此，被告产品也不满足第五要件。

（5）被告的总结

如上所述，被告产品与本案专利的权利要求书（权利要求1）记载的结构并不等同，不能被认为属于本发明的技术范围。

〈东京地方法院的判断〉

日本东京地方法院认为：

（1）等同的第一要件所说的专利发明的本质部分，应当理解为该专利发明权利要求书记载中构成现有技术中未公开的特有技术思想的特征部分。

并且，上述本质部分应当根据权利要求书和说明书的记载，在掌握专利发明的技术问题、解决手段及其效果的基础上，确定专利发明的权利要求书的记载中构成现有技术中未公开的特有技术思想的特征部分是什么来进行认定。

此外，在判断第一要件、即判断与目标产品的差异部分是否为非本质部分时，应判断目标产品是否共同具备上述确定的专利发明的本质部分，如果认为具备，则应判断差异部分不是本质部分。

（2）根据本案说明书的［0002］［0003］［0004］［0009］［0030］［0031］［0032］的记载，本发明通过采用使把持部在水平方向上轴向旋转以上拉负荷施加部的负荷，减轻施加在把持部上的向上施加的负荷这一结构，使使用者能够在施加"松弛"和"伸张"动作的同时出现适当的"缩短"时机，使各肌肉群获得"松弛－伸张－缩短"的时机，能够连动性较好地进行动作。并且，通过采用伴随着使两臂弯曲以下拉把持部，减少对于两臂向外侧扩张的阻力这一结构，能够防止肌肉的"共收缩"，因此，可提供如下的训练器具：减少肌肉痛、疲劳等给身体的负担，不伴有肌肉的硬化，得到柔软且富有弹性的肩部、背部的肌肉等，解决了现有技术的问题。由此，这些结构中的每一个结构都可以被认为是构成现有技术中未见的特有技术思想的特征部分。

并且，根据本案说明书的第［0026］［0027］段的记载可知，本案发明的权利要求书中，与能够使把持部轴向旋转以上拉负荷施加部的负荷，减轻施加在把持部上的向上施加的负荷的结构对应的结构是，具备曲柄机构部的负荷传递部，该曲柄机构部传递握持部的旋转运动，并将该传递的旋转运动变换为滑动轴的上下运动，其应认为是构成要件G的结构。

本案中，被告产品不具备相当于构成要件G的结构（区别点B）并无争议，不能认为被告产品共同具备本案发明的本质部分，因此不能认为本案发明与被诉产品的区别点B不是本质部分，被告产品不满足等同的第一要件。

原告还有其他主张，但均不影响上述结论。综上所述，被告产品无需再讨论其他要件，不能认为其与本案发明权利要求书记载的结构等同，因此不能认为其属于本案发明的技术范围。

事实上，不管是在中国还是在日本，等同原则在专利侵权诉讼中被使用的情况非常普遍，因此，作为进军日本的中国企业，事先了解相当于等同原则的"均等论"是十分有必要的。在上述判例中，虽然东京地方法院仅针对均等论中的第一要件（①非本质部分）进行了探讨，但是原告以及被告对于第二要件（②置换可能性）、第三要件（③置换容易性）、第四要件（④与公知技术的同一性或容易推测性）、第五要件（⑤有意识地排除等特别的情况）的主张内容也是值得参考的。

以上，我们通过一个实际的日本专利侵权诉讼判例对"均等论"进行了详细的介绍，希望对于中国企业今后在日本的知识产权战略有所帮助。

药品专利链接：中国模式的实践与思考

钱文宇

［摘　要］药品专利链接制度是通过促进创新药研发、鼓励仿制药发展、满足公众药品需求来实现多方利益平衡的优化机制。本文综合观察和探讨了我国药品专利链接制度的实施背景、实施现状、改善空间及前景展望。分析发现，该制度已在加强创新药专利保护和激发仿制药公平竞争方面取得一定成效，但实施过程中仍存诸多挑战与完善需求，如缺乏专利信息登记纠错机制、专利声明更正途径、反向支付行为规制，以及中药和生物药品相关制度不全等。制度的发展与完善是一个持续动态过程，需要基于实践反馈，借鉴域外经验，结合国情特点来不断调整和优化，以向更加成熟和高效的方向迈进。

［关键词］药品专利链接制度，创新药，原研药，仿制药

引　言

中国药品专利链接制度的构建与实施，是在中美经贸协议背景下，结合中国药品市场发展的实际需求而做出的重要举措。该制度的核心是将药品上市审批与专利纠纷解决程序相衔接，旨在通过早期解决潜在专利争端，在保障创新药的研发投资回报与促进仿制药合理竞争、提高药物可及性之间取得平衡。

作者简介

钱文宇　上海专利商标事务所有限公司专利代理师。

自《中华人民共和国专利法（2020年修正）》施行和《药品专利纠纷早期解决机制实施办法（试行）》（下文简称"《实施办法》"）《最高人民法院关于审理申请注册的药品相关的专利权纠纷民事案件适用法律若干问题的规定》《重大专利侵权纠纷行政裁决办法》等系列配套政策出台以来，药品专利链接制度在我国已实施两年有余，其实施效果及完善需求也逐渐显现。

本文拟对药品专利链接制度的实施现状进行分析，并结合国内外实践经验，探讨其在我国制药行业中的作用与影响。进一步地，本文将探讨该制度面临的问题与挑战，并提出相应的思考与建议。

一、我国药品专利链接制度的实施背景

作为世界医药工业的关键力量，我国具有完整的产业链和领先的生产能力，然而由于行业起步较晚，目前仍以仿制药为主。并且，我国庞大的人口规模及老龄化加剧趋势导致公众用药需求持续高企。

近年来，在我国创新驱动发展战略及药品审评审批、采集制度革新的支持下，本土医药研发投入快速增长，创新能力持续增强，逐渐迈入了"创仿同步""由仿入创"的新阶段。2011至2021年，我国生物医药市场中创新药的市场份额由11%增至39.6%，而仿制药市场份额则由89%降至60.4%，见图1。[1],[2]

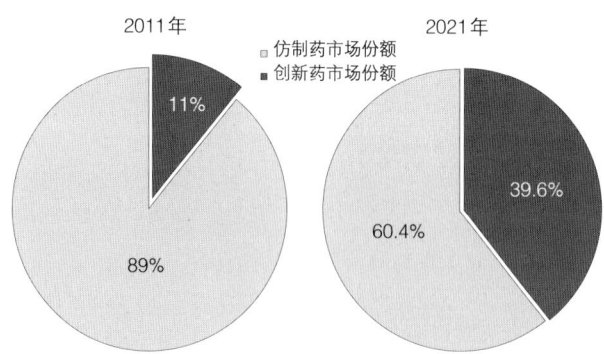

图1　2011与2021年中国市场创新药与仿制药份额比较

2020至2023年，国家药品监督管理局技术审评类药品注册申请的受理量呈现稳步增长态势，其中2023年的受理量显著跃升，几乎是2020年的两倍，反映出我国药品市场潜力的不断扩大，制药企业研发活动加快以及参与市场竞争积极性的上升。此外，从近4年数据来看，国家药品监督管理局受理的化学药品注册申请数量稳居技术审评类

药品的首位，占比超过73%，而化学仿制药在仿制药（包括中药同名同方药、化学仿制药、生物类似药）申请中的占比更是高达97%以上，显示了化学药品在行业中的持续主导地位。中药和生物制品的注册申请量虽低于化学药品，但也在逐年增长，显示了医药领域对它们的关注和投入正在增加。2020年至2023年国家药品监督管理局技术审评类药品注册申请受理情况详见图2。

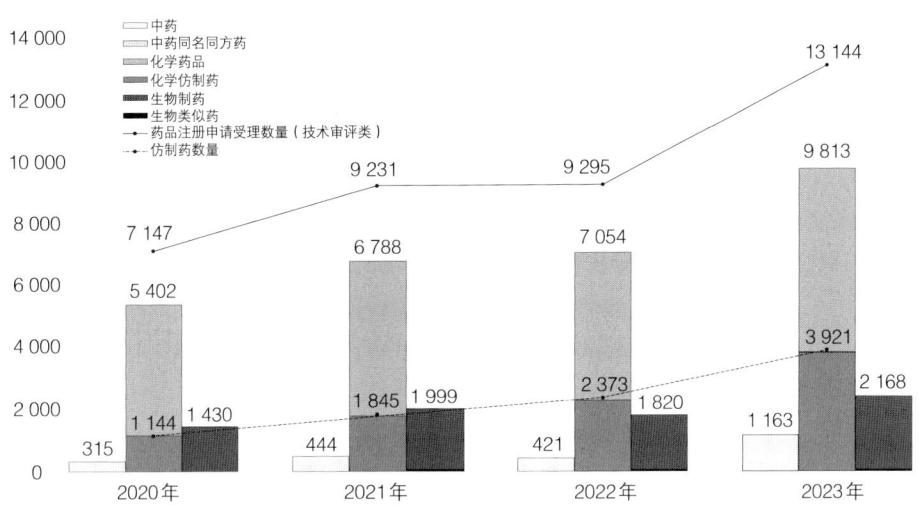

图2 2020年至2023年国家药品监督管理局技术审评类药品注册申请受理情况[1]

基于我国制药行业特色与发展水平，结合我国相关法律制度特点来定制并实施药品专利链接制度，将促进有效实现药品专利纠纷的早期解决，切实惠及各方利益，有力推动行业良性竞争与高质量发展。

二、我国药品专利链接制度的框架与特点

我国药品专利链接制度主要包括以下四部分：专利信息登记制度、专利声明制度、等待期制度和市场独占期制度。

（一）专利信息登记制度

专利信息登记制度是指创新药企将其获批上市的新药相关专利信息公开登记于

---

[1] 数据整理自国家药品监督管理局发布的2020年度药品审评报告、2021年度药品审评报告、2022年度药品审评报告、2023年度药品审评报告及药渡数据库。

"中国上市药品专利信息登记平台"（下文简称"登记平台"）。登记主体为药品上市许可持有人，登记期限为获得注册证30日内。[1] 各药物类别可登记的专利权类型详见表1，而中间体、代谢产物、晶型、制备方法、检测方法等专利类型则被排除在外。

表1　各药物类别可登记的专利权类型[2]

药物类别	可登记的专利权类型
化学药品	药物活性成分化合物专利
	含活性成分的药物组合物专利
	医药用途专利
中药	中药组合物专利
	中药提取物专利
	医药用途专利
生物制品	活性成分的序列结构专利
	医药用途专利

我国的专利信息登记制度无强制性，相关专利信息由登记主体自行登记，未登记者则不适用药品专利链接制度。[4] 除化学药品和生物制品外，我国还特设了中药登记项，体现了中药在我国医药市场中的独特地位和我国医药产业的发展需求。

（二）专利声明制度

专利声明制度是指仿制药申请人提交药品上市许可申请时，应对照平台登记的每件相关专利作出声明。专利声明类别及药品审评审批分类处理制度详见表2。

表2　专利声明类型及药品审评审批分类处理制度[3]

声明类型	声明内容	药品审评审批分类处理制度
1类声明	平台无相关专利登记	依据技术审评结论作出是否批准上市的决定
2类声明	平台登记相关专利权已终止或被宣告无效，或仿制药申请人已获得专利实施许可	依据技术审评结论作出是否批准上市的决定

---

1 《实施办法》第四条。
2 《实施办法》第五条、第十二条。
3 《实施办法》第六条、第七条、第十条。

（续表）

声明类型		声明内容	药品审评审批分类处理制度
3类声明		平台有相关专利登记，但仿制药申请人承诺在专利权期满前不上市	通过技术审评的，作出批准上市决定，相关药品在专利权期满和市场独占期届满后上市
4类声明	4.1类声明	平台登记相关专利权应被宣告无效	专利权人或利害关系人如有异议，在45日期限内起诉或请求行政裁决，引发等待期；否则根据技术审评结论和仿制药声明情形，直接作出是否批准上市的决定
	4.2类声明	仿制药未落入平台登记相关专利权保护范围	

我国开创性地采用了司法、行政并行的"双轨制"纠纷解决途径，这与我国当前专利保护实践相符。引入行政途径，能弥补司法途径时间长、成本高的不足，为纠纷解决提供更灵活的选择。此外，我国未采取源于美国的"拟制侵权"制度，而是创设了请求确认是否落入专利权保护范围的诉权作为一种特殊的确认之诉。[3]

（三）等待期制度

等待期制度是指专利权人或利害关系人（下文合称"专利权相关方"）对4类声明有异议并在仿制药上市许可申请公开之日起45日内起诉或请求行政裁决，国家药品监督管理局将设置等待期并暂缓行政审批。等待期时长为9个月，且只设置一次。[1]若等待期内有生效判决或行政裁决确认其落入专利权保护范围，则仿制药需待专利权期满方可获批上市。对于确认不落入专利权保护范围、双方和解、专利权被依法无效以及等待期满仍无处理结果的情形，仿制药可获批上市。[2]

我国设定的9个月等待期短于美国、新加坡的30个月和加拿大的24个月，反映了对我国行政、司法审理实践和制药行业特点的考虑。此外，该制度目前仅适用于化学仿制药。

（四）市场独占期制度

市场独占期制度，是指对首个挑战专利成功并首个获批上市的化学仿制药，给予市场独占期。市场独占期时长为12个月，且不超过被挑战药品的原专利权期限，在此期间国家药品监督管理局不再批准同品种仿制药上市。"专利挑战成功"则需要仿制药申请人满足以下条件：提交4类声明，且相关专利权经其挑战被宣告无效从而使其仿制药获批上市。[3]

---

1 《实施办法》第八条。

2 《实施办法》第九条。

3 《实施办法》第十一条。

相比美国向首个提交4段声明（创新药专利无效或仿制药不侵权）并合法维持该声明的首仿药给予独占期，我国给予市场独占期的条件更为严格。这意味着仿制药申请人不仅要积极发起专利无效挑战，且需尽早规划并提交上市申请，以争取市场独占期。相应地，为平衡挑战成本和延期上市所致损失，激发仿制药企的挑战热情，我国给予的市场独占期长达一年，较美国的180天明显更长。该制度目前仅适用于化学仿制药。

三、我国药品专利链接制度的实施现状与成效

我国药品专利链接制度构建实施至今，运行基本平稳顺畅。以下将对该制度实施现状与成效进行简要讨论分析。

（一）药品专利信息登记与专利声明

截至2024年3月26日，参照登记平台公开的信息，专利登记与专利声明公示情况如表3所示。

表3 专利登记与专利声明公示情况

	登记专利的药物条目数	做出专利声明的药物条目数
化学药品	916	8 158
生物制品	167	75
中药	372	1
合计	1 455	8 234

表3数据显示，登记专利的化学药品条目数最多，为916条，分别为登记专利的生物制品和中药条目数的5.49和2.46倍，反映出当前化学药品在新药研发和市场中占据数量主导地位。同时，做出专利声明的化学仿制药条目数高达8 158条，远超生物类似物与中药同名同方药，指示化学药品领域较高的市场需求和激烈竞争活动。生物类似药与中药同名同方药相对较少的专利声明数量体现了这两个领域相对较低的仿制药研发活跃度，或与其研发成本较高、质控难度较大或市场关注度不足有关。

（二）专利声明的分布情况

截至2024年3月26日，登记平台上公开的各药物类别专利声明情况与各类型专利声明情况分别如图3和图4所示。图3，化学类似药的专利声明数量占所有药物类别声

明总数的99.09%，符合表3趋势。图4中，4类声明数量占专利声明总数的8.23%，其中4.1类声明数量占1.21%，显示部分仿制药申请人已开始积极尝试利用链接制度维权，其中不乏踊跃发起挑战的本土仿制药企业。相比之下，1类声明数量最多，占专利声明总数的72.08%，表明大部分仿制药申请人基于登记平台上公示专利进行比对后认为己方不涉及潜在专利纠纷。

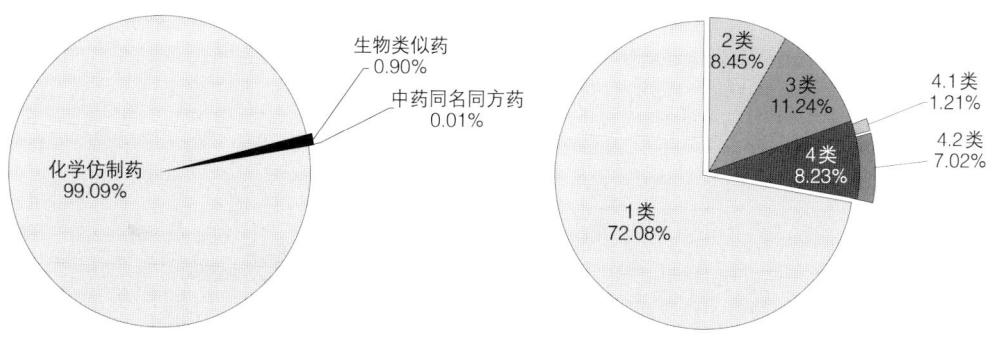

图3　不同药物类别专利声明数量占比　　图4　不同类型专利声明数量占比

（三）行政裁决案件统计情况

笔者于2024年3月26日通过国家知识产权局网站查询到的行政裁决案件公开情况汇总于表4。

共查询到公开的行政裁决案件76件，包括裁决书36件，结案通知书40件。其中确认落入专利权保护范围21件，确认不落入专利权保护范围15件，因专利无效而驳回案件6件，因不符合受理条件而驳回案件1件，撤回案件33件。经计算，上述行政裁决平均办案周期为199.29天（约6.6个月），短于9个月的等待期时长。

表4　行政裁决案件公开情况

文书类别	案件结果	案件数量（件）	平均周期（天）	中位数周期（天）
裁决书	确认落入	21	199.29	188
	确认未落入	15		
结案通知书	因专利被宣告无效而驳回	6	—	—
	因不符合受理条件而驳回	1	—	—
	准予撤回	33	—	—

（四）司法案件统计情况

笔者于2024年3月26日通过知产宝数据库查询到的与药品专利链接纠纷相关的司法案件情况汇总于表5。

表5　司法案件公开情况

文书类别		案件结果	案件数量（件）	平均周期（天）	中位数周期（天）
一审	判决书	确认落入	1	212.7	219
		确认未落入	1		
	裁定书	因专利被宣告无效而驳回	19		
		因平台专利登记不当而驳回	2		
二审	判决书	维持原审判决/裁定	3	87.3	68.5
	裁定书	撤销原审判决	1		

共查询到与药品专利链接纠纷相关的确认是否落入专利权保护范围的一审案件23件，二审案件4件。一审案件中，判决书2件，其中确认落入与不落入专利权保护范围各1件；裁定书21件，其中19件因涉案专利已被宣告全部无效而驳回起诉，2件因平台登记专利不适用于药品专利链接制度而驳回起诉。经计算，上述公开案件一审平均审理周期为212.7天（约7个月），二审平均审理周期为87.3天（约2.9个月）。

（五）典型案例

中外制药株式会社诉温州海鹤药业有限公司案

2022年4月15日，北京知识产权法院公开宣判原告中外制药株式会社诉被告温州海鹤药业有限公司确认是否落入专利权保护范围纠纷一案。法院经审理认为，涉案仿制药不落入涉案专利权的保护范围，判决驳回原告的诉讼请求。2022年8月19日，该案二审终判维持原判。该案作为新专利法实施以来全国首例药品专利链接诉讼案，具有重要实践指引作用。该案的一、二审审理周期为近8个月，相较于普通专利侵权案件诉讼周期明显缩短。

二审中，最高人民法院明确了药品专利链接制度下确认是否落入专利权保护范围纠纷的审理核心与专利侵权纠纷实质相同，可适用专利法及相关司法解释关于专利侵权判定的相关规定。在判断仿制药技术方案是否落入专利权保护范围时，原则上应基于仿制药申请人的申报资料进行比对评判。此外，最高人民法院指出，仿制药申请人原则上应针对被仿制药品所对应保护范围最大的权利要求作出声明，且应按《实施办法》规定履行通知义务。[1]

普渡制药公司与宜昌人福药业公司专利链接纠纷行政裁决案

2022年4月，国家知识产权局公布首批审结药品专利链接行政裁决案件，涉及普渡制药公司药品"盐酸羟考酮缓释片"相关3件发明专利。就普渡制药公司对于确认宜昌人福药业有限责任公司的仿制药是否落入其专利权保护范围的请求，国家知识产权局成立五人合议组，向药监局调取相关证据，组织双方当事人开展多轮证据交换和庭前会议，并进行口头审理，最终确认仿制药相关技术方案不落入专利权保护范围。[2]该批行政裁决案件审理周期仅6个月，高效处理了药品上市审评审批过程中的专利纠纷，为同类案件审理积累了实践经验。

正大天晴依维莫司获批上市首享市场独占期

2024年1月3日，中国生物制药有限公司宣布，旗下企业正大天晴药业集团股份有限公司（下文简称"正大天晴"）研发的依维莫司片（晴维时）已正式获批上市，成为我国实施药品专利链接制度以来首个因"首仿获批+首个挑战专利成功"获得12个月市场独占期的产品。[4]依维莫司由诺华制药原研，是针对多种癌症的靶向治疗药物。该药于2009年在欧盟和美国上市，2013年1月在中国上市，全球年销售额一度超过20亿美元。据悉，正大天晴于2021年6-8月先后对依维莫司片所涉3件专利提出无效宣告请求，并于2022年1月向国家药品监督管理局提交了依维莫司片仿制药上市申请且对上述3件专利作出4.1类声明。[5]依维莫司片的首仿挑战成功不仅展现了正大天晴的研发实力，也为我国制药行业的创新发展和国际竞争力提升增添了新动力。

四、对我国药品专利链接制度的思考与展望

在我国药品专利链接制度的持续推进和深化的过程中，一些值得关注的实践细节与完善需求逐渐显现。如何立足我国实际情况，参考域外实践经验，科学构建有效运作机制，以促进制药行业的创新与健康发展，是值得思考和探讨的议题。

（一）药品专利信息登记缺乏有效纠错机制

关于专利信息登记制度，《实施办法》要求登记方确保登记信息的真实、准确、完

---

1 （2022）最高法知民终905号民事判决书。
2 （2021）国知药裁0021号、（2021）国知药裁0022号、（2021）国知药裁0023号行政裁决书。

整,及时处理异议并记录;并且,故意登记无关或不当专利将承担法律责任。[1]然而,尚不明确处理异议的程序,也不明确如何认定"故意"及不当登记的相关主体责任。有效纠错机制的缺乏可导致专利登记制度被滥用。具言之,为拖延仿制药上市,专利权相关方可登记大量无关或不当专利以布障,迫使仿制药企在提交注册申请时作出4类声明,进而通过起诉或请求行政裁决来引发等待期,暂停仿制药上市进程。

从美国实践来看,其在专利链接制度建立初期就出现了橘皮书(Approved Drug Products with Therapeutic Equivalence Evaluations)滥用现象。大量低价值、非活性成分或无关专利的涌入导致橘皮书登记混乱,破坏了公平诚信竞争,增加了整个医疗保健体系的成本。为此,美国已通过数次规则修订来限制不当登记行为。目前,除登记方主动纠错外,任何人均可对橘皮书中所登记专利信息的准确性和相关性提出挑战。[6]2023年9月14日,美国联邦贸易委员会(FTC)发布一项政策声明,宣布其将审查橘皮书不当登记行为。[7]韩国在其链接制度建立之初便施行专利登记申请审查制,由韩国食品药品安全部(MFDS)审查登记的专利信息并可依职权修改或删除。[8]加拿大则于2017年通过修改《药品上市许可专利链接条例》补充了对登记平台药品专利的审查机制。[9]

我国专利链接制度虽在起步阶段,但已出现专利信息不当登记情形及判例。适当完善专利信息登记审核、异议及追责制度,规制不当登记行为,将有助于避免行政、司法资源虚耗,营造公平竞争环境,加快仿制药上市,提升药品可及性,与专利链接制度的立法初衷相契合。

(二)专利声明缺乏更正途径

《实施办法》规定,不实专利声明者须依法承担相应责任,[2]但目前不仅未明确具体法律责任,而且缺乏专利声明的自检、审核及更正机制,这将造成仿制药申请人难以发现因主观疏忽或不当理解所致声明错误,且无法获得相应更正机会。举例而言,若仿制药申请人在提交注册申请时误以为相关专利权已终止或被无效并作出2类声明,专利权相关方将无法通过提出异议的方式予以提醒纠正,也无法触发等待期,而是不得不待仿制药获批上市后方能着手解决纠纷,错失早期纠纷解决机会,对双方带来巨大负面影响。因此,建立专利声明更正途径将有助于避免由不当声明引发的不利后果。

笔者注意到,登记平台曾于2024年年初短暂上线"专利声明异议"模块。通过该模块,专利权相关方可对已公开的专利声明提出异议请求。然而,根据平台目前

---

1 《实施办法》第四条、第十五条。

2 《实施办法》第十五条。

（2024年3月26日）的显示情况，该模块暂已下线，未来是否会被重新启用，值得持续关注。

（三）反向支付规制措施有待加强

专利链接制度为仿制药企业提供了利益驱动，但也可促生创仿双方和解过程中的反向支付协议行为。反向支付无疑会限制竞争，成为原研药企将仿制药企的市场优势转变为延长市场占有期、谋取高额垄断利润的手段，这不仅有悖专利链接制度促进竞争、惠及公众的初衷，导致制度空转，也违反了反垄断法的相关规定。

目前，美国、欧盟等国家、地区均已出现多例药品反向支付协议行为。大多国家、地区对此采取了严格的审查和规制措施，并通过法律法规或判例等形式予以约束。[10]近年来，我国反垄断监管机构及司法机关对于创仿企业间的反向支付协议行为逐增关注。2021年11月18日，国务院反垄断委员会发布了《关于原料药领域的反垄断指南》，其中明确"原料药生产企业与具有竞争关系的其他原料药经营者达成不生产或者不销售原料药、其他原料药经营者给予补偿的协议"一般会构成反垄断法禁止的垄断协议行为。[11]在"沙格列汀"药品发明专利侵权案中，最高人民法院明确药品反向支付是否违反《反垄断法》的审查标准为"排除、限制市场竞争"，列举了具体的审查因素，有很强的指导意义。1 该案例已被收入最高人民法院知识产权法庭成立五周年100件典型案例。[12]

我国现行专利链接制度尚未形成针对反向支付行为的有效约束措施，可能会成为该行为的滋生地。解决这一问题，需要从药品专利链接和反垄断法律体系两方面进行完善，例如可通过设立反向支付协议备案审查机制、明确反向支付协议反垄断审查标准、规定市场独占权丧失情形等，建立相应规制框架。

（四）中药及生物制品链接制度有待完善

从现有规定可以看出，对中药和生物制品尚未设置与化学药品一样完整的专利链接制度体系。中药和生物制品仅限专利信息登记、专利声明制度，不适用等待期和市场独占期制度。

随着科技进步与国际合作深化，全球范围内中药与生物药的创新及应用正迅速展开。我国中药现代化发展及生物药研发投入的增加都将加快其创新潜力释放。2024年《政府工作报告》[13]中首次集体写入"创新药""生物制造""生命科学"，显示其作为"新质生产力"的重要组成部分已被我国放在产业优先发展的战略位置。该趋势下，

---

1 （2021）最高法知民终388号民事裁定书。

将中药和生物制品纳入专利链接制度中,将有利于提增我国整体生命科学创新发展的活力和效率,使其成为推动经济社会高质量发展的新动能,同时进一步巩固与提升我国在全球生命科学领域的竞争地位。

结　语

本文从多角度探讨了我国药品专利链接制度的实施背景、实施现状、改善空间以及未来展望。

分析发现,虽然该制度在加强创新药专利权保护与促进仿制药合理竞争之间取得了一定平衡,但实践中仍面临缺乏专利信息登记有效纠错机制、专利声明更正途径、反向支付行为规制手段及中药与生物制品完善制度等问题。然而,制度的发展与完善是一个持续动态过程,需要基于实践反馈,镜鉴域外经验,结合国情特点来不断调整和优化,以向更加成熟和高效的方向迈进。

随着持续的探索与实践,中国药品专利链接制度将成为推动制药行业创新与发展的重要力量,为构建更加完善的全球医药健康治理体系做出贡献。

参考文献

［1］华经产业研究院. 2023年中国仿制药市场规模、剂型占比及重点企业分析［EB/OL］.(2023-04-27)［2024-03-26］. https://xueqiu.com/1973934190/248893620.

［2］智研观点. 我国仿制药占比呈下降趋势,专利药占比不断上升［EB/OL］.(2023-05-17)［2024-03-26］. https://www.chyxx.com/industry/201305/204421.html.

［3］王瑞贺. 中华人民共和国专利法释义. 北京:法律出版社,2021:218.

［4］中国生物制药有限公司. 专利挑战成功拿下12个月市场独占期!中国生物制药依维莫司片首仿上市［EB/OL］.(2024-01-03)［2024-03-26］https://www.sinobiopharm.com/news-center/dynamic/24468.html.

［5］朱艺艺. 正大天晴首仿抗癌药依维莫司获批,专利挑战享一年市场"独占期"［EB/OL］.(2024-01-03)［2024-03-26］https://www.21jingji.com/article/20240103/herald/ebf70d2a7bb7d097bf6065417ba563eb.html.

［6］Winkler, Ashley M., M. David Weingarten, and Shana K. Cyr. Requirements, Benefits, and Possible Consequences of Listing Patents in FDA's Orange Book［R］//BNA's Pharmaceutical Law & Industry Report, 2018.

［7］Federal Trade Commission Statement Concerning Brand Drug Manufacturers' Improper

Listing of Patents in the Orange Book ("Policy Statement")[Z]. 2023.

[8] 邱福恩. 韩国药品专利链接制度介绍及对我国制度的启示[J]. 电子知识产权, 2019, (3): 22-28.

[9] Health Canada. Regulations Amending the Patented Medicines (Notice of Compliance) Regulations [Z]. 2017.

[10] Camilla Signoretta. Reverse-Payment Settlements Under EU and US Patent Law: Convergence in Remedies[J]. GRUR International, 2023, 72(1): 3-21.

[11] 国务院反垄断委员会. 关于原料药领域的反垄断指南[EB/OL]. (2021-11-15)[2024-03-26]. https://www.samr.gov.cn/xw/zj/art/2023/art_7ec8bdda9f3d41fb80b91ca1f02c4205.html.

[12] 最高人民法院. 最高人民法院知识产权法庭成立五周年100件典型案例[EB/OL]. (2024-02-23)[2024-03-26] https://www.court.gov.cn/zixun/xiangqing/425832.html.

[13] 李强. 政府工作报告[EB/OL]. (2024-03-12)[2024-03-26]. https://www.gov.cn/yaowen/liebiao/202403/content_6939153.htm.

NFT在中国的知识产权保护现状及合规要点

周 全

[摘 要] NFT数字藏品交易平台应构建有效的知识产权审查机制，确保NFT数字藏品来源的合法性，并验证铸造者具备相应的权利。作为预防侵权行为的必要举措，平台的审查工作应提前至用户铸造NFT数字藏品之际，即要求铸造者在上传作品时，同步提交初步的权属证明材料，从而确保公众对NFT作品著作权归属有清晰的认识。

[关键词] NFT数字藏品交易平台，专业平台经营者，铸造者，著作权、知识产权审查机制

一、NFT的定义与特点

NFT，全称Non-Fungible Token，是一种非同质化通证，它代表了区块链上用于标记特定数字内容的元数据。作为区块链技术的新兴应用领域之一，NFT在数字世界中扮演着重要角色。这些NFT以加盖时间戳的元数据形式存在于区块链上，它们具有固定的指向性，指向特定网络位置的特定数字文件。这些元数据通常以具体网络地址链接或一组哈希值的形式呈现，通过这些链接或者哈希值，用户可以全网检索并访问到相应的数字内容。此外，NFT的智能合约详细记录数字内容的初始发行者、发行日期以及此后每一次的流转信息，从而确保了NFT交易的透明性和可追溯性。

作者简介

周 全 上海专利商标事务所有限公司专利代理师。

NFT作为一种独特的编码序列，具有不可篡改的特性。在铸造NFT的过程中，首先利用哈希算法将数字藏品（包括图片与文字）转化为具有固定长度的哈希值。随后，将这一哈希值、发布方的信息以及时间戳等相关数据写入智能合约中，从而生成NFT。值得注意的是，NFT并不直接存储数字藏品文件本身，而是记录了这些文件的数据特征。换句话说，NFT本身并不包含任何能够直接转换为视觉画面的数据，它更多的是作为一种数字资产的身份标识和权益凭证。这样的设计确保了NFT的唯一性和安全性，为数字艺术品的交易和流通提供了坚实的基础。通过NFT进行交易的文学艺术领域的作品称之为"NFT数字藏品"，提供"NFT数字藏品"交易的平台称之为"NFT数字藏品交易服务平台"。

NFT的特点主要体现在以下几个方面。首先，NFT具有唯一性，每个NFT都是独一无二的，这使得它们有可能成为数字资产领域中的珍品。其次，NFT具有不可分割性，即它们不能被分割成更小的单位进行交易，这确保了它们的完整性和价值。此外，NFT还具有可编程性，可以根据不同的需求进行定制和扩展，为数字资产的创新提供了无限可能。最后，NFT的权属清晰且易于追溯，区块链技术使得NFT的所有权转移和交易记录都能够被公开验证，确保了数字资产的安全性和可信度。

二、NFT与传统数字资产的区别

与传统数字资产相比，NFT具有非同质化特性，每一个NFT都是独一无二的，不能与其他NFT互换。这种独特性使得NFT在数字世界中具有稀缺性和独特性，适合代表艺术品、音乐、游戏道具等具有独特价值的物品。传统数字资产，如数字货币，具有可替代性。同一类型的数字货币在价值上是相等的，可以相互替换。

NFT提供了明确的所有权证明。每个NFT都有一个唯一的标识符，记录在区块链上，确保了所有权的真实性和可追溯性。传统数字资产虽然也基于区块链技术，但在所有权证明方面不如NFT明确。在某些情况下，数字资产的所有权和控制权可能较为模糊。

NFT由于其独特性和稀缺性，可能具有更高的价值。它们可以作为数字艺术品的代表，也可以用于游戏道具、虚拟房地产等领域。传统数字资产主要用于投资、交易和支付等场景，它们作为价值储存和转移的手段，具有广泛的流通性和接受度。

NFT虽然具有一定的流动性，但由于其独特性，通常不可分割。传统数字资产具有较高的流动性，可以在不同的交易所和钱包之间进行转移。某些类型的数字资产还可以进行分割，以满足不同规模的交易需求。

三、NFT在中国的发展现状

相较于海外市场，我国数字藏品市场发展起步较晚，民众对数字藏品概念接受度相对较低。2021年3月，香港佳士得以6 935万美元拍卖出数字画作《最初的五千天》(*The First 5000 Days*)。数字藏品自此正式引起国内资本注意，数字藏品概念开始正式进入我国民众视野，国内数字藏品产业进入探索发展阶段。

从产业链角度分析，数字藏品产业链上游主要包括拥有底层区块链技术或者拥有数字内容输出版权的企业。其中，国内数字藏品区块链主要以联盟链为主，如阿里、腾讯、百度、网易等，国外则是以公链为主；相关数字内容版权提供者包括文化旅游博物馆、游戏厂商、知名动漫IP版权拥有者/企业等，如敦煌博物馆等国潮类IP、花样年华等影视类IP、齐白石等艺术类IP等。我国的数字藏品市场在近年保持持续增长，数字藏品的整体价值也不断升高。据统计，2022年，我国数字藏品市场规模达3.3亿元。据预测，我国数字藏品市场将持续保持高速增长态势。至2026年，全国数字藏品市场规模有望突破增长至24亿元左右[1]。

在市场流通方式上，目前我国有85%的数字藏品支持转赠功能，约有7%的数字藏品支持二级市场交易，市场上既不支持二级市场交易也不支持转赠的数字藏品占比仅占8%。同时，值得注意的是，在透露出转赠功能具体要求的数字藏品中，约有72.75%的产品需要持满180天后才能开始转赠，约有23.82%的数字藏品支持在持有1-30天后转赠[1]。这意味着，数字藏品具有一定的市场投资流通交易性，相较于一般实体产品而言，该流动性是具有一定局限性的，但这也在一定程度上保障了数字藏品市场的稳定性，以及数字藏品的市场价值。

数字藏品在丰富了数字经济模式、促进了文创产业发展的同时，其传播和交易模式从根本上改变了传统网络文化艺术作品的传播和交易形式，同时也对相关法律法规的适用提出了新的挑战。

四、NFT数字藏品交易在中国的合规问题

在进行NFT数字藏品交易时，首先要将作品上传至特定的交易平台，并经过"铸造"过程转化为数字藏品。为确保潜在购买者能够充分理解作品内涵，平台通常提供作品的在线浏览功能。进入出售转让阶段，出售方与购买方借助平台完成在线交易。在此过程中，双方需共同确认并同意交易条款，购买方进行电子支付后，智能合约将自动更新，将购买方登记为新的藏品拥有者。这一系列流程既保障了交易的公正透明，

也提升了数字藏品的流通效率。数字藏品的拥有者可以以类似方式将其拥有的数字藏品进行转让或出售。

数字藏品以数字化形式对作品进行保护，因此在绝大多数情况下受著作权法保护。下文将结合被称为中国NFT第一案的"胖虎打疫苗"案［（2022）浙01民终5272号］对NFT数字藏品交易过程中的著作权侵权风险进行探讨。

（一）案情简介

漫画家马千里（笔名不二马）创作了《胖虎打疫苗》这一美术作品，并于2021年12月16日通过其微博账号"不二马大叔"进行了发布。随后，深圳奇策迭出文化创意有限公司（以下简称"奇策公司"）经授权取得了马千里"我不是胖虎"系列美术作品的合法使用许可。然而，奇策公司此后发现，在杭州原与宙科技有限公司（以下简称"原与宙公司"）运营的"Bigverse"数字藏品交易服务平台上，用户"anginin"未经许可地铸造并发布了与马千里微博中发布的《胖虎打疫苗》完全一致的NFT数字藏品，并定价为899元进行销售。鉴于该行为涉嫌侵犯作品信息网络传播权，奇策公司遂将原与宙公司起诉至法院，要求其赔偿经济损失及合理支出共计10万元，以维护自身的合法权益。

本案的争议焦点为：一、涉案NFT数字藏品交易行为是否受信息网络传播权规制；二、NFT数字藏品交易平台应当负有何种注意义务，以及在本案中是否尽到了该种注意义务。

（二）NFT数字藏品交易行为是否受信息网络传播权规制

《中华人民共和国著作权法》第十条第一款第十二项规定："信息网络传播权，即以有线或者无线方式向公众提供，使公众可以在其选定的时间和地点获得作品的权利"。二审法院认为，在NFT数字藏品的"铸造"阶段，网络用户将存储在终端设备中的数字化作品复制到NFT数字藏品交易平台的中心化服务器上，产生了一个新的作品复制件；在NFT数字藏品的上架发布阶段，铸造者（发布者）通过交易平台将作品上架，从而使公众能够在指定的时间和地点接触到这些作品。这种接触形式灵活多样，既可以是不涉及权属转移的在线浏览，也可以是完成交易后的下载与深入浏览。在NFT数字藏品的出售转让环节，交易双方完成价款的支付与收取，与此同时，区块链中相应的NFT信息记录亦随之更新，以反映所有权的变更。值得注意的是，在整个转让交易过程中，NFT数字藏品始终保留在铸造者最初上传的服务器中，其存储位置并未发生任何变动，确保了作品数据的稳定性和交易的可靠性[1]。

---

[1] （2022）浙01民终5272号民事判决书。

因此，NFT数字藏品交易流程涉及三个阶段，其中，在NFT数字藏品的"铸造"阶段，涉及复制行为；在NFT数字藏品的上架发布阶段，涉及信息网络传播行为；在NFT数字藏品的出售转让阶段，不涉及复制行为，也不涉及信息网络传播行为。

关于NFT数字藏品的出售转让阶段是否涉及发行行为，二审法院认为NFT数字藏品作为数字藏品的一种具体表现形式，具备网络虚拟财产的典型特征，并显现出明确的财产利益属性。因此，当NFT数字藏品作为网络虚拟财产受到民法保护时，其实质体现为一种受法律认可与保障的财产性权益。这种权益不仅彰显了NFT数字藏品的经济价值，也为其在法律框架内的流转与保护提供了坚实的理论支撑。根据《中华人民共和国著作权法》的规定，发行权，即以出售或者赠与方式向公众提供作品的原件或者复制件的权利。发行权的本质在于著作权人通过赠予或销售作品载体（包括原件与复制件）的形式，将作品内容传递给受让人，同时伴随着作品物权的转移。然而，在NFT数字藏品的交易过程中，尽管在不同民事主体间实现了财产性权益的转移，但这一行为并不涉及物权的转移，因此其虽呈现出类似于"交付"的效果，却并不符合发行权的传统定义范畴。基于此，NFT数字藏品的出售转让并不构成著作权法意义上的发行行为，其交易行为自然也不应受到发行权的规制，不适用权利用尽原则。由此可见，NFT数字藏品的交易具有其独特性，需要在现行法律框架内进行细致的分析与界定。

（三）NFT数字藏品交易平台经营者应当负有何种注意义务

NFT数字藏品交易平台属于网络服务提供者，而非内容服务提供者。并且，此种网络服务有别于《信息网络传播权保护条例》中规定的"自动接入、自动传输、信息存储空间、搜索、链接、文件分享技术服务"，属于一种新型的网络服务。

NFT数字藏品交易平台系为NFT数字藏品的铸造和交易提供网络服务。依托于区块链和智能合约技术，NFT数字藏品的铸造使NFT映射的数字藏品特定化，从而产生一项基于数字藏品网络虚拟财产的财产性权益，NFT数字藏品交易使NFT映射的特定的数字化作品在不同的民事主体之间发生移转，产生类似于"交付"的后果，并使基于该NFT数字藏品的财产性权益在不同的民事主体之间发生移转。由此可见，不同于一般的网络服务，NFT数字藏品交易平台提供的网络服务同时伴随着相应财产性权益的产生和移转。

如前所述，在NFT数字藏品的交易过程中，NFT数字藏品的"铸造"和上架发布分别涉及对作品的复制和信息网络传播。NFT数字藏品的"铸造"、上架发布全流程受控于NFT数字藏品交易平台。鉴于网络服务的提供过程中，存在潜在的著作权侵权行为风险，平台应预先意识到这一可能性，并负有采取合理措施来防范和阻止侵权行为发生的责任。

基于NFT数字藏品的法律属性，NFT数字藏品的发布和交易都应当符合法律规定，只有合法的NFT数字藏品才能发布并进入交易环节。NFT数字藏品交易平台的网络用户一旦将侵害他人著作权的作品铸造为NFT数字藏品，就会导致该NFT数字藏品上创设的"财产性权益"因不合法而无法受到保护，故其铸造交易行为不仅侵害了他人的著作权，而且损害了交易相对方的合法权益。基于NFT数字藏品采用的区块链技术，除侵权信息存在于中心化服务器上，记录该错误信息的NFT还存在于区块链上，这势必动摇NFT作为非同质化通证的根基，严重影响NFT数字藏品的交易安全，破坏NFT数字藏品平台的信任机制和交易秩序。

在NFT数字藏品的交易生态中，数字藏品平台在铸造及交易过程中普遍征收燃料费，并在交易环节额外收取佣金。此种行为属于《最高人民法院关于审理侵害信息网络传播权民事纠纷案件适用法律若干问题的规定》中规定的"网络服务提供者从网络用户提供的作品、表演、录音录像制品中直接获得经济利益"的范畴，而非简单地视作一般性广告费或服务费。

综上所述，NFT数字藏品交易平台所提供的网络服务实则是一种前沿且独特的网络服务形态。鉴于平台在提供服务过程中的运营模式以及交易对象的法律属性，平台应当承担相比传统网络服务提供者更高的注意义务。进一步而言，NFT数字藏品的铸造发布者，除了需作为该数字化作品的持有者外，更应当是该作品的著作权人或经合法授权的被授权人。因此，NFT数字藏品交易平台作为专注于NFT数字藏品交易的专业平台经营者，除了履行一般网络服务提供者应尽的义务外，还应强化自身的知识产权审查机制，确保NFT数字藏品的来源合法，并验证铸造者具备相应的权利。作为预防侵权行为的必要举措，平台的审查工作应提前至用户铸造NFT数字藏品之际，即要求铸造者在上传作品时，同步提交初步的权属证明材料，诸如原件、底稿、合法出版物、版权登记证书、著作权授权许可合同等，从而确保公众对NFT作品著作权归属有清晰的认识。除了在网络服务协议中要求用户不得侵害他人知识产权外，平台还可以要求用户就其具体铸造的NFT数字藏品承诺享有相应权利，并在必要的时候可要求其提供担保。

五、NFT数字藏品交易平台的知识产权合规建议

NFT数字藏品交易平台在NFT数字藏品的交易过程中扮演了至关重要的角色。作为铸造者和购买方之间桥梁，需要确保其承载和发布的数字藏品合规有效。在《胖虎打疫苗》一案中，Bigverse平台接收到作品铸造申请后的审核范围仅限于"全国作品登记信息公示系统"中的拟铸造作品信息。若在"全国作品登记信息公示系统"或搜

索引擎中搜索到拟铸造作品信息，平台审核人员才会要求发布方提供相应的权属证明。如发布方未提供或提供的权属证明无法证明发布方为著作权人，则会驳回发布方作品上架申请。平台审核人员未查询到案涉作品相关信息后，审核人员对案涉作品选择推荐度，作品审核通过。

Bigverse平台收到作品违规的初步证据后，平台会对涉及侵权作品采取删除、屏蔽、断开链接措施，并将违规证据转送至作品发布方核实。在确定作品涉及侵权或作品发布方未在规定的期限内进行有效反馈，平台会对"数字藏品图片文件"采取删除措施，对"数字藏品图片文件"对应的NFT采取屏蔽、断开链接措施。

本案中，虽然原与宙公司在网络服务协议中明确约定注册用户不得侵害他人知识产权，在用户上传后进行了一定的审查，但其审查范围仅限于"全国作品登记信息公示系统"中的拟铸造的作品登记信息，并未包含线下有形作品以及在互联网上公开发表、传播的作品，具有明显的局限性。涉案《胖虎打疫苗》作品经铸造后，右下角仍带有"不二马大叔"的微博水印，普通网络用户可以判断该作品直接来源于"不二马大叔"的微博，被控账号"anginin"在"艺术家介绍"一栏直接表明艺术家为"不二马大叔"，可见被控侵权信息较为明显。然而，Bigverse平台对此并没有进行任何审查，履行足够的注意义务，既没有要求"anginin"注册用户（"王春香"）提供其系涉案《胖虎打疫苗》作品权利人的初步证据，也没有审查用户"anginin"与涉案作品上署名的"不二马大叔"之间的关系，更没有要求用户"anginin"证明两者具有同一性或者做出合理解释。

此外，在收到作品违规的初步证据后，Bigverse平台所采取的删除图片文件、屏蔽NFT链接的措施并不足以达到在区块链上销毁已铸造NFT的效果。更合理的做法是从区块链上彻底销毁侵权NFT，例如可以将该侵权NFT数字藏品打入地址黑洞地址，使得私钥丢失或者无法确定其私钥的地址。任何令牌打入该地址，就几乎不可能再出来并进入市场流通，相当于销毁了该令牌。

纵观本案，Bigverse平台在知识产权审核与风险防控方面所采取的措施尚显不足。考虑到NFT数字藏品交易平台运营模式和交易对象的性质，对于NFT数字藏品的知识产权审核应当采取更为全面和严谨的态度。平台不应局限于搜索拟铸造的作品信息，更应将审查范围延伸至互联网上公开发表、传播的作品乃至线下有形作品。这能够更有效地识别和避免潜在的知识产权风险。对于明显侵犯他人著作权的作品，平台应迅速作出反应，采取必要的措施予以下架。

在发现可能的知识产权风险时，平台应当要求创作者或上传者提供充分的权属证明，以确保上传至平台的作品具有合法的知识产权背景。这不仅是对创作者或上传者的一种约束，也是对平台自身知识产权保护责任的一种体现。

平台还应制定一套全面的知识产权保护规则并进行公示。这些规则应明确告知用户平台对于知识产权保护的态度和所采取的措施，为用户提供一个清晰、透明的交易环境。

结　语

随着NFT产业的快速发展，其法律属性和权益保护问题日益凸显。通过"胖虎打疫苗"案这一典型案例，我们认识到NFT数字藏品交易行为的潜在著作权侵权风险。同时，NFT数字藏品交易平台经营者在保护用户权益、维护市场秩序等方面，也应当承担起相匹配的注意义务。

展望未来，随着NFT技术的不断发展和市场的逐步成熟，我们期待相关法律法规能得到不断完善，为NFT产业的健康发展提供有力的法律保障。同时，我们也呼吁NFT从业者加强自律，关注法律法规，共同推动NFT产业在中国的繁荣与发展。

参考文献

[1] 赵雪榛. 2023年中国数字藏品行业发展现状：居民数字资产概念意识增强，数藏市场加速发展[EB/OL].(2023-12-19)[2024-03-29]. https://www.chyxx.com/industry/1167705.html.